rowohlt

Hilde Schramm

MEINE LEHRERIN, DR. DORA LUX

1882–1959
Nachforschungen

Rowohlt

1. Auflage April 2012
Copyright © 2012 by Rowohlt Verlag GmbH,
Reinbek bei Hamburg
Lektorat Regina Carstensen
Satz DTL Elsevir T Book
Gesamtherstellung CPI – Clausen & Bosse, Leck
Printed in Germany
ISBN 978 3 498 06421 1

MIX
Papier aus verantwor-
tungsvollen Quellen
FSC
www.fsc.org **FSC® C083411**

Das für dieses Buch verwendete FSC®-zertifizierte Papier
Schleipen Werkdruck liefert Cordier, Deutschland.

Inhalt

Einführung   9

TEIL I
Erinnerungen an Frau Dr. Lux

1 Meine Schlüsselerinnerungen   21
2 Bild einer Lehrerin   26

TEIL 2
Eine Wegbereiterin

3 Kindheit, Jugend und Schule 1882–1898   45
4 Abitur 1901 mit Unterstützung der Familie   70
5 Studium, Promotion und Ausbildung
zur Gymnasiallehrerin 1901–1909   87

TEIL 3
Ein reiches Leben in Berlin 1909–1933

6 Berufstätig mit Mann und Kindern   III
7 Familienverband, Freunde und gesellschaftliches
Engagement   136

TEIL 4
Selbstachtung, Klugheit und Courage 1933–1945

8 Dora Lux als Autorin der Zeitschrift
Ethische Kultur 1933–1936   155

9 Eingriffe in das Leben der Geschwister Bieber –
   Dora Lux, Annemarie Bieber, Elsbeth Schaper
   und Friedrich Bieber   179
10 Dora und Heinrich Lux als Lebenspartner   215
11 Jüdische Helfer für jüdische Verfolgte   232
12 Willensstark und verschwiegen –
   die Töchter Gerda und Eva Lux   237
13 Die Weigerung, sich als Jüdin registrieren zu lassen   254
14 Nach der Befreiung   272

TEIL 5
Leben und Arbeiten in der Nachkriegszeit

15 Als alte Frau in Heidelberg 1945–1958   277
16 Eine Geschichtslehrerin gegen den Zeitgeist   293
17 Das Kollegium der neu gegründeten
   Elisabeth-von-Thadden-Schule   308
18 Die nationalsozialistische Vergangenheit in
   Unterricht und Schule: Sprachlosigkeit und Präsenz   322
19 Rückzug und Abschied   336

Nachruf nach 50 Jahren – von Manon Grisebach   340

Anhang

Anmerkungen   347
Bibliographie   408
Danksagung   432

Folgende fünf Exkurse erweitern und vertiefen die Biographie
von Dr. Dora Lux bildungsgeschichtlich und kulturhistorisch:

Erster Exkurs: Die Gymnasialkurse für Frauen 1893 bis 1909 und
Helene Lange als Pädagogin

Zweiter Exkurs: Gesuch von Abiturientinnen von 1902 auf Immatrikulation an preußischen Universitäten

Dritter Exkurs: Aus den Memoiren des Dr. Heinrich Lux – der
Zeitraum 1863 bis 1909

Vierter Exkurs: Zeitschrift und Gesellschaft ethische Kultur
1931–1936

Fünfter Exkurs: Zur Wiedereinführung des Geschichtsunterrichts
in Nordbaden nach 1945

Diese Exkurse stehen unter www.rowohlt.de/doralux zum
Download bereit.

Einführung

Dr. Dora Lux, geborene Bieber (1882–1959), war von 1953 bis zum Abitur 1955 meine Geschichtslehrerin in der Elisabeth-von-Thadden-Schule in Heidelberg-Wieblingen, also nur die letzten anderthalb Jahre vor dem Abitur 1955. Sie war eine bereits alte, gebrechliche Frau, das Gehen fiel ihr schwer, und sie konnte nur noch leise sprechen. Wenn ich später an sie dachte, schätzte ich sie rückblickend auf über achtzig Jahre. Tatsächlich war sie zur Zeit meines Abiturs «erst» zweiundsiebzig Jahre alt. Sie machte nicht viel von sich her, wirkte klein und unscheinbar, wäre da nicht ihr Kopf gewesen mit den vollen Lippen und der kräftigen Nase und den schwer zu bändigenden Haaren, die ihn auffallend groß erscheinen ließen.

Frau Dr. Lux war Jüdin der Herkunft nach. Sie hatte vier jüdische Großeltern, definierte sich aber nicht als Jüdin, da sie der jüdischen Religionsgemeinschaft nicht angehörte. Für mich aber, die solche Differenzierungen damals noch nicht kannte, war sie die erste deutsche Jüdin, die ich bewusst wahrnahm – wenige Jahre nach der Shoa eine aufwühlende Erfahrung.

Ich empfinde es als großes Glück, ihr in meiner Jugend begegnet zu sein. Sie war für mich, die ich mehrere beachtliche Lehrerinnen erinnere, die Einzige, die meine uneingeschränkte Wertschätzung und Sympathie hatte und behielt. Schon lange wollte ich mehr über sie wissen, aber erst nach Abschluss meiner Berufstätigkeit konzentrierte ich mich auf das Recherchieren und Schreiben über sie.

Ihr Leben gab mir viele Fragen auf, beginnend damit, warum sie im hohen Alter noch unterrichten musste, und endend damit, worauf ihre Ungebrochenheit als Humanistin trotz der durchlittenen Zeit gründete. Aus ihren Andeutungen hatte ich entnommen, dass sie während des Nationalsozialismus in Deutschland gelebt hatte, mehr wusste ich nicht, musste aber davon ausgehen, dass sie als Jüdin verfolgt worden

9

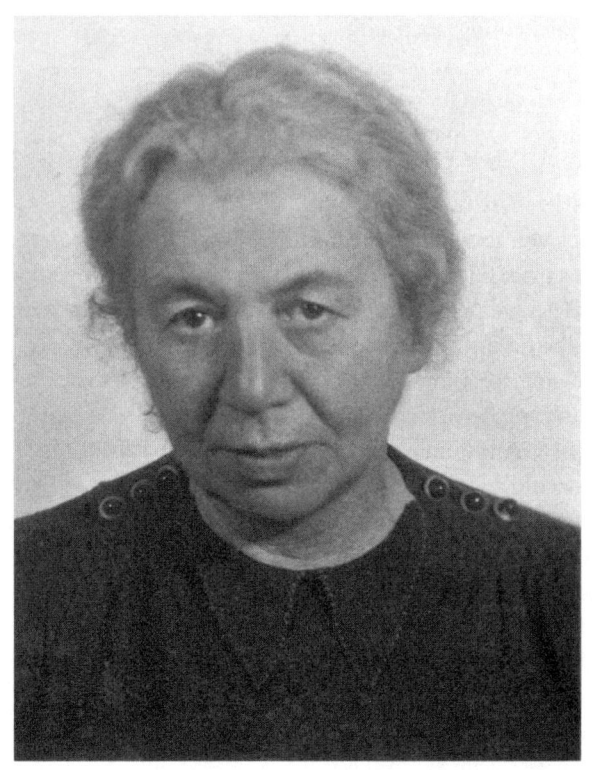

Dora Lux, 1950

war. Die Vorstellung, auch sie hätte ermordet werden können, trieb mich um.

Wenn sich durch mein späteres Leben das Bemühen zieht, zur Bearbeitung der NS-Vergangenheit beizutragen, so lässt sich dies zum Teil mit meiner Familienbiographie erklären. Mein Vater ist Albert Speer; er war Hitlers Architekt, von 1942 bis Kriegsende Minister für Bewaffnung und Munition; im Nürnberger Prozess wurde er als Kriegsverbrecher verurteilt. Meine Herkunft zwang mir eine frühe und nicht abschließbare Auseinandersetzung mit dem Nationalsozialismus auf. Für meine Selbstfindung war jedoch der Einfluss von Menschen entscheidend, die eine Gegenwelt zur NS-Ideologie verkörperten; Menschen, die mir eine Ahnung davon vermittelten, wie befreiend Humanität und Aufklärung sein können. Eine solche Erfahrung verdanke ich meiner Lehrerin Frau Dr. Lux.

Das Andenken an meine Lehrerin begleitete mich über die Jahre. Phasenweise führte ich innere Monologe mit ihr, so als ich 1966 als Referendarin selbst zu unterrichten begann und ab 1972 Lehrer und Lehrerinnen ausbildete. Ich versuchte, mir klarzumachen, was mir an ihrem Unterricht und ihrem Verhalten so vorbildlich erschienen war, obwohl sie auf alle gängigen Methoden der Motivierung verzichtete. In Erinnerung an sie gewann ich Einsichten, die oft quer zur damaligen Schulpädagogik standen und mich als Erziehungswissenschaftlerin weiterbrachten.

Es war keine historische Neugier, die mich veranlasste, über sie zu recherchieren und zu schreiben, sondern Zuneigung und Respekt und der Wunsch, die Gründe für meine Wertschätzung ihrer Person besser zu verstehen. Im Arbeitsprozess erfasste mich dann eine Forscherleidenschaft, gegen deren Tendenz, sich zu verselbständigen, ich geradezu ankämpfen musste.

Ihrer Lebensgeschichte nachzuforschen, erwies sich als eine Entdeckungsreise in die Frühzeit des universitären Frauenstudiums. Dora Bieber machte 1901 in Berlin Abitur, als in Preußen noch keine höhere Mädchenschule junge Frauen zur Reifeprüfung führte, promovierte 1906 in München als zweite Altphilologin, wurde mit Sondergenehmigung in Baden zum Staatsexamen zugelassen und schloss 1909 in Preußen als eine der allerersten Frauen in Deutschland eine schulpraktische Ausbildung als Gymnasiallehrerin ab. Damit erwarb sie die Berechtigung, die Fächer Latein, Griechisch und Geschichte zu unterrichten. Gegen erhebliche Widerstände innerhalb und außerhalb der Universitäten hatte sie ihr Recht auf Bildung und Ausübung eines akademischen Berufs als Frau durchgesetzt.

Woher nahm sie ihre Sicherheit? Wie hatte ihre Umgebung auf sie eingewirkt? Wer hatte sie gestützt? Um Antworten auf diese Fragen zu finden, ging ich den Einflüssen von Personen nach, mit deren Hilfe sich Dora Bieber um 1900 zur zielstrebigen, unkonventionellen jungen Frau entwickeln konnte. Ich stieß dabei auf ihren Vater Georg Bieber, einen gescheiterten Rittergutsbesitzer, der den eigenen unerfüllten Wunsch nach Aufstieg über Bildung an seine Töchter delegierte, nachdem sich abzeichnete, dass sein ältester Sohn, der ein schlechter Schüler war, dafür ausfiel. Und ich stieß auf ihren Onkel Justizrat Dr. Richard Bieber und seine Frau Hanna Bieber-Böhm, die in der bürgerlichen Frauenbewegung des 19. Jahrhunderts eine führende Rolle spielte. Beide hatten die heute fast vergessene, aber im ausgehenden Kaiserreich hochbedeutsame Deutsche Gesellschaft für ethische Kultur e. V. 1892 mitgegründet, deren Zeitschrift *Ethische Kultur* Richard Bieber seit 1897 verlegte. Hier fanden sich linksliberale Bürger und Bürgerinnen jüdischer und nichtjüdischer Herkunft zusammen, unter ihnen viele Freidenker, die sich ohne Berührungsängste gegenüber den Sozialisten für weitreichende Reformen in Politik und Gesellschaft einsetzten. Und ich stieß auf den vielseitigen Dr. Heinrich Lux, den Freund in ihrer Jugend und späteren Ehemann, Naturwissenschaftler, sozialistischen Publizisten, Freimaurer und Patentanwalt.

Als ich ihre verschiedenen Lebensphasen überblickte, kam ich zu der Überzeugung, dass Dora Lux insbesondere in der Weimarer Republik in Berlin ein schönes und reiches Leben geführt hatte, mit Beruf, Mann und zwei Töchtern, eingebunden in den größeren Zusammenhalt der Familie Bieber, einer Familie jüdischer Herkunft. Sie liebte es, zu reisen und hochalpine Bergtouren zu machen. Die Großfamilie Bieber / Lux stützte ihren Wunsch nach Emanzipation von der tradierten Frauenrolle und festigte ihre Zugehörigkeit zur kleinen, fortschrittlichen Minderheit im Bürgertum. Als Studienrätin bereitete sie zunächst Frauen in privaten Gymnasialkursen auf das Abitur vor, ab 1922 unterrichtete sie im Lette-Verein, einer angesehenen beruflichen Ausbildungsstätte für Frauen, unter anderem Gewerbelehrerinnen. Da das Zölibatsgebot für Lehrerinnen nachwirkte, gab es in der Weimarer Republik nur ganz wenige verheiratete Studienrätinnen wie Dora Lux, unter ihnen fast keine mit Kindern, während andere Akademikerinnen, etwa Ärztinnen, bereits leichter Beruf und Familie miteinander verbinden konnten.

Gleich im April 1933 wurde Frau Lux «aus rassischen Gründen» aus dem Schuldienst entlassen, aber auch jede andere Erwerbsmöglichkeit blieb ihr bis zur Befreiung vom Faschismus verwehrt und jede gesellschaftliche Funktion verboten. Umso überraschter war ich, als ich in der Staatsbibliothek in Berlin die Zeitschrift *Ethische Kultur* sichtete – ich recherchierte gerade über ihren Onkel Richard Bieber – und dabei ganz unerwartet auf Dora Lux stieß. Dabei entdeckte ich, dass sie 1933 als Redakteurin für den Inhalt der Zeitschrift verantwortlich zeichnete und in ihr bis 1935/1936 regimekritische Beiträge veröffentlichte. Zwar hatte ich bereits aus ihrem Unterricht den Eindruck gewonnen, dass sich hinter der sanften und klugen Frau eine entschiedene Demokratin verbarg, aber dass sie ihre demokratischen Werthaltungen öffentlich äußerte, als fast alle anderen schwiegen, hatte ich nicht erwartet. Regimekritische Artikel nach 1933 sind an sich schon bemerkenswert, weil höchst rar – geschrieben von einer Jüdin mit Berufsverbot halte ich sie für sensationell.

Die kleine traditionsreiche Zeitschrift, die 1893 gegründet wurde, stellte Ende 1936 ihr Erscheinen ein, zeitgleich löste sich die Deutsche Gesellschaft für ethische Kultur auf. Diese letzten Jahre von Zeitschrift und Gesellschaft hat bisher noch niemand bearbeitet. Der Fortbestand der *Ethischen Kultur* in den Anfangsjahren der NS-Herrschaft ist neben Dora Lux weiteren Mitgliedern der Familien Bieber/Lux zu verdanken. Richard Bieber, jüdischer Herkunft wie Dora Lux, hatte nach 1933 den Vorstandsvorsitz der Gesellschaft beibehalten und die Zeitschrift als Verleger weitergeführt. Heinrich Lux, der kein Jude war, übernahm ab 1934 die Redaktion. Auch ich konnte, weil außer der Zeitschrift selbst fast keine Dokumente erhalten sind, vieles zur Endphase der

Ethischen Kultur nicht klären. Fest steht aber: Mit ihrem anhaltenden Engagement verstießen die Genannten gegen mehrere gesetzliche Anordnungen. Offensichtlich nutzten sie einen Spielraum, den es dennoch gab, den zu nutzen aber kaum jemand den Mut besaß.

Die historisch interessanteste Entdeckung zum Leben von Dora Lux aber war für mich, dass sie den Zwang, sich als Jüdin registrieren zu lassen, erfolgreich unterlief. Als die amtliche Erfassung aller Menschen jüdischer Herkunft ab 1938 / 1939 forciert wurde, entschied sie sich bewusst für eine außergewöhnliche Form der Resistenz gegenüber der Staatsmacht, die bislang weder in wissenschaftlichen Untersuchungen zum Nationalsozialismus noch in lebensgeschichtlichen Berichten beschrieben wurde: Entgegen der gesetzlichen Vorschriften beantragte sie keine «Judenkennkarte» und nahm den Vornamen «Sara», über den alle Jüdinnen jederzeit identifizierbar sein sollten, nicht an. Zusätzlich machte sie bei der Volksbefragung 1939 falsche Angaben. Ähnlich verhielt sich ihr Bruder Dr. jur. Friedrich Bieber.

Sich von den Nationalsozialisten als Jüdin abstempeln und stigmatisieren zu lassen, war mit ihrem Selbstbild und ihrer Selbstachtung nicht vereinbar. Die antijüdischen Gesetze missachtend, lebte sie weiterhin in ihrer vertrauten Umgebung, ohne sich zu verstecken, ohne in den Untergrund zu gehen und ohne falsche Papiere. In der Außenwahrnehmung war Frau Lux bis zum Tod ihres Mannes im Sommer 1944 durch eine sogenannte «privilegierte Mischehe» geschützt. In Wahrheit aber schwebte die Gefahr, dass ihre Nichtachtung der antijüdischen Gesetze bemerkt würde, ständig über ihr. Wäre bekanntgeworden, dass sie die Registrierung als Jüdin verweigert hatte, so hätte sie nicht überlebt. Auch ihre Töchter gaben sich nicht als «Mischlinge ersten Grades» zu erkennen, auch sie waren verschwiegen und couragiert und kamen damit durch.

Im März 1945 verließ Dora Lux aus Angst, doch noch deportiert zu werden, Berlin und lebte in den nächsten Monaten als Jüdin unentdeckt in der Nähe des Bodensees. Ab Herbst 1945 arbeitete sie in Heidelberg: zwei Jahre als Dozentin in den Vorsemesterkursen der dortigen Universität und neun Jahre als Studienrätin in der Elisabeth-von-Thadden-Schule. Die Menschen, die mit ihr zusammenkamen, beeindruckte sie durch ihre umfassende Bildung und überragende Klugheit, ihre Gelassenheit und Bescheidenheit und nicht zuletzt durch ihren verhaltenen Humor. Sie starb 1959 in Hamburg in der Nähe ihrer Tochter Eva Tietze.

Dr. Dora Lux ist bislang eine völlig unbekannte Frau. Sie wird in keiner Studie zur Frauenbildung oder zum Nationalsozialismus erwähnt. Abgesehen von ihrer Ausbildungszeit habe ich ihren Namen in keinem Archiv gefunden. Ihre zeithistorische und menschliche Bedeutung liegt darin, dass sie immer wieder die Grenzen des scheinbar Möglichen überschritt. Ihr, die ich als meine Lehrerin kennenlernen durfte, möchte ich ein ehrendes Gedenken geben, ohne sie auf eine NS-Verfolgte oder ihre jüdische Herkunft zu reduzieren. Entsprechend beschreibe ich in etwa gleichgewichtig ihre Bildungskarriere in der Kaiserzeit, ihre Unbotmäßigkeit gegenüber dem deutschen Staat in der Zeit des Nationalsozialismus sowie ihr pädagogisches Wirken in der frühen Bundesrepublik.

Als Lehrerin blieb sie für mich Frau Dr. Lux. Ich möchte die Distanz, die sich darin äußert, nicht durch eine mir falsch erscheinende vertrauliche Bezeichnung auflösen. Als Person der Zeitgeschichte aber wurde sie zu Dora Lux.

In meine Darstellung fließen unterschiedliche Perspektiven ein:

– Die Sicht ihrer Töchter Gerda Voss und Eva Tietze. Mit ihnen konnte ich 2003 tagelange Gespräche führen, sie überließen mir auch alle Dokumente, die sich noch in Familienbesitz befanden. Die Texte von Frau Voss zur Familiengeschichte, geschrieben in den neunziger Jahren in Toronto, halfen mir entscheidend, das Leben von Frau Lux zu erfassen und darzustellen.
– Die Sicht von Heinrich Lux, wie sie in seinen unveröffentlichten Memoiren von 1944 vorliegt.
– Die Sicht von über dreißig ihrer ehemaligen Schülerinnen in der Nachkriegszeit, die ihre Erinnerungen an sie nach über fünfzig Jahren aufzeichneten.

Ausgehend von eigenen Erinnerungen, den Perspektiven anderer und langwierigen Recherchen rekonstruierte ich die Lebensgeschichte von Dora Lux, soweit irgend möglich und dennoch lückenhaft. Als Wegweiser dienten mir einige knappe Lebensläufe, die sie verschiedenen Anträgen oder Bewerbungen beigefügt hatte. An privaten und persönlich gemeinten Aufzeichnungen von ihr selbst war nur ein zehnseitiger Brief von Ende 1944 an ihre Schwester Annemarie Bieber, die 1940 in die USA emigrierte, auffindbar. Weitere Briefe oder gar Tagebücher, aus denen ich ihre Innensicht hätte erschließen können, sind nicht überliefert. Ihr gesellschaftspolitisches Denken konnte ich einzig aus ihren verstreuten Veröffentlichungen vor 1933 und aus ihren Beiträgen in der *Ethischen Kultur* in der Frühphase der NS-Herrschaft entnehmen. Für ihre Lebensbeschreibung waren amtliche Dokumente im Familienbesitz und Akten verschiedener Verwaltungen meine wichtigsten Quellen. Diese spröden Informationen konnte ich durch mündliche und schriftliche Erzählungen von Familienmitgliedern ergänzen oder veranschaulichen.

Wollte ich aber die Spuren ihrer Lebensgeschichte tiefergehend verstehen und darstellen, so musste ich sie historisch einordnen. Und so drang ich, immer entlang der Biographie von Dora Lux, geborene Bieber, in ganz unterschiedliche Themenbereiche der Forschung vor. Dabei zeigte sich, dass so manche Befunde über den vorliegenden Forschungsstand hinausgehen. Vorrangig solche Diskrepanzen weckten meine Neugier als Wissenschaftlerin. Um sicher zu sein, dass ich nichts übersehe oder falsch interpretiere, holte ich den Rat von Fachleuten ein. Ausgehend von den biographischen Daten erschloss sich mir Geschichte, die ich bereits zu kennen glaubte, neu. Ich lernte viel dazu, insbesondere zur frühen akademischen Frauenbildung, zum liberalen Bürgertum am Ende des Kaiserreichs, zur deutsch-jüdischen Minderheit, zum Nationalsozialismus und zur Nachkriegspädagogik. Einiges davon hat wissenschaftlichen Neuigkeitswert. Es wurde zum Teil in Form von Exkursen auf einer Homepage zum Buch ausgelagert.

Ergebnis ist eine Annäherung an die Lebensgeschichte einer zurückhaltenden Frau, die dennoch unbeirrbar an dem, was sie als richtig erkannt hatte, festhielt. Mit dem emotionalen und politischen Rückhalt eines größeren Familienverbands stand sie es durch, in der Gesellschaft immer wieder eine Ausnahme zu sein: in der Kaiserzeit als frühe Wegbereiterin der akademischen Berufsausbildung von Frauen; in der Weimarer Republik als verheiratete Frau und Mutter im Lehrerberuf; im Nationalsozialismus als Jüdin, die sich der Erfassung erfolgreich widersetzte; in der Nachkriegszeit als Lehrerin gegen den Zeitgeist. Sie bot der Welt, wenn nötig, die Stirn, in ruhiger Selbstverständlichkeit.

TEIL I

Erinnerungen an Frau Dr. Lux

I

Meine Schlüsselerinnerungen

Im Park unter hohen Bäumen las Frau Dr. Lux mit uns das *Kommunistische Manifest*. Der Park gehörte zu einem evangelischen Mädchengymnasium in Wieblingen bei Heidelberg, in das ich im Herbst 1946 mit zehn Jahren eingeschult wurde. Es war 1954, in der Zeit des Kalten Krieges. Vom *Kommunistischen Manifest* verstand ich wenig, wohl aber verstand ich, dass es ein wichtiger Text war, den ich gern verstehen würde. Dieser meiner Lehrerin verdanke ich neben der Freude über ihr verschmitztes Lächeln, das ich noch deutlich vor mir sehe, prägende intellektuelle Anregungen.

Erst als Frau Dr. Lux unsere Geschichtslehrerin wurde, nahm ich sie wahr – worüber ich mich später wunderte, denn sie gehörte dem Kollegium der Elisabeth-von-Thadden-Schule bereits seit 1947 an. Jedenfalls wusste ich nicht, von wem die Rede war, als ich nach meiner Rückkehr von einem einjährigen Schulaufenthalt 1952 / 1953 in den USA von einer Mitschülerin über folgende Neuigkeit informiert wurde: Die Klasse habe jetzt eine Geschichtslehrerin, die, würde man abschreiben, was im *Brockhaus* steht, alles für falsch erachtete. Ich erinnere mich noch an die Irritation der Mitschülerin und zugleich an meine Neugier auf eine Frau, die klüger zu sein beansprucht als ein Lexikon.

Dass ihr Unterricht frei von Pathos war, nahm mich bald für sie ein. Dass sie Distanz zu den Schülerinnen wahrte und uns nicht wie andere Lehrkräfte an sich zu binden versuchte, mochte ich. Mich sprach aber nicht nur ihr Unterrichtsstil an, dem autoritäres Verhalten fremd war, sondern zunehmend auch ihre Geschichtsvermittlung. Indem sie Problemlinien über die Jahrhunderte verfolgte, lehrte sie mich, bei Ereignissen nach ihrem historischen Kontext zu fragen. Indem sie bei zwischenstaatlichen und innergesellschaftlichen Konflikten die Argumente beider Seiten einbrachte, lernte ich, einfachen Lösungen zu misstrauen. So erschwerte sie uns eine Parteinahme beim Deutsch-Französischen

Lateinstunde einer 12. Klasse mit Dora Lux
im Park der Elisabeth-von-Thadden-Schule, 1954

Krieg 1870/1871 um Elsass-Lothringen, stellte sie doch die Gebiets-
ansprüche aus der jeweiligen Sicht als berechtigt dar. Viele historische
Einzelheiten habe ich vergessen, aber diesen Perspektivenwechsel, wie
wir heute sagen würden, nicht.

Gelegentlich ließ Frau Dr. Lux in ihren Geschichtsunterricht Bruchstücke ihres Lebens einfließen, die mich erstaunten. So zum Beispiel,
dass ihr Mann unter Otto von Bismarck als Sozialist im Gefängnis war.
Mich faszinierte an dieser Mitteilung, wie weit ihre Fäden in die Vergangenheit zurückreichten. Später dachte ich: Das kann nicht stimmen,
diese «Geschichte» muss ich mir anlässlich der Behandlung der Sozialistengesetze und einer zufällig zeitgleichen Erwähnung ihres Mannes
zusammengereimt haben. Mittlerweile hat sich herausgestellt, Heinrich
Lux, geboren 1863, mithin fast zwanzig Jahre älter als sie, damals Student der Physik, war 1887 Hauptangeklagter im sogenannten Breslauer
Sozialistenprozess und saß fast zwei Jahre im Gefängnis. Dass ich mich
nicht getäuscht hatte, stärkte mein Vertrauen in die Richtigkeit auch
anderer Erinnerungen an sie. Inzwischen weiß ich, dass die von mir er-
innerten biographischen Einzelheiten mit den vorliegenden Berichten
und Dokumenten übereinstimmen – von einigen Ungenauigkeiten abgesehen. So dachte ich zuerst, ihr Mann sei Rechtsanwalt gewesen. Sie
muss ihn als «Anwalt» bezeichnet haben; er war aber nicht Rechtsanwalt, sondern Patentanwalt.

Meine Lehrerin gehörte zu den ersten Frauen in Deutschland, die
vollimmatrikuliert studieren konnten, zwar nicht in ihrer Heimatstadt
Berlin – dort war sie nur als Gasthörerin zugelassen worden –, wohl aber
in Heidelberg und München. Im Alter amüsierte sie sich über die Un-
verschämtheit, aber auch Verlegenheit männlicher Kommilitonen und
Professoren gegenüber den wenigen Frauen in den Hörsälen – und wir
mit ihr. Die mitgeteilten Episoden ließen mich ermessen, auf welche
Widerstände selbst noch in meinem Zeithorizont Frauen, die studieren wollten, trafen. Und sie ließen mich ahnen, welche Souveränität und
Willensstärke eine Studentin wie Dora Bieber, die spätere Frau Lux,
benötigte, um angesichts solcher Anfeindungen durchzuhalten. Damit
legte sie das Fundament für meine Achtung vor der Frauenbewegung.

Aus Andeutungen entnahm ich, dass Frau Dr. Lux trotz Mann und

23

zwei Töchtern berufstätig geblieben war, und zwar in der Frauenbildung in Berlin. Das interessierte mich, denn ich kannte keine Frau, die mir eine solche Verbindung in überzeugender Form vorgelebt hätte. In meinem Umfeld waren die Mütter Hausfrauen, die berufstätigen Frauen unverheiratet und kinderlos. Eine Ausnahme war die Mutter einer Mitschülerin, eine Kriegerwitwe, und zwei weitere Frauen, deren Männer aus anderen Gründen als Ernährer zumindest zeitweilig ausfielen.

Gelegentlich muss meine Lehrerin erwähnt haben, dass sie durch die Nationalsozialisten ihre Stelle verlor. Aus diesem Hinweis schloss ich, sie sei Jüdin. Vielleicht hatten mich aber auch bereits entsprechende Gerüchte erreicht. Gern hätte ich gewusst, wie sie und ihre Familie die NS-Herrschaft überlebten. Aber danach zu fragen, lag damals jenseits des für mich Vorstellbaren.

Aber nicht nur die Bruchstücke ihrer Lebensgeschichte faszinierten mich schon als junge Frau, auch die Unabhängigkeit ihres Denkens und Verhaltens. Sie erzeugte Irritationen und weckte Skepsis gegenüber dem gesellschaftlichen Selbstverständnis im Nachkriegsdeutschland. So erinnere ich mich an eine Bemerkung anlässlich der Bundestagswahl 1953. Sie muss gesagt haben, dass ihr die Positionen der verschiedenen Parteien ungefähr gleich falsch erschienen und sie eigentlich keine wählen könne. Noch lange verfolgte mich diese für mich befremdliche Einschätzung.

Wenn ich in der Zeit des Kalten Krieges dabei war, den Antikommunismus der Nachkriegszeit zu übernehmen, hatte ich als Stachel ihre gelegentliche Bemerkung im Kopf, es sei doch wohl noch etwas zu früh, sich über den Kommunismus – oder sagte sie Marxismus? – ein abschließendes Urteil zu bilden. So pflanzte sie Zweifel und verwies mich auf den Weg des selbständigen Denkens. Als Schülerin schloss ich aus einer solchen Bemerkung, meine Lehrerin sei Sozialistin oder Kommunistin, inzwischen sehe ich in ihr eine Linksliberale. Dogmatisch war sie jedenfalls nicht. Mich bewahrte später bisweilen eine bei ihr gelernte Sentenz – diesmal aus der römischen Rechtsphilosophie – vor Rigidität. In seiner Schrift *De officiis* (Über die Pflichten) heißt es bei Marcus Tullius Cicero: «*Summum ius, summa iniuria.*» Wörtlich bedeutet dies: «Das strengste (höchste) Recht ist das größte (höchste) Unrecht» – und ist in das Repertoire meiner Merksprüche als «Konsequenz kann inhuman sein» eingegangen.

Solche Denkanstöße erhielt ich am Rande ihrer Philosophie-Arbeitsgemeinschaft, die ich einmal in der Woche nachmittags besuchte. Die AG fand bei ihr zu Hause statt, in ihrem einzigen Zimmer in einer Familienpension am Neckar, in dem sie wohnte, schlief und arbeitete. Ich entsinne es als eher klein und dunkel, mit einem Schreibtisch im Erker, einer auffallend schönen Decke über dem Bett und einem runden Tisch, um den wir uns zu fünft oder zu sechst versammelten. Die Wände schienen aus Büchern zu bestehen; sie lebte mit ihnen im wörtlichen Sinn. Ihr Zimmer soll, wie ich inzwischen hörte, mit einigen wertvollen Möbeln und Teppichen aus den Beständen der Vermieterin ausgestattet gewesen sein, die mir aber entfallen sind. Behalten habe ich die Atmosphäre einer kultivierten Nachlässigkeit, die mich ansprach, aber nicht über die bescheidenen Lebensumstände von Frau Lux hinwegtäuschen konnte. Die Frage drängte sich mir auf, damals diffus, später präzise: Wie kann es sein, dass meine Lehrerin als Leidtragende des NS-Regimes nur ein einziges Zimmer hatte, während die meisten meiner Mitschülerinnen und auch ich inzwischen wieder komfortabel wohnten?

Einer weiteren Erinnerung nachzugehen, steht noch an. Ich höre meine Lehrerin sinngemäß in der genannten Arbeitsgemeinschaft sagen: «Was Cicero in *De senectute* über die Vorzüge des Alterns schreibt, stimmt nicht. Das Alter ist nichts als mühsam und beschwerlich.» Ihre Illusionslosigkeit muss mir imponiert haben. Es wird Zeit, dass ich selbst die Schrift *Vom Alter* lese.

Nach dem Abitur im Frühjahr 1955 wollten einige aus der Klasse, wie ich einem Brief an meinen Vater ins Spandauer Kriegsverbrechergefängnis entnehme, ihr unsere Dankbarkeit bezeugen. Viel scheint nicht daraus geworden zu sein. Ich erinnere mich nur an einen Besuch mit Blumen in ihrem Zimmer, zusammen mit zwei, drei anderen. Das war meine letzte Begegnung mit Frau Dr. Lux.

2

Bild einer Lehrerin

Frau Dr. Lux unterrichtete von April 1947 bis April 1956 in der Elisabeth-von-Thadden-Schule, einem evangelischen Mädchengymnasium
mit angeschlossenem Internat. Sie lehrte Latein und Geschichte und
bot regelmäßig fakultative Arbeitsgemeinschaften in Griechisch und
Philosophie an. Eingesetzt war sie überwiegend in der Oberstufe, zunächst mit vollem Deputat, später mit halber Stelle.[1] Da die Oberstufe
einzügig war, hat sie fast alle Klassen entweder in Latein oder in Geschichte zum Abitur geführt.

Die Schule war 1927 als «Evangelisches Landerziehungsheim für
Mädchen» im leerstehenden Schloss Wieblingen von Elisabeth von
Thadden gegründet worden. Frau von Thadden stammte aus Pommern.[2] Bei der Wiedereröffnung der Schule Anfang 1946 erhielt sie den
Namen ihrer Gründerin, die im September 1944 wegen «Wehrkraft-
zersetzung und Feindbegünstigung» in Berlin-Plötzensee hingerichtet
worden ist. Im Juli 1941 hatte sie nach Schwierigkeiten mit der Gestapo
die Leitung der Schule niederlegen müssen. In den nächsten Jahren, in
denen sie in Berlin einen neuen Wirkungskreis aufzubauen versuchte,
nahm die Entschiedenheit ihrer Gegnerschaft gegen den Nationalsozialismus zu. Damit wuchs ihre Gefährdung, zumal Vorsicht und Misstrauen ihr fremd waren. Im Rahmen einer privaten Einladung zum Tee
am 10. September 1943 hatten sie und ihre Gäste über die absehbare
militärische Niederlage gesprochen und Kontakte zu christlichen Kreisen in den angelsächsischen Ländern befürwortet. Das Gespräch war
von einem Spitzel verraten worden. Im Januar 1944 wurde sie wie auch
andere Teilnehmer der Teegesellschaft verhaftet.

«Im Geiste der Elisabeth von Thadden», wie es in Festschriften und
Reden immer wieder hieß, hatten Frauen und Männer, die ihr nahestan-
den, die Schule ab Herbst 1945 wieder aufgebaut und dafür Sorge getragen, dass niemand, der Anhänger des Nationalsozialismus gewesen

26

war, dem Kollegium angehörte. Tatsächlich waren alle Lehrkräfte in den Leitungsfunktionen der Schule sowie weitere Lehrerinnen und Lehrer Verfolgte und / oder Gegner des Nationalsozialismus gewesen oder hatten zumindest Distanz zur NS-Ideologie gewahrt.

Das Außergewöhnliche in «Wieblingen» in der Nachkriegszeit war nicht die Qualität des Unterrichts. Wie an allen Schulen gab es bessere und schlechtere Lehrerinnen und Lehrer, und es überwog, wie vor 1968 üblich, ein autoritärer Unterrichtsstil. Das Außergewöhnliche war die Ablehnung des Nationalsozialismus durch die Frauen und Männer, die die Elisabeth-von-Thadden-Schule prägten, und zwar nicht erst nach der bedingungslosen Kapitulation und Befreiung. Eine solche Basis der schulischen Zusammenarbeit dürfte in der Nachkriegszeit in Westdeutschland die große Ausnahme gewesen sein. Die Schulen kennzeichnete damals – nach anfänglichen Entlassungen der «belasteten» Lehrer und Lehrerinnen und der baldigen Wiedereinstellung der meisten von ihnen – eine personale Kontinuität der Lehrkräfte, die dem NS-Regime gedient hatten. Das trifft nicht nur auf die staatlichen, sondern ebenso auf die privaten Schulen zu. Im letzten Teil dieses Buchs führe ich die exzeptionelle Ausgangssituation und ihre Folgen weiter aus.

In der ersten Hälfte der fünfziger Jahre war die Elisabeth-von-Thadden-Schule mit etwa fünfhundert Schülerinnen, verteilt auf dreizehn Klassenstufen, klein und überschaubar. Das Schul- und Internatsleben spielte sich im Schloss, dem Hauptgebäude im Landhausstil, außerdem in umgebauten ehemaligen Wirtschaftsgebäuden, darunter eine Scheune, sowie im sogenannten Kavalierhaus ab. Für zusätzliche Unterrichtsräume war ein alter Gasthof, der «Pflug», direkt gegenüber dem ehemaligen Adelssitz angemietet worden. Auf dem Gelände stand eine Kapelle, die bereits zum Gutsbesitz gehört hatte. Hinter den Gebäuden erstreckte sich ein weitläufiger, ummauerter Park, der allen Schülerinnen frei zugänglich war.

Zu den Lehrkräften, die die Schule in der Nachkriegszeit prägten, gehörte zweifelsfrei Frau Dr. Lux. Umso erstaunlicher ist, dass sie in den Festschriften von 1987 und 2002, die zahlreiche Artikel zur Schulgeschichte und zu einzelnen Lehrkräften enthalten, nicht vorkommt.

Sie scheint vergessen. Einzig in den *Wieblinger Rundbriefen* fand ich im Märzheft 1960 einige Zeilen anlässlich ihres Todes von Caroline Rhodius, der damaligen Vorsitzenden des «Ehemaligen»-Vereins. Um doch noch, wenn auch sehr spät, Eindrücke, die sie als Lehrerin in ihrer letzten Arbeitsphase hinterlassen hat, festzuhalten, bat ich Abiturientinnen der Elisabeth-von-Thadden-Schule Erinnerungen an sie aufzuzeichnen. Ich wandte mich an alle meine ehemaligen Mitschülerinnen, die noch erreichbar waren, insgesamt neunzehn Frauen, sowie unsystematisch an einige weitere «Wieblingerinnen» aus anderen Abiturjahrgängen. In meinem Anschreiben hatte ich eigene Erinnerungen skizziert, in der Hoffnung, dadurch ergänzende oder abweichende Mitteilungen anzuregen. Die Resonanz war gut. Im Laufe der Jahre 2003 bis 2008 erhielt ich insgesamt vierunddreißig Zuschriften, meist in Briefform, davon fünfzehn von ehemaligen Klassenkameradinnen und neunzehn von Frauen aus den Abiturjahrgängen 1950, 1952, 1953, 1954, 1956 und 1957.[3] Die Aufzeichnungen umfassen wenige Zeilen bis zu sieben Seiten. Darüber hinaus löste meine Arbeit zahlreiche Gespräche über Frau Lux, über die Schule und über uns selbst aus, in denen wir uns erstmals Dinge mitteilten, die wir nicht voneinander gewusst hatten oder nicht hatten aussprechen können.

Die folgenden Zitate aus den Zuschriften sind gekürzt. Im Text erscheinen die Autorinnen nur mit ihren Initialen, doch im Anhang werden alle «Wieblingerinnen», die durch Aufzeichnungen, Gespräche oder in anderer Form zur Publikation beigetragen haben, namentlich aufgeführt.

Erinnertes nach über fünfzig Jahren

Bei meiner Darstellung bin ich mir der Gefahr der rückwirkenden Überhöhung eines Menschen, der für mich wichtig war, bewusst. Der Gleichklang mancher Aussagen erlaubt aber festzuhalten, dass Frau Dr. Lux auch andere ihrer Schülerinnen nachhaltig beeindruckte. Die Bedeutsamkeit, die ich ihr als Lehrerin zuschreibe, entspringt also nicht nur meiner subjektiven Sicht.

1952

1953

1955

Den Aufzeichnungen sind überwiegend Wertschätzung und Zuneigung zu entnehmen. Nur drei Frauen äußern sich reserviert bis kritisch. Da davon auszugehen ist, dass vorrangig Frauen, die eine positive Erinnerung an sie haben, diese notierten, ist das Ergebnis nicht zu verallgemeinern. Die Zuschriften können aber helfen, ein möglichst umfassendes Bild von ihr zu zeichnen. Sie ergänzen und präzisieren eigene Erinnerungen, relativieren sie aber auch.

Die folgenden allgemeinen Einschätzungen werden beispielhaft mitgeteilt: Frau Dr. Lux wird als «vorbildliche Lehrerin in ihrer liebenswürdigen Nüchternheit» (A. Sch.) bezeichnet; «mit Frl. Schenkel», der Schulleiterin, war sie «die beste und eindrucksvollste Lehrkraft» (U. H.), «die prägende Pädagogin unserer Schulzeit» (B. L.). Mehrere schreiben, sie «geliebt» und «verehrt» zu haben; für zwei ihrer Schülerinnen war sie «die liebste aller Lehrer» (A. H. und A. W.), für eine andere «die einzige Lehrerin, an die ich mit ungeteilten Gefühlen der Zuneigung, der Dankbarkeit, der großen Achtung denke» (A. K.). Weitere äußern sich freundlich, aber nicht emphatisch: «Für mich war sie eine interessante Persönlichkeit, sehr gebildet, sympathisch, bescheiden» (U. K.). Eine der wenigen Kritikerinnen ihres Unterrichts sah in ihr «eine Art Professorin» ohne pädagogische Fähigkeiten (B. A.).

Die Beschreibungen ihrer Erscheinung stimmen weitgehend überein. Sie wird erinnert als eine «schon wirklich alte Frau» (K. W.), mit «kurzen, schiebenden Schritten» (M. Bey.) und einer leisen Stimme, die mal als «brüchig und rau» (I. W.), mal als «monoton» gekennzeichnet wird, und nicht alle «zum Zuhören einlud» (B. G.). Hervorgehoben werden ihre «hohe, fliehende Stirn» (C. Sch.) und «große braune Augen», die es «gut mit uns meinten» (W. H.). Sie wirkte «ein bisschen rundlich» mit «kleinen dünnen Beinen» (I. W.-R.). Die grauweißen Haare sind rückblickend mal «zurückgekämmt zu einem kleinen Knoten» (I. W.-R.), mal «gewellt und kräftig» (B. G.). Es werden ihre «vielen braunen (Alters-)Flecken» erwähnt (I. W.-R.), als hervorstechendes Merkmal des Gesichts aber hat sich ihr Mund ins Gedächtnis mehrerer ihrer ehemaligen Schülerinnen eingeprägt. Er wird als «fleischig, eher nach unten gezogen» (B. G.) bezeichnet, die Lippen als «leicht vorgeschoben» (C. Sch.) und «wulstig» (I. W.-R.).

Ihre Gestik wird als «langsam» beschrieben und wie abwesend: «Ich sehe deutlich ihre Bewegungen, wenn sie zerstreut Buch, Papier und Schreibzeug hin und her schob» (L. T.). Vor allem ist jedoch immer wieder von ihrem Humor zu lesen, ihrem verhaltenen Witz, ihrem Lachen. Sie wird als «zarte alte Dame» bezeichnet mit einem «sanften, hintergründigen Humor» (L. T.). Ihr «verschmitztes Lächeln» wird zum Erkennungszeichen.

Nur selten findet sich eine Bemerkung zu ihrer Kleidung, die auch mir nicht weiter erwähnenswert erschien, sie war weder elegant noch geschmacklos. «Eine kleine, liebenswürdige Eitelkeit» sei dennoch mitgeteilt: Frau Lux, die leicht fror, trug häufig einen Persianermantel. Dessen Innenfutter hatte «eine hübsche Stickerei (für uns damals von Mode noch stiefmütterlich bedachte Mädchen eine Besonderheit). Diesen legte sie immer so ab, dass man die Stickerei sehen konnte» (C. B. und U. F.).

Unterrichtsstil

Es ist ein Phänomen, dass eine «alte Frau», die so gar nicht dem Bild einer erfolgreichen Lehrerin – durchgreifend, schwungvoll und möglichst jung – entspricht, offenkundig von den meisten ihrer Schülerinnen gemocht und respektiert wurde. Hierzu zwei Erklärungen aus dem Abiturjahrgang 1953. Die eine lautete: «Sie hatte es nicht nötig, ständig um Ruhe zu bitten, dafür hatten wir zu viel Hochachtung vor ihr» (L. M.). Die andere: Sie unterrichtete mit «ruhiger, selbstverständlicher Autorität, dabei souveräne Denkweisen und Menschlichkeit vermittelnd» (B. L.). Aus dem Abiturjahrgang 1953 berichten mehrere fast gleichlautend: «Anfänglich versuchten wir bei überraschenden Klassenarbeiten noch zu schummeln, da wir merkten, dass sie nicht mehr so gut hört. Von ihr kam dann: ‹Meine Damen, wie albern.› Bald war es Ehrensache, dass wir total ehrlich arbeiteten» (A. W.). Auch wenn die Zuschriften aus den späteren Abiturjahrgängen diesbezüglich verhaltener sind, so ist doch auffallend, dass in keiner der Erinnerungen Disziplinprobleme als mitteilenswert auftauchen. Und so stellt sich die Frage: Was kennzeichnet das Verhalten von Frau Dr. Lux als Lehrerin?

Disziplin in den Klassen zu halten, auch in Mädchenklassen, war in der Nachkriegszeit überaus schwierig, zumindest kann ich das von der eigenen Klasse mit Bestimmtheit sagen. Selbst noch in der Oberstufe waren wir laut, geschwätzig, unaufmerksam, schwer zu interessieren. Wir standen unter Druck: Den ganzen Vormittag befanden wir uns in einem viel zu engen, viel zu niedrigen Klassenraum im Kavalierhaus des ehemaligen Gutshauses. Meist war die Luft schlecht, und jeweils zwei Schülerinnen waren auf eine schmale Bank gequetscht. Gruppenarbeit an Tischen oder gar Projekte als Teil des Unterrichts mit Gesprächen untereinander und Bewegung im Raum schienen unbekannt oder waren aus Mangel an Platz unmöglich. Wir, keine Kinder mehr, sondern junge Frauen, wurden infantilisiert – und haben uns folglich häufig infantil verhalten.

Noch heute sehe ich verzerrte Gesichter von Lehrerinnen vor mir – wir wurden überwiegend von Frauen unterrichtet –, die brüllten, aus nichtigen Gründen, was ich beschämend für die Lehrerinnen selbst fand. Wie überall, so erzeugten solche Disziplinierungsversuche in unserer Klasse bestenfalls kurzfristig Ruhe, während wir im Kern längst resistent dagegen waren. Bei Frau Dr. Lux aber musste ich nicht wegschauen, denn sie verlor die Fassung nicht. Ihr Gesicht war nie entstellt und abstoßend. Sie entwürdigte weder uns noch sich selbst.

Dabei waren meine Schulerfahrungen in der Elisabeth-von-Thadden-Schule nicht annähernd vergleichbar mit denen, die viele meiner Generation in der Nachkriegszeit mit Lehrern, die noch in der Tradition des Nationalsozialismus unterrichteten, gemacht haben. Ich zweifle nicht daran, dass unsere Lehrerinnen und Lehrer uns zu Demokraten erziehen wollten. Die meisten aber standen noch in der viel älteren Tradition eines autoritären Lehrerverhaltens. Im Kontrast dazu hatte ich in den USA erlebt, wie wohltuend ein demokratischer Unterricht sein kann, was mich vermutlich gegenüber weniger überzeugenden Unterrichtsstilen sensibilisierte.

Auch Frau Dr. Lux machte der Form nach einen traditionellen Unterricht. Sie dozierte und stellte Fragen, von Methodenvielfalt keine

Spur. Ihr Alter und ihre Gebrechlichkeit alleine hätten sie nicht vor unserer Brutalität gerettet. Davon bin ich leider überzeugt. Bei ihr aber sorgten wir untereinander dafür, dass es nicht zu laut wurde.

Respekt ohne Angst

In den Aufzeichnungen ist «Respekt» ein zentraler Begriff, zugleich findet sich nirgends eine Spur von Angst vor Frau Dr. Lux. Mehrmals wird ihr eine «natürliche Autorität» und «kluge Ruhe» zugeschrieben. Sie wird als gleichbleibend freundlich und ausgeglichen erinnert, nie als ungehalten, wohl aber als äußerst korrekt. So meldet sie beim Abitur 1956 «sofort dem Oberschulamt», dass die Klasse den von dort gestellten lateinischen Text bereits im Unterricht übersetzt hatte, «und wir erhielten einen anderen» (U. D.).

Sie behandelte uns Schülerinnen wie junge Erwachsene, überließ uns selbst die Verantwortung, mit dem Ergebnis, dass man sich entziehen konnte, was einige auch taten: «Wer mitarbeiten wollte, konnte viel lernen, doch sie kümmerte sich kaum um Schülerinnen, die unaufmerksam oder unvorbereitet waren oder einfach nicht mitkamen» (U. D.). Eine Mitschülerin, die zu den «Unvorbereiteten» in einer Griechisch-AG gehörte, bestätigt dies: «Ich war immer schlecht vorbereitet, konnte die aufgegebenen Vokabeln nur notdürftig – aber es gab nie ein Wort des Tadels oder eine Forderung nach mehr Anstrengung und Leistung» (M. E.). Folgerichtig trat diese Schülerin alsbald aus der freiwilligen Arbeitsgemeinschaft aus. Die Verantwortung für das eigene Lernen übernehmen zu müssen oder zu dürfen – je nach Sicht –, hatte Frau Dr. Lux selbst als angehende Abiturientin um 1900 erfahren und schätzen gelernt.*

Als Lehrerin war sie unabhängig von unserer Zuwendung und hatte nicht das Bedürfnis wie manch andere Lehrkraft, von ihren Schülerinnen «geliebt» zu werden – mit der damit verbundenen Ungleichbehandlung

---

* Siehe erster Exkurs: Die Gymnasialkurse für Frauen 1893 bis 1909 und Helene Lange als Pädagogin, unter: www.rowohlt.de/doralux

und wechselseitigen Bestechlichkeit. Sie übte weder einen moralischen noch einen emotionalen Druck auf uns aus. Gleichzeitig hat sie keine Schülerin je durch Ironie oder Sarkasmus bloßgestellt oder einen Witz auf Kosten anderer gemacht. Ihr verschmitztes Lächeln signalisierte in sublimer Form das Gegenteil von Herablassung und Überheblichkeit, nämlich Souveränität und Verständnis.

Eine meiner Klassenkameradinnen findet dafür Worte, in denen ich ihre Wirkung auf mich wiedererkenne: «Frau Lux vermittelte uns – so empfand ich es – Akzeptanz, nicht Nähe, nicht Zuwendung, aber vielleicht ein gewisses Maß an Wohlwollen und positiver Erwartungshaltung. Ich schaute sie gern an, dieses stimmige Gesicht mit den braunen, leicht verhangenen Augen und dem breiten Mund mit der vollen, leicht hängenden und manchmal zitternden Unterlippe. Sie strahlte Abgeklärtheit, Weisheit, Güte aus. Aber auch Distanziertheit. Sie war absolut authentisch. Nachdem ich das nach fünfundfünfzig Jahren mit einem heutigen Vokabular beschreibe, müsste ich eigentlich daraus folgern, dass ich diese Ausnahmepersönlichkeit schwärmerisch angebetet und verehrt hätte. Aber dem war nicht so. Ich glaube, das verhinderte sie durch ihre deutliche Abgrenzung. Man konnte in der Begegnung mit ihr auch authentisch sein. Das war wohl das Faszinosum» (M. E.).

Die Geschichts-, Latein- und Griechischlehrerin

Mit ihrer Liebe zu den Fächern steckte sie so manche von uns an. Wenn die Unterrichtsinhalte auch mehr oder weniger verblasst sind, der Eindruck, den «ihr fundiertes Wissen und ihre akzeptierende menschliche Haltung» (H. B.-B.) machten – wie eine Mitschülerin ihre Qualitäten auf den Punkt bringt –, ist bei vielen noch lebendig. Ihre umfassende Bildung, ihr hoher Anspruch und ihre Genauigkeit mögen der Grund sein, warum nicht nur ich, sondern auch weitere ehemalige Schülerinnen, die sich zu ihr äußerten, bis heute fast einhellig den Doktortitel zu ihrem Namen setzen, nicht aber bei anderen Lehrkräften, die ebenfalls promoviert waren. Der Doktortitel gehörte offenbar zu ihrer Person wie ihre Gelehrsamkeit.

Frau Dr. Lux unterrichtete in der Schule vor allem Latein – allerdings nicht in unserer Klasse –, das in den Klassen 7 bis 13 obligatorisch war. Hierzu zitiere ich beispielhaft die Würdigung einer Abiturientin von 1950: «Mit ihr rückte der Lateinunterricht sofort auf eine höhere, umfassendere, anspruchsvollere Stufe – Latein war quasi unser zentrales Fach, da als einziges nicht Nazi-infiziert. Wir schrieben – wie überall – viel mit, denn Gedrucktes gab es kaum. Die grammatikalischen Merksätze, die häufig abgehört wurden, werfen wir uns noch heute an den Kopf ... Sie war sehr genau, ließ nichts durchgehen, war dabei aber immer liebenswürdig. Wir schätzten und achteten sie hoch. Wie gut ihr Unterricht war, merkte ich wieder, als ich meine fünf Kinder, die aufs humanistische Gymnasium gingen, in Latein abhörte» (U. H.).

Erwähnt werden soll, dass mehrere «Wieblingerinnen» bei ihr privat Latein nachholten. So eine Mitschülerin, die erst nach der mittleren Reife in unsere Klasse kam und überhaupt keine Lateinkenntnisse mitbrachte: «Ich empfand respektvolle Bewunderung gegenüber Frau Dr. Lux, die einerseits mütterlich, andererseits sehr streng meine Lateinfortschritte unterstützte» (M. B.). Auch andere fanden dank der guten Privatstunden bei ihr alsbald den Anschluss.

Die wohl intensivsten Lernerfahrungen wurden in den Griechisch-Arbeitsgemeinschaften gemacht, die in sehr kleinen Gruppen bei ihr zu Hause stattfanden. Das bezeugen Zuschriften von neun Teilnehmerinnen (Abiturjahrgang 1953, 1954 und 1955) aus zwei Kursen. Ich selbst nahm nicht an einer solchen AG teil, vermutlich weil ich im ersten Halbjahr des Kurses noch in den USA war und nicht nachlernen wollte. Eine ehemalige Schülerin, die 1953 Abitur gemacht hatte, schreibt: «Die lebendigsten Erinnerungen an unsere verehrte Lehrerin Frau Dr. Lux entstammen der Begegnung mit ihr in der Griechisch-Arbeitsgemeinschaft. Ich erinnere eine freudig-gesammelte Atmosphäre ohne Schulleistungsdruck. Was mir im Nachhinein besonders eindrücklich ist, war die Methode, uns so früh wie möglich an griechische Literatur hinzuführen. Dabei verhakte man sich nicht an grammatikalisch besonders schwierigen Stellen, die wurden aufgeknotet und erklärt, sondern es war unserer Lehrerin wichtig, uns die Freude an Sprache und Text zu vermitteln und zu erhalten. Und das ist ihr gelungen. Wir fünf haben nicht nur Griechisch bei Frau Dr. Lux gelernt, sondern haben uns an einer gebildeten, herzlichen, großen Lehrerin ausgerichtet» (C. Sch.). Eine andere aus dem Kurs zeigt sich noch heute beeindruckt von ihrer Rezitationskunst: «Wir lasen Plato – meines Wissens *Symposium* –, und das war ein unvergesslicher Höhepunkt: Frau Dr. Lux zitierte Sappho-Verse, nuschelte etwas, sehr rhythmisch mit schweren Lippen und vollen Tönen» (A. K.).

Eine der ursprünglich vier Teilnehmerinnen aus dem späteren Kurs berichtet demgegenüber nüchtern: «In ihrer ruhigen Art, nie tadelnd oder penetrant lehrerhaft, forderte sie doch eine Menge von uns, die wir schon durch die vielen Morgenstunden etwas strapaziert waren. Kaum hatten wir uns einigermaßen an das griechische Alphabet gewöhnt, da sollten wir den Anfang der *Odyssee* auswendig lernen. Die große Anfangsanstrengung schubste uns gleich mitten hinein in die Sprache. Das war der Vorzug. Aber bald waren wir nur noch drei» (M. Bey.). Aber auch diejenige, deren Anstrengungsbereitschaft nicht ausgereicht hatte, erinnert sich: «Frau Lux las uns die griechischen Texte vor, und es klang wie eine rhythmische Musik. Ich liebte es, ihr zuzuhören, und wollte eigentlich die Inhalte gar nicht wissen, aber ich hätte es gern so lesen können» (M. E.). Eine weitere schreibt, sie habe den Griechischunterricht «im wahrsten Sinne des Wortes genossen» (A. H.). Frau Dr. Lux hat den von Texten und der Sprachmelodie ausgehenden Spracherwerb in ihrer Abiturvorbereitung um 1900 selbst erlebt – dazu später mehr.

Die Philosophie-Arbeitsgemeinschaften, auf die acht Frauen eingehen, werden freundlich, aber ohne großen Enthusiasmus kommentiert. Die AG für unsere Klasse bestand im Wesentlichen aus einer Einführung in die verschiedenen Schulen der antiken Philosophie. Die erwähnte Marx-Lektüre im Park fand übrigens nicht, wie sich inzwischen klären ließ, innerhalb dieser AG statt, sondern war ein weiteres fakultatives Angebot im Sommer 1954. Wichtiger als der Inhalt der Arbeitsgemeinschaft war für mich, dass wir uns bei Frau Dr. Lux zu Hause trafen. Die Wohnungen anderer Lehrerinnen und Lehrer je betreten zu haben, erinnere ich nicht. Hier aber waren wir, ohne die geringste Peinlichkeit, im privaten Bereich, dem einzigen Zimmer, willkommen.

Zu Frau Dr. Lux als Geschichtslehrerin werde ich im letzten Teil des

Buches gesondert eingehen (siehe das Kapitel: «Eine Geschichtslehre-rin gegen den Zeitgeist», S. 293). Hier soll nur ihre schon mehrmals erwähnte «Genauigkeit» hervorgehoben werden. Eine Mitschülerin erinnert: «Wir hatten in der Unterprima gerade irgendein Kapitel der deutschen Geschichte abgeschlossen (den Dreißigjährigen Krieg viel-leicht) und wurden aufgefordert, schriftlich zu resümieren, was gelernt und besprochen worden war. Das schien mir ganz unproblematisch. Ich legte leichthin los und war bald fertig. Frau Dr. Lux sah das, kam zu mir, nahm meine Blätter, setzte sich wieder vorn an ihren Tisch und be-trachtete mein Geschreibsel lange. Erstaunlich lange, wie ich fand. Aber schließlich machte sie ja alles langsam und bedächtig. Als sie mir die Blätter wiedergab, stellte ich fest, dass etliche Kringel am Rand waren und kleine Bemerkungen dazu. Befremdet entzifferte ich das Angestri-chene. Mein ‹also›, las ich, sei kein richtiges ‹also›; an anderer Stelle war ein ‹damit› kein ‹damit›, und am Ende gab es noch ein ‹darum›, das kein ‹darum› war. Ich war entrüstet über die Kritik an meiner Darstellung; denn ich bildete mir ein, klar und genau zu sein. Es dauerte eine Weile, bis ich mir eingestand, dass die Kringel nicht unberechtigt waren. Aber dann konnte man ja gar nichts rasch niederschreiben!, sagte ich mir, musste stets unendlich gewissenhaft sein und alles auf die Goldwaage le-gen. Wie anstrengend. Nun: Das war sozusagen eine Lehre fürs Leben. Für meine spätere Tätigkeit [als Romanistin] war das nicht unwichtig» (M. Bey.).

Für die Mitschülerin konkretisiert sich die erinnerte Genauigkeit un-serer Lehrerin im Beharren auf korrekten und logischen Satzverknüp-fungen. Eine ähnliche Verbindung von Genauigkeit und logischem Denken sehe ich in den zahlreichen Begriffsdefinitionen, mit denen sie unser Abstraktionsvermögen herausforderte.

Erinnertes und Vergessenes

Es gibt einige Erinnerungen an Frau Dr. Lux, die ich nur mit wenigen teile, und andere, die ich mit niemandem teile. Das ist nicht weiter be-fremdlich. Aus Gründen, die in den Individuen selbst liegen, hat jeder

Einzelne spezifische Erinnerungen, die von denen anderer an dasselbe Ereignis oder an dieselbe Person mehr oder weniger abweichen. Das gilt bezogen auf Frau Lux speziell für die Erinnerungen, die ihre Lebensgeschichte und ihr Politikverständnis betreffen.

Jeweils nur eine Mitschülerin entsinnt sich oder hält für erwähnenswert, dass sie zur ersten Studentinnengeneration gehörte (I. W.) und in der Frauenbildung in Berlin tätig war (M. B.). Dass ihre Tochter in Kanada lebte – es handelt sich um Gerda Lux, verheiratete Voss – entnahm ich einer Bemerkung im Unterricht im Zusammenhang mit einer bevorstehenden oder erfolgten Reise dorthin. Niemand außer mir scheint sie vernommen zu haben. Ich habe sie vermutlich deshalb behalten, weil ich daraus schloss, die Tochter sei während des Nationalsozialismus rechtzeitig emigriert. An mein damit verbundenes Gefühl der Erleichterung erinnere ich mich genau. Inzwischen weiß ich, dass Gerda Voss erst 1953 nach Kanada auswanderte.

Nur eine der Frauen berichtet, über die weit zurückliegende politische Verfolgung ihres «viel älteren» Mannes gehört zu haben, «der noch im Kaiserreich mit dem Sozialistengesetz unter Bismarck in Konflikt kam. Leider alles ‹on dit› von anderen» (A. Sch.). Dass ihr Mann unter Bismarck als Sozialist im Gefängnis saß, hat Frau Lux aber in unseren gemeinsamen Geschichtsunterricht einfließen lassen, dessen bin ich sicher, wie auch die anderen lebensgeschichtlichen Ereignisse.

Eine Mitschülerin schreibt: «Es ging damals das Gerücht, sie sei Jüdin und Kommunistin» (H. B.-B.). Zwar ist das Gerücht bezogen auf «Kommunistin» falsch, interessant ist es gleichwohl, zeigt es doch, wie schnell jemand, die im Kalten Krieg dem Antikommunismus gegenüber Distanz wahrte, in den Verdacht, selbst eine Kommunistin zu sein, geriet. Darüber hinaus werden keine politischen Einstellungen oder Meinungen mitgeteilt. In der Hoffnung, doch noch Erinnerungen wachzurufen, habe ich gezielt bei einigen Frauen nachgefragt, leider ohne Ergebnis.

Bemerkenswert ist, dass von den vierunddreißig Frauen, auf deren Erinnerungen an Frau Lux ich zurückgreifen kann, nur sieben angeben, ihre jüdische Herkunft gekannt oder zumindest geahnt zu haben.

Ich habe lange gescheut, mir und anderen einzugestehen, was mich an der Erscheinung meiner Lehrerin am meisten faszinierte, aus Angst, damit ein antisemitisches Klischee zu bedienen, mit dem ich nichts zu tun haben will. Ihr Gesicht traf in mir auf das Bild «des Juden» in der NS-Propaganda, das ich als Kind gesehen haben muss und offenbar noch in mir trug. In Gestalt von Frau Lux erschien es mir überaus liebenswürdig. Im Umspringen des Bildes verdichtete sich die emotionale Beziehung zu ihr.

Woher ich wusste, dass meine Lehrerin jüdischer Herkunft war, kann ich nicht sagen. Aber ich war mir dessen sicher, und dieses Wissen durchzieht meine Erinnerungen an sie. In meinem Anschreiben an ehemalige Mitschülerinnen hatte ich sie als Jüdin bezeichnet – und nenne sie bisweilen noch immer so, obwohl inzwischen ihre Tochter Frau Voss, nachdem sie Teile des Manuskripts gelesen hatte, einwandte: «Ich sehe es nicht gerne, dass Sie meine Mutter als Jüdin bezeichnen, sie hatte es selber abgelehnt, denn sie war evangelisch getauft und erzogen. Obwohl sie ungläubig war, hat sie sich kulturell dem Christentum verbunden gefühlt, zum Beispiel bestand sie darauf, dass ich an dem Religionsunterricht in der Schule teilnahm, weil es zu unserer Kultur gehörte.»[4]

Vor der Schwierigkeit der Bezeichnung stehen alle, die nach 1945 über Menschen «jüdischer Herkunft» schreiben. Hierzu die Wissenschaftlerin und Publizistin Hiltrud Häntzschel: «Wer aber ist *jüdisch*? Die Verlegenheit im Umgang mit dem Prädikat hat ihre Ursache nicht nur in der durch die Geschichte verdunkelten, ja mörderischen Aura dieser Zuschreibung, sondern vielmehr in der Konkurrenz bzw. Überlagerung ethnischer, religiös-konfessioneller, sozialgeschichtlicher und politischer Definitionen. Da heißt erstens die traditionelle Definition: Jude ist, wer eine jüdische Mutter hat. Da gilt zweitens als Jude oder Jüdin, wer sich zum jüdischen Glauben bekennt. Gegen die dritte Definition, die 1933, dann 1935 erweitert, Millionen zu Juden und damit zu Objekten der Vernichtung macht: gegen die rassische also, wehren wir uns vehement und benützen sie doch, indem wir Personen unseres

Samples – gegen ihren Willen – aufgrund ihres fehlenden Ariernach-
weises und dessen Folgen rückwirkend als *jüdisch* markieren.»[5]

Bei Dora Lux, geborene Bieber, gehörten beide Großmütter und
beide Großväter der jüdischen Religionsgemeinschaft an. Ihre Eltern
waren 1887 aus dem Judentum ausgetreten. Vieles weist darauf hin, dass
sie sich von Jugend an nicht als Jüdin sah und dieses Selbstbild auch
während des Nationalsozialismus und in der Nachkriegszeit aufrechterhielt. Mir ist erst anhand ihrer Biographie bewusst geworden, wie
selbstverständlich auch ich Juden gemäß der NS-Ideologie über die
Abstammung definierte und wie stark ich damit gegen das Recht auf
Selbstdefinition verstieß.

Frau Lux hat nie über ihre jüdische Herkunft und über die Umstände
ihres Überlebens in der NS-Diktatur gesprochen, zumindest erinnert
sich niemand daran, auch ich nicht. In einer der Zuschriften steht: «Wir
ahnten, dass sie mit einem schweren Schicksal behaftet war, aber als junger Mensch sah man verhältnismäßig unbekümmert darüber hinweg»
(C. E.). Neben jugendlicher Unbekümmertheit verhinderte Befangen-
heit ein Nachfragen: «Persönliches traute ich mich niemals zu fragen,
und sie redete nie von früheren Tagen» (A. W.). Und verallgemeinernd:
«Die NS-Zeit wurde nicht thematisiert. Über Juden wurde nicht gesprochen. Damals hat man nicht gewagt zu fragen, was in den Jahren
davor war» (D. B.-K.). Aber nicht nur Scheu erklärt im Rückblick das
Schweigen, sondern auch die Okkupation durch anderes: «Privatleben
hatten die Lehrer für uns nicht, es war kein Thema, wir wussten kaum
ihre Vornamen. Die Zeiten waren auch schwierig, die Schule im Aufbau,
wir waren froh, dass es sie gab, das tägliche Leben zu Hause aufreibend»
(U. H.). Dazu abschließend: «Nein, die Schicksale unserer Lehrer haben
uns wohl nicht interessiert. Ich wüsste zu keinem etwas zu sagen ... Ob
wir noch kein Geschichtsbewusstsein hatten, zu viel mit uns selbst beschäftigt waren, dass wir keine Fragen stellten? Ich weiß es nicht» (E. H.).

Auffallend ist, dass unter den sieben Frauen, welche die jüdische
Herkunft unserer Lehrerin kannten oder wenigstens ahnten, vier unter den ersten Schülerinnen waren, die sie zum Abitur führte (1950):
Eine, deren Mutter als «Halbjüdin» in einer sogenannten «privilegierten Mischehe» überlebt hatte, kannte Frau Lux auch privat (M. A.-G.).

Eine andere erfuhr es «über eine Mitschülerin … die ein Zimmer im gleichen Haus wie Frau Dr. Lux hatte» (D. B.-K.). Eine weitere entnahm es «einer flapsigen Bemerkung von Frl. Pretorius, sie sähe aus wie ein Wüstenreiter» (U. H.) – angemerkt sei, dass Fräulein Pretorius, die dem Schulkollegium ebenfalls angehörte, als «Halbjüdin» während des Nationalsozialismus selbst Berufsverbot hatte. Die Kenntnis, die in den ersten Nachkriegsjahren unter den Schülerinnen noch vorhanden war, muss in der Folgezeit fast ganz verlorengegangen sein.

Eine Tagebucheintragung von 1948

Zum Abiturjahrgang 1950 gehörte auch Larissa Pfeifer, geborene Adam. Aus ihrem Tagebuch stammt die einzige mir bekannte Aufzeichnung zu Frau Lux aus ihrer Wieblinger Zeit. Es handelt sich hier also nicht um Erinnerungen, die nach vielen Jahren aufgeschrieben wurden, wie bei den anderer ehemaliger Schülerinnen, sondern um unmittelbare Eindrücke aus der damaligen Schulzeit. Larissa Pfeiffer besuchte die Elisabeth-von-Thadden-Schule von Herbst 1946 bis zum Abitur 1950. Ihre Familie war aus Ungarn ausgesiedelt worden; ihr Vater befand sich noch in sowjetischer Kriegsgefangenschaft. Im Juli 1948 schrieb sie: «Am 22. Juli haben wir die Zeugnisse bekommen. Mein Zeugnis ist besser ausgefallen, als ich es gehofft habe. In Latein und in Deutsch stehe ich auf 2–3! Ich muss gestehen, dass ich Latein immer lieber habe, und ich weiß ganz bestimmt, dass zu dieser Lateinliebe sehr viel unsere Lateinlehrerin, Frau Lux, beigetragen hat. Obwohl sie eine Jüdin ist, eine echte Jüdin, das mich am Anfang so befremdete, sie ist eine fabelhafte Lehrerin. Sie gab neben Latein auch alte Geschichte bei uns, und ich habe immer die Stunden erwartet. Ich habe sie sehr gerne, wenn es geht, dann möchte ich in Latein auf eine Zwei kommen.»

Der Verhaltenheit und Vorsicht in den Aufzeichnungen aus den Jahren 2003 bis 2008 steht das eindeutige, aber irritierende Wissen von Larissa Pfeiffer aus dem Jahr 1948 gegenüber: «Obwohl sie eine Jüdin ist, eine echte Jüdin, das mich am Anfang so befremdete, sie ist eine fabelhafte Lehrerin.» Diesen einen Satz könnte man einer Abhandlung über die

fehlende Normalität im deutsch-jüdischen Verhältnis in der Nachkriegszeit voranstellen! Man versteht, warum Frau Dr. Lux darüber, dass sie
der Herkunft nach Jüdin war, einfach nicht sprechen wollte und konnte.
Das Unverständnis, das sie erst hätte wegräumen müssen, war zu groß.

Aufnahmebereitschaft

Die Frage steht an, warum gerade ich – verglichen mit den Mitschülerinnen – relativ viel aus dem Leben und Denken von Frau Dr. Lux
behalten habe. Als Erklärung kommt einiges zusammen: Mein Vater,
der als Kriegsverbrecher verurteilt war – und die für mich deswegen sub-
jektiv notwendige Auseinandersetzung mit dem Nationalsozialismus.
Mein einjähriger Aufenthalt in den USA – und die damit verbundene
Horizonterweiterung. Mein schon damals bestehendes Interesse an Politik und Geschichte – und mein Wunsch, am Aufbau einer besseren
Welt mitzuwirken.

Dass es mir Ernst mit der Völkerverständigung war, lässt sich daraus
ablesen, dass ich, damals knapp siebzehn Jahre alt, bei der UNO in New
York um einen Termin nachsuchte und auch bekam, um mich beraten zu
lassen, wie ich mich ausbilden sollte, um später für die Vereinten Nationen arbeiten zu können.[6]

Diese Aufbruchsbereitschaft ließ mich einer alten, klugen und liebenswürdigen Frau mit allen Sinnen zuhören. Von ihr konnte ich sowohl Verunsicherungen als auch Orientierungen annehmen. Vor diesem
Hintergrund wurde für mich bedeutsam, dass meine Geschichtslehrerin «Jüdin» war, die erste, mit der ich in Deutschland bewusst in Be-
rührung kam. Davor war ich wissentlich nur in den USA 1952/1953,
durchaus mit innerer Bewegung, einigen Juden in der uns betreuenden
Austauschorganisation «American Field Service International Scholar-
ships» (AFS) begegnet, darunter dem Gründer und Leiter, dem hoch-
herzigen, unvergessenen Stephen Galatti.

Meine Hinwendung zu Frau Dr. Lux erklärt sich aus dem Zusammentreffen meiner damaligen Suchhaltung mit ihrer überzeugenden
Persönlichkeit und ihrer außergewöhnlichen Lebensgeschichte.

42

TEIL 2

Eine Wegbereiterin

3

Kindheit, Jugend und Schule 1882–1898

Dora Lux, geborene Bieber, erzählte ihren Töchtern von einem Eselwagen, einem Ententeich mit einer Insel, auf die sie und ihre Geschwister sich retteten, wenn sie der Köchin Zucker gestohlen hatten, und von Bäumen, auf die sie kletterten, um sich vor dem Hauslehrer zu verstecken. Dies waren ihre frühesten Erinnerungen. Sie war überzeugt, eine schöne Kindheit gehabt zu haben, auf dem Land, mit zwei Schwestern und zwei Brüdern.

Kindheit in der preußischen Provinz Posen

Dora Bieber wurde am 27. Oktober 1882 auf dem Gut Bismarckshöhe bei Hammer, Kreis Czarnikau (Czarnków) im Netzebruch, geboren. Dort war bereits am 15. Februar 1881 ihr älterer Bruder Wilhelm zur Welt gekommen. Am 18. Februar 1884 folgte die Geburt ihrer jüngeren Schwester Marie Anna, genannt Annemarie, auf einem Gut bei Schneidemühl, achtzig Kilometer nordöstlich von Posen (Poznań). Die sieben Jahre jüngere Schwester Elsbeth, mit Rufnamen Else, wurde 1889 in Groß Zalesie (Königsfeld) geboren, der neun Jahre jüngere Bruder Friedrich, genannt Friedl, 1891 in Lissa (Leszno). Die vier verschiedenen Geburtsorte der fünf Geschwister geben einen ersten Hinweis auf das unstete und ungesicherte Leben der Familie.

Es handelt sich um Orte im heutigen Polen, die man kaum oder gar nicht auf der Karte findet, die in einer seenreichen, von Flüssen durchzogenen Landschaft liegen, im Schnitt etwa hundert Kilometer östlich der Oder, und zwar – bis auf das westpreußische Schneidemühl (heute Piła) – in der ehemaligen preußischen Provinz Posen. Die Provinz Posen existierte von 1812 bis 1920, zeitweilig mit einem Sonderstatus innerhalb Preußens. Entstanden war sie durch die Teilungen des Doppelstaats Polen-Litauen 1772 und 1793 sowie durch die politischen Neuordnungen Mitteleuropas nach den Napoleonischen Kriegen. Davor, vom frühen Mittelalter bis ins späte 18. Jahrhundert, gehörte das Gebiet zum Kernland des Königreichs Polen. Entsprechend überwog die polnische Bevölkerung; sie machte, als Dora Bieber und ihre Geschwister dort heranwuchsen, 60 Prozent von rund 1,7 Millionen Einwohnern aus (Stichjahr 1890). Trotz einer forcierten preußischen Siedlungspolitik sprachen die Menschen mehrheitlich Polnisch. Entgegen einer verbreiteten Annahme, in der preußischen Provinz Posen hätten sehr viele Juden gelebt, lag ihr Bevölkerungsanteil bei 2,5 Prozent.

Die Geschwister Bieber müssen von polnischsprechenden Menschen umgeben gewesen sein, denn Frau Lux konnte sich auch später noch auf Polnisch verständigen. Diese und weitere Details der Familienüberlieferung wurden mir schriftlich oder mündlich von Gerda Voss übermittelt. Was die Tochter von Frau Lux berichtete, konnte ich anhand von Dokumenten im Familienbesitz und eigenen Recherchen teils erhärten, teils ergänzen.

Die Familie zog von Ort zu Ort, weil der Vater Georg Bieber (1854–1920) als Gutsbesitzer und später als Gutsverwalter wenig Fortune hatte. Dessen Vater Joachim Bieber hatte ihn in jungen Jahren als «Eleven» zur Ausbildung aufs Land geschickt, weil Georg, so wurde vermutet, im Unterschied zu seinen beiden jüngeren Brüdern kein guter Schüler war. Als er 1879 mit fünfundzwanzig Jahren heiraten und eine Familie gründen wollte, ermöglichte Joachim Bieber seinem Sohn eine gesellschaftlich angesehene Existenz, indem er ihm das Rittergut Bismarckshöhe kaufte. Ein Rittergut war ein großes land- und forstwirtschaftlich genutztes Anwesen von mindestens hundert Hektar, das spätestens im 19. Jahrhundert jeder, der Geld hatte, mitsamt dem Titel «Rittergutsbesitzer» käuflich erwerben konnte.

Joachim Bieber (1826–1891) knüpfte damit an seine eigene Entwicklung an. Er selbst führte bereits – spätestens seit 1854, mit achtundzwanzig Jahren – den Titel «Rittergutsbesitzer in Magdeburg» und signalisierte damit seinen gesellschaftlichen und ökonomischen Aufstieg. Unwahrscheinlich ist, dass er tatsächlich Landwirtschaft betrieb. Jedenfalls wohnte er nicht auf dem Land, sondern in der Stadt

Magdeburg, wo nachweislich seine drei Söhne zwischen 1854 und 1858 geboren wurden. Er war – vermutlich als Getreidehändler – Mitte des 19. Jahrhunderts schnell zu Wohlstand gekommen. Dazu beigetragen hatte seine Mobilität in einer Zeit, in der die nichtjüdische Landbevölkerung größtenteils noch an ihrer Scholle klebte oder aus schierer Not in die Städte abwanderte und dort überwiegend ins Proletariat abglitt. Joachim Bieber aber stand in der Tradition der jüdischen Kleinhändler, eine Bürde, aber auch eine Einübung in Eigeninitiative, die sich im gesellschaftlichen Umbruch um 1850 als vorteilhaft erwies.

Er zog von Preußisch Stargard in Westpreußen, wo er aufgewachsen war, möglicherweise mit Zwischenstationen nach Magdeburg. Von dort siedelte er irgendwann nach Stutthof bei Althamm über, das später zur Stadt Stettin gehörte. 1870 erwarb er in Berlin ein Grundstück von über 1100 Quadratmetern und ließ es mit einem stattlichen Miets- und Geschäftshaus, einschließlich Hinterhof, bebauen. Das Anwesen lag nicht weit vom Berliner Schloss, direkt gegenüber dem Luther-Denkmal am Neuen Markt und schräg gegenüber der Marienkirche. Dort wohnte er von 1872 bis zu seinem Tod 1891. Im Jahr 1872 ist er im Berliner Adressbuch noch als «Kaufmann» verzeichnet, danach durchgängig als «Rentier». Aus diesen Indizien schließe ich, dass er ab seinem siebenundvierzigsten Lebensjahr nur noch seinen Haus- und Grundbesitz und sein sonstiges Vermögen verwaltete.[1] Ein bemerkenswertes Detail der Biographie von Joachim Bieber ist, dass er nach dem frühen Tod seiner Frau Dorothea, geborene Dyrenfurth, die kurz nach der Geburt ihres dritten Sohnes 1858 in Magdeburg gestorben war, nicht mehr heiratete und seine drei Söhne alleine – wenn auch mit Hausangestellten – aufzog. In einer allerdings ganz anderen Familienkonstellation wird später sein Sohn Georg Bieber seine Vaterrolle ähnlich umfassend wahrnehmen und die wichtigste Bezugsperson für seine Töchter Dora und Annemarie werden, weit wichtiger als die Mutter.

Im Gegensatz zu seinem Vater hatte Georg Bieber keine beruflichen Erfolge aufzuweisen. Das Rittergut Bismarckshöhe, den Geburtsort von Dora Bieber, konnte er ebenso wenig halten wie ein dafür eingetauschtes kleineres Gut. Spätestens Anfang 1884 muss er gezwungen gewesen sein, seine Selbständigkeit als Gutsbesitzer ganz aufzugeben.[2] Von 1887 bis 1890 verwaltete er, nach einem weiteren Ortswechsel, eine staatliche Domäne und führte den Titel «königlicher Guts-Administrator». Aber auch hier reüssierte er nicht: «Er konnte nicht wirtschaften. Außerdem hat er sich mit allen verkracht, er wollte sich nicht unterordnen», so Gerda Voss im Gespräch. Seine beruflichen Schwierigkeiten resultierten aber nicht nur aus seiner Unangepasstheit, sondern auch aus der damaligen Agrarkrise, die viele Gutsbesitzer und Gutsverwalter in den östlichen Provinzen Preußens in den finanziellen Ruin trieb.

Im Herbst 1891 zog die Familie nach Berlin. In der folgenden Zeit übte Georg Bieber verschiedene bescheidene Berufe aus, finanziell ging es ihm nicht gut. Über mehrere Jahre betrieb er in seiner jeweiligen Wohnung eine Sprachenschule, zunächst angebunden an die Berlitz Sprachenschulen, später als kleiner Selbständiger. Offiziell führte er den wohlklingenden Titel «Director of School of Languages». Ab 1902, mit achtundvierzig, nannte er sich «Privatbeamter», die damals übliche Bezeichnung für Angestellte vor allem in Handel und Industrie.

Als Georg Bieber 1920 starb, wurde bekannt, dass er über Jahre eine «Nebenfamilie» – so die Bezeichnung von Frau Voss – mit zwei weiteren Kindern gehabt hatte. Über die «Nebenfamilie» ist, außer dass sie existierte, nichts überliefert. Dass er jahrelang drei weitere Personen ernährte, trug rückwirkend zur familieninternen Erklärung seiner ständigen Geldknappheit bei. Von Dora Lux ist als stehende Wendung überliefert: «Er war ein guter Vater, aber kein guter Ehemann.»

Übertritt vom Judentum zum Protestantismus

Die Eltern sowie die vier Großeltern von Dora Bieber gehörten zur jüdischen Minderheit im damaligen Preußen. Um alle Rechte eines Bürgers und um eine bestimmte Stelle zu erhalten, ließ sich Georg Bieber am 22. Juni 1887 in Schneidemühl zusammen mit seiner Frau und den drei bereits geborenen Kindern Wilhelm, Dora und Annemarie evangelisch taufen.[3] Georg Bieber, der laut Frau Voss «nie ein praktizierender Jude gewesen war», verließ die jüdische Religionsgemeinschaft, um als «königlicher Guts-Administrator» eine Staatsdomäne verwalten zu können. Der Inhaber dieser Stelle war per Definition Staatsbeamter. Juden war der Staatsdienst – trotz des preußischen Emanzipationsedikts von 1812 und trotz des Gleichheitsgrundsatzes in der Reichsverfassung von 1871 – weitgehend verschlossen. Die Position eines Beamten selbst minderen Ranges einzunehmen, wurden ihnen speziell in der Provinz Posen verwehrt, in der nachwirkte, dass hier das Emanzipationsgesetz von 1812 keine Gültigkeit erhalten hatte.[4] Die Stelle als «königlicher Guts-Administrator» aber brauchte Georg Bieber, nachdem seine anderen Versuche, als Landwirt den Lebensunterhalt seiner Familie zu sichern, gescheitert waren.

Selten wird in einer Familienüberlieferung der Austritt aus dem Judentum so klar und eindeutig mit der ökonomischen Opportunität begründet. Manch andere jüdische Familie wehrte den Verdacht des Opportunismus durch die Angabe immaterieller Gründe ab. Eine solche Nüchternheit und Unabhängigkeit von der Meinung anderer zeichnet die Familie Bieber generell und Dora Lux, geborene Bieber, im Besonderen aus.

Der Wunsch, Reserveoffizier zu werden

Der ökonomische Zwang war nur der letzte Auslöser für die Entscheidung von Georg Bieber, sich taufen zu lassen. Davor liegt die tiefe Enttäuschung darüber, dass er nicht hatte Reserveoffizier werden können,[5] obwohl er alle Voraussetzungen erfüllte: Er hatte eine höhere Schule mit der mittleren Reife abgeschlossen und den verkürzten Wehrdienst als «Einjährig-Freiwilliger» erfolgreich absolviert. Er stammte aus einer Familie, die seine Ausrüstung und Versorgung während des Wehrdiensts bezahlt hatte und auch alle anstehenden Kosten für Ausstattung und Militärübungen eines Reserveoffiziers getragen hätte. Vor allem aber konnte er die bestandene Prüfung und die Bescheinigung seines Regimentskommandanten, dass er zum Reserveoffizier geeignet sei, ausgestellt 1875, vorweisen.[6] Dennoch wurde er zurückgewiesen – aus dem einzigen Grund: Er war Jude. In Preußen wurden Juden noch rigider vom Offiziersstand als vom zivilen Staatsdienst ferngehalten. Georg Bieber blieb Unteroffizier.[7]

Wenn man das Buch *Eisernes Kreuz und Davidstern* des Bundeswehroffiziers Michael Berger über die jüdischen Soldaten in deutschen Armeen liest,[8] beginnt man zu verstehen, warum einem Mann wie Georg Bieber so viel daran lag, Offizier zu werden. Mit Militär-Faszination oder Patriotismus lässt sich sein Wunsch nicht erklären. Der Offiziersrang hätte ihn öffentlich als vollwertigen preußischen Bürger ausgewiesen. Das zu sein, war sein Anspruch. Die mit der Zurückweisung verbundene Kränkung wird nachvollziehbar, wenn man sich die Zurücksetzung jüdischer Soldaten in der preußischen Armee vergegenwärtigt.

1813 waren erstmals Juden als Freiwillige, 1848 als Wehrpflichtige in die preußische Armee aufgenommen worden. In den Freiheitskriegen und in den späteren Kriegen gegen Dänemark, Österreich und Frankreich hatten sie sich militärische Anerkennung erworben. Es wird Georg Bieber empört haben, dass jüdische Soldaten gut genug dafür waren, in Kriegszeiten für ihr Vaterland zu kämpfen, wofür ihnen Gleichberechtigung im Heer und damit in der Gesellschaft versprochen wurde – Versprechungen, die dann nach dem jeweiligen Kriegsende gebrochen wurden. «Jüdische Soldaten», so Berger, «waren stets Benachteiligungen ausgesetzt, wenn sie zur Beförderung anstanden oder Auszeichnungen erhalten sollten, sie waren jedoch stets willkommen, wenn sie im Kriegsfall von Fürst und König aufgerufen wurden, ihr Leben für das Vaterland zu opfern.»[9]

Die adelige Offizierskaste in Preußen tat alles, um den Eintritt von Juden ins Offizierscorps zu verhindern. Dagegen kamen Befürworter, die es durchaus gab, im Militär, im Königshaus und im Kriegsministerium nicht an. In Gesellschaft und Politik herrschte die Einstellung, es sei für einen Soldaten in einem christlichen Staat unzumutbar, von einem Juden einen Befehl zu erhalten. So erklärte der junge Otto von Bismarck 1847 im Preußischen Landtag, «er würde sich tief niedergedrückt fühlen, wenn er sich gegenüber als Repräsentanten des Königs einen Juden dächte, dem er gehorchen sollte. Den Juden gönne er alle Rechte, nur nicht das, in einem christlichen Staat ein obrigkeitliches Amt zu bekleiden».[10] Juden sollten zwar im Namen des Staates Befehle empfangen, aber erteilen durften sie keine. Für die staatliche Befehlsgewalt aber stand symbolisch und real der Offizier.

Wie Michael Berger zeigt, nahmen Zurücksetzungen und Demütigungen im Laufe des Kaiserreichs nicht etwa ab, sondern zu. Während Georg Bieber im Jahr 1875 zumindest die Prüfung zum Reserveoffizier hatte erfolgreich ablegen können – noch im Schatten des Ansehens, das sich jüdische Soldaten im Krieg gegen Frankreich (1870/1871) erworben hatten –, wurden spätere Einjährig-Freiwillige, wenn sie Juden waren, noch nicht einmal zur Prüfung zugelassen oder fielen aus nicht nachvollziehbaren Gründen durch. Dies betraf selbst Söhne aus den angesehensten jüdischen Familien, wie etwa Walther Rathenau, Max Warburg oder Albert von Goldschmidt-Rothschild. Sogar eine Beförderung zum Unteroffizier, die Georg Bieber noch zugestanden worden war, wurde jüdischen jungen Männern häufig verwehrt. Und so stand «am Vorabend des Ersten Weltkriegs in der preußischen Armee kein einziger jüdischer Offizier».[11]

Wenn Juden zum Christentum übergetreten waren, entfielen in der Regel die beruflichen Barrieren. Entsprechend hatte die Taufe für Georg Bieber die Möglichkeit eröffnet, die Stelle eines «königlichen Guts-Administrators» zu erhalten. Der preußische Staat definierte – wie generell die Staaten in Europa – einen Menschen offiziell über seine Religionszugehörigkeit und nicht über seine «Abstammung». Dennoch kam es im ausgehenden Kaiserreich vor, dass junge Männer, deren Eltern bereits aus dem Judentum ausgetreten waren, als Söhne von «getauften Juden» keine Zulassung zur Offizierslaufbahn erhielten. Sie wurden abgewiesen wegen ihrer «Abstammung», nicht wegen ihrer Religionszugehörigkeit. Diese und andere Vorformen des im Nationalsozialismus explodierenden «Rassenantisemitismus» finden sich bereits lange vor 1933 in vielen Bereichen der deutschen Gesellschaft, am ausgeprägtesten aber im preußischen Militär.

Vater und Tochter

Mit einem Vater, der um seine wirtschaftliche Existenz kämpfte und seiner Diskriminierung als Jude entkommen wollte, wuchs Dora Bieber im ehemaligen Preußen östlich der Oder auf, nicht hochherrschaftlich, dafür wenig eingeengt durch gesellschaftliche Konventionen – mit Tieren, mit Natur, mit vielen Geschwistern, mit polnischen Landarbeitern und Bediensteten.

Zu ihrer Kindheit gebe ich vier Berichte wieder, die alle entweder mündlich oder schriftlich von Gerda Voss übermittelt sind. In zwei Episoden agiert sie als große Schwester:

Der Bruder Friedl, der Jüngste in der Geschwisterreihe, hatte im Jähzorn eine Küchenaxt gegen Else, seine zwei Jahre ältere Schwester, geschleudert. Dora, damals höchstens zwölf Jahre alt, verhaut ihn kräftig, wenn auch nur mit der Hand. Sie behält den Vorfall aber für sich, damit der Vater den Jungen «nicht halbtot schlägt». In der zweiten Episode bringt Else eine schlechte Schularbeit nach Hause, die vom Vater unterschrieben werden muss. Um eine Bestrafung abzuwenden, fälscht Dora die Unterschrift.

In beiden Situationen handelt sie, selbst noch fast ein Kind, souverän und eigenwillig. Sie schützt notfalls die jüngeren Geschwister vor dem Vater. In der Wahl ihrer Mittel wirkt sie nicht zögerlich, greift vielmehr zu ungewöhnlichen Konfliktlösungen. Dabei soll sie als Heranwachsende scheu gewesen sein, dennoch schlagfertig und nie um eine passende Antwort verlegen.

Während der Vater bisher als Strafinstanz zu fürchten ist, erscheint er im Folgenden als Freund und Förderer seiner Töchter Dora und Annemarie: Schon früh lehrte er sie, Fahrrad zu fahren. Damit sie ungehindert radeln konnten, ließ er den kleinen Mädchen kurze Röcke schneidern, was auf dem Land einiges Kopfschütteln erregte. Aber er brachte ihnen nicht nur Radfahren bei, sondern auch Schwimmen und Schlittschuhlaufen, und sommers wie winters nahm er sie zu Unternehmungen an Flüssen und Seen mit. Und das 1890, als eine sportliche Betätigung von Mädchen und Frauen noch eine kleine Revolution war. Aber «Dora und Annemarie, genannt Mieze, waren recht ungewöhnliche Mädchen.

Ihr Vater zog seine Kinder auf, ohne große Unterschiede zwischen den Jungen und Mädchen zu machen».[12] Besonders wenn es darum ging, seinen Töchtern und sich selbst Freude zu bereiten, setzte er sich über die damals üblichen Reglementierungen für Mädchen hinweg. Er gestand ihnen einen großen Bewegungsraum zu, der gerade Töchtern aus bürgerlichen Familien meist vorenthalten wurde, und stärkte damit ihre Eigeninitiative und ihr Selbstvertrauen.

Im vierten Bericht wird die Familienkonstellation dargestellt, von der die Bildungskarriere von Dora und Annemarie Bieber ihren Ausgang nahm: Georg Bieber wollte unbedingt, dass seine Söhne Offiziere werden – darin eigene unerfüllte Wünsche zu sehen, liegt nahe. Für den Ältesten, Wilhelm, plante er eine Ausbildung auf der «Pépinière», einer Akademie für Militärärzte; als Militärarzt hätte er zugleich den Rang eines Offiziers erhalten. «Aber dafür reichte es nicht», so Gerda Voss im Gespräch. «Unglücklicherweise war Wilhelm ein schlechter Schüler. Hässliche Szenen spielten sich jedes Mal ab, wenn er eine Lateinarbeit verhauen hatte. Schließlich realisierte Georg, dass er seinem Sohn die lateinische Grammatik nicht einbläuen konnte, und engagierte einen Tutor für ihn, trotz seiner beengten finanziellen Verhältnisse. Die Nachhilfestunden fanden im Wohnzimmer statt, in dem Dora und Mieze ihre Hausarbeiten machten. Nach ein paar Wochen stellte sich heraus, dass die beiden Mädchen die Grammatikregeln beherrschten, mit denen ihr älterer Bruder noch immer kämpfte. Georg fand, der Tutor könne, da er ihn sowieso stundenweise bezahlte, geradeso gut drei wie einen unterrichten, und beschloss, die Mädchen Latein lernen zu lassen. Diese Unterrichtsstunden beeinflussten das Leben der beiden Mädchen ganz entscheidend.»

Trotz aller Bemühungen des Vaters scheiterte Wilhelm am Latein. Wilhelm machte kein Abitur, er wurde kein Militärarzt, sondern Bankkaufmann. Immerhin konnte er, weil er schon als Kind evangelisch getauft worden war, nach dem einjährig-freiwilligen Militärdienst Reserveoffizier werden. Das muss kurz nach 1900 gewesen sein. Damit war es dem Vater gelungen, seinen eigenen Wunsch, Offizier zu werden, an seinen Sohn weiterzugeben, wenn auch mit erheblichen Abstrichen. Uneingeschränkt war zunächst sein jüngster Sohn Friedrich bereit, diesen Wunsch zu erfüllen. Er beabsichtigte, nach dem Abitur im Joachimsthal'schen Gymnasium, einer der renommiertesten Schulen Berlins, die Laufbahn eines Berufsoffiziers einzuschlagen; nach eigenen Angaben hielt ihn nur ein Herzleiden davon ab.

Georg Bieber musste später erleben, dass sein Sohn Wilhelm 1914, gleich zu Beginn des Ersten Weltkriegs, bei Kämpfen in Elsass-Lothringen getötet wurde, und sein Sohn Friedrich zwar hochdekoriert, aber schwerverwundet aus dem Krieg zurückkam.

Die Mutter

Während der Vater als jähzornig, dann wieder geduldig, als streng, dann wieder als einfühlsam, als geliebt und zugleich gefürchtet in der Familienüberlieferung präsent ist, kommt die Mutter Alberta Bieber, geborene Raschkow, kaum vor. Das ist umso erstaunlicher, als Frau Lux viel und gerne über ihre Kindheit gesprochen haben soll. In ihrem Lebenslauf von 1947 schreibt sie: «Ich bin am 27. Oktober 1882 als Tochter des Rittergutsbesitzers Georg Bieber in … geboren.»[13] Sogar die formelhafte Wendung «und seiner Ehefrau», einschließlich des Namens der Mutter, fehlt. Sie erwähnt diese auch weiterhin mit keinem Wort.

Dabei stammte Alberta Bieber, die 1854 zur Welt kam, «aus einer sehr angesehenen jüdischen Familie von gebildeten Akademikern» im schlesischen Glogau. Ihre Eltern waren der praktische Arzt Dr. med. Josef Raschkow und Marianne Raschkow, geborene Friedländer (1808–1895), «eine große Dame». In diesem Zusammenhang berichtete Frau Voss im Gespräch, dass sie noch in den dreißiger Jahren einen Ausbildungszuschuss von einer Familienstiftung der großmütterlichen Friedländer-Linie erhalten habe.

Einen ernüchternden Einblick in das Leben ihrer Großeltern mütterlicherseits gibt Annemarie Bieber, die selbst Ärztin geworden war: «Rechnungen zu schreiben, war standeswidrig … Man sprach damals nicht von Geld, das hätte sich in guter Gesellschaft nicht geziemt. Der Beutel meines Großvaters war infolgedessen schmal, aber seine Schränke waren voll von gläsernen Pokalen und anderen Schmückstü-

Georg und Alberta Bieber, ca. 1910

cken. Ich besitze noch eine wunderschöne Uhr, die er vor hundert Jahren [1831] als Gegenwert für Cholera-Behandlungen bekommen hatte, und meine Großmutter als vorzügliche Hausfrau soll die gelieferten Hühner, Eier und sonstigen Naturalien zu fabelhaften Speisen verarbeitet haben. Reichtümer hinterlassen hat er nicht, und seine Familie war nicht vor Not geschützt, obwohl noch heute die Erinnerung an ihn als Freund der Familien, die er behandelt hatte, fortlebt.»

Der Beitrag der Enkelin richtet sich gegen die Idealisierung des Hausarztes vor Einführung der Krankenversicherung und ärztlicher Standesvertretung. Sie fährt fort: «Ob sie [seine Patienten] sich in seiner Schuld fühlten, als ihrem ‹Wohltäter›, ist mir sehr fraglich. Viel wahrscheinlicher ist mir, dass sie ihn etwas über die Achsel angesehen und begönnert haben. Denn ob der Arzt damals sehr gesellschaftsfähig war, bezweifle ich. Er lebte ja von den Gaben der Gesellschaft. Empfing also ihre Almosen. Er stand wie ein Kammerdiener auf Ruf bereit und musste pflichtgemäß antreten.»[14]

Alberta Bieber verkörperte für ihre erwachsenen Töchter, Dr. phil. Dora Bieber und Dr. med. Annemarie Bieber, die unselbständige Ehefrau – ein Frauenbild, von dem sie sich entschieden abgrenzten und distanzierten. Gerda Voss, die Enkelin, übernimmt zwar diese Sicht, hinterfragt sie aber auch: Alberta Bieber war «ganz und gar nicht intellektuell, sehr unselbständig, zum Beispiel hat sie nie in ihrem Leben einen Scheck ausgeschrieben. Meine Mutter verglich sie mit einer Henne, die Enteneier ausgebrütet hat. In ihrer langen Witwenzeit wurde sie von ihren Töchtern betreut und rumkommandiert. Sie war eine gute Hausfrau und Köchin. Ich kann mich noch an sie erinnern. Sie trug lange schwarze Röcke und war sehr ängstlich».[15] An anderer Stelle aber schreibt die Enkelin: «Insgeheim war sie viel klüger, als sie sich je anmerken ließ.»[16] Alberta Bieber wurde 1920 Witwe. Sie starb 1929.

Wie viele Menschen im ausgehenden 19. Jahrhundert, so wanderte auch Georg Bieber, damals siebenunddreißig, mit Familie aus der ländlichen Provinz Posen in die Großstadt, nach Berlin, und zwar Ende September 1891. Seine Tochter Dora feierte kurz darauf ihren neunten Geburtstag.[17] Vermutlich hoffte er, in der Stadt ein besseres Auskommen zu finden. Vielleicht war der Tod des Großvaters Joachim Bieber, der Anfang 1891 gestorben war, und die dadurch veränderte Familienkonstellation der unmittelbare Anlass für einen Neuanfang. Georg Bieber hatte Glück, er hatte Familie in Berlin – aber er kam als finanziell ruinierter Mann dort an, während seine Brüder wohlhabend waren. Max Bieber, der mittlere Bruder, war als Kaufmann erfolgreich. Dr. jur. Richard Bieber hatte sich als fortschrittlicher Anwalt einen Namen gemacht. Beide lebten schon seit fast fünfzehn Jahren in dem Haus, das Joachim Bieber 1872 fertiggestellt hatte. Teils wohnten sie dort, teils arbeiteten sie dort, teils beides. Der Vater hatte ihnen den Besitz 1880 überschrieben.[18] Georg Bieber aber, der Vater von Dora Bieber, war an dem Hausbesitz nicht beteiligt, sein Erbteil war in das längst verlorene Rittergut Bismarckshöhe geflossen, das ihm Joachim Bieber 1879 zur Hochzeit gekauft hatte. Es scheint, dass zumindest die Brüder Richard und Georg es schafften, mit der ungleichen Situation gut umzugehen, jedenfalls war der Kontakt miteinander eng. Über Max Bieber weiß ich zu wenig, um sein Verhältnis zu seinem Bruder Georg einschätzen zu können. Er verließ 1907 den «Familiensitz» und zog nach Berlin-Wilmersdorf, besaß aber weiterhin einen Anteil daran.

Das Mietshaus hatte im Kaiserreich so manchem «Bieber», der oder die nach Berlin zugewandert war, als Anlaufstelle gedient, wie aus den Berliner Adressbüchern zu ersehen ist. Nach Änderungen der Straßenführung, des Straßennamens und der Hausnummer war das Gebäude in der Kaiserzeit unter Kaiser-Wilhelm-Straße 39 verzeichnet, in der Weimarer Republik erhielt es die Anschrift «Berlin C, Kaiser-Wilhelm-Straße 51». Das Gebäude gibt es nicht mehr. Es wurde im Februar 1945 teilweise zerstört, 1951 abgerissen. Es läge heute an der Karl-Liebknecht-Straße, der Fortsetzung von Unter den Linden.

Die Familie Georg Bieber bezog zunächst eine Wohnung am Märki-schen Ufer – so die heutige Straßenbezeichnung[19] –, nur eine S-Bahn-Station von den Brüdern entfernt; von 1894 bis 1899 mietete sie sich in derselben Straße wie die Brüder ein, allerdings nicht in der Kaiser-Wilhelm-Straße Nr. 39, sondern in der Nr. 17. Von 1900 bis 1901 lau-tete die Adresse von Georg Bieber «An der Spandauer Brücke 10», nahe dem Hackeschen Markt, ebenfalls nur etwa zehn Minuten zu Fuß von den Brüdern entfernt. Die erste Wohnung lag außerhalb des «Scheu-nenviertels», die zweite und dritte Wohnung befanden sich an dessen südlichem beziehungsweise südöstlichem Rand.

Berlin bestand um 1900 aus dem alten Stadtkern und den 1861 eingemeindeten Stadtteilen (Moabit, Wedding, Gesundbrunnen, die nördlichen Teile von Schöneberg und Tempelhof) sowie aus weiteren Eingemeindungen nach 1871. In der Zeit, in der die Familie Georg Bie-ber zuzog, befand sich die Stadt mitten in einer Bevölkerungsexplosion. 1871 hatte sie an die 800000 Einwohner, 1900 war die Einwohnerzahl auf fast zwei Millionen angestiegen, 1905 lag sie bereits darüber. Erst 1920 erhielt Berlin durch die Eingemeindungen weiterer Städte und Dörfer seine heutige Ausdehnung. Dadurch stieg die Einwohnerzahl auf vier Millionen. Später ging die Bevölkerungsdichte zurück. Die wichtigste Ursache für das Anwachsen einer Stadt wie Berlin waren Ar-mut und Hungersnöte auf dem Land.[20]

Durch den Zuzug von immer mehr Menschen Ende des 19. und An-fang des 20. Jahrhunderts veränderte sich speziell der Nordosten der Stadt, in dem auch das Scheunenviertel lag. Mit dem Scheunenviertel as-soziieren heute viele ein ostjüdisch-orthodoxes Leben auf engem Raum, dazu Armut, Kriminalität und Rotlicht-Milieu. Dieses Bild gehört aber in die zwanziger Jahre und wurde durch Publikationen wie den Roman *Berlin Alexanderplatz* von Alfred Döblin sowie Fotos aus der Weimarer Republik geprägt.[21] Das Scheunenviertel vor 1900 unterschied sich davon erheblich. Es war immer noch eine gemischte Wohngegend mit alteingesessenen, gutsituierten Berliner Bürgern, jüdischen wie nicht-jüdischen. Die Zuwanderung von Juden aus Polen und Russland, den sogenannten Ostjuden, setzte verstärkt erst nach 1900 ein. Dennoch hatte sich der Stadtteil bis dahin bereits so verändert, dass viele Besitz-

und Bildungsbürger, nichtjüdische wie jüdische, Wohngegenden westlich der alten Stadt wie Charlottenburg, Wilmersdorf, Schöneberg oder Friedenau bevorzugten. Diese neuen Wohnviertel waren zwar in vielerlei Hinsicht mit Berlin verbunden, aber noch nicht eingemeindet. Auch Georg Bieber zog mit seiner Familie im Jahr 1901 weiter, und zwar nach Wilmersdorf. Dort wohnte er bis 1908 in der Uhlandstraße 125, danach bis zu seinem Tod im Jahr 1920 in der Aachener Straße 45.

In der Margaretenschule, einer Städtischen Höheren Mädchenschule

Im Herbst 1891 wurde Dora Bieber mit neun Jahren in die laufende vierte Klasse der Margaretenschule – einer Städtischen Höheren Mädchenschule in Berlin C, heute Berlin Mitte – in der Ifflandstraße eingeschult. Ihre Schwester kam in die laufende dritte Klasse. Davor waren die beiden Mädchen in der Provinz Posen zunächst von einem Hauslehrer unterrichtet worden, später, 1891/1892, hatten sie eine höhere Töchterschule in Lissa, einer Kreisstadt südlich von Posen, besucht.[22] Von ihrer neuen Berliner Wohnung aus, am heutigen Märkischen Ufer, war die Schule zu Fuß gut erreichbar. Beide Mädchen blieben dort bis Ostern 1898, als Dora Bieber nach der zehnten Klasse, Annemarie Bieber nach der neunten Klasse abging. Mit der neunten Klasse oder einer fakultativen zehnten Klasse endeten damals alle höheren Mädchenschulen und damit die gesamte Schulbildung für Mädchen. Noch gab es in ganz Deutschland im öffentlichen Schulwesen keine einzige gymnasiale Oberstufe, die junge Frauen zum Abitur geführt hätte.[23]

Die Margaretenschule war eine von sechs Städtischen Höheren Mädchenschulen, die vor 1900 im damaligen Berlin (vor der Eingemeindung von Wilmersdorf, Charlottenburg und weiteren Gebieten) gegründet worden waren. Hinzu kamen zwei Königliche Höhere Mädchenschulen, die später zu staatlichen Schulen wurden.[24] Daneben gab es zahlreiche höhere Mädchenschulen in privater Trägerschaft, die – bei sehr unterschiedlicher Qualität – mehrheitlich auf Exklusivität achteten, auf eine homogene gesellschaftliche Herkunft ihrer Schülerinnen, der über Adel oder Reichtum oder Bildung definiert wurde. Vor allem waren sie

Die Margaretenschule in Berlin heute

sehr teuer. Aber auch der Besuch einer Städtischen Höheren Mädchenschule war keineswegs umsonst. In Berlin betrug das Schulgeld 32,50 Mark pro Quartal und lag damit im Vergleich mit anderen Städten im oberen Bereich.[25] Georg Bieber wird es schwergefallen sein, sieben Jahre lang 65 Mark pro Quartal für seine beiden Töchter aufzubringen. Nur gut, dass für die beiden jüngsten Else (geb. 1889) und Friedrich (geb. 1891) noch kein Schulgeld für höhere Schulen gebraucht wurde.

Es war die Zeit, in der die Positionen zur Mädchenbildung heftig aufeinanderprallten. Die Frauenbewegung kämpfte für eine anspruchsvollere Bildung, für eine bessere Vorbereitung auf die gesellschaftlich veränderte Rolle als Ehefrau und Mutter, für einen stärkeren Berufsbezug und für die Öffnung der Universitäten. Der Staat, besonders der preußische, übte sich in hinhaltendem Widerstand und sann auf Verzögerungen einer Entwicklung, die weder aus frauenpolitischen noch aus sozialen und ökonomischen Gründen aufzuhalten war.[26] Gleichzeitig drängten Eltern, Frauenvereine und Bildungsinitiativen in allen Teilen Deutschlands die Stadtverwaltungen, öffentliche höhere Mädchenschulen in kommunaler Regie einzurichten.

Mein Interesse an der Margaretenschule in Berlin stieg, je mehr ich mich in die Jahresberichte, die fast alle erhalten sind, vertiefte.[27] Was ich dort las, entsprach so gar nicht dem Bild, das ich als Erziehungswissenschaftlerin von der Mädchenbildung für die höheren Töchter des Bürgertums im ausgehenden 19. Jahrhundert hatte. Ich war erstaunt, welch geringer Stellenwert dem Fach Handarbeit mit nur zwei Stunden und generell der Vorbereitung auf die Hauswirtschaft zukam und wie anspruchsvoll dagegen die Lehrpläne für andere Fächer waren.

Diese positive Überraschung führte zu einem virtuellen Disput mit meiner Lehrerin Frau Dr. Lux, die, wie ich über ihre Tochter Gerda und aus einem kleinen Aufsatz von ihr selbst wusste, sich sehr abschätzig über die höheren Mädchenschulen geäußert hatte. 1928 schrieb sie kritisch und scharf: «Woher sollte man aber auch damals die Fähigkeit gewonnen haben, exakte Definitionen und präzise Formulierungen logischer Gedankenzusammenhänge zu bilden, wenn man direkt aus der sogenannten Gefühls- und Gemütskultur unserer früheren höheren

Mädchenschulen kam, die Fächer wie Mathematik und Logik entweder als zu hoch und unfassbar für den femininen Verstand umging oder als unweiblich und der weiblichen Psyche unzuträglich perhorreszierte.»[28] Der «Gefühls- und Gemütskultur» stellt sie im gleichen Beitrag den «Kampf der Frau um die Anerkennung ihrer verstandesmäßigen Vollwertigkeit» entgegen. Zwar geht die Autorin auf ihre eigene Schulerfahrung nicht ein, nimmt diese aber nicht aus und wird sie demnach mit gemeint haben.

Um es klar zu sagen: Ich kann dieser pauschalen Kritik nicht folgen. Aus den Jahresberichten der Margaretenschule schließe ich auf eine vorzügliche Schulorganisation, auf ein hohes Unterrichtsniveau – bei zwei gravierenden Lücken –, ein gutes Schulklima und einen respektvollen Umgang mit den Schülerinnen. Da die Qualität einer Schule bekanntlich stark von der Schulleitung abhängt, versuchte ich, mehr über deren Direktor Dr. Hermann Cochius herauszufinden, leider ohne Erfolg. Er scheint ein engagierter, liebenswürdiger Pädagoge und fähiger Schulleiter gewesen zu sein.[29] Aber auch die anderen fünf Städtischen Höheren Mädchenschulen Berlins unterschieden sich erheblich von den älteren höheren Töchterschulen, die es als private Einrichtungen immer noch gab.

Erstaunlicherweise hat die Margaretenschule in der bildungsgeschichtlichen Forschung bislang keine Beachtung gefunden, während die anderen Städtischen Höheren Mädchenschulen Berlins in verschiedenen Veröffentlichungen auftauchen oder sogar, wie die Sophienschule, eine eigene Monographie erhielten.

Die völlige Abwertung ihrer eigenen Schulzeit führe ich darauf zurück, dass Dora Bieber und die anderen frühen Akademikerinnen sich ständig gezwungen sahen, ihre intellektuelle Gleichrangigkeit mit Männern unter Beweis zu stellen. Nur diese zählte. Ich werde nachzeichnen, welcher Anstrengungen es bedurfte, als eine der ersten Frauen alle Hürden auf dem Weg zu einer akademisch gebildeten Lehrerin zu nehmen. Heute ist die Problematik eine andere, entsprechend unterschiedlich sind die Sichtweisen von Dora Bieber und mir. Damals mussten von einer weiblichen Elite gleiche Bildungschancen für Frauen gegen die bestehenden Vorurteile erkämpft werden – heute steht die Aufgabe an, allen Heranwachsenden eine ganzheitliche Persönlichkeitsbildung zu ermöglichen, die neben Verstandeskräften auch Lernbereitschaft und emotionale Fähigkeiten vermittelt.

Die Margaretenschule, mit den Klassenstufen eins bis zehn, entsprach mit durchschnittlich 750 Schülerinnen in etwa der Größe der anderen fünf höheren Mädchenschulen. Eine einheitliche Stundentafel war 1894 ministeriell vorgegeben worden und umfasste ab der fünften Klasse dreißig Wochenstunden. Sie schrieb ohne wesentliche Veränderungen eine Stundenverteilung fest, die an der Margaretenschule bereits bestand. Das größte Gewicht hatten die sprachlich-literarischen Unterrichtsfächer. Wenn Frau Dr. Lux nach Aussage ihrer Töchter später Französisch und Englisch in Wort und Schrift beherrschte und sich auf Italienisch, das fakultativ angeboten wurde, verständigen konnte, so dürfte das Fundament dafür in der Margaretenschule gelegt worden sein. Generell kann ich im Lehrplan und in den Berichten über den erteilten Unterricht keine falsche «Gefühls- und Gemütskultur» erkennen, es sei denn, man sieht in der Lektüre von Lessing, Schiller, Goethe und Kleist in der neunten und zehnten Klasse einen verfrühten und damit intellektuell unverarbeitbaren Bildungskanon.

Auch für den naturwissenschaftlichen Bereich scheint mir der Vorwurf der Unterforderung gänzlich unangebracht. Biologie, Chemie und Physik wurden, zumindest in der Margaretenschule, ab der vierten Klasse als integrierte «Naturwissenschaften» unterrichtet, während dieses Fach in den anderen fünf höheren Mädchenschulen noch unter «Naturkunde» firmierte. Mathematik allerdings wurde, wie Frau Lux zu Recht beklagte, sträflich vernachlässigt. Das Fach lief unter «Rechnen» und erhielt weniger Wochenstunden als in den entsprechenden Klassenstufen der höheren Knabenschulen.

Ein Fach fehlte ganz: Latein – das Entree in die Welt derer, die damals als wahrhaft gebildet galten. Latein wurde in keiner öffentlichen und, soweit mir bekannt ist, auch in keiner einzigen privaten Mädchenschule im 19. Jahrhundert angeboten. Allein dadurch wurde Frauen der gesellschaftliche Zutritt zur Bildungselite ihrer Zeit verwehrt. Zu berücksichtigen ist darüber hinaus, dass Latein damals als formale Eingangsbedingung für ein Universitätsstudium unverzichtbar war. Vermutlich um dieses Defizit in der Mädchenbildung abzubauen, studierte Dora Bieber später Latein und Griechisch.

Trotz der beiden gravierenden Lücken und trotz weiterer Mängel, die möglicherweise bestanden, die ich aber in den Jahresberichten nicht erkennen konnte, bereitete die Margaretenschule die zwei Bieber-Mädchen offenbar gut auf die kommenden Anforderungen vor. Im anderen Fall hätten Dora und Annemarie Bieber bei aller Intelligenz und Lernbereitschaft das Abitur nicht so schnell und leicht geschafft. Auch gingen sie offenbar gern in diese Schule, denn sie blieben nach dem Umzug in die Kaiser-Wilhelm-Straße 1894 dort und nahmen die tägliche S-Bahn-Fahrt vom Alexanderplatz zur Jannowitzbrücke in Kauf, obwohl andere höhere Mädchenschulen näher gelegen hätten.

Ein weiterer Grund für meine positive Einschätzung der Margaretenschule ist ihre pädagogische Besonderheit, durch die sie sich von den anderen höheren Mädchenschulen Berlins abhob: Nur hier und in keiner der fünf anderen Schulen waren außerschulische Aktivitäten wie Exkursionen und Teilnahme an kulturellen Veranstaltungen fester Bestandteil des Schulprogramms. Aus dem Jahresbericht 1894/1895: «Mehrere Klassen besuchten unter Leitung ihrer Lehrer die Urania, das Panorama von Neapel, die Vogel-Ausstellung, den Botanischen und Zoologischen Garten sowie andere Bildungsanstalten; den Schülerinnen der oberen Klassen war außerdem Gelegenheit gegeben, im Berliner- und Schiller-Theater den Aufführungen geeigneter Dramen zu ermäßigten Preisen beizuwohnen.» Nur in dieser Schule wurden jeden Sommer Spielnachmittage auf dem Schulhof angeboten. Und nur hier wurde darauf geachtet, dass den Schülerinnen neben den Hausaufgaben noch genügend Freizeit blieb.[30]

Gerade die genannten Bestandteile des Schulkonzepts wirken antiquiert, wenn man sie an der bahnbrechenden Forderung von Teilen der Frauenbewegung nach Disziplinorientierung und Verwissenschaftlichung der Mädchenbildung misst. Vermutlich wurden sie von fortschrittlichen Frauen damals als entbehrlich angesehen. Mich aber sprechen sie angesichts der heutigen, ganz anderen Bildungsproblematik besonders an, denn sie öffnen die Schule nach außen und stellen eine Verbindung von Lernen und Spielen her. Ich sehe hier Ansätze in Richtung auf eine Pädagogik, die unter den Bezeichnungen wie «Stadt als Schule» und «Schule als Lebensraum» aktuell fortschrittlich ist.

Die Margaretenschule hat bei Dora Bieber, vermutlich mehr als ihr später selbst bewusst war, Freude am Lernen geweckt oder zumindest nicht genommen. Ohne Freude am Lernen wäre aber ihr Lebensweg mit Sicherheit anders verlaufen.

Religionsunterricht und jüdische Schülerinnen

Das Fach Religion ist kommentierungsbedürftig. Die ungleiche gesellschaftliche Bewertung der verschiedenen Konfessionen zeigt sich in allen Jahresberichten der Margaretenschule alleine durch die Reihenfolge, in der sie vorgestellt werden. Im Überblick über den Lehrstoff der einzelnen Fächer steht ab 1895/1896 der «Mosaische Religions-Unterricht» mit Nummer dreizehn ganz hinten, nach Singen und Turnen, nur noch gefolgt vom fakultativen Fach Italienisch. Wohingegen das Fach Religion, womit in Preußen selbstverständlich der evangelische Religionsunterricht gemeint war, als Nummer eins die Fächer anführt.[31] Eine entsprechende Hierarchie signalisieren, leicht modifiziert, die Jahresberichte der fünf anderen Schulen. Nur eine einzige Ausnahme fand ich, und zwar in der Charlottenschule, leider nur einmalig und viele Jahre später: Im Jahresbericht 1910/1911 stehen gleichberechtigt unter «Religion», das als erstes Fach aufgeführt wird: «a) Evangelische Religionslehre b) Katholische Religionslehre c) Jüdische Religionslehre». Es ging also auch anders.

Die Vorrangigkeit der evangelisch-christlichen Unterweisung und die unzulängliche Trennung von Kirche und Staat lassen sich weiterhin daran ablesen, dass der Konfirmandenunterricht direkt in der Schule erteilt wurde, zwar am Ende des Vormittags, aber noch innerhalb der Unterrichtszeit. Auch Dora Bieber wird daran teilgenommen haben, denn sie wurde, wie ihrem Konfirmationsschein zu entnehmen ist, «nach vorausgegangenem Unterricht in der christlichen Lehre» am 13. März 1898 in der von der Schule nicht weit entfernten St. Georgenkirche konfirmiert. Die Nachrangigkeit des mosaischen Religionsunterrichts ist umso befremdlicher, als fast ebenso viele Schülerinnen evangelischer wie jüdischer Konfession die Schule besuchten.

Der Anteil der jüdischen Schülerinnen in allen höheren Mädchenschulen Berlins um 1900 wird verschiedentlich mit einem Drittel angegeben. In der Margaretenschule aber lag er in den Jahren, in denen die beiden Bieber-Töchter dort zur Schule gingen (Schuljahr 1891/1892 bis Schuljahr 1897/1898), durchgängig bei über 40 Prozent.[32] 1896 waren sogar von insgesamt 716 Schülerinnen 370 evangelisch und 332 jüdisch, das bedeutet über 46 Prozent – neun weitere Schülerinnen waren katholisch, fünf dissidentisch, das heißt, sie gehörten keiner Konfession an. Und das bei einem jüdischen Bevölkerungsanteil in Berlin, der seit der Reichsgründung bis in die Weimarer Republik durchgängig bei circa vier Prozent lag, und zwar unabhängig von der räumlichen Ausdehnung der Stadt.[33]

Die Margaretenschule war damit neben der Sophienschule in Berlin vor 1900 die höhere Mädchenschule, die den höchsten Anteil jüdischer Schülerinnen hatte. Aber auch der Durchschnittswert, betrachtet man alle sechs Städtischen Höheren Mädchenschulen an zwei Stichjahren zusammen, überschritt mit 37,4 Prozent (1892) und mit 37,6 Prozent (1898) das sonst in der Literatur angegebene Drittel deutlich.[34]

Für die hohe Akzeptanz speziell der Margaretenschule bei jüdischen Familien lässt sich keine zufriedenstellende Erklärung geben, denn sie lag nicht im ehemaligen Scheunenviertel wie die Sophienschule in der Weinmeisterstraße, vielmehr am heutigen östlichen Rand von Berlin-Mitte, auf der Grenze zu Friedrichshain an der Jannowitzbrücke.[35] Möglicherweise hatte sie in jüdischen Kreisen einen besonders guten Ruf, zusätzlich mag bei der Schulwahl die Anbindung an die neue Stadtbahn eine Rolle gespielt haben, denn die erste S-Bahn-Linie, die 1882 in Berlin eröffnet wurde, fuhr von Charlottenburg genau bis zur Jannowitzbrücke. Die Schule war mithin gut erreichbar für Mädchen aus Teilen der Stadt, in denen es noch keine Städtische Höhere Mädchenschule gab. An einer bestmöglichen Bildung ihrer Töchter aber waren damals anteilmäßig mehr jüdische als nichtjüdische Familien interessiert.

Der fulminant hohe Anteil jüdischer Schülerinnen in allen Städtischen Höheren Mädchenschulen im Berlin im ausgehenden 19. Jahrhundert erklärt sich primär aus dem ausgeprägten Bildungswunsch jüdischer Familien für ihre Töchter. Er resultierte zusätzlich daraus – was meist übersehen wird –, dass von den Privatschulen «bekanntlich vielfach jüdische Schülerinnen zurückgewiesen wurden» – so der Bildungsreformer Johannes Tews 1900 in einem Vortrag zum höheren Mädchenschulwesen in Berlin, über den die Zeitschrift *Ethische Kultur* berichtete.[36] Als Erklärung führte der Redner an: «Nicht nur antisemitische, sondern mehr noch soziale Vorurteile finden hier ihren Ausdruck … Die Juden gehören meist den jüngeren Schichten der Gesellschaft an, und diese finden bei der noch herrschenden Exklusivität nur schwer die Anerkennung der Gleichberechtigung seitens der herrschenden Klassen.»

An der Margaretenschule waren die jüdischen Schülerinnen mit über 40 Prozent keine Minderheit. In der Minderheit waren die Katholikinnen und die Dissidentinnen. Daneben gab es eine unsichtbare Minderheit: eine unbekannte Anzahl von Schülerinnen jüdischer Herkunft, deren Eltern oder Vorfahren aus dem Judentum ausgetreten waren und die unter «evangelisch», «katholisch» oder «dissidentisch» in der Statistik verschwanden. Zu dieser Minderheit gehörten Dora und Annemarie Bieber. Vermutlich hatten sie einen kulturellen Bezug sowohl zu den evangelischen wie zu den jüdischen Mitschülerinnen. Aber aus der Schwierigkeit, nicht ganz zu den einen und nicht ganz zu den anderen zu gehören, kamen sie nicht heraus. Wenn sie ihre jüdische Herkunft verbargen, kränkten sie möglicherweise die Jüdinnen, wenn sie sich zu ihr bekannten, distanzierten sie sich von den Christinnen. Ich kann nicht sagen, in welche inneren Konflikte die heranwachsenden Mädchen deswegen gerieten, aber mir will scheinen, sie verarbeiteten ihre Zwischenstellung als Unabhängigkeit von beiden Zugehörigkeiten. Annemarie Bieber trat später aus der Kirche aus und bezeichnete sich als «Dissidentin», Dora Bieber trat nicht aus, sah sich aber selbst als Atheistin.

Wie auf dem Land in ihrer Kindheit, so nahm Georg Bieber auch in Berlin seine beiden Töchter zu Ausflügen in die Natur mit. Es war die Zeit, als das Fahrrad populär wurde und nicht nur der individuellen Fortbewegung diente, sondern zugleich neue Formen der sportlichen Geselligkeit hervorbrachte. Überall entstanden kleine, informelle Fahrradgruppen. Auch Georg Bieber initiierte eine! Zu dieser stieß Dr. Heinrich Lux, ebenfalls ein Fahrradenthusiast, der Ende 1892 nach Berlin gezogen war. Dazu Gerda Voss: «Hinz [Heinrich Lux] schloss sich einer Gruppe an, die von dem etwa zehn Jahre älteren Georg Bieber gegründet worden war, der immer seine beiden Teenagertöchter zu den Ausflügen mitbrachte. Hinz besaß ein Tandem, und alsbald wurde Dora seine ständige Begleiterin.»[37]

So begann die Liebesgeschichte zwischen Dora Bieber und Heinrich Lux.

Die Entwicklung aus der Sicht von Heinrich Lux: «Bei dieser Gelegenheit machte ich die Bekanntschaft meines späteren Schwiegervaters Bieber und seiner Töchter Dora und Annemarie. Wir traten dann aus dem Allgemeinen Deutschen Radfahrerbund aus und setzten unsere gemeinsamen Fahrten ohne Organisation als Radfahrerbund ‹Scheunenviertel› fort. So nannte sich nämlich die Gegend, wo Biebers und Anhang hausten. Wir machten damals große Fahrten in die Umgebung und lernten die Mark und ihre Schönheit gründlich kennen. 100 bis 150 Kilometer am Tage war unsere Durchschnittsleistung; Eisenbahnfahren wurde verachtet, und wetterfest waren wir auch! Dieses Radfahren und mein Tandem haben Dora und mich zusammengeführt.»[38]

Die Begegnung muss um 1900 stattgefunden haben. Heinrich Lux war zu der Zeit bereits geschieden und in zweiter Ehe verheiratet. Er hatte zwei kleine Töchter aus erster Ehe, die bei ihm und seiner zweiten Frau lebten.

Kommentar der Tochter Gerda Voss: «Es erstaunt nicht, dass Dora, jung und unschuldig, sich in Hinz verliebte, einen charmanten, erfahrenen Mann, fast zwanzig Jahre älter als sie, der alle modernen Ideen verkörperte, die sie gerade dabei war zu erfassen. Schwerer ist es zu verstehen, dass Hinz, ein verheirateter Mann und Vater von zwei Mädchen, die sechzehnjährige Tochter seines Freundes verführte.»[39] Im Gespräch findet Frau Voss starke Worte für ihren Vater: «Er hat sie verführt. Das hat mir meine Mutter selbst erzählt. Er hat sich unmöglich benommen. Unerhört von dem Mann. Hatte immer ein Auge für hübsche Frauen.»

Eine vorgreifende Bemerkung: Etwa siebzehn Jahre später, im Herbst 1915, heiratet Fräulein Dora Bieber mit dreiunddreißig Jahren, inzwischen Dr. phil., wissenschaftlich ausgebildete Gymnasiallehrerin und voll berufstätig, Herrn Heinrich Lux, zweiundfünfzig Jahre alt, Dr. phil. und Physiker, inzwischen zum zweiten Mal geschieden.

4

Abitur 1901 mit Unterstützung der Familie

Dora und Annemarie Bieber gehören zu den fünfzig ersten Abiturientinnen in Deutschland. Innerhalb der ohnehin kleinen Gruppe der frühen Abiturientinnen fallen sie auf, weil sie besonders jung waren und sich geradlinig, ohne Umwege aufs Abitur vorbereiten und anschließend studieren konnten. Damit unterschieden sie sich von den meisten anderen aufstrebenden Frauen ihrer Zeit, die überwiegend den Zugang zur wissenschaftlichen Ausbildung innerfamiliär erkämpfen mussten und häufig ein «verschämtes Abitur» in räumlicher Distanz von ihrem Herkunftsort machten, um einer gesellschaftlichen Ächtung auszuweichen.[40] Mehrere hatten davor ein Pensionat oder ein Lehrerinnenseminar besucht oder waren berufstätig gewesen. Bei den Bieber-Schwestern dagegen scheint der Vater von Anfang an die treibende Kraft gewesen zu sein: «Georg meldete die beiden Mädchen in den privaten Kursen von Helene Lange an, die eine der Führerinnen der Frauenbewegung war»[41] – und machte bereits Studienpläne für sie, als sie noch gar kein Abitur hatten.

Bei den «privaten Kursen» handelt es sich um die bildungsgeschichtlich höchst bedeutsamen «Gymnasialkurse für Frauen in Berlin», gegründet 1893 von Helene Lange. Die Kurse waren die ersten in Deutschland überhaupt, in denen Frauen ihre schulische Ausbildung nach der neunten oder zehnten Klasse mit dem Ziel der Reifeprüfung fortsetzen konnten. Vorbereitet hatte diesen Schritt Helene Lange ab 1889 durch die «Realkurse für Frauen». Ebenfalls 1893 entstand mit einem konkurrierenden Konzept das erste «Mädchen-Gymnasium» in Deutschland, und zwar in Karlsruhe. Es umfasste acht Jahre, von der Siebten bis zur dreizehnten Klasse, während die vierjährigen Gymnasialkurse in Berlin auf den Abschluss einer höheren Mädchenschule aufbauten.[42]

Bei diesem Experiment der akademischen Frauenbildung hatte Georg Bieber seine Töchter also angemeldet. Im März 1901 bestanden

Dora und Annemarie Bieber nach nur dreijähriger Vorbereitungszeit, also zeitlich verkürzt, das Abitur – unter erschwerten Bedingungen, als Externe, vor fremden Lehrern, an einem humanistischen Gymnasium für Knaben, dem Königlichen Luisengymnasium in Berlin-Moabit.

Möglich geworden war dies dank der Initiative von Helene Lange (1818–1930), der willensstarken Wortführerin der «gemäßigten» bürgerlichen Frauenbewegung. Sie und ihre Mitstreiterinnen wollten die gesellschaftliche Gleichwertigkeit der Frau primär durch eine bessere Bildung erreichen und standen damit im Gegensatz zu dem «radikalen Flügel» der bürgerlichen Frauenbewegung, die zuerst und vor allem eine rechtliche Gleichstellung der Frauen durchsetzen wollte. Eine Kontroverse, die nach der Revolution von 1918 an Schärfe verlor. Die sozialistische Frauenbewegung wiederum hatte mehr Berührungspunkte mit beiden Flügeln der bürgerlichen Frauenbewegung, als gemeinhin angenommen wird.

Helene Lange muss herausragende organisatorische Fähigkeiten gehabt haben: 1890 gründete sie den Allgemeinen Deutschen Lehrerinnenverein, 1902 wurde sie die erste Vorsitzende des Allgemeinen Deutschen Frauenvereins. Die von ihr eingerichteten und anfänglich geleiteten Gymnasialkurse stehen für ihre Strategie, Tatsachen zu schaffen, die ihrerseits Überzeugungskraft entfalteten, wenn der Staat sich anders nicht bewegen ließ. Ihre Initiative, die sich als erfolgreich erwies, Frauen in privater Regie aufs Abitur vorzubereiten, bevor der Staat dazu bereit war, nennt die Historikerin Irene Stoehr «ein klassisches Projekt der gemäßigten Frauenbewegung».[43]

Auf den Spott und Hohn anlässlich der Gründung der Gymnasialkurse einzugehen, erspare ich mir. Langfristig bedeutsamer war die Unterstützung, die sie auch erhielten, so von einigen bekannten Wissenschaftlern Berlins und von Teilen der Schulverwaltung, von der die Kurse in privater Trägerschaft genehmigt werden mussten. Über die Schulaufsicht schreibt Helene Lange: «Wir wurden einem Manne unterstellt, der uns völlig vorurteilslos und mit aufrichtiger Teilnahme an dem Experiment entgegenkam: dem Provinzialschulrat Pilger. Er hatte sich freiwillig erboten, uns in sein Ressort zu übernehmen, und ließ mir freie Hand.»[44]

Die Unterrichtsbedingungen waren alles andere als komfortabel. Geld, um eigene Räume anzumieten, war nicht vorhanden. Zunächst half der Direktor der Charlottenschule, Karl Goldbeck, indem er in Absprache mit der Stadtverwaltung kostenlos Schulräume zur Verfügung stellte. Später war es Professor Dr. Jakob Wychgram, Direktor der Augustaschule, als 1901 ein Umzug nötig wurde. Beide Standorte lagen im nördlichen, bereits eingemeindeten Teil von Berlin-Schöneberg.[45] Weil die Gebäude am Vormittag als höhere Mädchenschulen genutzt wurden, konnten die Abiturkurse nur nachmittags und zeitlich begrenzt stattfinden.

Als die Gymnasialkurse 1893 begannen, war noch keine einzige Frau in Deutschland zum Abitur zugelassen worden. Als erste Frau erhielt Hildegard Ziegler, die spätere Hildegard Wegscheider, die Genehmigung, in Sigmaringen als Externe die Reifeprüfung abzulegen. Das war 1895. Sie hatte sich als Einzelne und privat darauf vorbereitet. Ihr folgte Anfang 1896 Margarete Heine in Düsseldorf. Beide Städte gehörten damals zu Preußen. Kurz darauf, im März 1896, bestanden die ersten sechs Absolventinnen der Gymnasialkurse in Berlin die Prüfung und erzielten zum Erstaunen vieler Skeptiker durchweg gute Ergebnisse. Das Karlsruher Mädchengymnasium entließ seine ersten Abiturientinnen erst einige Jahre später.

Der Zulassung von Frauen zum Abitur war eine exzellente Lobby- und Öffentlichkeitsarbeit seitens der Frauenbewegung vorausgegangen. Zusammenschlüsse von Frauen hatten immer neue Petitionen zwecks Anhebung der Mädchenbildung und Öffnung der Universitäten für Studentinnen bei den Landesregierungen, den Landesparlamenten sowie dem Reichstag eingereicht. Unter den Eingaben sind mehrere «Massenpetitionen», die früheste stammt aus dem November 1891 und richtet sich mit 51 624 Unterschriften – davon zwei Drittel Frauen und ein Drittel Männer – an den Reichstag. Zur Aufklärungs- und Lobbyarbeit gehörte neben den Petitionen eine gar nicht bescheidene, vielmehr provokante Publizistik von Frauen, darunter Helene Lange, im Sinne einer Gegenöffentlichkeit.[46]

Bis 1909 blieb es dennoch in Preußen – und ähnlich im übrigen Deutschland – bei der Einschränkung, dass Frauen nur mit Sondergenehmigung und nur als Externe das Abitur ablegen konnten. Erst ab diesem Zeitpunkt wurden «Studienanstalten» mit Abiturabschluss an höheren Mädchenschulen eingerichtet. Bis dahin mussten Absolventinnen der privaten Gymnasialkurse immer aufs Neue den Nachweis erbringen, dass Frauen überhaupt das Potenzial für wissenschaftliches Arbeiten hatten, was mit Argumenten, die heute absurd anmuten, angezweifelt wurde. Jede, die das Abitur bestand, erhöhte durch ihren Erfolg den Druck auf die Öffentlichkeit und die Regierung. Jede trug dazu bei, dass in ganz Deutschland nach und nach Frauen gleichberechtigt mit Männern studieren konnten. Unter dem Druck, die Studierfähigkeit von Frauen nachzuweisen, stand aber vor allem Helene Lange selbst.

Härten und Beglückung

«Ich will es nur gleich eingestehen: Ich hatte große Angst vor ihr!» So beginnt ein kurzer Beitrag von Dr. phil. Dora Bieber-Lux zum achtzigsten Geburtstag von Helene Lange 1928.[47] Sie fährt fort: «Ich war allerdings noch sehr jung, als ich in den ‹Gymnasialkursen für Frauen zu Berlin› vor nun bald dreißig Jahren ihre Schülerin wurde, aber mir blieb vor dem bannenden Blick dieser Augen das Wort in der Kehle stecken, und fast ist mir, als könnte es mir heute noch so gehen.» Deren Unerbittlichkeit stellt Dora Bieber-Lux als notwendig im Kampf gegen das damals gültige Ideal der Weiblichkeit dar, auch wenn Helene Lange «uns unbarmherzig den Tau von den Schmetterlingsflügeln» streifte. «Aber mit diesem Kampfe musste in der Schule auf dem Wege strenger Verstandeserziehung begonnen werden, und das hat uns manche Träne gekostet.» Dabei zeigte sich, «dass logisches Denken, strenge Sachlichkeit und resolutes Handeln sich durchaus mit dem Ideal der Weiblichkeit in Einklang bringen ließen. Freilich war es ein anderes Ideal, das da erzogen wurde.» Am Beispiel eines Vortrags gegen die «Pietätswerte» in der Mädchenerziehung erinnert sich ihre ehemalige Schülerin: «... nie hat mir Helene Lange mehr imponiert, als wenn sie in der Diskussion ihre meist männlichen, in der Regel mit Gefühlsargumenten operierenden

Gegner mit der Waffe der messerscharfen Logik nicht ohne grimmigen Sarkasmus niederschlug.»

Dora Lux-Bieber vertritt in Anlehnung an Helene Lange in ihrem Beitrag eine Stufenfolge weiblicher Wirkungsmöglichkeit: «Erst mussten sich die Frauen den Anforderungen einer bis dahin im Wesentlichen männlich eingestellten Bildung gewachsen zeigen, ehe sie den letzten Anspruch erheben konnten, die Alleingültigkeit des männlichen Elements in der gegenwärtigen Kultur anzufechten und aufgrund eigener Kraft und Leistung auf den verschiedensten Gebieten auch einem spezifisch weiblichen Kulturwillen Geltung zu verschaffen.»

Dora Bieber scheint nicht die einzige Schülerin gewesen zu sein, die sich vor Helene Lange fürchtete und sie zugleich bewunderte. Margarete Breymann (Abitur Herbst 1897) nennt sie in ihrem Gratulationsbeitrag «die von fernher Verehrte, scheu Bewunderte und immens Gefürchtete». Und Dr. Hermine Heusler-Edenhuizen (Abitur Ostern 1898) schildert, wie die jungen Frauen gegebenenfalls «bis 3 Uhr nachts und länger» arbeiteten,[48] betont aber vor allem, welche Orientierung und Unterstützung sie durch Helene Lange erfuhren. «Weil wir auch nirgends Frauen sahen, die für etwas anderes als den Haushalt, Mann und Kinder lebten, wuchsen wir selbst in die Vorstellung hinein, dass das so sein *müsse*, und kämpften schließlich alle anderen Wünsche als abwegig nieder. Es blieb nur ein leiser innerer Protest ohne sichere Richtung. Dieser Protest nun fand seine Richtung durch Helene Langes Ruf, der wie eine Offenbarung auf uns wirkte.» An anderer Stelle heißt es: «Das war die Befreiung für uns!»[49]

Von den Teilnehmerinnen wurde ein ungemein starker Wille verlangt. Nicht alle waren bereit, «unter Verzicht auf Vergnügungen das vorgeschriebene Pensum gründlich durchzuarbeiten». Etliche verloren die «Lust an der Weiterarbeit. Solchen wurde nicht nachgetrauert».[50] Helene Lange selbst interessierte sich nur für die Erfolgreichen: «Die aber mitkamen, haben durchweg große Freude an der Arbeit gehabt.»[51]

Dora und Annemarie Bieber sowie alle angehenden Abiturientinnen wurden nach den Lehrplänen der humanistischen Gymnasien in Preußen auf die Prüfung vorbereitet. Realgymnasien gab es noch nicht. Um den Anforderungen zu genügen, mussten die jungen Frauen viele Jahre

Latein, Griechisch und Mathematik nachholen. Auch wenn die beiden Töchter von Georg Bieber bereits Grundkenntnisse der lateinischen Sprache mitbrachten, ihre Lücken waren erheblich. Der notwendigen Anstrengungsbereitschaft stand eine unsichere Zukunft gegenüber: Vor 1900 war noch keine Universität in Deutschland bereit, Frauen zu immatrikulieren, und die Berufsperspektiven für Akademikerinnen waren völlig ungeklärt.

All dies aber schreckte Dora Bieber nicht ab. Sie wollte anders leben als viele Generationen von Frauen vor ihr – und hierfür erhielt sie nachhaltige Impulse in den Gymnasialkursen. Ihre frauenbezogenen Einstellungen, die aus ihren Artikeln aus den dreißiger Jahren zu entnehmen sind, zeugen von einer hohen Identifikation mit deren Gründerin Helene Lange. Und noch in ihrem eigenen Unterricht in der Nachkriegszeit lassen sich Einflüsse, die Dora Bieber selbst in ihrer Jugend überzeugt haben müssen, finden: Mehrere Abiturientinnen der Elisabeth-von-Thadden-Schule betonen ja ihr Beharren auf Genauigkeit; mir selbst fielen in Mitschriften ihres Geschichtsunterrichts die vielen Begriffsdefinitionen auf. Aber erst nach Kenntnis ihrer kleinen Würdigung Helene Langes von 1928 verstand ich, dass sie uns das vermitteln wollte, was ihr selbst in ihrer Jugend neue Horizonte eröffnet hatte: eine «strenge Verstandeserziehung», zu der «exakte Definitionen und präzise Formulierungen logischer Gedankenzusammenhänge» gehörten.[52] Weitere Rückbezüge finden sich in den mitgeteilten Erinnerungen an ihre Griechisch-Arbeitsgemeinschaften. Unsere Lehrerin begann mit ganzen Texten – so wie sie selbst Jahrzehnte zuvor die Sprache gelernt hatte. In den Gymnasialkursen waren «im Griechischen nebeneinander die alte, auf der Grammatik aufbauende Methode und die sofort mit der Lektüre der *Anabasis* [von Xenophon] beginnende ausprobiert worden.»[53] Und auch die Hinführung zur griechischen Sprache über ihren Klang, ihre Poesie, mit der sie einige ihrer Schülerinnen noch in den fünfziger Jahren in den Bann zog, muss sie selbst als faszinierend erlebt haben.[54]

Weit zurückzureichen scheint mir darüber hinaus die Überzeugung unserer Lehrerin, man müsse die Verantwortung für das Lernen den Schülerinnen selbst überlassen. Durch diese Methode gelang es ihr, wie bereits erwähnt, manche stark zu motivieren, andere aber konnten sich entziehen. Auch hier sehe ich einen Einfluss von Helene Lange, die in den Abiturkursen explizit auf Eigenmotivation setzte. Sie entwickelte eine «Freiheit der Methode», von der willensstarke Teilnehmerinnen profitierten, andere aber überfordert wurden, sodass sie abbrachen.*

Die Anzahl der Frauen, die Abitur machten, war bis 1901 nur langsam angestiegen. In der «Liste der von den Berliner Gymnasialkursen entlassenen Abiturientinnen», die Gertrud Bäumer, die wichtigste Weggefährtin von Helene Lange, zusammenstellte, stehen die beiden Bieber-Töchter an 23. und 24. Stelle. Beim Abiturtermin Ostern 1901 waren sie die Einzigen.[55] Zur Gesamtzahl bis 1901 kommen schätzungsweise fünfzehn Frauen in Leipzig hinzu, wo 1894 die zweiten Gymnasialkurse für Frauen eröffnet worden waren.[56] In Karlsruhe hatten bis dahin erst acht Schülerinnen das Mädchengymnasium erfolgreich abgeschlossen. Aus weiteren Kursen oder Mädchengymnasien, die inzwischen in anderen Städten entstanden waren, gab es noch keine Absolventinnen. Hinzu kamen diejenigen Frauen, die sich einzeln und privat auf das Abitur vorbereitet hatten; viele scheinen es bis 1901 nicht gewesen zu sein. Man kann also davon ausgehen, dass Dora und Annemarie Bieber zu den fünfzig ersten Abiturientinnen in Deutschland gehören.

Aufstieg durch Bildung in jüdischen und nichtjüdischen Familien

Es klingt alles ganz einfach: Dem Vater war aufgefallen, dass die beiden Mädchen eine schnelle Auffassungsgabe hatten, woraufhin er sie Latein beim Nachhilfelehrer des Bruders mitlernen lässt und in die Gymnasialkurse von Helene Lange einschreibt. Aber vielen anderen Vätern dürfte ebenfalls aufgefallen sein, dass sie kluge Töchter haben, ohne dass daraus eine Ermutigung zum Studium und eine Zusammenarbeit mit der

---

* Auf die pädagogischen Prinzipien der Frauenrechtlerin, die noch kaum analysiert wurden, gehe ich im ersten Exkurs ein: Die Gymnasialkurse für Frauen 1893 bis 1909 und Helene Lange als Pädagogin, unter: www.rowohlt.de/doralux

Frauenbewegung folgten – immerhin vertraute er seine Töchter einer der profiliertesten Frauenrechtlerinnen jener Zeit an. Georg Bieber war offensichtlich eine rare Ausnahme unter den Vätern.

Gerda Voss führt zur Erklärung an: Georg Bieber übertrug die Aufstiegswünsche, die er für seinen ältesten Sohn gehabt hatte, auf seine Töchter. Für Wilhelm hatte ihm als Beruf «Militärarzt» vorgeschwebt, jetzt versuchte er, seine älteste Tochter zu überreden, Medizin zu studieren.[57] Damit konnte er sich bei Dora zwar nicht durchsetzen, aber Annemarie griff seinen Wunsch auf. Diese Familiendynamik wäre eine oder zwei Generationen später eine ausreichende Erklärung für die Förderung der Töchter gewesen, um 1900 aber lässt sie unbeantwortet, warum der Vater eine Problemlösung favorisierte, mit der er gegen das gesellschaftlich noch fest verankerte Frauenbild verstieß.

Bei der Suche nach Erklärungen jenseits der Familienkonstellation können Veränderungen innerhalb der jüdischen Bevölkerung im 19. Jahrhundert weiterhelfen. Da gab es den schon hervorgehobenen starken Bildungs- und Aufstiegswunsch innerhalb der jüdischen Minderheit, nachdem die Emanzipation, die weitgehend rechtliche Gleichstellung, ihnen die formale Voraussetzung dazu bot. Das galt auch für Familien wie die Familie Georg Bieber, obwohl sie aus der jüdischen Religionsgemeinschaft ausgetreten war, denn die jüdische Tradition war weit mehr als eine religiöse, und die im Judentum tradierten Gewohnheiten, Denkmuster und Überlebensstrategien wirkten lange nach.[58] Und die Bürger jüdischer Religionszugehörigkeit und/oder jüdischer Herkunft waren wirtschaftlich und kulturell erfolgreich – was ihnen Neid und Missgunst und Rassenhass einbrachte. Hiervon handelt das vieldiskutierte Buch des Historikers Götz Aly: *Warum die Deutschen? Warum die Juden?*[59]

Gegen Ende des 19. Jahrhunderts gehörte bereits mehr als die Hälfte der jüdischen Deutschen dem Bürgertum an.[60] Dabei betrug der Bevölkerungsanteil der Juden, ermittelt über die Religionszugehörigkeit, im Deutschen Reich 1871 nur 1,25 Prozent (512 153 Personen) und sank bis 1933 kontinuierlich auf 0,76 Prozent (502 799 Personen).[61] Dieser gesellschaftliche Aufstieg basierte vor allem auf der alten Hochschätzung religiöser Gelehrsamkeit im Judentum, die als Wertschätzung säkularer

Bildung weiterlebte. Er wurde befördert durch die Bereitschaft, neue Tätigkeiten aufzunehmen und, wenn nötig, von Ort zu Ort zu ziehen. Auf eine solche frühe berufliche und räumliche Mobilität trafen wir beispielhaft bei dem Großvater von Dora Bieber, Joachim Bieber, und bei ihrem Vater Georg Bieber.

Das Aufstiegsstreben lässt sich am hohen Anteil jüdischer Männer innerhalb der Studentenschaft in Preußen in der zweiten Hälfte des 19. Jahrhunderts ablesen: 1886 betrug ihr Anteil neun Prozent bei einem jüdischen Bevölkerungsanteil von etwa einem Prozent.[62] Viele stammten aus den östlichen, ländlichen Provinzen Preußens. Etwa ein Viertel war, nach einer Einstufung der Universitätsbehörden, arm und bedürftig.[63]

Ein Aufstieg über Bildung findet sich zwar auch in der nichtjüdischen Bevölkerung, allerdings weniger ausgeprägt und meist erst ein bis zwei Generationen später. Aber es gab Ausnahmen wie die Mutter von Heinrich Lux. Sie zog um 1880 als Witwe eines Nichtakademikers, fast mittellos, mit ihren fünf Kindern von Tarnowitz in Oberschlesien nach Breslau, damit ihr Sohn dort studieren und ihre Töchter Berufe wie Lehrerin und Kindergärtnerin erlernen konnten. Für den Sohn war der Aufstiegswunsch entscheidend gewesen, für die Töchter, die keine Mitgift zu erwarten hatten, die eigene Existenzsicherung.

In der höheren Mädchenbildung war der Vorsprung der Jüdinnen besonders eklatant. In Berlin gehörten kurz vor 1900, wie im Zusammenhang mit dem Schulbesuch von Dora Bieber schon gesagt, 37 Prozent aller Schülerinnen in den Städtischen Höheren Mädchenschulen der jüdischen Konfession an – bei einem jüdischen Bevölkerungsanteil von etwa vier Prozent. In der Provinz Preußen, einer überwiegend ländlichen Region, lag ihr Anteil (1901) in den öffentlichen höheren Mädchenschulen zwar «nur» bei 12,1 Prozent, in den privaten bei 8,4 Prozent, aber die Relation blieb bei einem jüdischen Bevölkerungsanteil von 1,1 Prozent in etwa gleich.[64] Offensichtlich wollten deutschjüdische Familien nicht nur ihren Söhnen, sondern auch ihren Töchtern die bestmögliche Schulbildung zukommen lassen. Diese endete vor 1909 für alle Mädchen mit der neunten oder zehnten Klasse ohne Studienberechtigung, und so wurden zwar viele Söhne aus jüdischen Elternhäusern ermutigt zu studieren, kaum aber eine Tochter.

Dennoch befanden sich unter den ganz wenigen Frauen, die allen Widrigkeiten zum Trotz ein Studium aufnahmen, anteilmäßig wiederum mehr Jüdinnen als Nichtjüdinnen.[65] Sie waren sogar noch stärker vertreten als jüdische Männer: Im Wintersemester 1908/1909, als Frauen erstmalig zur Immatrikulation an preußischen Universitäten zugelassen wurden und in der Hochschulstatistik erschienen, gehörten 17,9 Prozent der eingeschriebenen Frauen der jüdischen Konfession an, unter den eingeschriebenen Männern waren es 6,7 Prozent.[66]

Ähnlich herausragend war die Präsenz von Frauen jüdischer Herkunft in der frühen Frauenbewegung. Nach einer Studie der Historikerin Irmgard Maya Fassmann war unter der *Führungsschicht der deutschen Frauenbewegung* ein Drittel jüdisch.[67] Gemeinsam war «fast allen späteren Frauenrechtlerinnen», dass sie «als bevorzugte Lieblingstöchter in Obhut eines aufgeklärten Vaters» standen, während die Mütter eher am traditionellen Frauenbild festhielten.[68] Die gleiche Beobachtung konnten wir für die Eltern von Dora Bieber machen.

Der überragende Anteil der Jüdinnen in den höheren Schulen, den Universitäten und in der Frauenbewegung wird in der Wissenschaft damit erklärt, dass das Ansehen einer Frau im gehobenen deutsch-jüdischen Bürgertum dann besonders groß war, wenn sie die bestmögliche Schulbildung hatte, sich aktiv am kulturellen Leben beteiligte und Aufgaben innerhalb der jüdischen Wohlfahrt, die vieles umfasste, übernahm.[69] Sofern sie verheiratet war, so lag die Verantwortung für die Erziehung und Bildung der Kinder bei ihr, ebenso die Gestaltung des Familienlebens und die Pflege der Geselligkeit mit Verwandten und Freunden. Erwerbstätigkeit von Ehefrauen und Töchtern außerhalb des Hauses oder des Familienbetriebs allerdings galt in jüdischen wie in nichtjüdischen Gesellschaftskreisen als Anzeichen dafür, dass der Mann nicht alleine für seine Familie sorgen konnte, was für die Reputation aller abträglich war und deshalb möglichst unterblieb.

Dennoch agierten viele Jüdinnen selbständig und tatkräftig. Sie fühlten sich durch ihre gute Schulbildung, ihre geachtete Rolle im Haus und das Ansehen, das sie in ihren ehrenamtlichen Tätigkeiten erworben hatten, befähigt und berechtigt dazu. Allerdings konnten sie ihre Tatkraft in der Regel nur innerhalb des Familienverbands oder in einer begrenz-

ten Öffentlichkeit zur Geltung bringen. Diese gebremste Entfaltungs-
möglichkeit trotz Bildung und Kompetenz barg Zündstoff in sich:
«Jedenfalls gab es keine andere Gruppe von Frauen in Deutschland, die
ähnlich stark nach der Selbstemanzipation strebte wie die Frauen der
jüdischen Minderheit.»[70]

Unterstützung durch den Vater

Die Unterstützung, die Dora und Annemarie Bieber von ihrem Vater
erhielten, war nicht nur gesamtgesellschaftlich, sondern auch innerhalb
des jüdischen Milieus exzeptionell. Ein Detail veranschaulicht dies: Von
allen Schülerinnen der Margaretenschule absolvierte bis 1906 neben
Dora Bieber und ihrer Schwester einzig Rosa Meyer[71] die Gymnasialkurse von Helene Lange – und nur diese wurden in Berlin zur Abiturvorbereitung angeboten.[72] Daran änderte auch nichts, dass fast die Hälfte
der Mitschülerinnen Jüdinnen waren. Die allermeisten jungen Frauen,
die nichtjüdischen wie die jüdischen, wurden, davon muss man ausgehen, auf die Rolle als Ehefrau und Mutter vorbereitet. Gleichzeitig war
nicht zu übersehen, dass viele Frauen aus dem Bürgertum unverheiratet
und damit unversorgt blieben. Was heute kaum noch vorstellbar ist: Ein
gar nicht seltener Grund für ihr Ledigbleiben war, dass sie keine große
Mitgift in die Ehe einbringen konnten. Damit Frauen sich später notfalls selbst ernähren konnten, wurden vermehrt «standesgemäße» Aus-
bildungsgänge für junge Mädchen unterhalb der akademischen Berufe
eingerichtet. Der bereits 1866 gegründete Lette-Verein, bei dem Dora
Lux später als Studienrätin angestellt war, galt als vorbildlich für ähnliche
Einrichtungen. Zu lesen ist immer wieder, dass von den ersten Abiturientinnen und Studentinnen überproportional viele aus akademisch und
kulturell hochstehenden Elternhäusern kamen, aus besonders wohlha-
benden Familien oder aus Ehen, in denen geplant nur ein oder zwei Kinder heranwuchsen – wobei dann die Töchter eher eine Chance hatten,
gefördert zu werden.[73] Dies alles traf auf das Elternhaus von Dora und
Annemarie Bieber nur bedingt zu: Ihr Vater zählte ohne Abitur und ohne
Studium nicht zu den Bildungsbürgern. Die Rolle eines Besitzbürgers

hatte er mit dem Scheitern als Rittergutsbesitzer ausgespielt, seine zwei Söhne und seine drei Töchter aufzuziehen, fiel ihm finanziell schwer. In der weiteren Familie von Dora Bieber gab es allerdings bereits Akademiker: in der mütterlichen Linie den Großvater Dr. med. Josef Raschkow und in der väterlichen Linie den Onkel Dr. jur. Richard Bieber.

Dass Georg Bieber die Töchter studieren ließ, weil er ihnen keine Aussteuer mitgeben konnte und fürchtete, sie würden unverheiratet bleiben, halte ich für unwahrscheinlich. In der Familienüberlieferung ist der Druck, eine Mitgift vorweisen zu müssen, nirgends Thema. Die Existenz der Töchter wäre zudem in den eingeführten nichtakademischen Frauenberufen leichter zu sichern gewesen als in den bislang den Männern vorbehaltenen akademischen Berufen.

Für mich erschließt sich die Unterstützung der Töchter durch den Vater am ehesten, wenn ich ihn als eine moderne Existenz beschreibe. Georg Bieber lebte ohne Bindung an eine Religion, ohne berufliche Verankerung, ohne stabilen Wohnsitz und frei von konventioneller Moral. Nicht mehr Jude, aber auch kein Christ. Als Landwirt ein Außenseiter innerhalb der jüdischen Bürger,[74] später ein «Selfmademan», der wagemutig eine eigene kleine Sprachenschule in seiner Wohnung betrieb – wie es scheint ohne Auslandserfahrung und ohne Fremdsprachenstudium.[75]

Ein solches Leben jenseits der Traditionen kennzeichnet im ausgehenden 19. Jahrhundert in Europa zunehmend Juden wie Nichtjuden. Aber unter den jüdischen Deutschen, die den Dualismus ihrer Existenz als Juden und als Deutsche ausbalancieren mussten, dürfte es besonders viele gegeben haben, die bereits vor 1900 ihre Biographie selbst erfanden, wie es zur Kennzeichnung des Prozesses der Individualisierung bisweilen heißt. Eine individualisierte Existenz ist, je nach Deutung, gezwungen oder frei, ungebahnte Wege zu gehen. Während sich viele seiner Generation angesichts der gesellschaftlichen Umbrüche ängstlich an die bestehenden Normen klammerten und sich hinter gesellschaftlichen Fassaden versteckten, muss Georg Bieber zu denjenigen gehört haben, die offen für neue Lebensentwürfe waren. Seine fehlende Eingebundenheit mag es ihm erleichtert haben, sowohl das christlich-patriarchale als auch das jüdisch-patriarchale Frauenbild hinter sich zu lassen.

Seine Töchter standen von Jugend an in einer ähnlichen Zwischen-stellung zwischen den Protestantinnen und den Jüdinnen. Zu Hause wurden sie, nach allem, was man weiß, weder in christlicher noch in jüdischer Tradition erzogen. Das mag für sie ein Verlust an kultureller Bindung bedeutet haben, zugleich aber ein Gewinn an Freiheit und Un-abhängigkeit. Sie mussten vermutlich weniger innere Widerstände auf ihrem Weg zur Emanzipation überwinden als andere.

Ausgehend von ihrer Studie zu den ersten Philologinnen schreibt Hil-trud Häntzschel: «Es ist davon auszugehen, dass die Jüdinnen unter den ersten Studentinnengenerationen deutlich häufiger als ihre jüdischen Kommilitonen aus Familien stammten, die die Zugehörigkeit zum Ju-dentum aufgegeben hatten.»[76] Abschließend wagt die Autorin für die Mehrheit der in ihre Studie einbezogenen Frauen die These: «Sie waren *weiter*, sowohl im Sinne einer zeitlichen Dimension von fortschreitender Befreiung aus überkommenen Bindungen als auch im räumlichen Ver-ständnis eines sich weitenden geistigen Horizonts, aber nicht, weil sie Jüdinnen waren, sondern weil sie Jüdinnen gewesen waren.»[77]

Hanna Bieber-Böhm und Richard Bieber als Vorbilder

Georg Bieber hatte bei seiner sonstigen Ungebundenheit einen Rück-halt – und zwar in seinem jüngsten Bruder Richard und dessen Frau Hanna Bieber-Böhm. Dr. jur. Richard Bieber, geboren am 30. Juni 1858, gehörte zum fortschrittlichen und erfolgreichen deutsch-jüdischen Bür-gertum Berlins. Hanna Bieber-Böhm, die am 6. Februar 1851 als ältestes Kind von sieben Töchtern eines ostpreußischen Rittergutsbesitzers auf die Welt kam, ging von Jugend an ihre eigenen, damals für eine Frau ungewöhnlichen Wege. Von 1870 bis 1877 studierte sie Malerei in Mün-chen, Berlin, Paris und in einigen italienischen Städten, später reüssierte sie als Schriftstellerin. Nach ihrer Verheiratung mit Richard Bieber 1888 engagierte sie sich an prominenter Stelle in der Frauenbewegung. Sie wurde Vorsitzende des Vereins «Jugendschutz» und Mitglied im ersten Vorstand des Bundes Deutscher Frauenvereine (BDF), gegründet 1894 als Dachorganisation der bürgerlichen Frauenbewegung.

82

*4. 10. 1902: Generalversammlung des «Bund deutscher Frauenvereine»
in Wiesbaden. V. l. n. r. Marianne Weber, Ottilie Hoffmann, Hanna
Bieber-Böhm, Alice Salomon, Marie Stritt, Helene Lange, Helene von Forster.*

Der Vater von Dora und Annemarie Bieber, «der selbst eine ganz unselbständige Frau hatte, fand viel Gefallen an der Frau seines Bruders». Gerda Voss geht im Gespräch noch weiter und beschreibt, wie sehr auch seine Töchter die Nähe ihres Onkels und ihrer Tante suchten: «Richard war sehr humanistisch. Er war der geistige Vater der beiden Mädchen. Seine erste Frau Hanna wurde von ihnen sehr bewundert; sie saßen zu ihren Füßen. Mutter erinnerte sich später sehr gut an sie.»[78] Da Hanna Bieber-Böhm mit Helene Lange persönlich und aus der gemeinsamen Arbeit gut bekannt war und ihr Projekt die «Gymnasialkurse für Frauen» mit Sicherheit verfolgt hatte, mag sie es gewesen sein, die Georg Bieber dafür gewann, seine beiden Töchter dort anzumelden. Richard Bieber und seine Frau förderten ihre Nichten Dora und Annemarie aber nicht nur ideell, sondern auch materiell. Hanna Bieber-Böhm, die selbst keine Kinder hatte, soll deren Ausbildung bezahlt haben.[79]

Richard Bieber und Hanna Bieber-Böhm waren 1892 aus dem Judentum ausgetreten, ohne zum Christentum zu konvertieren.[80] Sie gehörten zu der damals anwachsenden Gruppe der Freidenker und wurden, da sie keiner Konfession angehörten, amtlich als «Dissidenten» geführt. Beide hatten politische Courage: Es ist das Verdienst von Hanna Bieber-Böhm, das Thema Prostitution öffentlich gemacht zu haben. Und es spricht für Richard Bieber, dass er etwa 1889 «als frischgebackener Anwalt», wie Heinrich Lux schreibt, Bernhard Kampffmeyer, «der als junger Mann in einen Anarchistenprozess verwickelt» war, verteidigte, «als kein anderer im kaiserlichen Deutschland es wagte».[81]

Der gesellschaftspolitische Standort von Richard Bieber und Hanna Bieber-Böhm lässt sich aus ihrer Rolle in der Deutschen Gesellschaft für ethische Kultur ersehen,[82] zu deren Gründern sie 1892 gehörten – neben rund vierzig anderen Männern und Frauen, darunter der Pädagoge Friedrich Wilhelm Förster, der Philosoph Georg von Gizycki, die Sozialdemokratin Lily von Gizycki (die spätere Lily Braun), Jeannette Schwerin, Wegbereiterin der Sozialen Arbeit in Deutschland, und Ferdinand Tönnies, Soziologe.[83] Hanna Bieber-Böhm schrieb im ersten Jahrgang 1893 der Zeitschrift *Ethische Kultur* über «Jugendschutz in Berlin». Richard Bieber verlegte die Zeitschrift seit 1897.

Ausgangsmotiv der *Ethischen Kultur* war, den Einfluss der Kirche auf Schule und Unterricht zurückzudrängen.[84] Die Gründer der Gesellschaft wollten aber weit mehr. Im Leitartikel der ersten Ausgabe ihrer Zeitschrift steht: «Unter ethischer Kultur als Ziel ihrer Bestrebungen versteht die Gesellschaft einen Zustand, in welchem Gerechtigkeit und Wahrhaftigkeit, Menschlichkeit und gegenseitige Achtung walten.» Orientiert an den vier Leitbegriffen «Gerechtigkeit», «Wahrhaftigkeit», «Menschlichkeit» und «gegenseitige Achtung» führte die Gesellschaft staatskritische Auseinandersetzungen, kämpfte gegen das soziale Elend, setzte sich für Schulreformen ein und trat dem Antisemitismus und Militarismus entgegen.

Nach Klaus Christian Köhnke, der als Kulturphilosoph zu den Reformbewegungen im ausgehenden 19. Jahrhundert gearbeitet hat, war die Deutsche Gesellschaft für ethische Kultur Ausdruck «einer weit umfassenderen sozialen und geistigen Bewegung, die namenlos geblieben und als solche noch kaum erforscht ist».[85]

Der Gesellschaft gehörten bald nach ihrer Gründung 820 Personen an, davon ein Drittel Frauen.[86] Sie baute Zweigstellen in mehreren Städten auf, unterhielt öffentliche Lesehallen und organisierte Veranstaltungen mit «Wanderrednern». 1900 war sie mit ungefähr zweitausend Mitgliedern[87] der wohl wichtigste Kristallisationspunkt des aufgeklärten, reformwilligen Bürgertums, das eine Zusammenarbeit mit Sozialisten nicht scheute. Viele Mitglieder waren jüdische Deutsche, die zusammen mit christlichen Deutschen und Dissidenten nach einer neuen Sittlichkeit jenseits konfessioneller Unterschiede oder jenseits einer religiösen Bindung suchten.

All das wusste ich noch nicht, als Gerda Voss im Jahr 2003 nebenbei im Interview erwähnte, ihre Mutter hätte regelmäßig eine Zeitschrift namens *Ethische Kultur* gelesen. Als ich dann dem Hinweis nachging, entdeckte ich, dass die Zeitschrift und die Gesellschaft bis Ende 1936 in regimekritischer Absicht weitergeführt wurde, und zwar von Dora Lux, Richard Bieber, Heinrich Lux und einigen anderen. Dazu später mehr.

Hanna Bieber-Böhm starb 1910 mit neunundfünfzig Jahren in Berlin. Richard Bieber heiratete 1922 seine Nichte Dr. med. Annemarie

Bieber, die Schwester von Dora Lux. Als «Onkel Richard» blieb er der Rückhalt der Familie, er blieb liberal und großzügig und ein Freund der Frauenbewegung.

Der Einfluss von Heinrich Lux

Georg Bieber muss spätestens nach seiner Übersiedlung nach Berlin anregenden Menschen begegnet sein – nicht nur über seinen Bruder Richard, sondern auch über Heinrich Lux, seinen Fahrradfreund, der sich damals in lebensreformerischen und sozialistisch-anarchistischen Kreisen bewegte.[88] Dass Dora Bieber im Alter von sechzehn Jahren ausgerechnet an Heinrich Lux Gefallen fand, wird ihren Wunsch zu studieren und danach einen Beruf auszuüben, verstärkt haben. Ein traditionelles Frauenbild jedenfalls hatte Heinrich Lux nicht, soweit man dies aus der Wahl seiner beiden ersten Ehefrauen schließen kann – eine jüdische Russin, Elizaweta Holzmann, die in Zürich Medizin studierte, und danach eine Schweizer Frauenrechtlerin, Ida Häny, die gegen das traditionelle Frauenbild in der Sozialdemokratie ankämpfte und entschieden dafür plädierte, Frauen wie Männern die Möglichkeit zu geben, Beruf und Ehe zu verbinden.[89]

Georg Bieber seinerseits zeigte sich über den ersten Schritt seiner Töchter auf dem Weg zum Studium – das bestandene Abitur – hocherfreut. Frau Lux erzählte noch Jahrzehnte später einer Freundin, Maya Rauch, wie ihr Vater vor dem Spiegel stand, sich selbst anlachte und ironisch, aber mit sich zufrieden, meinte: «So sieht also der Vater einer *mula* aus.» Maulesel, *mulus*, nicht Esel, nicht Pferd, war die Bezeichnung für einen Abiturienten, der noch kein Akademiker war.

5

Studium, Promotion und Ausbildung
zur Gymnasiallehrerin 1901–1909

Nach dem Abitur trennten sich die Wege der beiden Schwestern, die
bis dahin fast wie Zwillinge aufgewachsen waren. Dora Bieber hatte
die Wahl ihrer Studienfächer längst getroffen: Latein, Griechisch und
Geschichte. Auch ihr Berufsziel stand fest: Sie wollte unterrichten, aber
nicht als Lehrerin mit Seminarausbildung, sondern als wissenschaftlich ausgebildete Akademikerin.[90] Mit dieser Absicht begann sie ihr
Studium der Altphilologie und Geschichte im Frühjahr 1901 in Berlin.
Dort war sie eine von nur drei Frauen, die Altphilologie studierten.[91]

Annemarie Bieber ging nach München, noch unsicher, ob das vom
Vater gewünschte Medizinstudium für sie das Richtige sei. Sie muss
sich aber schnell mit der Aussicht, Ärztin zu werden, identifiziert haben,
denn bereits 1905, im Alter von nur einundzwanzig Jahren, bestand sie
in Freiburg in Baden das medizinische Staatsexamen mit der Note Eins
– ein «Unikum an den medizinischen Fakultäten Deutschlands».[92]

Den Werdegang von Annemarie Bieber werde ich weiterhin im Blick
behalten. Ein Vergleich zwischen den beiden Schwestern kann exemplarisch verdeutlichen, wie viel leichter es in der Frühzeit des Frauenstudiums war, eine Ärztin zu werden als eine Gymnasiallehrerin – und den
jeweiligen Beruf auch auszuüben.

An der Berliner Universität

Als Dora Bieber im Sommersemester 1901 in Berlin ihr Studium aufnahm, wurde sie nur als «Hörerin» im Sinne einer Gasthörerin beziehungsweise einer Hospitantin zugelassen – ein Status, der Frauen auch
ohne Abitur seit etwa 1900 zugebilligt werden konnte.[93] Ein reguläres
Studium aber, das eine Immatrikulation voraussetzte, wurde selbst den-

jenigen Frauen, die mit der Reifeprüfung die Zugangsbedingung erfüllten, verwehrt. Dagegen wandten sich zweiundvierzig Abiturientinnen, die im Wintersemester 1901/1902 in Preußen studierten,[94] mit einem «Gesuch». Ihre Eingabe ist an den damaligen preußischen Kultusminister Heinrich Konrad Studt gerichtet und beginnt mit den höflichen Worten: «Euer Excellenz tragen hierdurch die ehrerbietigst unterzeichneten Hörerinnen der Königlichen Universitäten zu Berlin, Bonn, Breslau, Göttingen, Königsberg und Marburg unter Berufung auf die von ihnen an einem deutschen Gymnasium oder Realgymnasium vor einem staatlichen Kommissar abgelegten Reifeprüfung die ergebene Bitte vor, ihnen und den in gleicher Weise vorgebildeten Frauen die regelrechte Immatrikulation an den Königlich preußischen Universitäten geneigtest ermöglichen zu wollen.»[95]

In Berlin studierten damals insgesamt einunddreißig Frauen mit Abitur. Von ihnen unterschrieben siebenundzwanzig – also fast alle. Dora Bieber steht auf der Unterschriftenliste an zehnter Stelle.[96] Ihre Schwester Annemarie erscheint nicht, sie war derzeit zum Studium in München. Die gemeinsame Eingabe aus sechs Universitäten über räumliche Entfernungen und Fakultätsgrenzen hinweg legt die Existenz eines informellen Studentinnen-Netzwerks nahe, dessen Kern vermutlich einige Absolventinnen der Gymnasialkurse von Helene Lange bildeten – immerhin hatten achtzehn der Unterzeichnerinnen deren Kurse besucht. Eine von ihnen, Christiane von Wedel (Abitur 1900), mit Dora Bieber eine der damals drei Studentinnen der Altphilologie an der Berliner Universität, scheint die Aktion koordiniert zu haben. Dafür spricht, dass ihr Name auf der Unterschriftenliste ganz oben steht und einzig ihre Adresse angegeben ist.

Wie alle Gasthörerinnen mussten die Abiturientinnen, um überhaupt Vorlesungen und Übungen besuchen zu können, jedes Semester erneut einen «Rektorats-Erlaubnis-Schein» beantragen, der nach Prüfung aller Unterlagen «allgemein oder für bestimmte Fächer» erteilt wurde – oder auch nicht. Hatte eine studierwillige Frau diese Hürde genommen, so war sie gezwungen, sich zusätzlich von jedem Dozenten, an dessen Lehrveranstaltung sie teilnehmen wollte, eine schriftliche Einwilligung einzuholen.[97]

Und so steht auf dem Deckblatt des Belegbogens von Dora Bieber im Sommersemester 1901 sowie in den folgenden drei Semestern: «Dem Fräulein Dora Bieber aus Bismarckshöhe wird hiermit gestattet, in diesem Semester die Vorlesungen derjenigen Herren hiesiger Universität anzunehmen, welche dazu ihre Genehmigung ertheilen.»[98] Wie aus den illustren Namen und Unterschriften auf ihren Belegbogen zu entnehmen ist, in die alle besuchten Veranstaltungen eingetragen werden mussten, erteilten ihr eine solche Erlaubnis die wissenschaftlichen Größen ihrer Zeit, etwa die Altphilologen Ulrich von Wilamowitz-Moellendorff und Hermann Diels sowie die Historiker Eduard Meyer und Hans Delbrück. Diese standen dem Studium von Frauen aufgeschlossener gegenüber als so manch anderer heute vergessene Professor.

Die Frauen aber wollten nicht das Wohlwollen dieser und anderer Herren, sondern eine allgemeingültige Regelung. Und so schrieben sie: «Der gegenwärtige Zustand ist für eine gedeihliche Durchführung unserer Studien insofern höchst hinderlich, als wir, von dem Ermessen der einzelnen Dozenten abhängig, von manchen Vorlesungen und Übungen ausgeschlossen sind.» Ihr Gesuch schließt mit der Drohung, Berlin notfalls zu verlassen: «Endlich gestatten wir uns, Ew. [Ehrwürdiger] Excellenz, zur Erwägung zu stellen, ob es nicht auch wünschenswert wäre, durch Herbeiführung der von uns erbetenen Immatrikulation zu verhindern, dass die aufgrund des Reifezeugnisses Studierenden die preußischen Universitäten teilweise verlassen müssen, um sich den badischen zuzuwenden, an denen schon heute die volle Gleichberechtigung herbeigeführt ist.» Damit wird angesprochen, dass Preußen mit dem Weggang der studierwilligen und aufstrebenden Frauen den Zug der Zeit verpassen könnte – zum eigenen Nachteil: Baden war bereits an Preußen vorbeigezogen.

Fast scheint es, als habe der Kulturminister geradezu auf die Eingabe der Abiturientinnen gewartet. Denn er schickte sie umgehend an alle zehn Universitäten in Preußen und wies diese an, Voten aller Selbstverwaltungsgremien, mithin Abstimmungsergebnisse der Fakultäten, Akademischen Senate und Rektorate, einzuholen und schriftlich zu begründen. Das Resultat weist ausgerechnet die so hochangesehene

Berliner Universität – gemäß einer Übersicht des Ministeriums[99] – als Trutzburg gegen das Frauenstudium aus, nur flankiert von Königsberg und Göttingen. Wohingegen die Universitäten in Bonn, Breslau, Greifswald, Halle, Kiel, Marburg und Münster die Immatrikulation von Abiturientinnen befürworteten, wenn auch teilweise mit knappen Gremienentscheidungen. In der Kultusverwaltung gab dann aber die Berliner Ablehnung den Ausschlag. Sie erhielt mehr Gewicht als die Zustimmung der Mehrheit der anderen Universitäten.

Dennoch erzielten die Abiturientinnen einen Teilerfolg, denn ihre Intervention löste heftige inneruniversitäre Debatten aus und beförderte die öffentliche Diskussion über das Frauenstudium.

Im Unterschied zu Preußen lief zu jener Zeit die Entwicklung in anderen deutschen Staaten bereits zugunsten der Frauen: In Baden konnten sie, sofern sie Abitur hatten, ab dem Sommersemester 1900, in Bayern ab dem Wintersemester 1903/1904 gleichberechtigt mit Männern studieren. Weitere Bundesstaaten folgten; die Schlusslichter bildeten Preußen und Mecklenburg. In Preußen wurden sie erst ab dem Wintersemester 1908/1909, in Mecklenburg ab dem Sommersemester 1909 als Studierende mit gleichen Rechten zugelassen.

Die Stellungnahmen der preußischen Universitätsgremien zu der Eingabe sind alle erhalten. Sie geben einen hervorragenden Einblick in den Diskussionsstand kurz nach 1900, als Dora Bieber Vorlesungen und Übungen in Berlin besuchte.*

In Heidelberg und München

Dora Bieber kehrte Preußen, wo sich in Sachen Zulassung von Abiturientinnen nichts bewegte, den Rücken und ging im Frühjahr 1903 nach Heidelberg – Heidelberg und Freiburg galten nach nur zwei Jahren der

---

* Für Näheres zur bildungsgeschichtlichen Einordnung der Eingabe und zu ihrer Ablehnung durch die Berliner Universität siehe den zweiten Exkurs: Gesuch von Abiturientinnen von 1902 auf Immatrikulation an preußischen Universitäten, unter: www.rowohlt.de/doralux

Immatrikulationsmöglichkeit als Hochburgen des Frauenstudiums in Deutschland. Dennoch gab es an ihrem neuen Studienort im Sommersemester 1903 nur siebenundvierzig immatrikulierte Studentinnen neben etwa 1800 männlichen Studenten, dazu kamen zweiundsechzig Hörerinnen ohne Abitur.[100] Als sie ein Jahr später zum Sommersemester 1904 nach München wechselte, um zu promovieren, hatten die bayerischen Universitäten erst ein Semester zuvor Frauen als regulär Studierende zugelassen. Entsprechend traf sie dort auf einen noch geringeren Frauenanteil als in Heidelberg. Sie war eine von einundzwanzig immatrikulierten Frauen unter 4745 Männern.[101]

Aus Belegbogen und Bescheinigungen ist zu ersehen, dass Dora Bieber in Heidelberg bei relativ vielen Professoren studierte, in München dagegen vorrangig bei Professor Adolf Furtwängler, einem klassischen Archäologen mit hoher Reputation, und dem Altphilologen Professor Otto Crusius, bei dem sie auch promovierte. Otto Crusius (1857–1918) war 1903 von Heidelberg nach München berufen worden. Er muss ein faszinierender Interpret der griechischen Literatur in der Tradition des Neuhumanismus und ein vielseitiger Mensch gewesen sein. Die Breite seiner Tätigkeiten sei nur angedeutet: Neben seiner eigentlichen Fachwissenschaft gab er die Schriften Friedrich Nietzsches zur antiken Religion und Philosophie heraus, bewegte sich in Künstlerkreisen und komponierte; zugleich war er Präsident der Bayerischen Akademie der Wissenschaften.

Viel freie Zeit kann die angehende Altphilologin nicht gehabt haben, denn sie arbeitete «ganztäglich» im Institut, damals genannt «Seminar», bei «Herrn Geheimrat Prof. Crusius».[102] Vermutlich studierte sie deshalb zügig, weil zu studieren viel Geld kostete, sie aber «nicht mit Glücksgütern gesegnet war» – so ihr «Doktorvater» als Begründung gegenüber seinen Kollegen, als er sie dafür gewinnen wollte, ihr Promotionsverfahren schnell abzuschließen.[103]

Dora Bieber gehörte zur ersten Generation von Studentinnen, die – so lauten viele Berichte – diszipliniert ihrer wissenschaftlichen Berufsausbildung nachging. Konzentration auf die Wissenschaft war vermutlich die bestmögliche Strategie, um mit den Verunsicherungen, denen Frauen an den Universitäten ausgesetzt waren, fertig zu werden. Leider sind keine Erinnerungen von den ersten Philologinnen aufgeschrieben worden, aber ein Bericht von Rahel Goitein, verheiratete Straus,[104] die 1900 in Heidelberg ihr Medizinstudium begann, mag auf deren Situation übertragbar sein. Danach fühlten sich die ersten Studentinnen ständig beobachtet und eingeschränkt, aber auch bewundert. Sie bemühten sich, die gesellschaftlichen Verhaltensregeln bei gleichzeitiger Selbständigkeit einzuhalten und nicht unliebsam aufzufallen.[105]

Da von Dora Bieber keine aufsehenerregenden und schon gar keine skandalträchtigen Episoden aus ihrer Studienzeit überliefert sind, ist anzunehmen, dass sie gut in das Bild der zurückhaltenden ersten Studentinnengeneration in Deutschland passte. Dennoch sollte nicht unterschätzt werden, wie schwierig es für sie gewesen sein muss, ihren Platz an der Universität zu behaupten[106] – auch wenn sie nicht mehr wie die Altphilologin Edith Hamilton aus den USA einige Jahre früher in München von den männlichen Studenten separiert und vorne aufs Podest platziert wurde. Gegen ihre Anwesenheit bestanden 1897 zusätzliche Vorbehalte, weil auch Studenten der Katholischen Theologie die Vorlesungen besuchten und diese keinesfalls durch den Kontakt mit einer Frau verunreinigt werden sollten. Zunächst war sogar erwogen worden, für Edith Hamilton einen kleinen Verschlag mit Vorhang zu bauen, um sie unsichtbar zu machen.[107]

Eigene Diskriminierungserfahrungen sah Frau Dr. Lux – zumindest später – von der amüsanten Seite, wie ich selbst erinnere. So berichtete sie ihren Töchtern und auch uns im Geschichtsunterricht, dass die Corpsstudenten in Heidelberg die Parole ausgegeben hatten: «Weisheitszicken werden nicht gegrüßt.» Die Verächter des Frauenstudiums gerieten allerdings in größte Verlegenheit, sobald sie mit ihr, einer weiblichen Kommilitonin, die es eigentlich gar nicht geben durfte, privat bei einer Einladung im Hause eines Professors zusammentrafen. Frau Lux amüsierte sich aber nicht nur über die Corpsstudenten, sondern auch über die Unfähigkeit von Professoren, mit dem Auftauchen von Frauen im Hörsaal umzugehen. So erzählte sie uns, wie ein Dozent seine Vorlesung, deutlich verlegen, unterbrach und sich dafür entschuldigte, dass er «in Anwesenheit von Damen das Wort ‹Beutel› verwendet habe». Bedeutungslos schienen dagegen die Verletzungen und Kränkungen geworden zu sein, die den Frauen – und gewiss auch ihr – von männlichen Kommilitonen und Dozenten zugefügt wurden.

Promotion 1906

Dora Bieber schloss ihr Studium an der Universität in München am 9. März 1906 mit dem Rigorosum ab, der mündlichen Doktorprüfung. In ihrem Hauptfach Klassische Philologie war sie von den Professoren Crusius und Friedrich Karl Vollmer geprüft worden, in dem Nebenfach Alte Geschichte von Professor Robert von Pöhlmann, in dem zweiten Nebenfach Archäologie von Professor Furtwängler.[108] In allen mündlichen Prüfungen sowie für die Doktorarbeit und entsprechend als Gesamtbewertung erhielt sie die Note *magna cum laude* («sehr gut»). Vor ihr hatte in München an der Philosophischen Fakultät I (ohne Naturwissenschaften und Mathematik) erst eine Frau promoviert, ebenfalls eine Altphilologin; auf dem Gebiet der Klassischen Philologie war sie unter den ersten vier Frauen in allen deutschen Ländern.[109]

Professor Crusius, der selbst zur griechischen und römischen Alltagskultur forschte, hatte ihr als Doktorarbeit aufgetragen, die Motive in den griechischen und lateinischen Fabeln ab Horaz (65–8 v. Chr.) und bis zum griechischen Fabeldichter Babrios (Ende des 1. Jh. n. Chr.) zu untersuchen. Ihre Dissertation ist auf Deutsch verfasst, nicht auf Latein, was damals in der Klassischen Philologie eher selten war, und wurde 1906 in Berlin in gekürzter Form mit dem Titel «Studien zur Geschichte der Fabeln in den ersten Jahrhunderten der Kaiserzeit» veröffentlicht.

Um später als akademisch gebildete Lehrerin unterrichten zu können, genügte es aber nicht, das Studium mit der Promotion abzuschließen, man brauchte – ganz wie heute – ein Staatsexamen für das Höhere Lehramt und eine schulpraktische Ausbildung. Die Zulassung zu beiden Qualifikationen aber erwies sich für Frauen als besonders hohe Hürde. Nur Juristinnen waren damals noch weniger erwünscht als akademisch vollgebildete Lehrerinnen, die späteren Studienrätinnen.[110] Der Grund: Frauen sollten aus dem Staatsdienst ferngehalten werden.

Annemarie Bieber dagegen hatte ihr medizinisches Staatsexamen 1905 problemlos ablegen können. Die Kämpfe um die Zulassung von Frauen zum Arztberuf waren im Wesentlichen bereits um 1900 abgeschlossen. 1899 hatte der Deutsche Bundesrat zahlreichen Petitionen nachgegeben und eine «weitreichende Entscheidung» getroffen: «Künftig würde es auch Frauen gestattet sein, die ärztliche Staatsprüfungen abzulegen und hierdurch die Approbation als Arzt zu erlangen.»[111] Die Argumente der Frauenbewegung hatten sich durchgesetzt, nach denen ein großer Bedarf an weiblichen Ärzten für weibliche Patienten bestand, weil Ärztinnen sich besser in die Situation von Frauen einfühlen und ihr Vertrauen erwerben könnten.

Zulassungsschwierigkeiten zum Staatsexamen in Karlsruhe

In München konnte Dora Bieber kein Staatsexamen machen, außerdem wäre es in Preußen, damit auch in Berlin, ihrer Heimatstadt, nicht anerkannt worden. In München hatten einzig Margarete Heine, die als zweite Abiturientin in Deutschland schon erwähnt wurde, im Jahr 1899 sowie wenig später Luise Lindhamer «ausnahmsweise» eine Zulassung zur Staatsprüfung erhalten. Danach niemand mehr. Prinzipiell zugelassen wurden Frauen in Bayern erst ab 1912. Nach Berlin hätte Dora Bieber gehen können, in Preußen konnten sich Frauen seit 1905 zum Staatsexamen melden. Aber vermutlich fürchtete sie, dadurch ihre Selbständigkeit zu verlieren, hätte es doch nahegelegen, aus Kosten- und Schicklichkeitsgründen wieder bei den Eltern zu wohnen. In Frage kam noch das Königreich Sachsen, das als erster Bundesstaat Frauen zuließ – aber in Sachsen hatte sie nie studiert.[112] So entschied sie sich für Baden, dem zweiten deutschen Bundesstaat, in dem seit Februar 1904 Frauen das Staatsexamen ablegen konnten.[113] Eine Rolle mag bei ihrem Entschluss gespielt haben, dass sie die Professoren in Heidelberg, ihre späteren Prüfer, bereits kannte und – laut Aussage ihrer Töchter – sich dort sehr wohl gefühlt hatte. Sie mietete sich bei der gleichen Wirtin ein wie zuvor, in der Leopoldstraße 34, der späteren Friedrich-Ebert-Anlage, bei einer Frau Professor Müller, die, wie damals üblich, den Titel ihres

Mannes führte, der Universitäts- oder Gymnasialprofessor gewesen sein muss.

Ende Mai 1906 richtete Dr. Dora Bieber ihren Antrag auf Zulassung an den «Großherzoglichen Badischen Oberschulrat» in Karlsruhe. Im Oberschulamt der Residenzstadt und nicht in der Universität wurden damals die Staatsprüfungen von einer gemischten Kommission, bestehend aus Universitätsprofessoren und Schulräten, abgenommen. Bei ihrer Zulassung aber gab es Schwierigkeiten. Ihr «Gesuch» wurde Mitte Juni mit der Begründung abgelehnt, sie sei keine badische Staatsbürgerin, habe zudem ihr «letztes Studiensemester nicht an einer badischen Hochschule zugebracht» und könne außerdem die vorgeschriebenen acht Semester nicht nachweisen – die vier Gastsemester in Berlin waren nicht angerechnet worden.[114] Daraufhin machte sie Anfang Juli eine Eingabe und bat um Gleichbehandlung mit ihrer Schwester: Sie brachte vor, dass Annemarie Bieber wie sie preußische Staatsangehörige sei und ebenfalls – nach Anfangssemestern als Gasthörerin in München – mehrere Semester in Berlin nur als «Hörerin» studiert habe und dennoch vor kurzem, im Jahr 1905, in Freiburg «ihr medizinisches Staatsexamen ablegen durfte». Um einen weiteren Ablehnungsgrund auszuräumen, war sie bereit, sich zum Wintersemester 1906 / 1907 und Sommersemester 1907 erneut in Heidelberg zu immatrikulieren. Überraschenderweise wurde dem erneuten Vorstoß nur einen Monat später unter «Nachsichterteilung» von zwei Paragraphen der Prüfungsordnung stattgegeben.[115] Wie kam es zu diesem Gesinnungswandel?

Vermutlich wäre es bei der Ablehnung geblieben, wenn nicht zwischenzeitlich Geheimrat Professor Crusius, ihr «Doktorvater», interveniert hätte. Er wandte sich – von Geheimrat zu Geheimrat – direkt und handschriftlich an den badischen Oberschulrat, den er aus seiner Zeit an der Heidelberger Universität gut kannte, ohne Briefkopf und ohne offizielle Anschrift:

Sehr verehrter Herr Geheimrat, eine Hörerin von mir, die lange Zeit auch in Heidelberg studiert hat, schrieb mir, dass ihre Anmeldung zum Staatsexamen in Karlsruhe nicht angenommen sei: Es ist ein Frl. Dora Bieber, weitaus die tüchtigste der Damen, die ich bis jetzt als Studen-

tinnen gehabt habe ... Sie steht ganz erheblich höher, als z. B. Frl. R.
[Name ist ausgeschrieben]; bei Prof. Vollmer und mir hat sie beim Rigo-
rosum jedenfalls viel besser abgeschnitten als die meisten Kandidaten des
andern Geschlechts ... Auf alle Fälle möchte ich Ihnen das sehr gescheidte
und energische junge Mädchen angelegentlichst empfohlen haben: Es ist
das erste Mal, daß ich bei einer Dame eine solche Empfehlung ausspreche,
wie Frl. Bieber auch die erste Dame war, die den Ansprüchen, die ich an
eine Dissertation stelle, genügte. In der Hoffnung, daß sich vielleicht doch
Hilfe schaffen läßt, und mit dem Ausdrucke alter herzlicher Verehrung
Ihr ergebenster O. Crusius.[116]

Wenn es bei einer solchen Fürsprache auch angesagt ist, Abstriche von
der Belobigung zu machen, ein hohes Ansehen hatte sich Dora Bieber
bei ihrem akademischen Lehrer zweifellos erworben. Das Empfehlungs-
schreiben gab denn auch den Ausschlag für den Gesinnungswandel des
Oberschulrats und des Ministers, wie einem internen Schriftwechsel zu
entnehmen ist.[117]

Einzelfallentscheidungen und Protektion

Auf dem langen Weg von Frauen zur wissenschaftlichen Berufsausbildung war Protektion nicht nur bei Dora Bieber unumgänglich. Sei es
beim Abitur, sei es bei der Zulassung zum Studium oder zum Staatsexamen – nicht selten hat ein Vater oder ein Freund der Familie nachge-
holfen. So beim ersten Abitur einer Frau in Deutschland im Jahr 1895:
Hildegard Ziegler, später verheiratete Wegscheider, schreibt in ihren
Erinnerungen: Der «Schulrat war selbst nach Sigmaringen gekommen;
er war ein Freund meines Großvaters gewesen», und hatte sich persönlich um sie gekümmert. Seine Fürsorge ging so weit, dass er seine Tochter mitbrachte, damit sie «nicht alleine sei». Offensichtlich wollte er ihr
die Situation in der Unterkunft, in der auch er abgestiegen war, während
der mehrtägigen mündlichen Prüfungen erleichtern.[118]
    Anführen möchte ich zusätzlich die Umstände der ersten Zulassung
einer Frau zum Staatsexamen in Preußen: Diese abzulegen war Thekla

Freytag, Studentin der Naturwissenschaften und der Mathematik, nach
«langem Warten und mehrfachen Ablehnungen» im Sommer 1905 gestattet worden.[119] Durchgefochten hatte sie die Bewilligung mit Hilfe
ihres Vaters, eines ranghohen Gerichtsbeamten in Berlin. Als nichts
mehr ging, wandte sich dieser «mit einem dringenden Gesuch» direkt
an Minister Studt – mit durchschlagendem Erfolg: «Bereits zwei Tage
später rief der Kultusminister seine Untergebenen zusammen, um die
Sache zu diskutieren», und nach zehn weiteren Tagen hielt die Tochter
die Genehmigung in den Händen.[120] Die zunächst nur für ihre Person
ausgesprochene Zulassung wurde noch im gleichen Jahr durch eine allgemeine Verfügung auf alle Studentinnen ausgedehnt.[121]

Hier und auch in anderen Fällen kam die Unterstützung aus der Familie. Dora Bieber aber hatte keine Verwandten im Staatsdienst und
stammte aus keiner alten preußischen Familie, sie erhielt die Protektion
ihres akademischen Lehrers einzig aufgrund ihrer Leistung.

In den Anfangsjahren des Frauenstudiums lag Protektion deshalb
nahe, weil Frauen die meisten Hürden in den Universitäten und in den
Ministerien nur mit personenbezogenen Sondergenehmigungen überwinden konnten. Aber selbst wenn bereits eine prinzipielle Zulassung
vorlag, war es Frauen häufig gar nicht möglich, den gesetzlichen Bestimmungen, die auf Männer zugeschnitten waren, zu genügen. Sie mussten auf Ausnahmegenehmigungen hoffen und blieben damit – mehr als
Männer – vom Wohlwollen des jeweiligen Ministers beziehungsweise
seiner Verwaltung abhängig. In diesen Zusammenhang gehört auch die
beschriebene Staatsexamenszulassung von Dora Bieber in Baden. Dort
hätten Frauen um 1905 folgende «Vorbedingungen» erfüllen müssen:
Abitur in Deutschland, Studium von mindestens acht Semestern bei
voller Immatrikulation sowie badische Staatsbürgerin oder zumindest
in Baden wohnhaft – was kaum eine Antragstellerin erfüllte.

Fortschritte in der akademischen Lehrerbildung konnten generell
nur erzielt werden, wenn Frauen selbst initiativ wurden. Das Ergebnis
meiner Recherchen: Bei den angehenden akademischen Lehrerinnen,
den späteren Studienrätinnen, hat eine kleine Gruppe von maximal
zehn Frauen alles durchgefochten. Zu ihnen gehörte Dora Bieber. Die
gleichen Frauen tauchen immer wieder auf, an verschiedenen Orten, bei

verschiedenen Hürden, die es zu überwinden galt. Ich gehe davon aus, dass alle sich kannten und Erfahrungen austauschten. Indem ich ihre Namen immer wieder nenne, möchte ich ihre Anstrengungen und ihre Verdienste aus der Anonymität holen.

So waren in Baden die Anträge der Altphilologinnen Elisabeth Rocholl und Dr. Gabriele Gräfin von Wartensleben der Anlass für die prinzipielle Zulassung von Frauen (Erlass vom Februar 1904). Über Elisabeth Rocholl konnte ich nichts außer ihren Zulassungs- und Prüfungsdaten in Erfahrung bringen, über Gabriele von Wartensleben aber weiß ich aus den ministeriellen Akten, dass sie geschieden und alleinerziehende Mutter eines schulpflichtigen Sohnes war und erst relativ spät die akademische Ausbildung begann. 1905 und 1906 waren zwei weitere Frauen zugelassen worden, danach folgte Dora Bieber mit ihrem Antrag. Aus ihrem Zulassungsvorgang kann man ersehen, wie beliebig die Rechtsauslegung noch war. Für Ausnahmeentscheidungen lagen kaum normenbildende Präzedenzfälle vor, die eine gewisse Rechtssicherheit geschaffen hätten. Die Anzahl der Frauen, die ihr Studium soweit abgeschlossen hatte, dass sie überhaupt einen Antrag auf eine staatliche Abschlussprüfung stellen konnte, war verschwindend gering.[122]

Hauslehrerin in Prenzlau

Während Dora Bieber auf ihre Zulassung in Baden wartete, hatte sie Anfang Juli 1906 eine Stelle als Hauslehrerin im weit entfernten Prenzlau im Land Brandenburg angenommen. Eigentlich wollte sie ihre Dissertation druckfertig machen, aber sie brauchte Geld zum Lebensunterhalt – und versuchte, beides miteinander zu verbinden. In Prenzlau lebte sie vier Monate, bis Ende Oktober 1906, bei der Kaufmannsfamilie Mayer. Ihr Auftrag war es, die Tochter des Hauses, Gertrud, auf die Universität vorzubereiten.[123] Wer den Kontakt hergestellt hatte, weiß ich nicht. Dora Bieber war damals vierundzwanzig Jahre alt, Gertrud Mayer zwei bis drei Jahre älter.

In Prenzlau bewegte sie sich in einer jüdischen Familie, in der die tradierten Vorschriften des Judentums von den Eltern streng eingehalten wurden, während die Söhne und die Tochter dabei waren, sich davon zu lösen. Hierzu übermittelte Frau Voss einen Bericht ihrer Mutter: In der jüdischen Fastenzeit erhielten die christlichen Angestellten, so auch die Hauslehrerin, die üblichen Mahlzeiten. Auf Wunsch von Gertrud brachte Dora Bieber den Geschwistern Mayer «Schinkenbrote aufs Zimmer. Mitten während der verbotenen Mahlzeit legte Arthur, der Älteste, plötzlich das halb aufgegessene Brot auf den Teller zurück und fragte: ‹Und wenn es doch einen Gott gibt?› – ‹Dann hätte er nichts dagegen›, beruhigte und überzeugte ihn Dora. Er aß weiter.»[124] Gertrud Mayer zog bald darauf ebenfalls nach Heidelberg, wo sie 1907 über ihren Bruder Ernst ihren späteren Mann, den Psychiater und Philosophen Karl Jaspers, kennenlernte. Die Freundschaft zwischen Frau Jaspers und ihrer ehemaligen Hauslehrerin blieb für beide zeitlebens bedeutsam.

Die letzte Hürde: die schulpraktische Ausbildung

Dr. Dora Bieber bestand am 3. März 1907 das Staatsexamen mit der Gesamtnote «Gut» und erwarb damit die fachwissenschaftliche Lehrbefähigung – auch genannt «pro facultate docendi» – für die Fächer Latein, Griechisch und Geschichte.[125] Ihr Hauptprüfer war der Altphilologe Professor Albrecht Dieterich, bei dem sie in Heidelberg studiert hatte.[126]

Danach allerdings ging es in Baden nicht weiter. Sie wurde im Unterschied zu den männlichen Staatsexamensabsolventen nicht zur schulpraktischen Ausbildung – vergleichbar dem heutigen Referendariat – zugelassen. Gegen den Anspruch von Frauen, gleichberechtigt mit den männlichen «Lehramtspraktikanten» in den Schuldienst übernommen zu werden, hatte sich die Großherzogliche Schulverwaltung in Baden vorsorglich abgesichert. Und so steht auf dem Zeugnis von Dr. Dora Bieber der Vorbehalt: «Mit dem Bestehen dieser Prüfung hat die Kandidatin jedoch eine Anwartschaft auf Verwendung im badischen Mittelschuldienst und auf Aufnahme unter die Zahl der Lehramtspraktikanten des Großherzogtums nicht erlangt.»[127] Eine entsprechende Einschränkung enthielt bereits ihre Staatsexamenszulassung unter Bezug auf den erwähnten Erlass von 1904.[128] Eine schulpraktische Ausbildung aber war die Voraussetzung für eine spätere Anstellung und Laufbahn im staatlichen Schuldienst. Mit der verweigerten Zulassung wurde für Frauen das wissenschaftliche «Berufsstudium», so die damalige Bezeichnung, von einer Berufsausübung im Staatsdienst abgekoppelt. Ein entsprechender Vorbehalt stand in Baden auf allen Staatsexamenszeugnissen von Frauen, nicht aber von Männern, bis mindestens 1909.

Bei der Professionalisierung von Frauen im Lehrberuf zwischen 1900 und 1909 stößt man immer wieder auf geradezu widersinnig anmutende Unstimmigkeiten: In Preußen durften Frauen zwar ab Ende 1905 das Staatsexamen für das Höhere Lehramt ablegen, konnten sich aber erst ab 1909 an den Universitäten immatrikulieren. Über ihre Staatsexamenszulassung, «sei es als immatrikulierte Studentin, sei es als Gasthörerin», entschieden die preußischen Provinzen sogar selbst.[129] Ähnlich im Königreich Sachsen: Dort waren Frauen zwar seit 1900 zur Staatsprüfung für das Höhere Lehramt zugelassen, konnten aber bis 1906 nur als «Hörerinnen» studieren. In Baden wiederum durften Frauen sich immatrikulieren und die wissenschaftliche Staatsprüfung ablegen, danach aber war ihnen die Lehrtätigkeit an Schulen verwehrt. Diese und andere Ungleichzeitigkeiten zeigen, wie zögerlich die Zugeständnisse gemacht wurden, wie wenig die Schritte aufeinander abgestimmt waren und wie gering der Bedarf an wissenschaftlich und schulpraktisch vollausgebildeten Lehrerinnen eingeschätzt wurde.

Dr. Dora Bieber musste sich also einen anderen Ausbildungsort in einem anderen deutschen Staat suchen – und fand diesen in Kassel, der Hauptstadt der preußischen Provinz Hessen-Nassau von 1868 bis 1945. Dort begann sie im Herbst 1907 als «Lehramtsanwärterin».

Aber womit und wo hatte sie die dazwischenliegenden Monate nach ihrem Staatsexamen im März 1907 verbracht? Es gibt die Aussage ihrer Tochter Gerda, dass sie längere Zeit in Rom gelebt habe, sowie die Aussage ihrer früheren Schülerin Manon Grisebach, dass sie dort bei einem bemerkenswerten Lateinprofessor studierte. Wann und wie lange, konnte mir allerdings niemand sagen. Formal war sie im Sommersemester 1907 noch in Heidelberg immatrikuliert, aber ihr Studienbuch ist auffallend leer, nur zwei Veranstaltungen sind eingetragen. So spricht einiges dafür, dass sie das Beste aus ihrer Wartezeit machte und eine hoffentlich erfüllte Reise nach Italien einschob, bevor sie ihre schulpraktische Ausbildung begann.

Soweit ich sehe, wurden Frauen zur zweiten Phase der Lehrerausbildung für das Höhere Lehramt damals einzig in Preußen zugelassen, allerdings wieder nur mit einer Ausnahmegenehmigung im Einzelfall.[130] Eine Zulassung überhaupt durchgesetzt zu haben, und zwar im Jahr 1903, ist ein erneuter Verdienst von Margarete Heine, die als eine der beiden ersten Abiturientinnen vor der Frage gestanden hatte, aufzugeben oder dem Staat die nächste Erlaubnis abzuringen. Dass die zweite Ausbildungsphase in Preußen für Frauen 1903 – und damit zwei Jahre früher als das Staatsexamen – geöffnet wurde, ist eine zusätzliche Ungereimtheit. Wie bereits erwähnt, war zum Staatsexamen 1905 erstmalig die Studentin der Naturwissenschaften Thekla Freytag mit Hilfe ihres Vaters zugelassen worden.

Eine zweistufige wissenschaftliche und schulpraktische Ausbildung für angehende Gymnasiallehrer gab es in Preußen wie in den meisten deutschen Staaten bereits seit Anfang des 19. Jahrhunderts – allerdings mit nur wenigen Ausbildungsplätzen.[131] Und so begannen die meisten Universitätsabsolventen, es waren nur Männer, ohne Vorbereitung auf die Schulpraxis zu unterrichten. Bestenfalls wurden sie in einem Probejahr notdürftig angeleitet.

Die schulpraktische Ausbildung verbesserte sich mit der Neuordnung von 1890. Jetzt wurde dem Probejahr ein Seminarjahr vorgeschaltet, und die Vorbereitungszeit verlängerte man auf zwei Jahre. In den folgenden Jahren erhöhte sich die Anzahl der pädagogischen Seminare und damit der Ausbildungsplätze um ein Mehrfaches.[132]

Dora Bieber wandte sich wegen ihrer schulpraktischen Ausbildung an das «Königliche Provinzialschulkollegium für Hessen-Nassau» mit Sitz in der Residenzstadt Kassel. Ein Provinzial-Schulkollegium fungierte in allen preußischen Provinzen als Schulaufsichtsbehörde für die höheren Lehranstalten. Ihm war jeweils ein pädagogisches Seminar angegliedert. In Hessen-Nassau hatte vor Dora Bieber erst Gabriele von Wartensleben ihre schulpraktische Ausbildung abgeschlossen, und zwar in Frankfurt am Main. Die beiden Frauen müssen sich aus der Heidelberger Studienzeit gekannt haben, und, so nehme ich an, die Ältere beriet die Jüngere hinsichtlich eines Ausbildungsplatzes.

Das Provinzial-Schulkollegium befürwortete das Gesuch von Fräulein Dr. Bieber und beantragte für sie am 10. September 1907 beim Kultusminister in Berlin die Zulassung, zunächst für das Seminarjahr.[133] Immerhin brauchte sie nicht mehr selbst – wie noch in Baden – beim Ministerium als «Bittstellerin» vorstellig zu werden. Es war Aufgabe des zuständigen Schulrats, ihr Anliegen vorzutragen und zu begründen, was er auf mehreren Seiten ohne Vorbehalte – vielmehr eindeutig befürwortend – tat. Nach seiner Ausbildungsplanung sollte die «Lehramtsanwärterin» sowohl an der Städtischen Höheren Mädchenschule in Kassel wie auch an den dortigen «Realgymnasialkursen für Mädchen» unterrichten. Das Einverständnis der beiden Einrichtungen hatte er vorab eingeholt. Abschließend verlieh er seiner «Bitte» mit Verweis auf den Bedarf Nachdruck: «Mit dem Leiter der bezeichneten Kurse ... sind wir der Ansicht, dass die Gewinnung vollständig ausgebildeter weiblicher Lehrkräfte im Interesse solcher weiterführenden Bildungsanstalten für Mädchen dringend zu wünschen ist.»

Die im Schreiben genannten «Realgymnasialkurse für Mädchen» in Kassel waren 1904 vom Verein «Frauenbildung – Frauenstudium» in der Nachfolge der Gymnasialkurse von Helene Lange in Berlin in privater Trägerschaft errichtet worden. Sie setzten den Abschluss der zehnten Klasse einer höheren Mädchenschule voraus und führten in vier Jahren zum Abitur. Die Anzahl der Schülerinnen war klein: zehn Mädchen im Jahr 1905, zweiundvierzig im Jahr 1908.[134]

Die Zulassung von Dora Bieber zum Seminarjahr kam innerhalb von drei Wochen aus Berlin, mit der Auflage, «auf Jahresfrist» Bericht zu erstatten. Daraufhin konnte sie ab Oktober 1907 als einzige Frau unter Männern am pädagogischen Seminar «als Gast» – wie es offiziell hieß – teilnehmen und «unter der Aufsicht und Verantwortung der betreffenden Fachkräfte» unterrichten. Das erste pädagogische Seminar speziell für angehende Gymnasiallehrerinnen wurde in Preußen erst 1911/1912 eingerichtet.

Ein solch aufwendiges Verfahren wurde dreimal in Gang gesetzt: bei der Zulassung zum Seminarjahr, bei der zum anschließenden Probejahr und beim Abschlusszeugnis. Jede auf Dora Bieber bezogene Bewilligung wurde «Erlass» genannt.[135] Jedes Mal beantragte und begründete das Provinzial-Schulkollegium ausführlich auf vier bis sechs Seiten den nächsten Schritt. Kontrolle und Entscheidung aber behielt sich das Ministerium vor. Soweit ich sehe, war der Minister jedes Mal selbst mit dem Vorgang «Dora Bieber» befasst. Ein analoges Verfahren durchliefen bis 1910/1911 alle Lehramtpraktikantinnen. Bei Männern dagegen konnte das Provinzial-Schulkollegium alleine entscheiden.

Aus den Schulratsberichten und dem mehrseitigen Abschlusszeugnis, das zugleich der Abschlussbericht ist, entnehmen wir, dass Dora Bieber durchgehend von Herbst 1907 bis Herbst 1909 an der Städtischen Höheren Mädchenschule in Kassel vier Stunden Geschichte in der Woche unterrichtete. Vor allem aber erfahren wir, dass sie in den realgymnasialen Kursen – abgesehen von «nur» zehn Wochenstunden im ersten Halbjahr – durchgängig achtzehn Wochenstunden Unterricht erteilte, ganz überwiegend in Latein. Damit betrug ihre wöchentliche Unterrichtsverpflichtung an beiden Einrichtungen zusammen zweiundzwanzig Wochenstunden, was für eine Berufsanfängerin außerordentlich hoch war. Zum Vergleich: Eine Oberlehrerin an einer höheren Mädchenschule hatte ein Deputat von vierundzwanzig Pflichtstunden pro Woche.[136]

Zusätzlich war Dora Bieber von Anfang an als Klassenlehrerin eingesetzt. Hinzu kamen Arbeitsbelastungen durch das pädagogische Seminar: Vorträge, Protokolle, eine «größere Seminararbeit», Vorbereitung der Vorführ- und Probestunden. Immerhin wurde ihre Unterrichtstätigkeit bezahlt, wie gut oder wie schlecht, ist offen. Dass ihr neben der Arbeit noch Zeit für anderes blieb, ist unwahrscheinlich.

Von den Schulräten wurde ihr attestiert, dass sie den besprochenen pädagogischen und didaktischen Fragen «ein lebhaftes Interesse und großes Verständnis» entgegenbrachte. Erwähnt wird: «Sie hat zu ihren Schülerinnen dauernd in einem guten Verhältnis gestanden und sich auch außerhalb der Stunden ihrer angenommen.» Hervorgehoben wird: «Ihr Bestes leistet sie wohl im Lateinischen, wo besonders die Klarheit und Bestimmtheit in der Erläuterung grammatischer Begriffe und in der Zergliederung der Texte zu rühmen ist.» Ähnliches schreiben etwa fünfzig Jahre später ehemalige Schülerinnen über ihren Lateinunterricht in Heidelberg-Wieblingen.

Am 16. Oktober 1909 erhielt sie, «nachdem der Herr Minister ... seine Zustimmung gegeben hat», vom Königlichen Provinzial-Schulkollegium ihr Abschlusszeugnis, wie damals üblich ohne eigentliche Abschlussprüfung und ohne Benotung. Mit dem Zeugnis wurde ihr «die Fähigkeit zur Anstellung an höheren Mädchenschulen und weiterführenden Bildungsanstalten für die weibliche Jugend» zuerkannt – was in der Umkehrung bedeutete, dass sie keine männlichen Schüler unterrichten durfte. Auch war für sie als Frau keine Anstellung im staatlichen Schuldienst vorgesehen. Die männlichen Absolventen dagegen erlangten, wie aus den Unterlagen zu Hessen-Nassau zu entnehmen ist, eine «erste feste Anstellung» entweder zeitgleich mit der Abschlussprüfung oder spätestens nach einem halben Jahr.[137]

Abiturkurse als Ausbildungsstätten für die ersten Gymnasiallehrerinnen

Fast alle frühen Lehramtspraktikantinnen unterrichteten, parallel zu Lehrverpflichtungen an einer öffentlichen höheren Mädchenschule, in gymnasialen oder realgymnasialen Kursen für Frauen. Solche Abiturkurse waren kurz vor oder kurz nach 1900 in mehreren Städten von Frauengruppen gegründet worden und befanden sich bis mindestens 1908 / 1909 überwiegend in privater Trägerschaft. Davon abweichend gab es zwei öffentliche sechsstufige «realgymnasiale Zweige», die in Verbindung mit einer höheren Mädchenschule ab 1903 in Charlottenburg und Schöneberg bei Berlin aufgebaut wurden.[*]

Den Abiturkursen, deren Wichtigkeit für das Frauenstudium gar nicht hoch genug eingeschätzt werden kann, wuchs eine zusätzlich bildungspolitische Bedeutung zu, weil Mädchengymnasien als Ausbil-

---

[*] Informationen zur Abiturvorbereitung vor 1909 enthält der erste Exkurs: Die Gymnasialkurse für Frauen 1893 bis 1909 und Helene Lange als Pädagogin, unter: www.rowohlt.de/doralux

dungsstätten noch nicht zur Verfügung standen und die Knabengymnasien den Frauen verschlossen waren. Weibliche Lehramtsanwärter durften dem Unterricht «bei öffentlichen Lehranstalten für die männliche Jugend» noch nicht einmal zu Ausbildungszwecken «beiwohnen».[138] Als Thekla Freytag 1905 den Antrag stellte, in einem Knabengymnasium die schulpraktische Ausbildung zu machen, erhielt sie vom Kultusministerium eine definitive Ablehnung.[139] An der Grundsatzentscheidung wurde auch in den folgenden Jahren nicht gerüttelt. Und so standen für die schulpraktische Ausbildung angehender Gymnasiallehrerinnen, außer in Charlottenburg und Schöneberg, alleine die Abiturkurse der Frauenbewegung zur Verfügung. Erst nach und nach übernahmen die «Studienstufen», die ab 1909 aufgebaut wurden und Mädchen zum Abitur führten, diese Funktion.

In dieser Situation steuerten die «Lehramtsanwärterinnen» ihre schulpraktische Ausbildung weitgehend selbst. Sie erkundeten zunächst den Unterrichtsbedarf bei den Abiturkursen in verschiedenen Städten und wählten dann das ihnen genehmste Angebot aus. Mehrere gingen nach Köln, weil die dortigen Gymnasialklassen für Mädchen bereits mit der achten Klasse begannen. Erst wenn ihnen Stunden übertragen worden waren, beantragten sie beim zuständigen Provinzial-Schulkollegium die Zulassung zum Seminar- und Probejahr. Auch Dora Bieber war nicht etwa nach Kassel gezogen, weil sie dort Freunde oder Verwandte hatte, sondern weil an den hiesigen realgymnasialen Kursen eine Lateinlehrerin gesucht wurde. Sie hatte, wie der Schulrat am 10. September 1907 an den Minister in Berlin schrieb, «seit August d. Jr. an den hiesigen Realgymnasialkursen für Mädchen mit unserer Genehmigung lateinischen Unterricht erteilt». Sie war als Lehrkraft bereits eingeplant und hatte, davon kann man ausgehen, Fürsprecher gewonnen, bevor sie sich offiziell um eine Zulassung bemühte.

Insgesamt neun Frauen schlossen ihre Ausbildung zur Gymnasiallehrerin bis Ende 1909 ab, bevor dies durch die Reform des Mädchenschulwesens erleichtert wurde. Mit ihrer Zielstrebigkeit und Unbeirrbarkeit bahnten sie anderen Gymnasiallehrerinnen den Weg. Sie kamen aus allen Teilen Deutschlands. Fünf von ihnen hatten vorab ein Lehrerinnenseminar besucht, sechs waren promoviert, mehr als die Hälfte hatte Altphilologie studiert. Es sind dies in alphabetischer Reihenfolge: Dr. Dora Bieber, Thekla Freytag, Dr. Margarete Heine, Luise Lindhamer, Dr. Elsa Matz, Dr. Maria Petzold, Elisabeth Rocholl, Dr. Gabriele Gräfin von Wartensleben, Dr. Christiane von Wedel.

Bis auf Elsa Matz, die einen abweichenden Bildungsgang hat,[140] sind uns alle Frauen schon als Akteurinnen begegnet. Eine weitere Frau möchte ich zu dieser Gruppe zählen, die vorne erwähnte erste Abiturientin und spätere erste promovierte Historikerin in Preußen, an der Universität Halle, im Jahr 1898. Ich meine Dr. Hildegard Wegscheider, geborene Ziegler, auch wenn sie die schulpraktische Ausbildung erst nach verschiedenen anderen Tätigkeiten 1910 beendete.

Damit gehört Dr. Dora Bieber zu den zehn ersten Gymnasiallehrerinnen in Preußen, die eine den männlichen Gymnasiallehrern gleichwertige Ausbildung vorweisen konnten. Da dies zu jener Zeit in keinem deutschen Staat außer in Preußen möglich war, kann man auch sagen, sie gehörte zu den ersten neun Gymnasiallehrerinnen in Deutschland. Um zu ermessen, welche Widerstände speziell die akademisch gebildeten Lehrerinnen zu überwinden hatten, verweise ich erneut auf die Ärztinnen: Bis Ende 1909 hatten immerhin 116 Frauen, unter ihnen Annemarie Bieber, ein medizinisches Staatsexamen abgelegt, das obligatorische praktische Jahr im Krankenhaus gemacht und ihre Approbation als Ärztinnen erhalten.[141]

Bei meinen Studien fiel mir zunehmend auf, dass es häufig Altphilologinnen waren, die späteren Akademikerinnen den Weg ebneten. Unter den zehn ersten Gymnasiallehrerinnen waren sechs Altphilologinnen, die diese Rolle übernahmen: Christiane von Wedel als Koordinatorin der Studentinneninitiative in Berlin zwecks Immatrikulation, Margarete Heine und Luise Lindhamer bei den ersten Staatsexamen in Bayern, Margarete Heine und Dora Bieber bei den ersten Promotionen an der Philosophischen Fakultät in München, Elisabeth Rocholl, Gabriele von Wartensleben und Dora Bieber beim Staatsexamen für das Höhere Lehramt in Baden und wieder Margarete Heine bei der Zulassung zur schulpraktischen Ausbildung in Preußen.

Mit ihrer Fächerwahl, Latein und Griechisch, drangen die Altphilologinnen in die Männerdomäne der klassisch-humanistischen Bildung ein, die das höchste gesellschaftliche Prestige im Bildungsbürgertum hatte. Mit ebendiesen Fächern aber waren sie im öffentlichen Schuldienst kaum verwendbar, solange Frauen in den bestehenden Gymnasien, die alle Knabengymnasien waren, nicht unterrichten durften.[142]

Ungleichbehandlung weiblicher und männlicher Lehrer

Es mag ideologische Gründe gehabt haben, dass den Gymnasiallehrerinnen die höheren Schulen für Jungen bis auf weiteres verschlossen blieben; entscheidender aber dürfte die Angst der männlichen Gymnasiallehrer vor einer Stellenkonkurrenz gewesen sein. Je einflussreicher, je besser bezahlt und je angesehener eine Position im Schulbereich war, desto härter war der Abwehrkampf der Männer gegen die Frauen.[143]

Von einer formalen Gleichstellung der männlichen und weiblichen Lehrkräfte war das höhere Schulwesen in Preußen wie auch in den anderen deutschen Ländern noch weit entfernt. Nicht nur im badischen Erlass von 1904, sondern ebenso 1905 in Preußen war verfügt worden, dass Frauen «durch das Bestehen der [Staats]Prüfung einen Anspruch auf Zulassung zur Lehrtätigkeit im öffentlichen Schuldienst nicht erwerben». Auf den Staatsexamenszeugnissen von Frauen in Preußen wurde der Passus, der Männern die schulpraktische Ausbildung zusicherte, einfach ersatzlos gestrichen.[144] Im Unterschied zu Baden waren in Preußen allerdings Einzelfallgenehmigungen möglich. Und es sei noch einmal hervorgehoben: Nach Abschluss der schulpraktischen Ausbildung erlangten in Preußen die männlichen Absolventen eine «erste feste Anstellung», die weiblichen Absolventen aber, wie bei Dora Bieber zu sehen war, keine. Entsprechend blieb akademisch voll ausgebildeten Lehrerinnen keine andere Wahl, als sich nach dem zweiten Staatsexamen eine Anstellung an gymnasialen oder realgymnasialen Kursen für Frauen zu suchen.

Noch die Neuordnung der Mädchenschulbildung in Preußen von 1909, die den Weg für Mädchen zum Abitur frei machte, enthält fol-

gende Passage: «An den höheren Mädchenschulen ... und Studienanstalten unterrichten männliche und weibliche Lehrkräfte in gleicher
Zahl. In der Regel soll die Zahl der einen oder anderen nicht unter $^1/_3$ der
Gesamtzahl heruntergehen.»[145] Das klingt gut, aber leider gab es keine
analoge Quotenregelung für weibliche Lehrkräfte an höheren Jungen-
schulen. Dort waren Frauen weiterhin nicht erwünscht und nicht vorgesehen. Von gleichen Rechten bei gleicher Qualifikation kann im Bereich
des höheren Schulwesens bis zum Ende der Kaiserzeit keine Rede sein
– und danach auch nur, sofern die Lehrerinnen nicht verheiratet waren.

Der «heimliche Lehrplan»

Gerne wüsste ich, welche Nachwirkungen die Studien- und Ausbil-
dungserfahrungen bei den ersten akademisch gebildeten Lehrerinnen
hatten. Welche Einstellungen und Verhaltensweisen mögen Dora Bieber und die anderen Frauen zusätzlich zu den fachwissenschaftlichen
Kenntnissen erworben haben? Oder anders formuliert: Was war der
«heimliche Lehrplan» in ihrem Studium und ihrer Berufsvorbereitung? Sie mussten lernen, sich gegen Widerstände durchzusetzen und
vor allem sich selbst zu vertrauen. Sie machten die Erfahrung, nie zur
Mehrheit, immer zur Minderheit zu gehören, immer eine Ausnahme zu
sein, bisweilen die einzige. Sie waren sozial relativ isoliert und auf sich
gestellt. Sie hatten den Staat als tendenziell willkürlich und seine Ent-
scheidungen als unstimmig erlebt. Um diese Situation durchzuhalten,
mussten sie sich von den vorgefundenen Normen abgrenzen. Vom Werdegang der anderen Frauen, außer von Elsa Matz, die Reichstagsabge-
ordnete der Deutschen Volkspartei (DVP) wurde, und von Hildegard
Wegscheider, die sich als SPD-Bildungspolitikerin profilierte, weiß ich
kaum etwas. Ich weiß aber, dass Dora Bieber später zur Unabhängigkeit im Denken und Handeln und zur Unbotmäßigkeit gegenüber der
Obrigkeit fähig war, und ich gehe davon aus, dass sie diese Fähigkeit,
deren Grundlagen sie bereits in ihrer Kindheit und Jugend erwarb, im
Studium und in der Berufsvorbereitung weiter ausgebildet hat.

TEIL 3

Ein reiches Leben in Berlin
1909–1933

6

Berufstätig mit Mann und Kindern

Im Herbst 1909 kehrte Dora Bieber nach Berlin zurück. Zusammen mit ihrer Schwester Annemarie nahm sie eine Wohnung in Berlin-Schöneberg, Stübbenstraße 13 / Ecke Grunewaldstraße, am Bayerischen Platz. Im selben Haus richtete Dr. med. A. Bieber 1911 ihre Praxis für Allgemeinmedizin ein. Dr. phil. D. Bieber hatte offenbar schon von Kassel aus ihre Anstellung an den «Gymnasialkursen für Frauen zu Berlin» geklärt und unterrichtete nun Latein, Griechisch und Geschichte in der gleichen Einrichtung, in der sie und ihre Schwester sich um 1900 aufs Abitur vorbereitet hatten.[1] Die beiden berufstätigen Frauen konnten sich eine Haushälterin leisten: Anna Lukassen, genannt Anneken, aus dem Brandenburgischen, die vielseitige Fähigkeiten entwickelte. Neben der Hausarbeit und dem Kochen empfing sie die Patienten von Dr. med. Bieber und assistierte bei Bedarf in der Praxis.

Zum Mittagstisch fand sich Heinrich Lux, genannt Hinz, als ständiger Gast bei den Geschwistern in der Stübbenstraße ein, was in der Nachbarschaft nicht unbemerkt blieb. Die Neugierde stieg, als Anna Lukassen 1915 mit einem Kinderwagen auf der Straße erschien, und die Nachbarn wollten wissen, wieso sie ein Baby versorge, wo sie doch für zwei alleinstehende Damen arbeite. Die Gerüchteküche entschied dann, dass Annemarie Bieber die Mutter und Heinrich Lux der Vater sei. In Wahrheit hatten die beiden Frauen, bei tätiger Mithilfe von Anneken, das Baby ihrer jüngeren Schwester Elsbeth zu sich genommen, die in einer Notlage war. Sie hatte früh ohne Berufsausbildung nach Frankreich geheiratet und drei Söhne geboren. Die Ehe scheiterte, sie wollte sich scheiden lassen und kehrte 1915, im Krieg, nach Berlin zurück – überfordert mit ihren drei kleinen Kindern, mittellos und ohne Bleibe. In dieser Situation nahmen ihre beiden Schwestern den Kleinsten, Heiner, mehrere Monate zu sich, woraus sich eine anhaltende Bindung zwischen ihm und seinen drei Ziehmüttern entwickelte.[2]

Dora Bieber hatte während ihrer Abwesenheit von Berlin den Kontakt zu Heinrich Lux aufrechterhalten, obwohl er mit Ida Häny, einer Schweizer Frauenrechtlerin und Sozialistin, in zweiter Ehe verheiratet war. Für Gerda Voss besteht kein Zweifel: «Dora und Hinz blieben zusammen.» Bezeugt ist der Fortbestand ihrer Beziehung durch eine vieldeutige Widmung in einem Exemplar der Doktorarbeit von Dora Bieber: «dedit [es gab] dies den Luxen von Herzen ungern, die trauernde Verfasserin. Heidelberg, Dez. 1906». Ohne zu wissen, ob und wie sie die Liebe, die sie bereits als Jugendliche zu Heinrich Lux gefasst hatte, in den Jahren, in denen sie auswärts studierte, leben konnte – die weitere Entwicklung spricht dafür, dass ihre Zuneigung erwidert wurde. Denn er trennte sich von seiner zweiten Frau, als Dora Bieber nach Berlin zurückkehrte.

Die Umstände der Trennung von Ida Häny zeigen, dass es schon damals ein vernunftgesteuertes und großzügiges Verhalten in auslaufenden Beziehungen geben konnte. Heinrich Lux und sie schafften es, in diesem Trennungsprozess achtungsvoll miteinander umzugehen und für die Kinder eine gute Lösung zu finden. Zu danken ist dies vor allem der Frau. Für ihn gründete die Verbindung mit Ida Häny von Beginn an mehr auf Vernunft, denn auf Liebe. Er kannte sie aus einer gemeinsamen Züricher Zeit um 1890 und schätzte sie als Freundin in Sachen Politik und Kultur. Für sie mag die Verbindung mit Heinrich Lux eine nachgeholte Wunscherfüllung gewesen sein, denn sie soll sich bereits in Zürich in ihn verliebt haben. Zunächst aber heiratete er dort Elisaweta Holzmann – mit Ida Häny als Trauzeugin. Das Ehepaar zog nach Magdeburg und 1893 weiter nach Berlin. Hier geriet die Ehe in Auflösung. Als Grund führt Heinrich Lux in seinen Memoiren die «freie Liebe» an, die in «jener aufgeregten Zeit» in Künstlerkreisen und auch sonst «eifrig propagiert und realisiert wurde. Für die Freiheiten, die sich Lisa nahm, revanchierte ich mich».[3] Ein Ergebnis der Verwirrungen war, dass er seine beiden kleinen Töchter Wera und Käthe alleine versorgte, wie es scheint, durchaus mit großer Hingabe, wenn auch hoffnungslos überfordert.

In dieser Situation reiste er in die Schweiz und warb um Ida Häny. Sie folgte ihm nach Berlin und nahm sich der Kinder und seiner «völlig vernachlässigten Wirtschaft» an. Weil seine Scheidung sich verkomplizierte, konnten die beiden erst um die Jahrhundertwende heiraten. Trotz der unromantischen Ausgangslage war es kein freudloses Zusammenleben. Gemeinsam und vergnügt verkehrten sie in den Künstler- und Intellektuellenkreisen der Lebensreformbewegung und des sozialistischen Bürgertums. Im Rückblick schreibt er: «Ida wurde für die von ihrer leiblichen Mutter sehr vernachlässigten Kinder eine vorbildliche Mutter, mir war sie die treueste Kameradin und unermüdliche Helferin bei der Arbeit und bei aller sonstigen Betätigung. Ihre seelische Größe offenbarte sich aber erst voll, als Dora in mein Leben trat und Ida mich freigab.»[4] Nach der Trennung blieb Ida Häny die soziale Mutter seiner Kinder. Sie zog nach München und nahm die beiden inzwischen fast erwachsenen Töchter mit. Ich bin sicher, diese Entscheidung entsprach dem Wunsch der Mädchen. Als Vater hielt er die Verbindung zu ihnen, die alsbald Vertrauen zu seiner neuen Partnerin fassten, vermutlich, weil sie sich nicht aufdrängte und dennoch Anteil an ihrem Leben nahm.

Die Beziehung zwischen Heinrich Lux und Dora Bieber hatte sich bereits im letzten Jahr ihrer schulpraktischen Ausbildung in Kassel gefestigt, als sie in den Sommerferien 1908 in den Alpen wanderten. Zwar ging die geplante Ortlerbesteigung von Sulden aus in den «frisch gefallenen Schneemassen» unter, die beiden aber hatten gesehen, dass sie «als Reisekameraden zusammenpassten und beruhigt Pläne für das nächste Jahr machen konnten».[5]

In den folgenden Jahren zogen sie regelmäßig gemeinsam in die Berge. Über ihre Unternehmungen berichtet Heinrich Lux noch mit fast achtzig Jahren ausführlich und begeistert in seinen Memoiren: Zunächst hatte er darauf gedrungen, Sulden weiterhin als Standquartier zu nehmen, «sehr zum Kummer» seiner Begleiterin, die – *la donna è mobile* – mehr dafür war, immer Neues kennenzulernen. Schon bald aber setzte sie sich mit ihrer Lust auf Entdeckungen durch. Sie unternahmen schwierige und bisweilen gefährliche Hochtouren mit Übernachtungen in Berghütten, oft mit Bergführer, in den deutschen, französischen, italienischen und Schweizer Alpen. Sie erkundeten das Hochgebirge Norwegens, wanderten in den Allgäuer Tälern oder im Mittelgebirge und erlebten 1912 zur Abwechslung einen wunderschönen Frühling an der französischen und italienischen Riviera. Da Fräulein Dr. Bieber sprachkundig war – Französisch und Englisch soll sie fließend gesprochen haben, Italienisch ausreichend –, konnte sie sich unterwegs gut verständigen.

Dass sie nicht verheiratet waren, schränkte sie nicht ein. Was die Leute über sie dachten, scheint sie wenig interessiert zu haben. Ihr Selbstbewusstsein muss ebenso groß gewesen sein wie ihre Distanz zu den bürgerlichen Normen ihrer Zeit. Selbst an ihrer Arbeitsstätte hielt Dora Bieber das Liebesverhältnis nicht geheim. Sie ließ Heinrich Lux nachkommen, als sie 1915 mit einer Gruppe von Schülerinnen nach Oberwiesenthal ins Erzgebirge gefahren war. Offenbar bestand er die Probe als Begleiter: «Wir verstanden uns sehr gut, und für die Teilnehmerinnen bin ich noch heute der Onkel Hinz.»[6] Damals beschlossen sie, ihre Beziehung zu legalisieren. Offensichtlich hielten die bohemienhaften Züge von Heinrich Lux die weit jüngere Dora Bieber nicht davon ab, sich mit ihm auf Dauer liieren zu wollen.

Am 22. November 1915, einem Freitag, heiratete Dora Bieber ihren langjährigen Wandergefährten – ohne Kirche, ohne Ehering, ohne Mitgift. Sie war dreiunddreißig Jahre alt, er zweiundfünfzig. Anwesend waren nur die Trauzeugen Georg Bieber, ihr Vater, und Richard Bieber, ihr Onkel, die beiden wichtigsten Männer in ihrem Leben neben Heinrich Lux. Zu viert ging man nach dem Standesamt essen, unaufwendig. Zum Amüsement der anderen bestellte Heinrich Lux wie immer «Hammel in Zwiebelsauce», sein nicht gerade festliches Lieblingsgericht. Einzig das Hochzeitsgeschenk ihres Mannes, ein Ring mit einem großen, grünen, ovalen Opal, den Dora Lux seitdem an ihrer Hand trug, gab dem Ereignis einen gewissen Glanz. Ansonsten ist von ihm der freche Ausspruch überliefert: «Ich habe noch nie an einem Freitag geheiratet.» Das war alles. Bloß keine traditionelle Zeremonie.

Wer war Heinrich Lux, der Geliebte und spätere Ehemann von Dora Bieber?

Heinrich Lux hatte in seiner Kindheit und Jugend erfahren, was Armut ist. Seine Mutter, die als Witwe eines früh verstorbenen Landvermessers in Tarnowitz, im damaligen Oberschlesien, nur über eine minimale Rente verfügte, ermöglichte ihm und seinen vier Schwestern eine Ausbildung. Im hohen Alter schrieb er: «In meiner Jugendzeit bin ich mir immer wie ein Paria vorgekommen, ohne zu erkennen, noch weniger anzuerkennen, dass meine Mutter wie ein Sklave für ihre Kinder arbeitete. Aber ich verfügte nie über das geringste bare Geld, was mich meinen Kameraden gegenüber oft genug arg beschämte. Das wurde erst besser, als ich durch Stundengeben mitverdiente und es als Student auch zu einem bescheidenen Taschengeld brachte. Denn meine Mutter hat uns fünf nicht nur großgezogen, sondern auch alle etwas lernen lassen.»[7]

Heinrich Lux schaffte den Sprung in die akademische Welt, wurde aber kein angepasster, karriereorientierter Bürger, sondern fühlte sich schon als Student zur Arbeiterbewegung hingezogen. Er wurde sozialistisch, freiheitsliebend und rebellisch. Das brachte ihm 1887 die Hauptanklage und fast zwei Jahre Gefängnis im sogenannten Breslauer Geheimbundprozess ein. Verurteilt wurde er wegen «Geheimbündelei» und Verstöße gegen die Sozialistengesetze, die unter Bismarck erlassen und bis 1890 in Kraft waren. Ein Zeuge im Prozess schilderte ihn: «Er war dreiundzwanzig Jahre alt, schlank, mit zierlichem Schnurrbarte und dunklem aufstrebenden Haare. Sein hübsches, intelligentes Gesicht hatte einen sanften, schwärmerischen Ausdruck.»[8]

Das «aufstrebende» Haar behielt er bis ins Alter. Er hatte jetzt einen großen Schnurrbart, die Augen waren blau. Auf Fotos ist er kaum größer als Frau Lux, schätzungsweise 1,70 Meter. Später liebte er es, einen breitkrempigen Filzhut zu tragen, möglichst einen Borsalino, und einen völlig unmodischen schwarzen Gehrock, den er sich nach dem immer selben Muster schneidern ließ. Den Kneifer wehte der Wind gelegentlich von seiner Nase. Er muss ein sehr einnehmendes Wesen gehabt haben, witzig, wortgewandt und begeisterungsfähig.

Sein bewegtes Leben hat Heinrich Lux in einem Manuskript festgehalten, das bislang nicht veröffentlicht wurde, auch nicht auszugs-

Heinrich Lux, 1887

Kongress der II. Internationale in Zürich, 1893.
Heinrich Lux links unten, halb liegend, mit abgenommenem Hut

weise.* Die dort mitgeteilten Erinnerungen beziehen sich auf die Jahre bis 1909, also bis er eine feste Beziehung zu Dora Bieber einging. Hier bringe ich nur so viel zu seinen davorliegenden Lebensphasen, wie zum Verständnis der dann folgenden Zeit mit Dora Lux notwendig ist.[9]

Nach der Entlassung von Heinrich Lux aus dem Gefängnis folgte sein Verweis von der Universität Breslau. Er sah sich gezwungen, in die Schweiz zu emigrieren. In Basel schloss er sein Studium der Physik mit der Promotion ab und zog anschließend nach Zürich, wo er schnell Zugang zu politischen Emigranten fand und zu Frauen, die in ihren Heimatländern, insbesondere in Deutschland und Russland, nicht studieren konnten. Eine davon war Elisaweta Holzmann, eine Medizinstudentin aus Russland, seine erste Frau. Eine andere Frieda Bebel, die später seinen engsten Freund Ferdinand Simon heiratete. Auf Empfehlung ihres Vaters, August Bebel, wurde ihm die Redaktionsführung der sozialdemokratischen Magdeburger Tageszeitung *Volksstimme* angeboten.

Seine publizistische Tätigkeit in Magdeburg war von Anfang an mit Schwierigkeiten verbunden: Den Lesern der *Volksstimme* war er zu «wissenschaftlich». Sie verlangten «den in der damaligen sozialistischen Presse üblichen aufreizenden Propagandaton» und nahmen moralischen Anstoß am Feuilleton. Wegen Majestätsbeleidigung und anderer angeblicher Vergehen wurde er als verantwortlicher Redakteur wiederholt zu Gefängnisstrafen verurteilt, da damals die Redakteure persönlich für den Inhalt einer Zeitung haftbar gemacht werden konnten. In einem solchen Prozess verletzte die SPD-Führung ihre Fürsorgepflicht ihm gegenüber einschneidend. Sie bat ihn, die Verantwortung anstelle des eigentlich Zuständigen zu übernehmen, in der falschen Annahme, er würde nicht verurteilt. Als das Urteil rechtskräftig wurde und er ins Gefängnis musste, blieb seine Familie unversorgt. Zu dem Zeitpunkt hatte er bereits gekündigt und war Ende 1892 nach Berlin gegangen.

* Um Einblicke in die Herkunft, die politische Betätigung und die Mentalität des späteren Partners von Dora Bieber zu vermitteln, lasse ich ihn im dritten Exkurs: Aus den Memoiren des Dr. Heinrich Lux – der Zeitraum 1863 bis 1909, selbst zu Wort kommen, siehe: www.rowohlt.de/doralux

Dr. Heinrich Lux zeichnete sich dadurch aus, dass er einerseits ein Naturwissenschaftler und Techniker war, der noch selbst forschte und entwickelte, andererseits ein politischer Publizist, bisweilen beides gleichzeitig. Sein Ansehen beruhte darauf, dass er Expertenwissen auf beiden Gebieten für andere verständlich kommunizieren konnte. Er schrieb Leitartikel im *Vorwärts*, gab ein *Sozialpolitisches Handbuch* (1892) heraus und veröffentlichte zeitlich parallel Artikel zur Technikentwicklung in diversen Zeitschriften, so ab 1901 regelmäßig in der *Technischen Rundschau*, einem Bestandteil der *Sozialistischen Monatsblätter*. In Berlin nahm seine technische Publizistik zu und seine politische ab. Ab 1895 war er etwa zwanzig Jahre lang leitender Redakteur der *Zeitschrift für Beleuchtungswesen* im S. Fischer Verlag.

Der Verlag residierte in der Bülowstraße 90 in Berlin-Schöneberg. Gleich daneben, in der Bülowstraße 91, hatte Heinrich Lux in einem kleinen Appartement 1905 sein Büro und Laboratorium eingerichtet, in dem er eigene Messungen und Experimente durchführte. Immer mehr profilierte er sich als Fachmann für Licht- und Beleuchtungstechnik, einer Sparte, die damals in der Industrie und im öffentlichen Raum rasant an Bedeutung gewann. Er wurde als Berater nachgefragt und setzte sein Wissen als Patentingenieur und Patentanwalt um.

Zwar hatte er wegen seiner Enttäuschungen über die SPD-Führung seine «eigene politische Tätigkeit aufgegeben», dennoch war er als politischer Kopf und guter Gesellschafter nach der Jahrhundertwende bei prominenten Literaten, Künstlern und Intellektuellen in und um Berlin gern gesehen. Mit einigen verbanden ihn langjährige Freundschaften. Dies alles nachzuzeichnen, ist einer Biographie über Heinrich Lux vorbehalten, die sicher irgendwann, wenn auch nicht von mir, geschrieben werden wird.

Die Freundschaft zwischen Dora Bieber und Heinrich Lux begann mit den Fahrradausflügen auf dem Tandem vor 1900, im Winter kam das Schlittschuhlaufen dazu. Beide waren nicht nur begeisterte Radfahrer, sondern ebenso eifrige Schlittschuhläufer. Heinrich Lux schrieb: «… und auch in dieser Beziehung fand ich mich mit Dora zusammen. Wir haben meist in größerer Gesellschaft ganztägige Schlittschuhfahrten über die Havelseen und im Spreewald unternommen.»

Der Einstieg in die Ehe war das Bergwandern. Die beiden waren sich bei sportlichen Aktivitäten in der Natur, nicht etwa in Diskussionszirkeln oder bei der politischen Arbeit nahegekommen. Hier spielte der Altersunterschied von fast zwanzig Jahren kaum eine Rolle – sie waren gleichberechtigt. Wenn jemand überlegen war, dann Dora Bieber; sie war jung, behände und ausdauernd. Dass er sich in den zurückliegenden Jahren politisch weit links exponiert und als Bohemien gelebt hatte, schien sie nicht abzustoßen, sondern anzuziehen. Er wiederum muss von ihrer Nüchternheit und Geradlinigkeit bei gleichzeitigem Sinn für unkonventionelles Verhalten fasziniert gewesen sein. Äußere Sicherheit konnte er ihr nicht geben, anfangs nicht und später auch nicht, aber Unterstützung und Anregung bei ihrer Selbstfindung.

Familienleben

Das Ehepaar Dora und Heinrich Lux bezog Ende 1915 eine modern ausgestattete Wohnung mit allem Komfort wie Zentralheizung und Warmwasser im obersten Stock eines neuerbauten Mietshauses in Berlin, Fregestraße 81, mit Blick auf Straßen voller Bäume, einen Marktplatz, dahinter das Friedenauer Rathaus. Die Einrichtung war aus ihren früheren Haushalten zusammengewürfelt, nicht elegant und nicht teuer. Dort lebten sie an die dreißig Jahre – soweit bekannt, ohne Eskapaden von ihm oder ihr.

Das Haus steht noch, sodass ich ihre frühere Wohnung besichtigen konnte. Sie bestand aus weniger Zimmern, als ich angenommen hatte: drei repräsentative Räume nach vorne zur Straße, ein weiteres Zimmer und ein Bad, aus denen man auf einen weiträumigen, bepflanzten und teilweise offenen Hof schaute. Dazu ein großes, lichtes Durchgangszimmer zur Küche, die über einen Hinteraufgang zu erreichen war, und eine winzige Mädchenkammer, insgesamt 156 Quadratmeter. Einnehmend an der Wohnung waren die hohen Räume, die Helligkeit und der klare, großzügige Schnitt ohne verwinkelte Ecken und Gründerzeitprunk, dafür Parkett in allen Zimmern und ein nur als Linienführung angedeuteter Stuck. Die Familie Lux lebte mithin in einer selten schönen

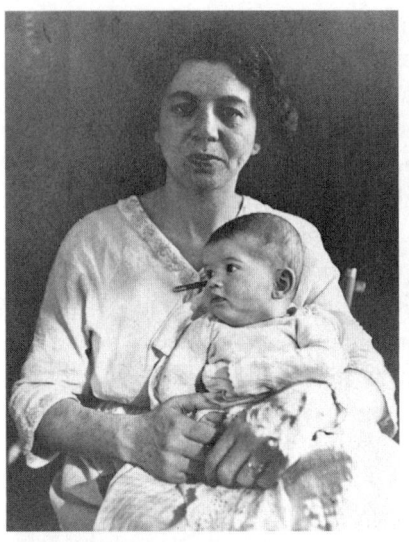

Links oben: Dora Lux mit Tochter Gerda, 1919

Rechts oben: Die Fregestraße in Berlin-Friedenau, 1920

Links unten: Heinrich und Dora Lux auf dem Balkon der neu bezogenen Wohnung in der Fregestraße 81 in Berlin-Friedenau, ca. 1916

Rechts unten: Dora Lux mit den Töchtern Gerda und I März 1921

Altbauwohnung auf der Schwelle zur Neuen Sachlichkeit, in der man sich wohl fühlen konnte.

Als Ehepaar hatten sich zwei gefunden, deren Auftreten und Ausstrahlung man geradezu als konträr bezeichnen kann. Er war nach außen gewandt, ein guter Unterhalter, konnte äußerst charmant sein; sie dagegen zurückhaltend und in sich ruhend. Gemeinsam war ihnen ein sublimer Humor. Mit Heinrich Lux zusammenzuleben, muss nicht einfach gewesen sein. Die Tochter Gerda meint, nur jemand wie ihre Mutter habe mit ihm auskommen können: «Mein Vater war die komischste Mischung aus überordentlich und messy. Seine Buntstifte mussten nach den Spektralfarben geordnet sein, sein Büro in der Bülowstraße war die dreckigste Bude, die ich je gesehen habe.»[10] Seine Frau ließ ihn gewähren.

In Kleinigkeiten ordnete sie sich ihm unter oder hielt Unannehmlichkeiten von ihm fern: «Mutter hat sich nicht gewehrt, keinen Krach gemacht. Aber was ihr wichtig war, setzte sie durch.» Aber was war ihr wichtig, was nicht? Wie hielt sie es zum Beispiel aus, wenn er laut nach ihr rief, damit sie etwas suche, das in seinem Chaos untergegangen war? Wie fühlte sie sich, wenn er von ihr verlangte, ihn am Telefon zu verleugnen, und dann mit honigsüßer Stimme das Gespräch doch annahm? Oder wenn sie das Spiel mitspielte und bei Gesellschaften den Aufbruch einleitete, indem sie sagte, sie wolle gehen, wenn eigentlich er gehen wollte? Hierauf Antworten zu geben, wäre angesichts der nicht überlieferten Innensicht von Frau Lux vermessen. Ich bin angewiesen auf die Berichte anderer. Tochter Gerda jedenfalls war «oft ärgerlich» darüber, wie er ihre Mutter «schamlos dazu benutzte, seine unerfreulichen Botschaften an andere zu übermitteln». Offenbar hielt er mitunter sein Image als liebenswürdiger Mann auf Kosten seiner Frau aufrecht.

Dora Lux brauste bei Konflikten nicht auf. Höchstens bestrafte sie ihn mit einer minimalen, aber für alle Familienmitglieder als Liebesentzug erkennbaren Geste: Sie weigerte sich, ihm Tee einzugießen. Für mich grenzt ihre Nachgiebigkeit gegenüber den skizzierten Eigentümlichkeiten, die man schwerlich als charmant bezeichnen kann, an Unterordnung. War sie klug genug zu wissen, dass sie ihn nicht würde ändern können? Oder widerstrebte es ihr, sich auf Kosten des Familienfriedens in alltäglichen Kleinigkeiten aufzureiben? Ich vermute, dass seine Liebenswürdigkeit, Klugheit und Gutmütigkeit in ihren Augen seine Unarten bei weitem überwogen und sie deshalb seine Marotten tolerieren konnte. Als die Töchter noch nicht geboren waren, soll sie einmal aus der gemeinsamen Wohnung ausgezogen sein. Was der Anlass war, ist nicht bekannt.

Bei der Geburt der Tochter Gerda im Mai 1919 war die Mutter sechsunddreißig, der Vater bereits fünfundfünfzig. Im Oktober 1920 folgte Tochter Eva. In den kommenden Jahren war Frau Lux neben ihrem Beruf, den sie beibehielt, nicht nur für die Haushaltsführung, sondern auch für die Kindererziehung zuständig. Ihr Mann wiederum «wusste kaum, wo die Küche war». Stattdessen wickelte er die Hausangestellten mit seinem Charme derartig um den Finger, dass sie ihm alles abnahmen. Seine Frau wiederum war privilegiert genug, einen großen Teil der traditionellen Hausfrauenpflichten delegieren zu können. Sie konnte und wollte weder kochen noch nähen, noch stricken, noch waschen. Dafür gab es Hausangestellte, zumindest eine Köchin, und als die Kinder klein waren, für jede Tochter eine Kinderfrau. Bei Tisch klingelte sie, wenn der nächste Gang hereingebracht werden sollte. In dieser Hinsicht unterschied sich die Familie Lux in nichts vom damaligen gehobenen Bürgertum.

In der Regel kam Herr Lux gegen drei Uhr zum Mittagessen und arbeitete anschließend bis spät in die Nacht in der Bibliothek, die aus zwei der vorderen repräsentativen Räume zusammengelegt worden war. Seine Frau aber hatte ihr Arbeitszimmer, als ein Kinderzimmer gebraucht wurde, gegen einen Platz in der Glasveranda eingetauscht. Im Gegensatz zu ihr konnte er sich auf die Kinder nach seinem eigenen Rhythmus und seinen eigenen Wünschen einlassen, was er häufig hingebungsvoll tat. So hatte er liebevolle Rituale für das Schlafengehen der Töchter entwickelt und hielt sie auch ein. Ebenso bestand er darauf, dass die kleine Gerda bei den Mahlzeiten neben ihm auf einem hohen Stuhl saß und niemand sie fütterte. Was Gerda Voss zu dem Kommentar veranlasste: «Dass das Kind dabei herumschmierte, störte ihn nicht, da er den Dreck ja nicht wegmachen musste.»

Die Töchter bezeichnen ihr Elternhaus «als sehr harmonisch» und beteuern, keine Angst weder vor der Mutter noch vor dem Vater gehabt zu haben. Heinrich Lux verlangte keine Respektbezeugungen. Die Töchter durften ihn mit dem vertrauten Rufnamen «Hinz» ansprechen, worüber Freunde der Familie zum Amüsement der Töchter sich wunderten. Schläge gab es nicht, wohl aber Verbote, auf deren Einhaltung die Mutter drang, der Vater weniger. Wenn die Mutter die kleine Eva zur Strafe auf den Gang geschickt hatte, trug der Vater sie alsbald auf seinen Armen wieder ins Zimmer. Altersbedingt nahm er «zunehmend die Rolle eines gütigen Großvaters ein». Das Realitätsprinzip verkörperte die Mutter. Sie konnte schon mal ein Kind auf den Schrank setzen, wenn es anders nicht zu bändigen schien, oder unnachgiebig bleiben, wenn sie ein Vergnügen verboten hatte. Gleichzeitig regelte sie alle Schwierigkeiten. Und wenn die Töchter Sorgen hatten, gingen sie immer zur ihr.

Frau Dr. Lux hielt ihre beiden Mädchen schon früh zur Selbständigkeit an. So brachte sie ihnen bei, alleine mit der U-Bahn in den Kindergarten zu fahren, der ihrer damaligen Arbeitsstätte, dem Lette-Haus, angeschlossen war – wenn sie nicht beide Kinder auf ihrem Fahrrad dorthin transportierte. Die fünf- oder sechsjährige Gerda übernahm die Verantwortung. Zusammen mit ihrer jüngeren Schwester stieg sie in den letzten Wagen. Später beschreibt Gerda Voss, wie die Mädchen die Stationen zählten: «An der dritten Station stiegen sie aus, gingen zum Blumenstand am Ausgang und warteten, bis die Verkäuferin sie über die verkehrsreiche Straße brachte. Dora hatte ihre Töchter so gut angeleitet, dass sie, als sie einmal eine Station zu spät ausgestiegen waren, in aller Ruhe auf die gegenüberliegende Seite gingen und mit dem nächsten Zug zurückfuhren (…) Es machte ihnen immensen Spaß, wenn Mitfahrende sich laut darüber unterhielten, was das wohl für Eltern seien, die ihre kleinen Kinder so vernachlässigten und ganz alleine dem öffentlichen Verkehr aussetzten.»

Tochter Gerda wurde 1926, Tochter Eva 1927 eingeschult. Ab da kümmerte sich Frau Lux um alle Schulangelegenheiten, die ihr Heinrich Lux mit der Begründung überließ, sie verstehe mehr davon als er. Um die Eigenständigkeit der Töchter zu fördern, kamen sie nach der Grundschule auf zwei verschiedene höhere Mädchenschulen. Bei Streitereien war die Devise: «Verteidigt euch selbst.» Aber wenn ein Lehrer sie schlecht behandelte, «dann ging die Mutter in die Schule und beschwerte sich».

Schon als Kinder wurden Gerda und Eva in die Gespräche der Erwachsenen einbezogen. Gerda Voss meinte später, sie habe vermutlich genauso viel am Mittagstisch gelernt wie in der Schule. Schon früh nahmen sie an Wanderungen teil. Gelegentlich wurden sie zu öffentlichen Ereignissen mitgenommen, so 1929 zur Beerdigung des DVP-Politikers Gustav Stresemann. Politische Meinungsverschiedenheiten trugen die Eltern in ihrer Gegenwart aus. Der Vater vertrat die Position eines Dissidenten, der aus der katholischen Kirche ausgetreten war; die Mutter stand dazu, der evangelischen Kirche anzugehören, auch wenn sie nicht gläubig war. Er vertrat politisch radikalere Positionen als sie, wählte die Sozialdemokratische Partei, während sie «liberal» wählte. «Als wir Kinder waren, haben die anderen Eltern immer gleich gewählt. Nicht so in meiner Familie.»

Abschließend soll ein Detail die traditionelle Seite der Ehebeziehung von Dora Lux beleuchten: Solange sie noch mit ihrer Schwester Annemarie zusammenwohnte, war sie im Berliner Adressbuch eingetragen unter: «Dora Bieber, Dr. phil., pro fac. doc., gepr. Oberlehrerin, W 30, Stübbenstr. 13, T. [Tel.] Lzw 4908.» Die Abkürzung «pro fac. doc.» steht für «pro facultate docendi» und besagt, dass sie akademisch vollausgebildet war. Offensichtlich lag ihr darin, ihren erfolgreichen Studien- und Berufsabschluss anderen zur Kenntnis zu geben. Gleich nach ihrer Verheiratung aber ist der ganze Eintrag aus dem Adressbuch verschwunden. Frau Lux erscheint auch nicht im Telefonbuch, weder unter ihrem Namen noch in Verbindung mit ihrem Mann, was durchaus möglich gewesen wäre.

Mit der Ehe hat sie ohne Frage einen Teil ihrer Selbständigkeit aufgegeben – nach außen, siehe ihre Unsichtbarkeit im Adressbuch, und nach innen, siehe die von ihr akzeptierte Rollenzuweisung. Zugleich hat ihr Mann ihre intellektuellen Fähigkeiten und ihre Berufsarbeit als bedeutsam anerkannt und gewürdigt. Hier brauchte sie nichts zu verstecken oder herunterzuspielen. Auch standen sie sich politisch nahe genug, um Differenzen auf diesem Gebiet produktiv austragen zu können. Und

inks oben: Eva und Gerda Lux, 7 und 9 Jahre, 1928

Rechts oben: Gerda Lux, 1930, 11 Jahre

Unten: Eva Lux, ca. 14 Jahre

so waren sie trotz ihrer unterschiedlichen Eigenarten gleichberechtigte und füreinander unentbehrliche Gesprächspartner.

In der weiteren Entwicklung handelte Frau Lux zunehmend eigenständig. Vorerst aber benötigte sie vermutlich all ihre Kraft, um den heterogenen Ansprüchen des Berufs, der Kinder und des Mannes gerecht zu werden – was nicht immer gelang. Tochter Gerda litt bisweilen unter dem ausgeprägten beruflichen Pflichtbewusstsein ihrer Mutter: «Ich hatte eine schwere Grippe, Mädchen waren zwar da, aber ich sehnte mich nach ihr. Sie war in der Schule zu irgendeiner Besprechung. Aber anstatt, dass sie gesagt hätte, ich muss jetzt nach Hause, blieb sie. So etwas kam später immer mal wieder vor.»

Die Finanzen der Familie Lux

Heinrich Lux verdiente sein Geld als Experte für Licht- und Beleuchtungstechnik überwiegend freiberuflich als Redakteur, als Autor, als Gutachter und als Patentingenieur. Die Höhe seines Einkommens war unkalkulierbar. Ständig war er, findig und einfallsreich, auf der Suche nach zusätzlichen Einnahmequellen. So zog er 1916 mit einem Partner eine kleine Fabrik zur Produktion von Taschenlampenbatterien auf, die kriegsbedingt florierte und dem Haushalt Lux nebenbei zusätzliche Lebensmittel, zum Beispiel Pferdefleisch, aus den «Schwerarbeiterzulagen» für die Fabrikarbeiter und -arbeiterinnen einbrachte, das diese verschmähten.[11] Über den Höhepunkt der Inflation in Deutschland 1923 wiederum halfen ihm ausländische Devisen hinweg, die ihm seine grenzenüberschreitenden Tätigkeiten als Patentingenieur bescherten. Oder er verkaufte 1932, als er sich nach einer Herzattacke schonen musste und entsprechend wenig einnahm, seine Bücherbestände zur Arbeiterbewegung, darunter «viele seltene und frühe Erstausgaben» an Max Stein, den er aus Breslau kannte.[12] Sie sind heute Teil der angesehenen «Bibliothek Stein» in der Freien Universität Berlin, die in der Studentenbewegung und danach wegen ihrer Bestände an alten, lange vergessenen sozialistischen und marxistischen Schriften viel genutzt wurde.

Von der Firma Osram erhielt Heinrich Lux Anfang der dreißiger

Jahre, dank langer guter Beziehungen, noch einige Aufträge für Messungen und Untersuchungen lichttechnischer Art, die er «meist in den dortigen Laboratorien ausführte», da seine eigene Ausstattung mit den physikalischen Laboratorien der großen Firmen nicht mehr konkurrieren konnte. Gleichzeitig unterstützte ihn ein Logenbruder indirekt, indem er dafür sorgte, dass er in den Aufsichtsrat eines Lebensversicherungs- und Bestattungsvereins gewählt wurde, was ihm eine nicht unerhebliche monatliche «Remuneration», also Vergütung, einbrachte.

Dora Lux trug in der Weimarer Republik mit ihrem regelmäßigen Einkommen entscheidend zum Lebensunterhalt bei. Aber auch ohne ökonomischen Zwang hätte sie gearbeitet, sie wollte auf keinen Fall nur Hausfrau und Mutter sein. Die laufenden Kosten der Familie waren erheblich: Miete fürs Büro, Miete für die Wohnung, Gehalt für Büroangestellte und Hausangestellte usw. Da war es günstig, dass sie sparsam einkaufte und fast nichts für Kleidung ausgab – sehr zum Leidwesen ihrer Töchter, die meist alte, weitergereichte Kleider tragen mussten. An Reisen zuletzt zu sparen, war Konsens zwischen den Ehepartnern. Aus Kostengründen benutzten sie häufig seine «Tagungen und berufliche Reisen zum Ausgangspunkt für Vergnügungs- und Erholungsreisen».

Reserven hatten sie nicht. Die Ersparnisse von Heinrich Lux hatte die *Zeitschrift für Beleuchtungswesen* «verschlungen», als S. Fischer sie nicht mehr verlegen wollte und Heinrich Lux versuchte, sie mit eigenen Mitteln weiterzuführen. Es blieb ihm nichts anderes übrig, als das Publikationsorgan in der Inflationszeit vollständig eingehen zu lassen, nachdem er alles ihm «zur Verfügung stehende Geld dafür verbraucht hatte».[13] Gern hätte er sich zur Ruhe gesetzt, aber dafür fehlte ihm infolge seiner «lebenslänglichen Selbständigkeit die materielle Basis».

Die Ersparnisse, Versicherungen und Rücklagen von Dora Lux waren ebenfalls «der Inflation zum Opfer gefallen».

Wenn Geld da war, wurde es gleich ausgegeben, am liebsten für Reisen. So ließ Heinrich Lux, als er von Ende 1915 bis Sommer 1916 Redakteur bei der *Europäischen Staats- und Wirtschaftszeitung* in München war und ein «beträchtliches Einkommen» bezog, seine Frau mehrmals übers Wochenende mit dem Schlafwagen dorthin kommen. «Sonnabend und Sonntag unternahmen wir dann die schönsten Ausflüge in die Umgebung Münchens, möglichst aber ins Hochgebirge, wenn die Zeit reichte.» Oder 1930 – als Dora Lux ihrem Mann als Überraschung zu seinem Geburtstag einen teuren Flug über den Montblanc schenkte. Oder 1929 – als Heinrich Lux unerwartet in Graz einen Auftrag erhielt und das Ehepaar dadurch eine Sommerreise machen konnte, «die uns sonst infolge der sich immer mehr verschlechternden Finanzlage nicht möglich gewesen wäre. So aber verjubelten wir kurzerhand das durch diesen Auftrag verdiente Geld.» Lebenskünstler waren sie eben auch.

Die unverzichtbare Berufstätigkeit

Dr. Dora Lux war von Herbst 1909 bis April 1933 mit voller Stelle berufstätig. Bei der Geburt ihrer Kinder nutzte sie nur die gesetzlich zugebilligte Schonzeit. Während der ersten Berufsstation von 1909 bis 1922 bereitete sie Schülerinnen in den «Gymnasialkursen für Frauen zu Berlin» aufs Abitur vor. Gemäß einem Vertrag von 1912 zwischen ihr und der Direktorin Fräulein Martha Strinz war sie verpflichtet, zwanzig Stunden in der Woche zu unterrichten und die Leiterin «in der Aufsicht und den Amtsgeschäften wie bisher zu unterstützen». Ihr Gehalt betrug monatlich an die 300 Mark bei vereinbarten Steigerungen, was einem Verdienst an einer öffentlichen höheren Schule entsprochen haben dürfte. Der Vertrag regelte außerdem die Einzahlung in eine Pensionskasse zu gleichen Teilen.[14] Ihre regelmäßige Anwesenheit in der Schule beschränkte sie auf die Vormittage und einen Nachmittag in der Woche, um so gut wie möglich Beruf und Familie vereinbaren zu können.

Angestellt war sie anfangs als «Oberlehrerin», eine Bezeichnung, die später in der Weimarer Republik durch «Studienrätin» abgelöst wurde. Oberlehrer hieß ursprünglich ein Lehrer, der wissenschaftlich ausgebildet war und deshalb an der Oberstufe eines Gymnasiums unterrichten durfte, aber auch in der Unter- und Mittelstufe eingesetzt werden konnte. Mit «Oberlehrerin» wurden dagegen um 1910 zwei unterschiedlich qualifizierte Gruppen bezeichnet: zum einen Lehrerinnen ohne Abitur, die sich außer- oder inneruniversitär fortgebildet hatten und eine spezielle Oberlehrerinnenprüfung, aber kein wissenschaftliches Staatsexamen vorweisen konnten. Zum anderen Lehrerinnen wie Frau Dr. Lux, die eine wissenschaftliche und schulpraktische Lehrbefähigung für höhere Schulen analog zu den männlichen Oberlehrern erworben hatten.[15]

Martha Strinz leitete die Gymnasialkurse seit 1906. In den Jahren davor hatte sie dort als Oberlehrerin ohne Staatsexamen unterrichtet[16] und sich mit verschiedenen Publikationen frauenpolitisch und literarisch einen Namen gemacht. Seitdem Mädchen ab 1909 im öffentlichen Schulwesen Abitur machen konnten, verloren die privaten Gymnasialkurse an bildungspolitischer Bedeutung. Sie wurden aber weiterhin von Frauen nachgefragt, die bereits einen nichtakademischen Beruf erlernt oder in anderer Weise gearbeitet hatten – als zweiter Bildungsweg, wie wir heute sagen würden. Auf eine rege Nachfrage deutet, dass sich die Kurse inzwischen finanziell selbst trugen. Helene Lange hatte sich zurückgezogen, da sie ihr Ziel, dass der Staat gymnasiale Oberstufen für Mädchen einrichtet, erreicht hatte. In den Jahren 1910 bis 1912 löste sie den früheren Trägerverein der Gymnasialkurse auf und überführte das vorhandene Kapital in eine neuerrichtete «Helene-Lange-Stiftung».

Die Kurse fanden in der Dessauer Str. 24 statt, nahe dem Anhalter Bahnhof, später in der Keithstraße 11, nahe dem Wittenbergplatz. Beide Standorte lagen zentral. Über ihre Größe, ihr Programm oder ihre Finanzierung ist nichts bekannt. Fest steht, dass Dr. Dora Bieber-Lux neben Latein und Geschichte auch Griechisch unterrichtete.[17] Daraus schließe ich, dass immer noch eine Abiturvorbereitung analog einem humanistischen Gymnasium angeboten wurde, möglicherweise wahlweise zu einer realgymnasialen Vorbereitung ohne Griechisch.

Eine spätere Freundin, die 1913 in die Gymnasialkurse eingetreten war, Trude Dietmer, beschreibt Dr. Dora Lux in einem Nachruf von 1959 als «ausgezeichnete Lehrerin» und «wahre Freundin», die «mit uns wanderte, ruderte, schwamm» und sie durch die Mark Brandenburg führte.[18] Weiterhin berichtet sie, dass Heinrich Lux von einigen Schülerinnen zunächst «mit Misstrauen und Eifersucht betrachtet wurde, dann aber bald der allseitig beliebte ‹Onkel Hinz› war» – ganz wie er selbst es darstellte. Und der «Ring mit dem blaugrünen Opal», den er ihr zur Hochzeit schenkte, sei Anlass gewesen, das Hohelied der Toleranz, die Ringparabel aus Gotthold Ephraim Lessings *Nathan*, den sie gerade lasen, auf ihre Lehrerin anzuwenden: «Der Stein war ein Opal, der hundert schöne Farben spielte, und hatte die geheime Kraft, vor Gott und Menschen angenehm zu machen, wer in dieser Zuversicht ihn trug.»[19] Noch in ihrem Nachruf greift Trude Dietmer Lessings Formulierung auf: «Vor Gott und Menschen angenehm, das war sie und das ist sie immer geblieben.»

Frau Dr. Lux muss in den Gymnasialkursen leitend tätig gewesen sein, denn ihr wurde während des Ersten Weltkriegs drei Jahre lang die Vertretung der erkrankten Direktorin übertragen. Gegen Ende des Krieges wurde sie zusätzlich als «Kriegsvertreterin» im öffentlichen Schuldienst eingesetzt. Durch den kriegsbedingten Lehrernotstand war das Verbot für Frauen, männliche Schüler zu unterrichten, in sich zusammengebrochen. Sie kam an eine Jungenschule, in der angeblich schon mehrere Lehrerinnen an den nicht zu bändigenden Schülern gescheitert waren. Wie dem auch sei – fest steht, dass sie sich mit Disziplinproblemen konfrontiert sah, die sie von den Gymnasialkursen nicht kannte und gegen die sie noch nie hatte ankämpfen müssen. So versteckte ein Junge gleich zu Beginn ihrer Unterrichtstätigkeit eine Schleuder unterm Pult und zielte, wenn er sich unbeobachtet glaubte, kleine harte Wurfgeschosse gegen sie. Sie reagierte darauf, indem sie die Angriffe ignorierte, zeigte den Schüler anschließend aber beim Direktor an. Der Junge musste die Schule verlassen. Mit ihrem Vorgehen hatte sie sich Respekt bei den anderen in der Klasse verschafft. Ein anderes Mal ließ sie in einer turbulenten Situation scheinbar zufällig ihre Bücher fallen, worauf die Jugendlichen ihr – wie umgewandelt – zu Hilfe eilten. Obwohl sie schon damals leise sprach, konnte sie sich offenbar durchsetzen.

Nachdem die Gymnasialkurse 1922 «der Inflation zum Opfer» gefallen waren, unterrichtete sie «mit voller Beschäftigung als Studienrätin» am Lette-Haus in Berlin-Schöneberg, Viktoria-Luise-Platz 6, in dem sie «schon vorher nebenamtlich gearbeitet hatte». Ihr Einkommen betrug wie bei den Gymnasialkursen etwa 300 Mark monatlich. Das Lette-Haus, eine Einrichtung des Lette-Vereins, war eine angesehene Berufsbildungsstätte, in der Frauen für moderne Erwerbszweige ausgebildet wurden, zum Beispiel als Laborantin, Fotografin, Bürofachkraft,

Das Schulgebäude des Lette-Vereins in Berlin-Schöneberg, um 1910.
In dieser Ausbildungsstätte für Frauen unterrichtete Dora Lux von 1922
bis zu ihrem Berufsverbot April 1933.

aber auch als Lehrerinnen für Hauswirtschaft, Turnen, Zeichnen oder als Gewerbelehrerinnen an Berufsschulen.[20] Frau Dr. Lux wurde hauptsächlich in der Lehrerinnenausbildung eingesetzt und unterrichtete nach diversen Fortbildungen – überwiegend fachfremd – die Fächer Deutsch, Geschichte, Pädagogik und Psychologie. Ihre Kenntnisse in Latein und Griechisch konnte sie nicht verwenden, sie soll aber vor allem das Fach Deutsch sehr gern übernommen haben.

In einem Bericht über die Ausbildung der Gewerbelehrerinnen für Schneidern und Handarbeit Anfang der zwanziger Jahre fand ich folgenden Hinweis: «Deutsch unterrichtete Frau Dr. Lux, die erreicht hatte, dass wir in der Universität bei Prof. Spranger ein Semester Geschichte der Pädagogik hören konnten.»[21] Daraus schließe ich, dass sie ihren Schülerinnen ein gemeinsames außerschulisches Lernerlebnis ermöglichte, denn laut Lebenslauf von 1947 bildete sie sich damals selbst bei Professor Eduard Spranger in Pädagogik fort.

In die Zeit am Lette-Haus fallen die ersten Publikationen von Dora Lux. Mag sein, dass sie sich dort intellektuell unterfordert fühlte, mag sein, dass sie stärker nach außen wirken wollte. Ihre brachliegenden altphilologischen Kenntnisse brachte sie in die Reihe *Quellenhefte zum Frauenleben in der Geschichte* ein, für die sie 1927 den Band *Die Frau in der griechischen Sage und Geschichte* verfasste.[22] Die *Quellenhefte* waren für einen Arbeitsunterricht in Geschichte der höheren Klassen gedacht und wollten, wie es im Geleitwort zur Reihe heißt, «Leben und Tätigkeit der Frau zur Darstellung» bringen, da «unsere Geschichtsbücher» darüber «bisher fast gänzlich schweigen». Etwa fünfzig Jahre später entdeckten dann Historikerinnen und Sozialwissenschaftlerinnen – nach dem Kontinuitätsbruch während des Nationalsozialismus – Frauen als Handelnde im Prozess der Geschichte erneut.

1928 schrieb Dora Lux-Bieber zum ersten Mal in der Zeitschrift *Ethische Kultur*. Ihre dreiteilige Folge zur neuen Romanliteratur in Europa, Russland und den USA zeugt von großer Belesenheit.[23] 1931 folgten zwei Beiträge zur Antikriegsliteratur unter dem Titel «Die andere Seite»[24] – insbesondere aus der Sicht von englischen Teilnehmern am Ersten Weltkrieg – sowie vier kurze Buchbesprechungen zu weit auseinanderliegenden gesellschaftspolitischen Themen: neue Glaubensbewegung, Emanzipation der Frau, drohender Kriegsausbruch, Prohibition.[25] 1931 übernahm sie zudem von Juni bis Dezember die Redaktion der Zeitschrift. Mit diesem Einstieg als Autorin und Redakteurin bahnt sich ihre spätere wichtige Rolle in der *Ethischen Kultur* nach 1933 an. (Siehe das Kapitel: «Dora Lux als Autorin der Zeitschrift *Ethische Kultur* 1933–1936», S. 155.) *

Die Frage ist, warum Dora Lux an privaten Einrichtungen der Frauenbildung blieb und nicht an eine der öffentlichen höheren Mädchenschulen ging oder gar, was ab 1919 für Frauen prinzipiell möglich war, an ein humanistisches Jungengymnasium wechselte? Hierzu drei Erklärungen, die vermutlich zusammenwirkten: Denkbar ist, dass Dr. Lux es in der Weimarer Republik als vordringlicher ansah, jungen Frauen, die nicht studieren wollten oder konnten, durch eine anspruchsvolle nichtakademische Berufsausbildung zu einer selbständigen Existenz zu verhelfen, als angehenden Abiturientinnen eine klassisch-humanistische Bildung zu vermitteln, nachdem der Staat diese Aufgabe übernommen hatte. Eine solche Entscheidung hätte für Frau Lux, die frauenpolitisch dachte und handelte, einige Plausibilität.

Eine andere mögliche Erklärung ist der Einstellungsstopp, der, bedingt durch die «Überfüllungskrise» in den zwanziger Jahren, in vielen akademischen Bereichen, so im Lehrerberuf, zeitweilig verhängt wurde. Die wichtigste Erklärung aber dürfte sein, dass das Heiratsverbot, genannt «Zölibatsklausel», aus dem Kaiserreich nach wie vor für Lehrerinnen aller Schulformen galt, wenn auch zeitlich und inhaltlich eingeschränkt. Die Zölibatsklausel besagte, dass Lehrerinnen, die verheiratet waren, keine Stelle im öffentlichen Schuldienst erhalten konnten, und Lehrerinnen, die heiraten wollten, den Schuldienst verlassen und ihre Beamten- oder Angestelltenstelle aufgeben mussten.[26] In der Weimarer Republik war die Zölibatsforderung für Lehrerinnen nur partiell überwunden. Zwar hieß es in Artikel 128/II der Weimarer Verfassung:

---

* Siehe auch vierter Exkurs: Zeitschrift und Gesellschaft ethische Kultur 1931–1936, unter www.rowohlt.de/doralux.

«Alle Ausnahmebestimmungen gegen weibliche Beamte werden beseitigt.» Dieser Passus wurde aber durch eine «Personalabbau-Verordnung» (Paragraph 14) von 1923 bis 1929 außer Kraft gesetzt und 1932 durch das Gesetz über die «Rechtsstellung der weiblichen Beamten» ausgehöhlt. Nach beiden Bestimmungen konnten Lehrerinnen entlassen werden, allerdings nur, wenn «ihre wirtschaftliche Versorgung» in anderer Weise gesichert war. Die Zölibatsklausel aus der Kaiserzeit galt also abgeschwächt in der Weimarer Republik mit Ausnahme einiger weniger Jahre für alle weiblichen Beamten und Angestellten weiter. Gerda Voss hat mehr recht, als ich zunächst dachte, wenn sie wiederholt betonte, ihre Mutter habe als verheiratete Frau keine Beamten- oder Angestelltenstelle an einer öffentlichen Schule erhalten können.

Welche Widerstände gegen verheiratete Studienrätinnen bestanden, lässt sich aus den Forschungsergebnissen von Claudia Huerkamp erschließen. Danach waren 1932 in Preußen von insgesamt 1861 festangestellten Philologinnen nur dreiundsechzig verheiratet, einschließlich der geschiedenen und verwitweten Frauen, das heißt 3,39 Prozent.[27] Das hatte äußere und innere Gründe: In der Kaiserzeit bestand ein weitgehender gesellschaftlicher Konsens, dass eine Lehrerin ihre ganze Kraft – bisweilen war auch gemeint: ihre ganze Mütterlichkeit – den Kindern, die ihr anvertraut sind, geben solle. Diese Meinung teilten die Lehrerinnen selbst, von den Elementarlehrerinnen bis zu den Oberlehrerinnen, fast einhellig. Dazu kamen Konkurrenzängste der unverheirateten Lehrerinnen vor dem Zustrom verheirateter Frauen, sollte die Zölibatsklausel aufgehoben werden.

Dies alles wirkte in der Weimarer Republik nach. Obwohl speziell der Deutsche Philologinnenverband gegen die Entlassung verheirateter Lehrerinnen aus dem Schuldienst ankämpfte, schied nach einer Eheschließung die Mehrzahl «freiwillig», mit einer kleinen Abfindung, aus dem Beamten- oder Angestelltenverhältnis aus. Dabei ist allerdings zu bedenken, dass es in der Weimarer Republik für Beamtinnen und Angestellte weit schwieriger war als heute, mit Kindern berufstätig zu sein. Der Mutterschutz nach der Geburt betrug ganze vier Wochen, Teilzeitstellen, Beurlaubungen oder Stundenreduzierung für Mütter oder gar für Väter mit Kindern gab es nicht. Erschwerend kam die von vielen

Frauen akzeptierte Forderung hinzu, nach der verheiratete Frauen als «Doppelverdiener» ihre Arbeitsplätze für Männer, als den Ernährern der Familie, zu räumen hätten.

Wie stark unter den Akademikerinnen speziell die Studienrätinnen in ihrer Lebensplanung eingeschränkt waren, verdeutlicht ein Vergleich mit den Medizinerinnen. Unter den Ärztinnen, die wie Annemarie Bieber bereits vor 1914 ihre Approbation erhalten hatten, waren über die Hälfte verheiratet (413 von 792 Ärztinnen); viele davon hatten Kinder.[28] Ähnlich wie Ärztinnen zeitlich früher als andere Akademikerinnen gesellschaftlich und rechtlich akzeptiert wurden, so konnten sie auch früher die Vorbehalte gegen eine Berufsarbeit mit Kindern überwinden. Für die Medizinerinnen war hilfreich, dass sie ihre Anwesenheit in einer Praxis flexibel regeln konnten, besonders dann, wenn der Ehemann ebenfalls Arzt war und beide die Praxis zusammen betrieben, was häufig vorkam.[29]

Die Studienrätinnen, sowohl die angehenden als auch die verbeamteten, dagegen waren unter den Akademikerinnen am weitesten davon entfernt, Beruf und Familie miteinander verbinden zu können. Und so blieb Dr. Dora Lux höchstwahrscheinlich nichts anderes übrig, als an einer privaten Einrichtung zu unterrichten – unabhängig davon, ob dies ihrem Wunsch entsprach oder nicht. An Privatschulen aber lag die Anzahl der verheirateten Frauen – nach Schätzungen, genaue Zahlen liegen nicht vor – kaum höher als an öffentlichen Schulen. Und so war sie, wie immer man es betrachtete, in der Weimarer Republik als berufstätige Frau mit Mann und Kindern eine große Ausnahme unter den akademisch gebildeten Lehrerinnen.

7

Familienverband, Freunde
und gesellschaftliches Engagement

Als «engmaschig» bezeichnet Frau Voss ihre Familie und meint damit den größeren Bieber'schen Familienverband,[30] in den ihre Kernfamilie eingebettet war. Dieser stand, obwohl niemand eine religiöse Bindung an das Judentum bewahrt hatte, in der kulturellen Tradition der jüdischen Großfamilie – und unterschied sich davon doch erheblich.

Zunächst zur älteren Generation, den Brüdern Georg, Max und Richard Bieber: Georg Bieber, der Vater von Dora Lux, war 1920 gestorben und taucht in den Erzählungen zum Familienverband, die sich fast alle auf die Zeit danach beziehen, kaum auf. Seine Witwe Alberta Bieber dagegen ist vielfältig einbezogen. Sie lebte bis zu ihrem Tod im Jahr 1929 in der früheren Wohnung von Annemarie und Dora Bieber in der Stübbenstraße und wurde von Anna Lukassen, genannt Anneken, die inzwischen fast zur Familie gehörte, versorgt. Max Bieber, von Beruf Kaufmann, und seine Familie standen eher abseits. Heinrich Lux hatte sich mit dem Bruder seines Schwiegervaters politisch überworfen, und Dora Lux konnte mit dessen Frau, die von der Frauenbewegung nichts hielt und eine Berufstätigkeit von verheirateten Frauen ablehnte, nichts anfangen. Der weitere Bruder, Dr. jur. Richard Bieber, hatte sich als Anwalt und Notar einen guten Namen gemacht. Seine Sozietät mit zwei Kollegen florierte[31] und erlaubte es ihm, großzügig und wohltätig zu sein, was auch der Großfamilie zugutekam. Von dem Haus in der Kaiser-Wilhelm-Straße 53 gehörte ihm die größere Hälfte, die kleine Hälfte seinem Bruder Max. Dora Lux und ihre Geschwister waren an dem Besitz nicht beteiligt; ihr Erbanteil war seinerzeit zum Kauf des Ritterguts verwendet worden und längst verloren.

Zur mittleren Generation gehörten: Dr. phil. Dora Lux, Dr. med. Annemarie Bieber, ihre jüngere Schwester Elsbeth Schaper und Dr. jur. Friedrich Bieber jeweils mit ihren Ehepartnern. Ihre Kinder, vier Mädchen und vier Jungen, sowie die beiden Söhne des ältesten Bruders Wilhelm, also insgesamt zehn Heranwachsende, bildeten die jüngere Generation. Wilhelm Bieber war gleich zu Beginn des Ersten Weltkriegs gefallen, seine Söhne Hans-Otto und Georg wuchsen als Waisen bei den Großeltern mütterlicherseits in Brandenburg/Havel auf, nachdem auch ihre Mutter gestorben war.

Richard Bieber gehörte quasi zwei Generationen an, nachdem ihn seine Nichte Annemarie 1922 geheiratet hatte. In der einen Generation war er «Onkel Richard», in der anderen Ehemann und Schwager. Der Altersunterschied zwischen ihm und Annemarie Bieber betrug sechsundzwanzig Jahre. Bei der Verheiratung war sie siebenunddreißig und er dreiundsechzig. 1924 und 1926 wurden die Töchter Ruth und Hanna geboren.

Über Dora und Heinrich Lux wurde bereits im vorigen Kapitel berichtet. Die dritte Schwester, Elsbeth Schaper, genannt «Else», führte eine zweite, diesmal glückliche Ehe mit Wolfgang Schaper, der als Sohn des bekannten Berliner Bildhauers Fritz Schaper dabei war, seinen eigenen Weg als bildender Künstler und Musiker zu finden. Er war etwa acht Jahre jünger als seine Frau, sah gut aus und stand bei Jung und Alt in hoher Gunst. Ein gemeinsamer Sohn, Peter Wolfgang, genannt Wölf, wurde 1928 geboren.[32] Den drei Söhnen von Elsbeth Schaper aus erster Ehe in Frankreich – mit den Vornamen Fernand, Peter und Heiner und dem Nachnamen Schwab – war er «ein liebender und geliebter Vater».[33] Obwohl er im Ersten Weltkrieg ein Bein verloren hatte, nahm er an vielen Aktivitäten teil. Wolfgang Schaper starb 1930, erst fünfunddreißig Jahre alt, an den Spätfolgen seiner Verwundung, von allen zutiefst betrauert.

Friedrich Bieber, der jüngste in der Geschwisterreihe, war Rechtsanwalt und Notar mit schwankendem Erfolg. Seine Frau Gertrud Bieber, geborene Driesen, hatte etwa zehn Jahre später als Dora Lux studiert und ebenfalls ein Lehrerinnenexamen für die höheren Schulen abgelegt. Die beiden waren kinderlos. Zwischen Gertrud Bieber und Dora Lux soll es eine wechselseitige Distanz gegeben haben. «Onkel Friedl» aber hatten «wir alle furchtbar gerne», so Gerda Voss.

Wie früher in der jüdischen Tradition üblich, gehörten zum Familienverband auch die langjährigen Hausangestellten. Aus einem Schriftstück geht hervor,[34] dass im Jahr 1941 in der Kaiser-Wilhelm-Straße 53 drei Frauen lebten, denen allen von Richard Bieber testamentarisch bis an ihr Lebensende ein standesgemäßer Unterhalt, insbesondere «vollständige und angemessene Wohnung und Beköstigung» zugesichert worden war. Das betraf die fünfundneunzigjährige Frau Emma Köhler, die seit 1858 die Wirtschafterin des Großvaters von Dora Lux gewesen war und später von «Onkel Richard» übernommen wurde. Das betraf die damals achtundsechzigjährige Frau Elisa Mucha, geborene Iseler, allseits genannt «Mutter Lisa», die seit fünfzig Jahren für die Familie gearbeitet hatte. Und das betraf Frau Anna Lukassen, die zunächst bei Wilhelm Bieber, danach, ab 1908 / 1909, Haushälterin bei den beiden berufstätigen Schwestern in der Stübbenstraße gewesen war – dort begegnete sie uns als «Anneken», die das «Ziehkind», den kleinen Heiner, im Kinderwagen ausfuhr. Später versorgte sie Großmutter Alberta Bieber und wechselte nach deren Tod in den Haushalt von Annemarie und Richard Bieber.

Innerhalb der Großfamilie muss Annemarie Bieber sehr bestimmend gewesen sein. Ihre Schwester Dora soll sich von ihr gelegentlich «rumkommandiert» gefühlt haben. In den Augen ihrer Nichte Gerda war «Tante Mieze» der «Familienpapst». Richard Bieber neigte bei aller Großzügigkeit zur Ungeduld. Else Schaper war lebenslustig und temperamentvoll und hatte im Gegensatz zu den anderen Frauen der Familie Sinn für Eleganz. Friedrich Bieber muss eine vielschichtige Persönlichkeit gewesen sein: «hochintelligent, mit einem leichtsinnigen Charme, ein ausgezeichneter Jurist, gleichzeitig hatte er etwas von einem Spieler» – mit diesen Worten beschreibt ihn Jahrzehnte später seine Nichte im Gespräch in Kanada. Er konnte nicht gut mit Geld umgehen und kehrte, um sich Respekt zu verschaffen, bisweilen den Offizier heraus.

Dora Lux, die Plaudereien bei gesellschaftlichen Anlässen ansonsten nur schwer ertragen konnte, bewegte sich mit Vorliebe im vertrauten Kreis der Großfamilie. Sie war in den Augen ihrer Tochter «die Ausgeglichenste von allen». Bei aller Nähe untereinander achtete sie auch hier auf ihre Unabhängigkeit und nahm zum Beispiel kein Geld von Familienmitgliedern an, selbst wenn sie finanziell knapp war. Heinrich Lux, der keine eigenen Verwandten in Berlin hatte, war ebenso wie sein Schwager Wolfgang Schaper bestens in den Bieber'schen Familienverband integriert. Die beiden angeheirateten Männer waren die einzigen ohne jüdischen Hintergrund.

Wer konnte und wollte, brachte seine spezifischen Fähigkeiten und Kenntnisse in die Gemeinschaft ein. Richard Bieber stand mit Rat und Tag in juristischen Fragen zur Verfügung. Annemarie Bieber half bei allen medizinischen Problemen. Heinrich Lux war für Naturwissenschaft und Technik zuständig. Elsbeth Schaper entwickelte sich zu einer hervorragenden Gastgeberin. Dora Lux wurde «in der Regel bei Familienproblemen konsultiert» – wie ihr jüngster Neffe Peter Wölf Schaper an mich schrieb.[35] Er bezeichnet sie als «eine sehr eindrucksvolle Gestalt» und als diejenige unter den drei Schwestern, die «eindeutig den höchsten Intellekt» besaß. Von ihrer Tochter Gerda Voss wusste ich bereits, dass sie in der Familie die Rolle der Expertin für Schule und Erziehung hatte – was auch hieß, dass sie sich bei Bedarf um die Schulschwierigkeiten ihrer Neffen und Nichten kümmerte. Wenn ein jugendlicher Verwandter überfordert schien, so setzte sie sich dafür ein, dass er nicht länger zum Abitur gepresst wurde, sondern von der Schule abgehen konnte. Das entsprach ihrer Überzeugung, dass Eltern generell dazu neigten, die Begabung ihrer Kinder zu überschätzen. In einem Fall soll sie gesagt haben: «Heute habe ich einen Schülerselbstmord verhindert.» So setzte sie innerfamiliär auch durch, dass ihr Neffe Hans-Otto, der kein guter Schüler war, sich nicht länger auf dem Gymnasium zu quälen brauchte. Heinrich und Dora Lux besorgten ihm eine Lehrstelle als Feinmechaniker und kümmerten sich danach um seine Weiterbildung auf einer technischen Fachschule.

Mit ihren spezifischen Fähigkeiten halfen sich die Erwachsenen in vielerlei Hinsicht untereinander, wie an verstreut auftauchenden Beispielen zu ersehen sein wird.

Die zehn Kinder der Großfamilie verbrachten die Sommerferien meist zusammen, zunächst im Haus der Familie Schaper am Starnberger See, später an wechselnden Orten. Nach der Übersiedlung von Wolfgang und Elsbeth Schaper Mitte der zwanziger Jahre nach Berlin – sie hatten die Schaper'sche Villa im Bezirk Tiergarten geerbt – wurde

Elsbeth und Wolfgang Schaper um 1925

August 1927: die Großfamilie Bieber in St. Peter-Ording an der Nordsee.
In der Mitte Großmutter Alberta Bieber; davor Dora Lux mit Nichte Ruth
auf dem Schoß, der Tochter von Annemarie Bieber; auf der linken Seite
Elsbeth Schaper mit Nichte Hanna Bieber; auf der rechten Seite Peter und
Heiner Schwab, die Söhne von Elsbeth Schaper; in der ersten Reihe in dunklen
Badeanzügen Eva und Gerda Lux; außerdem Carrie und Inge Ebert, Töchter
einer befreundeten Familie.

jährlich eine «Kinder-Ferien-Pension» gemietet, meist an der See. Bisweilen kamen weitere Kinder von Freunden oder ferneren Verwandten dazu. Mit dabei war bis zu ihrem Tod die Großmutter Alberta Bieber. Die Regie führte Tante Else, Onkel Richard übernahm die Miete und wohl auch die meisten anderen Kosten. Er bezahlte zwei bis drei Dienstkräfte und entschädigte Elsbeth Schaper, die über wenig Geld verfügte, finanziell großzügig dafür, dass sie alle umsorgte.

Für die Kinder wurden trotz des großen Altersunterschieds gemeinsame Aktivitäten bis hin zu Unterricht arrangiert. Mütter und Väter tauchten bisweilen besuchsweise auf, genossen es aber vor allem, zur Abwechslung ohne ihre Kinder reisen zu können.

Gerda und Eva Lux berichten, dass sie sich keineswegs von ihren Eltern abgeschoben fühlten. Sie freuten sich vielmehr jedes Jahr auf die gemeinsamen Ferien mit ihren Vettern und Cousinen. Über einen der Sommeraufenthalte schreibt Heinrich Lux: «So war es auch im Jahr 1927, damals mietete Onkel Richard ein Fischerhäuschen in St. Peter an der Nordsee, das Else den ganzen Sommer über bewirtschaftete. Außer den Schaper'schen, Bieber'schen und Lux'schen Kindern wurden damals auch noch Carrie und Inge Eber mitgenommen. Die Kinder erhielten täglich Unterricht, den teils Tante Else selbst, teils Dora, solange sie dort war, leitete. Heiner Schwab [Sohn von Else Schaper aus erster Ehe] war zum Rechenlehrer, Peter [Schwab] zum Turnlehrer für die Kleinen ernannt worden. Später übernahm der Dorfschullehrer den Unterricht; allerdings soll ihn die von seinen einheimischen Sprösslingen stark abweichende Haltung und Wesenheit der Berliner Mädels etwas befremdet haben.»[36]

Gesellschaftspolitisches Engagement

Ein enger Zusammenhalt, Geselligkeit, gemeinsame Unternehmungen und Fürsorglichkeit sind als Merkmale einer jüdischen Großfamilie öfter beschrieben worden.[37] Im Unterschied dazu basierte der Bieber'sche Familienverband aber nicht primär auf einer verwandtschaftlichen Bindung, sondern auf einer gemeinsamen republikanischen und freigeis-

tigen Gesinnung. Wer davon zu sehr abwich, geriet in eine Randstel-
lung, wie etwa Max Bieber, der mittlere Bruder von Georg und Richard
Bieber, dessen Kinder und Enkel nie in die «Kinder-Ferien-Pensionen»
mitkamen. Von Heinrich und Dora Lux wurde er geradezu geschnitten.
Gerda Voss: «Mutter und er gingen nicht hin, wenn Max da war.» Es
gab zu gravierende Unterschiede im Lebensstil und in den Werthaltungen. Andere im Familienverband aber hielten den Kontakt. So soll ein
Sohn von Max Bieber, bis er 1918 als Kommandant eines U-Boots kurz
vor Kriegsende starb, ein sehr enger Freund von Friedrich Bieber gewesen sein, und mit der Tochter von Max Bieber befreundete sich später
Eva Lux. Friedrich Bieber seinerseits gehörte in der Weimarer Republik
der national-konservativen Mehrheit des deutschen Bürgertums an, was
zu dem zeitweilig eingeschränkten Kontakt zwischen ihm und einigen
in der Großfamilie beigetragen haben mag.

Eine Gemeinsamkeit im Familienverband war die Berufstätigkeit aller Frauen, mit Ausnahme der Ehefrau von Onkel Max. Nicht nur Dora
Lux blieb nach ihrer Verheiratung und nach der Geburt ihrer Kinder
berufstätig, ebenso ihre Schwester Annemarie. In einem Curriculum
Vitae schreibt sie, dass ihr Mann ihre Entscheidung «voll verstand und
unterstützte. Wir widmeten uns beide unserer Arbeit und reisten in den
Ferien viel ins Ausland». Auch Gertrud Bieber hatte – zumindest zeitweilig – als Lehrerin gearbeitet. Später erteilte sie Privatunterricht und
übernahm Schreibarbeiten. Ebenfalls berufstätig, und zwar als Unter-
nehmerin, wurde die Schwester Elsbeth nach dem Tod ihres Mannes.
In der alten Schaper'schen Villa in der Berliner Buchenstraße 4 betrieb
sie eine Pension. Die Buchenstraße, die es nicht mehr gibt, lag mit ihren
freistehenden prächtigen Häusern mit Gärten im Bezirk Tiergarten
zwischen der Kurfürstenstraße und der Lützowstraße. Dort wurde so
mancher Familiengeburtstag gefeiert und so manches Tanzfest für die
Jugendlichen arrangiert, und dort war Raum für Familienangehörige, die
eine Bleibe suchten, wie etwa Hans-Otto während seiner Lehre in Berlin.

Den stärksten Bezug zur Frauenbewegung hatten Dora Lux und Richard Bieber, vermutlich stärker als Annemarie Bieber. Politisch standen beide der Deutschen Demokratischen Partei (DDP) nahe, die bis
1930 linksliberale Positionen vertrat und die politische Heimat großer

Teile der bürgerlichen Frauenbewegung war. Gemeinsam mit einer der dort aktiven Frauen, mit Elly Heuss-Knapp, besuchte Dora Lux die Veranstaltungen des Deutschen Akademikerinnenbunds.[38] Sie waren Nachbarinnen, unterhielten sich von der Veranda in der Fregestraße 81 zum Balkon in der Fregestraße 80. Dort wohnte von 1918 bis 1930 die Familie Heuss. Frau Lux muss später in Wieblingen erwähnt haben, dass Theodor Heuss, der spätere Bundespräsident, «jeden Morgen mit einem Milchkännchen Milch holte» – ein skurriles Detail, das in der Erinnerung einer Abiturientin von 1950 haftenblieb (D. B.-K.). Wie nah die beiden Frauen sich standen und ob ihr Kontakt die Nachbarschaft in Berlin-Friedenau überdauerte, kann ich nicht sagen.

Von Dora Luxs anhaltender Loyalität zur bürgerlichen Frauenbewegung zeugen ihre Laudatio auf Helene Lange von 1928 und ihre Artikel in der *Ethischen Kultur* nach 1933. Vieles spricht dafür, dass sie sich in der Weimarer Republik in frauenpolitischen Zusammenhängen bewegte. Keinesfalls gehörte sie zu denen, die von der Frauenbewegung in ihrem Werdegang profitierten und sich anschließend von ihr abwandten.

Richard Bieber wiederum war über Jahre der Rechtsbeistand von Helene Lange und verfasste, als die Errichtung der Helene-Lange-Stiftung ab 1910 anstand, alle Schriftsätze für sie, wobei er «natürlich» von der Erhebung der Gebühren «im Interesse der guten Sache» absah.[39] Nach der Etablierung der Stiftung arbeitete er über Jahre im Vorstand mit.

Die größte gesellschaftspolitische Energie besaß die Ärztin Annemarie Bieber. Wegen ihrer fortschrittlichen Gesundheitspolitik war sie in Berlin weithin bekannt.[40] Neben ihrer eigenen Kassenpraxis leitete sie 1914/1915 zusammen mit einer Kollegin die erste Poliklinik für Frauen in Berlin; später arbeitete sie über Jahre nebenamtlich im Bezirk Schöneberg als Fürsorgeärztin. Im Leitungsgremium des Bundes deutscher Ärztinnen hatte sie die Zuständigkeit für die Finanzen übernommen. Sie war Mitglied der SPD und des «Vereins sozialistischer Ärzte», als deren Vertreterin sie in die Ärztekammer Berlin gewählt wurde. In verschiedenen Zeitschriften nahm sie Stellung zu aktuellen gesundheitspolitischen Fragen. Ein Indiz für ihre Anerkennung ist, dass sie 1927 bei den Listenwahlen zum Ausschuss des Groß-Berliner Ärztebundes, der wichtigsten kassenärztlichen Vereinigung der Weimarer Republik, mit über zweitausend Stimmen als einzige Frau unter über hundert Kandidaten in das Leitungsgremium gewählt wurde.

Ihre SPD-Mitgliedschaft verband Annemarie Bieber mit Heinrich Lux. Er hielt der Partei die Treue, obwohl die Parteiführung ihn als Redakteur in Magdeburg, als er den Kopf für die SPD hinhielt, hatte hängenlassen. Mehr noch aber kränkte ihn eine erneute Missachtung zu Beginn der Weimarer Republik. Dem lag folgender Sachverhalt zugrunde:[41] In der Kaiserzeit war Heinrich Lux als Patentanwalt tätig gewesen, solange der Zugang zu diesem Beruf noch wenig formalisiert war. Im Zuge der strikteren Reglementierung noch vor 1914 musste er einen Antrag auf Zulassung stellen, der mit der Begründung, er habe «mehrmals im Gefängnis gesessen», abgelehnt wurde. Dabei interessierte nicht, was Heinrich Lux empörte, nämlich dass seine «Vorstrafen sämtlich politischer Natur» waren und damit «durchaus nicht entehrend». Als sich nach der Revolution von 1918 die politischen Verhältnisse änderten und die SPD regierte, wandte er sich an den damaligen preußischen Justizminister und späteren Innenminister in Preußen, Wolfgang Heine, mit der Bitte, wenigstens jetzt eine Eintragung zu erwirken. Heine kannte die Umstände der Verurteilungen ganz genau. Er war in den politischen Prozessen, beginnend mit dem Sozialistenprozess in Breslau, sein Verteidiger gewesen. Seine abschlägige Antwort ohne jedes Bemühen, eine Regelung zu finden, hat Heinrich Lux nie vergessen. Heine schrieb, zwar sei ihm «großes Unrecht geschehen, aber die gegenwärtigen gesetzlichen Bestimmungen erlaubten es leider nicht, dieses Unrecht wiedergutzumachen». Offensichtlich galten die diesbezüglichen Gesetze aus der Kaiserzeit unverändert weiter. Aus der SPD ist Heinrich Lux dennoch nicht ausgetreten, er blieb ein loyales, aber kaum noch aktives Mitglied.

Im Familienverband war niemand, der oder die mit der Unabhängigen Sozialdemokratischen Partei Deutschlands (USPD) oder den Kommunisten sympathisiert hätte. Höchstens könnte man eine Tochter aus der ersten Ehe von Heinrich Lux anführen: Käthe war mit einem Kommunisten namens Victor liiert. Beide standen aber dem Bieber'schen Familienverband fern. Nur Heinrich Lux hielt die Verbindung zu ihnen und besuchte sie zuletzt 1935 mit seiner sechzehnjährigen Tochter Gerda in Dänemark, wohin sie vor den Nationalsozialisten geflohen waren.

Eine weitere Gemeinsamkeit innerhalb der Großfamilie war «das Dissidentische», wie Gerda Voss die fehlende religiöse Bindung nennt. Richard Bieber, Annemarie Bieber und Gertrud Bieber waren aus dem Judentum ausgetreten, Heinrich Lux aus der katholischen Kirche. Dora Lux gehörte der evangelischen Kirche zwar an, betrachtete sich aber als Freidenkerin. Und auch unter den anderen Familienangehörigen soll niemand gewesen sein, der eine innere Bindung ans Christentum hatte.

Die Übereinstimmung im «Dissidentischen» ließ Richard Bieber und Heinrich Lux in der Deutschen Gesellschaft für ethische Kultur zusammenarbeiten, der zwar nicht ausschließlich, aber doch überwiegend Freidenker angehörten, unter ihnen viele Menschen jüdischer Herkunft. Für September 1926 ist festgehalten, dass beide in der zurückliegenden Amtsperiode dem Hauptvorstand der Gesellschaft angehört hatten und für die nächste Amtsperiode wiedergewählt wurden.[42] Annemarie Bieber publizierte gelegentlich in der Zeitschrift *Ethische Kultur*, und Dora Lux-Bieber übernahm sukzessive Verantwortung als Redakteurin und Autorin für das Organ dieser Gesellschaft.

Zum Militär allerdings dürfte es, blickt man auf alle Männer der Großfamilie, einigen Dissens gegeben haben. Richard Bieber scheint nie militärische Ambitionen gehabt zu haben – im Unterschied zu seinem Bruder Georg, dem Vater von Dora Lux, der unbedingt Offizier hatte werden wollen und sich 1914 noch im Alter von sechzig Jahren «freiwillig beim 2. Garderegiment zu Fuß zum Heeresdienst meldete». Friedrich Bieber, der nach eigenen Angaben von 1914 bis 1918 als Offizier «in vorderster Linie» gekämpft hatte, blieb bis Frühjahr 1920 in der Armee und war unmittelbar an der Niederwerfung des Spartakusaufstands im Januar 1919 beteiligt, mit dem in Berlin die Novemberrevolution beendet wurde. Obwohl er mehrmals schwer verwundet worden war, hielt er noch immer die preußisch-militärische Tradition hoch – wohl im Gegensatz zu Wolfgang Schaper, der die Kämpfe ebenfalls leidvoll erfahren hatte. Weitere Männer der Familie waren 1914 freiwillig in den Krieg gezogen und hatten ihn nicht überlebt.[43] Es gab in der Familie Bieber also durchaus eine Affinität zum Militär. Davon kann bei Heinrich Lux nicht die Rede sein, er hatte nie «gedient»; im Ersten Weltkrieg wurde ihm die Entwicklung und Produktion von Batterielampen in einer kleinen Fabrik, die er mit gegründet hatte, «als Kriegshilfsdienst angerechnet» und befreite ihn «von anderen derartigen Verpflichtungen».[44]

Freundschaften

Außerfamiliäre Kontakte und Freundschaften entstanden primär über den Beruf und über das gesellschaftliche Engagement. Alle im Familienverband hatten jüdische und nichtjüdische Freunde. Dass in ihrem Elternhaus viele Juden verkehrten, führt Gerda Voss weniger auf ihre Mutter als auf ihren Vater zurück, «der ein großer Judenfreund war».

Die engsten Freundinnen von Dora Lux waren Frauen, die sie in den Gymnasialkursen von 1909 bis 1922 unterrichtet hatte – manche waren gleich alt oder sogar älter als ihre frühere Lehrerin –, während sie im Lette-Haus, soweit bekannt, keine neuen Freundschaften schloss. Wenn sie Probleme hatte, so scheint sie diese am ehesten ihrer Freundin Dr. Trude Dietmer anvertraut zu haben. Sie sahen sich häufig, mindestens einmal in der Woche zum Essen in der Fregestraße, sie hatten den gleichen Beruf und die gleichen Fächer. Aber anders als Dora Lux konnte Trude Dietmer als unverheiratete Frau an einem Jungengymnasium unterrichten.

Auffallend ist, dass einige Kolleginnen und Freundinnen von Annemarie Bieber zugleich Freundinnen der Familie Lux waren. Man kannte sich bereits aus den gemeinsamen Abiturvorbereitungen um 1900. Zu nennen ist hier vor allem Dr. med. Käthe Schiepan, geborene Hirsch, und Dr. med. Marie Unna, geborene Böhm. Dr. med. Regula Frisch wiederum, die Annemarie Bieber später als Partnerin in ihre Praxis nahm, war mit Heinrich Lux bereits seit ihrer Kindheit vertraut, als er in den Kreisen ihrer Tante Käthe Kollwitz verkehrte. Auffallend ist, dass der Freundeskreis der Schwestern Bieber überwiegend aus berufstätigen und promovierten Akademikerinnen bestand, wie sie selbst es waren. Dass Dora und Annemarie Bieber zahlreiche gemeinsame Freundinnen hatten, zeigt erneut, wie eng die Verbindung zwischen den beiden war.

Heinrich Lux hielt an seinen alten Freundschaften aus früheren sozialistischen und kulturellen Zusammenhängen fest, fand aber auch neue Freunde, vor allem unter Alpinisten und Freimaurern. 1913 war er in die Freimaurerloge «Zur Morgenröte» aufgenommen worden, einer Berliner Untergliederung der Reformgründung «Zur aufgehenden Sonne», abgekürzt F. z. a. S., die sich selbst als pazifistisch bezeichnete. In diesem Logenverbund waren Juden und Nichtjuden willkommen. Zu seinen Logenbrüdern zählten Kurt Tucholsky und Carl von Ossietzky. Heinrich Lux war von Dr. Max Apel, mit dem er seit längerem befreundet war, und von dem «ehrwürdigen und gelehrten Rudolf Penzig», der die Berliner Loge leitete, zum Eintritt bewogen worden. Hier wurde «weder nach der Religions- noch nach der Rassenzugehörigkeit gefragt; wegen dieser liberalen Einstellung war der F. z. a. S. bei den alten Logen geradezu verfemt. Und gerade dieser Einstellung wegen schloss ich mich ihm an». Er blieb kein passives Mitglied: «Ich gehörte der Loge bis zur Auflösung 1933 an und bin auch nach Penzigs Tod [1931] einige Jahre Meister vom Stuhl in der ‹Morgenröte› und Schriftführer des Bundes [zur aufgehenden Sonne] gewesen, also tief in die Interna des Logenwesens eingedrungen.»[45] Sehr wichtig waren ihm die Verbindungen, an deren Aufbau er beteiligt war, zu einer Loge in Paris. Wechselseitige Besuche, Veranstaltungen und Aussprachen sollten der Versöhnung zwischen Franzosen und Deutschen dienen. Und so besichtigte er im Jahr 1928 gemeinsam mit französischen Freimaurern im Rahmen einer Delegationsreise die Schlachtfelder von Verdun.

Zwischen der Berliner Loge, dem Bieber'schen Familienverband und der Deutschen Gesellschaft für ethische Kultur schließt sich der Kreis: Rudolf Penzig war wiederum mit Richard Bieber, der kein Freimaurer war, befreundet. Und im Hauptvorstand der Gesellschaft trafen sich, neben einigen weiteren Personen: Dr. R. Penzig, Dr. R. Bieber, Dr. M. Apel, Dr. H. Lux.[46] Man kannte sich privat und arbeitete zusammen. An den Damenveranstaltungen der Loge teilzunehmen aber weigerte sich Frau Lux.*

---

* Mehr zum pazifistischen Freimaurerbund, seiner Verbindung zur ethischen Kultur und den beteiligten Personen findet sich im vierten Exkurs: Zeitschrift und Gesellschaft ethische Kultur 1931–1936, unter: www.rowohlt.de/doralux

Justizrat Dr. Richard Bieber, Berlin 1928

Eine wichtige Form der Geselligkeit mit Familienmitgliedern und Freunden war das Bergwandern. Dora und Heinrich Lux machten Ausflüge und Touren mit ihren Töchtern, mit Richard Bieber und dessen Freunden, mit den Söhnen von Elsbeth Schaper, mit dem Rechtsanwalt und Notar Ernst Ludwig Wolff und seinen beiden Söhnen Heinz und Günter, die sich eng mit den Lux-Töchtern angefreundet hatten. Auch mit dem Schauspieler Wolfgang Quincke und seiner Tochter Gertrud, der späteren Frau Dr. Rech, die nach dem Zweiten Weltkrieg die Wirtin von Frau Lux wurde. Hinzu kamen ehemalige Schülerinnen und spätere Freundinnen wie Bärbel von Treskow und Dr. Lotte Kirschner. Einige der Erwähnten waren jüdischer Herkunft, andere nicht. Im Umgang miteinander scheint das keine Rolle gespielt zu haben.

Am Beispiel des Bergwanderns zeigt sich, wie die Familie Lux Freizeitgestaltung mit Freunden und Verwandten in Einklang mit Gesellschaftspolitik brachte. Die meisten Sektionen des «Deutschen und Österreichischen Alpenvereins» waren lange vor der Machtübernahme der Nationalsozialisten, schon in der Kaiserzeit, von Antisemitismus durchzogen.[47] In der Weimarer Republik nahmen die antijüdischen Beschlüsse zu. Obwohl die «Sektion Berlin» Juden nicht wie andere Sektionen per Satzung ausschloss, war auch hier der Antisemitismus angewachsen. In gezielter Abgrenzung davon schritten einige Mitglieder im April 1925 zu einer Gegengründung. Heinrich Lux berichtet: «Ich war jahrelang Mitglied des Deutschen und Österreichischen Alpenvereins gewesen und gehörte ursprünglich der Sektion Mark Brandenburg an. Als diese anfing, ausgesprochen antisemitische Tendenzen zu pflegen, trat ich aus und ging zur Sektion Berlin über. Allein die Bewegung griff auch hierhin über, und so entschloss sich eine Reihe von mir Gleichgesinnten auszutreten und einen neuen Verein zu gründen, der keine Rassenunterschiede machte und lediglich alpine Interessen vertrat. Die politische Einstellung dieses Vereins, der sich Deutscher Alpenverein Berlin nannte, war naturgemäß demokratisch-republikanisch, doch spielte das Politische kaum eine Rolle.»[48]

Der neue «Deutsche Alpenverein Berlin» wurde innerhalb der Berliner Bergfreunde gut angenommen: Gleich nach seiner Gründung 1925 traten 120 Personen ein, bald hatte er mehr Mitglieder als die alte Sektion; im Jahr 1931 waren es über 1500 Männer und Frauen.[49] Dass jüdische und nichtjüdische Alpinisten ihn gemeinsam gegründet hatten, schlug sich auch in der Zusammensetzung des Vorstands nieder, dem unter anderem Heinrich Lux und sein Freund Ernst Ludwig Wolff von 1932 bis 1934 angehörten.[50] Die Neugründung der Alpinisten steht für die Möglichkeit eines freundschaftlichen und geselligen Zusammenlebens von Juden und Nichtjuden am Ende der Weimarer Republik.

Innerhalb des Vereins entstanden Gruppen für Jugendliche, in denen Gerda und Eva Lux sowie die beiden Söhne von Ernst Ludwig Wolff aktiv waren. Die Tour einer solchen Jugendgruppe ins Berchtesgadener Land führte 1927 Heinrich Lux, der damals bereits vierundsechzig war, weswegen «mancherlei Rücksicht» auf ihn genommen werden musste. Dafür sorgte «sehr energisch» sein Neffe Fernand, der älteste Sohn von Elsbeth Schaper; er kümmerte sich darum, dass sein Onkel «nicht zu viel zu tragen hatte» und ihm «immer ein guter Bettplatz reserviert wurde».

Das Jahr darauf erledigte Heinrich Lux für den neuen Alpenverein, in Verbindung mit einer weiteren Jugendgruppenfahrt, die notwendigen Formalitäten für den Bau einer Hütte in den Zillertaler Alpen. Zur offiziellen Besichtigung des Hüttenplatzes fanden sich österreichische Regierungsvertreter und seitens des «Deutschen Alpenvereins Berlin» das «Vorstandsmitglied Frau Schwarz mit Tochter» ein.[51] Es handelte sich um ein gemeinsames Vorhaben mit dem österreichischen «Alpenverein Donauland», der sich aus den gleichen Motiven vom alten Alpenverein abgespalten hatte. «Diesmal war Dora mit von der Partie; die Kinder befanden sich inzwischen wieder mit Else und den übrigen an der Ostsee.» Nach Auskunft der Tochter Gerda war Dora Lux ebenfalls dem in Berlin neugegründeten Alpenverein beigetreten. Hier wurden Frauen als gleichberechtigte Mitglieder aufgenommen, während die alten Sektionen ihre Aufnahme entweder ganz unterbunden oder durch Quotenregelungen eingeschränkt hatten.

Die Bergunterkunft, das Friesenberghaus, wurde 1932 feierlich eröffnet. Im April 1933 sah sich der «Deutsche Alpenverein Berlin», weil seine Auflösung durch die neue Regierung drohte, gezwungen, die neu-errichtete Unterkunft dem befreundeten «Alpenverein Donauland» zu übereignen. 1934 wurde der Berliner Verein, wie befürchtet, aufgelöst. Nach der Annexion Österreichs 1938 aber nahm der deutsche Staat das Friesenberghaus doch in Besitz. Ein Kreis von Freunden aus dem jetzt verbotenen Verein, unter ihnen die Familie Lux, traf sich noch einige Jahre zu regelmäßigen Sonntagsausflügen ins Berliner Umland. Das Friesenberghaus ist hoch in den Bergen heute eine internationale Be-gegnungsstätte gegen Intoleranz und Gewalt.

Den Bieber'schen Familienverband kann man folgendermaßen kenn-zeichnen: Hier dominierten Frauen und Männer, die sich im links-liberalen bis demokratisch-sozialistischen Spektrum der Gesellschaft bewegten und einen weitreichenden politischen Konsens hatten. Durch ein Geflecht von Interessen, Einstellungen und Aktivitäten, die sie in unterschiedlichen Konstellationen teilten, waren sie jenseits ihrer ver-wandtschaftlichen Beziehungen miteinander verbunden. Sie waren Freidenker, von denen manche einen jüdischen, andere einen christ-lichen Hintergrund hatten. Das mag die Leichtigkeit verstärkt haben, mit der sie Freundschaften unter Juden, Nichtjuden und Dazwischen-stehenden schlossen – keineswegs eine Selbstverständlichkeit, denn in der deutsch-jüdischen Gesellschaft bestand weithin eine wechselseitige Abschottung im privaten Bereich. Im Bewusstsein des grassierenden Antisemitismus und keineswegs naiv wählten sie ihre ehrenamtlichen Betätigungsfelder vorrangig in Vereinigungen, deren erklärtes Ziel eine gleichberechtigte Zusammenarbeit von Juden und Nichtjuden war. Dank ihrer persönlichen und politischen Aufgeschlossenheit wurden die Grenzen zwischen ihrer Berufsausübung, ihrem gesellschaftlichen Engagement und ihren Familien durchlässig.

TEIL 4

Selbstachtung, Klugheit und Courage
1933–1945

8

Dora Lux als Autorin
der Zeitschrift Ethische Kultur *1933–1936*

Eigentlich recherchierte ich in der Staatsbibliothek zu Berlin über Richard Bieber, von dem ich aus dem Internet wusste, dass er die Zeitschrift *Ethische Kultur* verlegt hatte. Beim Durchblättern und Anlesen der alten Bände fiel – noch immer ohne die geringste Vorahnung – mein Blick beim Jahrgang 1928 auf eine dreiteilige Folge von Dr. Dora Lux, mit dem Titel: «Streifzüge durch die Romanliteratur der Gegenwart». Im Jahrgang 1931 fand ich dann sechs Beiträge von ihr, vor allem aber stand sie von Juni bis Dezember 1931 als verantwortliche Redakteurin im Impressum: «Für den gesamten Inhalt verantwortlich: Dr. D. Lux-Bieber, Berlin-Friedenau, Fregestr. 81.» Und – hier wurde es politisch interessant – als verantwortliche Redakteurin fungierte sie auch in allen zwölf Heften des Jahrgangs 1933, in denen sie außerdem fünfzehn Beiträge veröffentlichte. In den Jahren 1934 bis 1936 folgten weitere Artikel. Insgesamt stammen aus den Anfangsjahren der NS-Herrschaft dreißig Beiträge von ihr, darunter sechs kleinere Rezensionen. Abgesehen von drei Buchbesprechungen, die ich inhaltlich belanglos finde, würde ich alle anderen Beiträge als regimekritisch bezeichnen. Die Entdeckung, dass Dora Lux in der *Ethischen Kultur* publizierte, kam für mich überraschend und versetzte mich in eine langanhaltende freudige Erregung.

Eine erste Spur zu der mir bis dahin völlig unbekannten Zeitschrift hatte ihre Tochter gelegt, als sie auf meine Frage, was ihre Mutter regelmäßig las, einzig die *Ethische Kultur* nannte. Dass sie diese nicht nur «abonniert» hatte, wie Gerda Voss meinte, sondern selbst darin schrieb, hatte sie ihren Kindern offenbar vorenthalten, vermutlich aus Vorsicht. Eine solche Vorsicht war angebracht, denn Dora Lux war gleich im April 1933 als Jüdin aus dem Schuldienst entlassen worden (siehe das Kapitel «Eingriffe in das Leben der Geschwister Bieber», S. 179). Und regimekritische Artikel angesichts des wachsenden Terrors der Nationalsozialisten zu veröffentlichen, barg für eine Jüdin noch größere Gefahren als für Nichtjuden.

Erst später merkte ich, dass die Zeitschrift inzwischen komplett, das heißt von 1893 bis 1936, von der Bibliothek für Bildungsgeschichtliche Forschung des Deutschen Instituts für Internationale Pädagogische Forschung (BBF/DIPF) ins Internet eingestellt ist.[1] Man hätte dort alle Artikel nachlesen und ich hätte dort Dora Lux als Autorin abrufen können – allerdings nur unvollständig, denn sie signierte von 1933 bis 1936 nur einmal mit «Dora Lux». Alle anderen Beiträge zeichnete sie abgekürzt mit ihren Anfangsbuchstaben, wobei die Frage der Zuordnung von Fall zu Fall zu klären war. Die von ihr verwendeten Initialen sind: «D. L.» (Dora Lux), «L. B.» (Lux-Bieber), «L.» (Lux), «Lx.» (Lux).[2]

Die Mitarbeit von Frau Dr. Lux in der *Ethischen Kultur* hat mein Bild von ihr verändert. Bis dahin war sie für mich eine emanzipierte Frau, die im privaten und beruflichen Bereich eigenständig und couragiert handelte, sich aber in der Öffentlichkeit zurückhielt. Nach Kenntnis ihrer Rolle in der Zeitschrift sah ich sie als eine Bürgerin, die gerade in Krisenzeiten, wenn andere verstummen, aus dem Kreis der Zuschauer heraustritt und dem Zeitgeist öffentlich widerspricht.

Die Frage drängt sich auf: Wie konnte eine Frau, die als Jüdin Berufsverbot hatte, dennoch publizieren? Sie ist abgeschwächt für Heinrich Lux zu stellen, der wegen seiner Ehe mit einer «nichtarischen» Frau ebenfalls unter die antijüdischen Gesetze fiel und dennoch von 1934 bis 1936 als verantwortlicher Redakteur mit seiner Privatanschrift im Impressum steht. Und sie gilt für Richard Bieber, der nach den NS-Rassegesetzen wie seine Nichte Dora Lux-Bieber «Volljude» war – und bis Ende 1935 namentlich mit Adresse im Kopf der Zeitschrift als Verleger erscheint.

Das Verhalten der drei Menschen widerspricht mehreren Gesetzen, die zur Kontrolle und Gleichschaltung der Medien erlassen wurden, und ist – auch wenn man weiß, dass in den ersten Jahren der NS-Herrschaft manches, was eigentlich verboten war, noch stattfand – außergewöhnlich. Trotz gesetzlicher Einschränkungen agierten sie offen. Sie baten nicht um Erlaubnis, die sie sowieso nicht erhalten hätten, sondern nutzten einen Spielraum, der für kleine Zeitschriften, wenn auch ab-

Dora Lux Anfang der dreißiger Jahre

nehmend, in den ersten Jahren der nationalsozialistischen Herrschaft offenbar noch bestand, den auszunutzen aber einigen Mut erforderte.*

Einstehen für liberal-demokratische Werte

Die *Ethische Kultur*, eine kleine traditionsreiche linksliberale Zeitschrift, wurde bereits eingeführt, als ich den Einfluss von Richard Bieber und seiner damaligen Frau Hanna Bieber-Böhm auf Dora und Annemarie Bieber als Mädchen und junge Frauen beschrieb.[3] In der hier interessierenden Endphase ihres Bestehens, von 1932 bis 1936, lautete ihr vollständiger Titel *Ethische Kultur. Monatsblatt für ethisch-soziale Neugestaltung.* Sie war das Organ der seit 1892 bestehenden Deutschen Gesellschaft für ethische Kultur.

Als Dora Lux-Bieber im Januar 1933 die Redaktion der Zeitschrift übernahm, muss sie voller Hoffnung gewesen sein, diese könne eine, wenn auch bescheidene, Stimme gegen eine zunehmend völkisch-nationale und antidemokratische Politik bleiben. Anders lässt sich der Elan, mit dem sie an die Arbeit ging, nicht erklären. Über ihre Rolle in der Gesellschaft für ethische Kultur ist weiter nichts bekannt. Sie muss dort aber ein aktives und geachtetes Mitglied gewesen sein, sonst wäre ihr nicht die Redaktion übertragen worden.

1933 war für die verbliebenen Demokraten nicht die Zeit für gesellschaftliche Utopien – dieses Feld okkupierten die Nationalsozialisten auf ihre Art –, es war die Zeit des Festhaltens an freiheitlich-liberalen Werten und des Erinnerns an Personen, die für diese standen. In ihren Artikeln verteidigt Dora Lux die Pressefreiheit und die Bürgerrechte für alle, einschließlich Regimegegner und Minderheiten; sie hält an der Emanzipation der Frauen fest, und – was damals am wenigsten selbstverständlich war – sie tritt für die Gleichberechtigung der deutschen Juden im Staat und in der Kulturnation ein. Dabei geht sie meist von

---

* Zu ihrem ungewöhnlichen Verhalten siehe den vierten Exkurs: Zeitschrift und Gesellschaft ethische Kultur 1932–1936, unter: www.rowohlt.de/doralux. Dort werden auch weitere Personen, die mitwirkten, vorgestellt.

einem Bericht über ein Ereignis aus oder wählt die Form einer Buchbesprechung.

Solche Positionen öffentlich zu vertreten, wurde in dem Maße, wie die Gleichschaltung und Selbstgleichschaltung aller gesellschaftlichen Bereiche voranschritt, immer schwieriger. Der Prozess der Gleichschaltung war 1936 abgeschlossen. Dem entspricht, dass die anfängliche Hoffnung von Dora Lux, eine Stimme innerhalb einer Gegenöffentlichkeit zu sein, bis 1936 kontinuierlich abnimmt – wie aus der Anzahl und den Themen ihrer Artikel zu erschließen ist. Gegenläufig mehren sich in der Zeitschrift Beiträge, deren Autoren, sei es aus Vorsicht oder aus Opportunismus, einen Dissens mit dem NS-Regime nur noch verhalten oder gar nicht mehr äußern. Gleichzeitig finden sich zunehmend Beiträge, die bei Verzicht auf aktuelle Bezüge Gegenpositionen erstaunlich klar transportieren. So wenn der Soziologe Ferdinand Tönnies, Gründungsmitglied und langjähriger Autor der *Ethischen Kultur*, im Oktober 1935 Sprüche Goethes über das «Ethische» etwa dergestalt erläutert, dass jede Vereinnahmung des Dichters durch die Nationalsozialisten sich verbietet.[4]

Die Texte von Dora Lux sind autobiographische und zugleich historische Dokumente, die zeigen, wie eine bislang unbekannte Frau jüdischer Herkunft in den ersten Jahren der NS-Herrschaft an liberalen Positionen festhält. Sie sind die einzigen Ausführungen von ihr selbst, die mir vorliegen, aus denen ihre gesellschaftspolitischen Einstellungen unmittelbar zu ersehen sind. In den wenigen Beispielen, die hier vorgestellt werden können, habe ich deshalb der Autorin in Form von Zitaten so viel Raum wie möglich gegeben.[5]

Zur Frage, warum sie, die bislang kaum publiziert hatte, sich ab 1933 öffentlich äußerte, fand ich eine aufschlussreiche Passage im Artikel «Zur Moral des Umschwungs» im Juniheft 1933, gezeichnet mit «D. L.»[6] Er handelt über die «Siegermentalität» der neuen Regierung gegenüber ihren innenpolitischen Gegnern und gegenüber der jüdischen Minderheit. Dort äußert sie ihr Entsetzen über «die Leichtigkeit», mit der «große Körperschaften unter Ausschaltung ganzer ihnen früher zugehöriger Gruppen und auch früher bei ihnen gültiger Grundsätze skrupellos den Weg zur Neuordnung der Dinge finden und mit

ETHISCHE KULTUR

Monatsblatt für ethisch-soziale Neugestaltung

Erscheint am 15. jedes Monats. Preis: vierteljährl. 1.50 M. Einzeln 0.50 Mk.	Begründet von Georg v. Gizycki Fortgeführt von Dr. R. Penzig † Verlag für ethische Kultur (Richard Bieber) Berlin C., Kaiser Wilhelmstraße 53	Zu beziehen durch alleBuchhandlung. und Postanstalten sowie direkt vom Verlag. Inserate nach Vereinb.
43. Jahrgang	Berlin, 15. Juni 1935	Nummer 6

erstaunlicher Plötzlichkeit verbrennen, was sie vorher angebetet haben, so z. B. Liberalismus, demokratische Verfassung und parlamentarisches System». Ihr besonderer Vorwurf gilt der «früher demokratischen Presse».

Als der Beitrag erschien, waren die meisten politischen Gegner bereits verhaftet, vertrieben oder umgebracht; die Bürger Deutschlands waren per Gesetz in «Arier» und «Nichtarier» unterteilt. Kaum jemand hatte sich für die verfolgten politischen Gegner, vor allem Kommunisten, Sozialisten und Pazifisten, eingesetzt; die Entlassung und Vertreibung der Juden aus Ämtern und Berufen seit Frühjahr 1933 war auf keinen relevanten Widerstand gestoßen; die Bevölkerung hatte den Boykott der jüdischen Geschäfte im März / April 1933 überwiegend hingenommen. Dora Lux aber wollte zu denjenigen gehören, die der «Neuordnung der Dinge» wenigstens widersprechen. Ein Aufbegehren kennzeichnet alle ihre Artikel. Ich beginne mit einem frühen Beispiel aus dem Themenbereich «Demokratie und Bürgerrechte».

Demokratie und Bürgerrechte

«Das Freie Wort»: Unter diesem Titel fand am 19. Februar 1933, an einem Sonntag ab zehn Uhr, in Berlin ein Kongress statt.[7] Der Bericht hierüber von Dora Lux, die mit «D. L.» zeichnete, im Märzheft 1933,[8] ist nach meinem Kenntnisstand die einzige ausführliche Information darüber, die damals über den Kongress publiziert wurde. Der historische Hintergrund: Im Juli 1932 wurde mit dem sogenannten «Preußenschlag» die sozialdemokratische Regierung in Preußen unter Otto von Braun des Amtes enthoben. Es folgte die verfassungswidrige Machtübernahme des Reiches über Preußen. Am 30. Januar 1933 war Hitler vom Reichspräsidenten Paul von Hindenburg zum Reichskanzler ernannt worden. Fünf Tage später, am 4. Februar 1933, erließ Hindenburg auf dessen Betreiben die «Verordnung des Reichspräsidenten zum Schutze des Deutschen Volkes», die ab sofort Eingriffe in die Pressefreiheit legalisierte: «Es hagelt Verbote, wobei die verfügenden Amtsstellen mit der Auslegung des neuen ‹Pressenotrechts› nicht zimperlich sind.»[9] Im Vorfeld der Reichstagswahl, die am 5. März 1933 stattfand, bekämpften die paramilitärischen Verbände SA, SS und «Stahlhelm» mit Billigung der Regierung Kommunisten und andere Kritiker der «Bewegung». In dieser Atmosphäre der Willkür und Einschüchterung versammelten sich etwa tausend Personen, Vertreter von Organisationen und Einzelpersönlichkeiten, im großen Festsaal der Berliner Krolloper, um die Pressefreiheit, die Versammlungsfreiheit sowie die Freiheit der Lehre und Kunst als Bürgerrechte zu verteidigen.

Den Kongress «Das Freie Wort» kennt heute kaum noch jemand. Für Zeitgenossen aber wie Kurt R. Grossmann, dem damaligen Geschäftsführer der Liga für Menschenrechte, der dreißig Jahre später über die Hintergründe und die Vorbereitung berichtete, war er «die letzte überparteiliche Kundgebung der Linken gewesen».[10] Ein weiterer Beteiligter, Harry Graf Kessler, Kulturreformer und Publizist, schreibt in seinen *Tagebüchern*, die erstmals 1961 veröffentlicht wurden, dass der große Festsaal der Krolloper voll besetzt war.[11] Aus Unterlagen des Polizeipräsidenten von Berlin sind die Mitglieder des Präsidiums und des Initiativkomitees sowie die beteiligten Organisationen namentlich bekannt.[12]

Offiziell eingeladen hatten Albert Einstein, Heinrich Mann und Rudolf Olden. Dem Initiativkomitee waren über 150 Personen, die zur demokratischen Elite aus Wissenschaft, Kunst und Politik gehörten, beigetreten. Auf einer Art Flugblatt veröffentlichten sie ihre Namen mit Titel, meist ohne Angabe ihrer Funktion, bisweilen mit «a. D.» (außer Dienst). Von einigen weiß man, dass sie suspendiert waren, andere waren noch im Amt. Ich kann hier nur einige Unterzeichner zitieren: Prof. Hans Baluschek, Prof. Georg Bernhard, Oberbürgermeister Brauer, Prof. Martin Buber, Dr. Alfred Döblin, S. Fischer, Lion Feuchtwanger, Prof. Gropius, Werner Hegemann, Polizeipräsident a. D. Hohenstein, Katharina von Kardorff, Dr. Fritz Karsen, Alfred Kerr, Harry Graf Kessler, Pol. Oberst a. D. Hans Lange, Dr. Elisabeth Lüders, Prof. Radbruch, Oberbürgermeister Reuter, Ernst Rowohlt, Adele Schreiber-Krieger, Dr. Helene Stöcker, Prof. Tönnies, Dr. Hildegard Wegscheider, Arnold Zweig. Unter den veröffentlichten Namen des Initiativkomitees befinden sich auch zwei Herausgeber der *Ethischen Kultur* von 1932: «Lic. Dr. Hans Hartmann» und «Rechtsanwalt Dr. Maase». Dazu «Prof. Dr. Strecker», der ab 1933 maßgeblich in der Gesellschaft und an der Zeitschrift mitarbeitete.[13] Ganz unten auf dem Flugblatt, außerhalb der alphabetischen Reihenfolge und offensichtlich in letzter Minute zur Unterzeichnung gewonnen, stehen: «Kurt Heinig, MdR» und «Hugo Saupe, MdR» – die beiden einzigen Mitglieder des Reichstags. Sie gehörten der SPD-Fraktion an.

Über sechzig Organisationen beteiligten sich an dem Kongress, unter ihnen die Deutsche Gesellschaft für ethische Kultur. Das Spektrum der Organisationen reichte von links außen bis in die liberale Mitte. Auf der Liste stehen neben dem Bund der Freunde der Sowjetunion die Internationale Arbeiterhilfe, die Freie Lehrergewerkschaft Deutschlands und der Deutsche Demokratische Studentenbund sowie zahlreiche pazifistische Gruppierungen, Menschenrechtsorganisationen und Freidenkervereinigungen, aber auch folgende Parteien: die Sozialdemokratische Partei Deutschlands (SPD), die Sozialistische Arbeiterpartei Deutschlands (SAP), die Deutsche Staatspartei (DStB) und die Radikaldemokratische Partei (RDP). Die Kommunistische Partei Deutschlands (KPD) beteiligte sich offiziell nicht, war aber durch verschiedene Parteimitglieder und der KPD nahestehende Organisationen eingebunden.

Es ist vor allem das Verdienst von Willi Münzenberg, Kurt R. Grossmann und Rudolf Olden, diese Aktionseinheit trotz der Gräben, die zwischen den Gegnern des Nationalsozialismus bestanden, zustande gebracht zu haben. Von Willi Münzenberg, Schriftsteller, Zeitungsverleger und undogmatischer Kommunist, soll, laut Polizeibericht, der Anstoß für den Kongress ausgegangen sein.[14] Nach außen trat Rudolf Olden, Journalist, Anwalt und Liga-Vorstandsmitglied, als Organisator auf: «In diesen zwei Wochen des Februar 1933, als wir den Kongress vorbereiteten, gab er seinen Namen für unsere Sache in gefährlichster Zeit.»[15] Grossmann selbst übernahm das Sekretariat.

In der *Ethischen Kultur* ist zu lesen: «Aus allen Richtungen, von Deutschen des In- und Auslandes waren Begrüßungstelegramme gekommen: namhafte Leute und bekannte Künstler hatten die Einladung unterzeichnet. Der Kongress wurde mit der Verlesung einer Erklärung eröffnet, in der ‹Freies Wort im freien Land› gefordert wurde.» Die Autorin «D. L.» referiert und zitiert aus den Reden, beschreibt den Ablauf und benennt die politischen Begleitumstände: Es sprachen Professor Erich Evert vom Institut für Zeitungskunde in Leipzig zur Pressefreiheit, der ehemalige Oberpräsident Dr. Carl Falck[16] zur Versammlungsfreiheit, Professor Ferdinand Tönnies zur Lehr- und Redefreiheit. «Die Redner äußerten sich in durchweg sehr gemäßigter Form, mehr historisch und akademisch als demagogisch zu ihrem Thema. Aber bereits während der ersten Reden traf die Nachricht ein, dass die Versammlung des Sozialistischen Kulturbunds in der Volksbühne, die zur gleichen Zeit stattfinden sollte, zwar nicht verboten, aber durch polizeiliche Sperrung der Zugangsstraßen zugunsten eines nationalsozialistischen Promenaden-Konzerts (!) unmöglich gemacht worden sei.[17] Für den Kongress ergab sich daraus der Gewinn: Die etwas ermüdende Folge der teilweise sehr theoretischen Kongressreden wurde durch den umso temperamentvolleren Bericht des bisherigen preußischen Kultusministers Grimme unterbrochen, an die sich die improvisierte Verlesung der Rede von Thomas Mann … unter begeisterter Zustimmung der Versammlung anschloss.»[18]

Als dann Wolfgang Heine[19] die Unvereinbarkeit von Gewalt und Kunst begründet und «die Vertreibung von Heinrich Mann und Käthe Kollwitz» aus der Preußischen Akademie der Künste und «verwandte Vorfälle der letzten Zeit kritisch und satirisch beleuchtet, wird die Versammlung durch die anwesende Polizei aufgelöst!!!».

In den *Tagebüchern* von Harry Graf Kessler ist zu lesen, dass nach Abbruch der Veranstaltung «allerseits ‹Freiheit› und von einigen ‹Rot Front!› gerufen» wurde und ein großer Teil der Versammelten «die Internationale» und «Brüder, zur Freiheit» sang. «Während des Gesanges leerte sich allmählich der Saal. Es lag in der Situation ein starkes, mitreißendes Pathos. Viele hatten sicher ebenso wie ich das Gefühl, dass dieses für lange Zeit das letzte Mal sei, wo Intellektuelle in Berlin öffentlich für die Freiheit eintreten könnten.»[20]

Der Kongress fand trotz der eingeschränkten Pressefreiheit eine gewisse Medienresonanz. Es berichteten, jeweils am 20. Februar 1933: *Die Welt am Abend*, die *Vossische Zeitung*, das *Berliner Tageblatt*, die *Frankfurter*

Zeitung und ganz knapp auch der *Berliner Börsen-Courier.* [21] Verglichen mit den Zeitungsartikeln sind die Ausführungen von Dora Lux in der *Ethischen Kultur* genauer und entschiedener. Gleich zu Beginn schreibt sie: Auf dem Kongress sollte «gegen die Fesselung der oppositionellen Presse und des Versammlungsrechts durch die augenblicklichen Machthaber Stellung genommen werden». Eine solch klar formulierte Zielsetzung findet sich in den genannten Zeitungen nicht. Aus den Reden zitiert sie speziell die brisanten Äußerungen zur Pressefreiheit von Professor Evert: «Pressefreiheit bedeutet nicht Verantwortungslosigkeit oder Straffreiheit; aber alle Ausnahmebestimmungen und Maßregelungen durch politische und polizeiliche Stellen müssen abgelehnt werden … Sie bringen unbeschränkte Freiheit für die regierungsfreundliche Knebelung der gegnerischen Presse.»

Vor allem aber referiert sie Thomas Mann, dessen Ausführungen, die verlesen wurden, die anderen Medien fast ganz übergingen. Sie hebt seine Zurückweisung der nationalen Idee hervor: «Sie *war* revolutionär im vorigen Jahrhundert und hat sich durchgesetzt. Sie ist eine Idee der Vergangenheit, nicht der Zukunft.» Dagegen setzt die Berichterstatterin mit Thomas Mann die Idee der Humanität: «Heute werden Kräfte wie Instinkt, Blut, Trieb gegen die Humanitätsidee der vorigen Jahrhunderte eingesetzt, das bedeutet eine rohromantische Reaktion zum Vergangenen.» Die Humanitätsidee aber sei keineswegs überholt, sie bleibe «erst recht lebenswichtig unter dem nationalistischen Missbrauch». Sie schließt mit dem Bekenntnis Thomas Manns zur Republik: «Die deutsche Republik muss den Glauben an ihre Stärke erst lernen. Das Rasen der nationalistischen Leidenschaft ist das letzte Aufflackern eines ausbrennenden Feuers, die Zukunft liegt auf dem Weg von Einheit, Freiheit und Frieden.» Sich mit dem überbordenden Nationalismus ähnlich scharf auseinanderzusetzen, vermied die Presse.

Etwa eine Woche später, am 27. Februar 1933, brannte der Reichstag. Der Brand diente der Reichsregierung als Vorwand, politische Gegner, insbesondere Kommunisten, brutal zu verfolgen, und war Anlass, bereits am nächsten Tag eine einschneidende «Notverordnung» gegen die Pressefreiheit und andere Grundrechte zu erlassen.[22]

In einem Nachspann, der nach der «Notverordnung» geschrieben sein muss, nimmt Dora Lux zur veränderten Situation Stellung: «Die politische Weiterentwicklung im deutschen Reich zeigt, dass es sich [bei der Auflösung des Kongresses] nicht um einen Einzelfall, sondern um eine grundsätzliche Einstellung der neuen Regierung handelt. Den praktischen Maßnahmen ist nunmehr auch die prinzipielle Bestätigung gefolgt: Durch einen Erlass des Reichsinnenministers werden die verfassungsmäßigen Grundrechte, damit also auch Presse-, Versammlungs- und Lehrfreiheit, zunächst außer Kraft gesetzt. Das ‹freie Wort› ist wieder einmal, hoffentlich nicht endgültig, zu Grabe getragen worden – in Deutschland im Jahre 1933!» Diese Missachtung der Grundrechte kennzeichnet sie als «grundsätzliche Einstellung der neuen Regierung». Mit ihrer Berichterstattung und vollends mit ihrem Nachspann gibt Dora Lux sich unmissverständlich als Opponentin der Regierungspolitik zu erkennen.

«Zur Moral des Umschwungs»: Ich gehe erneut auf den bereits erwähnten Artikel ein, gezeichnet mit «D. L.», im Juniheft 1933, weil hier eine Verbindung zwischen den Bürgerrechten und dem Völkerrecht hergestellt wird.[23] Er ist zudem ein interessantes Beispiel für die in den ersten Jahren der nationalsozialistischen Herrschaft verbreitete Form, Kritik zu üben, indem die Führung quasi «beim Wort» genommen wird. Dora Lux bezieht «einige bemerkenswerte Wendungen» aus einer Rede des Reichskanzlers zur Außenpolitik vor dem Deutschen Reichstag am 17. Mai 1933 auf «innerstaatliche Machtkämpfe».[24] Hitler hatte ausgehend vom Versailler Vertrag jede Siegermentalität zurückgewiesen und deren verheerende Folgen für ein friedliches Zusammenleben der Völker benannt. Die Autorin bemerkt dazu, dass man innerstaatlich «überall den gleichen Vorgang» findet: «Der jeweilige Sieger glaubt sich berechtigt, den unterlegenen Gegner zu disqualifizieren und kraft seiner eigenen Machtvollkommenheit zum Schuldigen an allen bisherigen Schäden zu stempeln. Ganz besonders gilt das für Minderheiten innerhalb der nationalen Staaten.»

Anschließend überträgt sie zwei außenpolitische Grundsätze, die Hitler als allgemein verbindlich proklamierte, auf die Innenpolitik der deutschen Regierung. In seiner Rede hatte er im Interesse Deutschlands gefordert, entgegen dem Versailler Vertrag eine zwischenstaatliche Lösung zu finden, «die vor der Kritik der Vernunft für alle Zeiten bestehen kann» und die berücksichtigen müsse, «dass mangelnde Existenzsicherung immer die Quelle von Konflikten im Völkerleben gewesen ist». Sie schreibt: «Das Gesagte gilt vor allem für die deutschen Minderheiten im Ausland, muss aber genauso für die jüdische Minderheit in Deutschland, und sollte schließlich überhaupt für den unterlegenen Gegner im politischen Kampf gelten.» Abschließend bezeichnet sie die Gleichberechtigung aller Völker wie auch aller «Volksgenossen» als Grundlage des Zusammenlebens.

Im Artikel zitiert sie Propagandaversprechungen Hitlers mit der eindeutigen Intention, damit die eigene Position abzustützen. Bei diesem Vorgehen bestand die Gefahr, dass über die Zitate eine sprachliche oder inhaltliche Aufwertung des Regimes transportiert wurde – zumindest aus der Sicht von heute. Eine solche gewollte oder ungewollte Grenzüberschreitung sehe ich in verschiedenen Beiträgen anderer Autoren der *Ethischen Kultur*. Dora Lux aber setzte die Zitate aus der Rede Hitlers rein strategisch ein, ohne jede Anbiederung an seine Politik.

In der Tradition der Frauenbewegung

Nach der Machtübernahme der Nationalsozialisten hält sie nicht nur an den tradierten Bürgerrechten, sondern auch am Postulat der Gleichberechtigung der Frau in Beruf, Gesellschaft und Familie ohne Abstriche fest, ebenso wie andere Autorinnen der Zeitschrift. Bürgerrechte und Frauenbewegung sind für Dora Lux gemeinsam Teil eines liberal-demokratischen Gesellschaftsverständnisses. Ihre Beiträge umkreisen die Frage, was von den Errungenschaften der Frauenbewegung nach der «Neuordnung» durch die Nationalsozialisten bleibt. Dabei vertritt sie die These der letztendlichen Unumkehrbarkeit der erreichten Fortschritte, weiß aber zugleich, dass sie damit Gefahr läuft, einem Wunschdenken und einer Selbsttäuschung aufzusitzen.

Zur Berufstätigkeit von Frauen: Dora Lux thematisiert im Herbst 1933, wieder gezeichnet mit «D. L.», in einer zweiteiligen Folge, im Oktober- und im Novemberheft, «Das Problem des ‹Doppelverdienertum›».[25] Anknüpfend an Vorformen aus der Weimarer Republik war es inzwischen offizielle Regierungspolitik, Frauen, vor allem verheiratete Frauen, aus dem Berufsleben zu drängen – mit der Begründung, die frei werdenden Arbeitsplätze sollten arbeitslosen Männern zur Verfügung stehen. Dagegen argumentiert Dora Lux mit der Unstimmigkeit des Begriffs «Doppelverdiener» und den gesamtgesellschaftlichen Nachteilen der Kampagne. Sie wehrt sich dagegen, den «Pater Familias» wiederaufleben zu lassen, «der allein für die wirtschaftliche Versorgung des gesamten Hausstandes aufzukommen und die dementsprechende Stellung einzunehmen hat». Um die Arbeit besser zu verteilen, plädiert sie für ein konsequentes Verbot bezahlter Nebentätigkeiten für alle Männer und Frauen, die ausreichende und sichere Einkünfte haben, beharrt aber auf dem Recht der Erwerbsmöglichkeit nicht nur für die Mehrheit der Frauen, für die eine «eigene Tätigkeit materieller Zwang ist», sondern auch für die Frauen, «denen ihr Beruf aus ideellen und ethischen Gründen Lebensbedürfnis ist». Sie kommt zum Ergebnis, dass «nicht nur der praktische, sondern auch der soziale Zweck» der Kampagne gegen das «Doppelverdienertum» verfehlt ist und es keinen Sinn hat, der Verdrängung von Frauen aus dem Berufsleben «heute wie früher allerlei moralische, ideelle oder fürsorgliche Mäntelchen umzuhängen».

Ebenfalls zur Berufstätigkeit von Frauen, diesmal zur Tätigkeit von Hausgehilfinnen, äußert sich «D. L.» im Herbst 1934 im Oktober- sowie im Novemberheft.[26] Sie geht von einem unverfänglichen Ereignis, einem Hauswirtschaftskongress aus, den sie weitausholend kommentiert.[27] Ihre Kritik setzt an bei der in Deutschland «gerade jetzt herrschenden Tendenz, möglichst viele weibliche Arbeitskräfte im Haushalt unterzubringen», und wendet sich gegen den «allzu optimistischen Glauben an den natürlichen Beruf der Frau». Tatsache sei vielmehr, dass die jungen Frauen, besonders in den Städten, eine «unbestreitbare Abneigung» gegen eine Anstellung als Hausgehilfin haben und sogar den Arbeitsdienst vorziehen. «Persönliche Abhängigkeit vom Arbeitgeber»,

«Unfreiheit», «geringschätzige Behandlung» und das generell niedrige gesellschaftliche Prestige der Hausarbeit seien Zumutungen, die weitgehend in der Tätigkeit selbst liegen. Sie können zwar ansatzweise durch Verbesserung «der sozialen Lage der Hausgehilfinnen» oder durch eine «erhöhte Erkenntnis der Bedeutung einer rationellen Hauswirtschaft für die gesamte Volkswirtschaft» verringert werden, seien aber grundsätzlich nicht aufhebbar.

Indem Dora Lux – ganz im Sinne der bürgerlichen Frauenbewegung – eine «Eignung» für hauswirtschaftliche Berufe einfordert, verteidigt sie zugleich das Recht auf «Nichteignung». Generell bestreitet sie die «heute wieder allgemein gewordene Auffassung, dass jede Frau die natürliche Aufgabe und Eignung zur Haushaltsführung besitze … Gerade manche sonst tüchtige und intelligente Frau kann einfach auf diesem Gebiete nichts leisten, weil ihre Fähigkeiten ganz woanders liegen … Die Frauenbewegung hatte diese Tatsache wohl erkannt und berücksichtigt». Vermutlich zählte sie sich selbst zu den Frauen, deren «Fähigkeiten ganz woanders liegen». Sie hat, nach Aussage ihrer Töchter, Hausarbeit vermieden, wo sie nur konnte.

«Zeitenwende»: Ausgehend von den Lebenserinnerungen Gertrud Bäumers erschien im Märzheft 1934 eine Auseinandersetzung von «D. L.» mit dem Scheitern der Frauenbewegung und dem Scheitern der liberalen Demokratie.[28] In ihrem Text identifiziert sie sich so stark mit Gertrud Bäumer, die sie gut gekannt haben muss, dass bisweilen unklar ist, wo deren Gedanken aufhören und die eigenen anfangen. Es ist der einzige Beitrag von Dora Lux, den ich problematisch finde. Gerade deshalb möchte ich ihn zur Diskussion stellen. Sie selbst wollte sich offenbar mit der Zurücknahme der frauenpolitischen und demokratischen Fortschritte nicht abfinden und suchte nach Kontinuitätslinien, wobei ihr die repressiven politischen Bedingungen aus dem Blick zu geraten drohten.

Ihr Eingangsmotiv ist, Gertrud Bäumer «eine Art Trost und Hoffnung nach dem scheinbaren Scheitern eines zunächst erfolgreichen Lebenswerks» zuzusprechen. Ein Motiv, das sie am Schluss wieder aufnimmt: Wenn auch das «äußere Leben» von Gertrud Bäumer augenblicklich «im Tale verläuft, so wird sie doch das Bewusstsein trösten, dass letzten Endes ein großer Teil dessen, was sie als Frauenrechtlerin sowohl als auch als deutsche Politikerin und Patriotin erstrebt hat, sich durchgesetzt hat oder durchzusetzen beginnt, wenn auch vielfach in anderen Formen und unter anderen Begleiterscheinungen, als sie gewollt und vorausgesehen hat».[29] Hier beginnen meine Schwierigkeiten mit dem Text: Die «anderen Formen» und «anderen Begleitumstände» werden nicht genannt und nicht bewertet. Damit wird die Frauenbewegung prinzipiell für jede Herrschaftsform funktionalisierbar.

Die Autorin verkennt den tiefen Einschnitt, den der Nationalsozialismus für die Frauenbewegung bedeutet, nicht. In diesem Zusammenhang verweist sie auf Helene Lange (gestorben 1930), die «wohl vom Standpunkt des weisen Solon seligzupreisen ist, hat sie doch den jähen Absturz, die scheinbar völlige Ablehnung und den radikalen Abbau dessen, was ihr Ideal war, im Gegensatz zu ihrer jüngeren Mitarbeiterin [Gertrud Bäumer] nicht mehr erleben müssen». Zugleich vertritt Dora Lux die These, der weibliche Einfluss auf das Gemeinschaftsleben sei «so weit gediehen, dass es in ein überlebtes Stadium nicht mehr zurückfallen kann». Als Beleg führt sie an, «dass auch die innerhalb der nationalsozialistischen Bewegung stehenden und tätigen Frauen durchaus nicht geneigt sind, ihre spezifischen frauenrechtlerischen Ziele … aufzugeben» und «ein romantisch aufgeputztes Frauenideal vergangener Jahrhunderte» zu akzeptieren. Das trifft auf Teile der führenden NS-Frauen durchaus zu, dennoch befremdet das Abstrahieren vom Kontext.

Ausgehend von der Frauenbewegung, die auf dem liberal-demokratischen Gedanken basierte, verallgemeinert Dora Lux: «Es werden also trotz so vieler Ablehnung des liberal-demokratischen Gedankens der vergangenen Zeit doch viele seiner Errungenschaften, wenn auch mit mancherlei Modifikationen und Abänderungen, nicht nur auf dem Gebiet der Frauenfrage, sondern auch auf allen anderen Gebieten mit übernommen: So radikal der Umbruch sein mag, in vielen Beziehungen muss er doch das Erbe der letzten und vorletzten Vergangenheit enthalten.» Im Folgenden stellt sie eine Kontinuitätslinie zwischen der Verbindung von «national und sozial» bei dem liberalen Politiker und

Sozialreformer Friedrich Naumann und den Nationalsozialisten her. Auf die komplizierte Kontinuität bei gleichzeitiger Diskontinuität gehe ich hier nicht näher ein.

Nicht zufällig greift Dora Lux speziell in diesem und in keinem anderen Beitrag zu Verkürzungen und Auslassungen. Um Gertrud Bäumer und wohl auch sich selbst trösten zu können, brauchte sie die Hoffnung, dass wenigstens einige der erzielten Fortschritte in den größeren Gang der Geschichte hinübergerettet werden. Der Beitrag vermittelt gerade durch seine Angreifbarkeit eine Ahnung davon, wie schwer es für sie und andere gewesen sein muss, sich mit dem Scheitern abzufinden, das ja auch ein Scheitern der eigenen Anstrengungen war, am Aufbau einer stabilen Demokratie mitzuwirken.

Dabei sah sie die Gefahr einer Selbsttäuschung durchaus. Gleich in der Einleitung bezieht sie sich auf einen Traum Egmonts in Goethes gleichnamigem Trauerspiel: Ein Ende, in dem ein Mensch alles, «was er erkämpft hat, verloren, und was er getan hat, umsonst erscheint», war dem Dichter «so unerträglich, dass er deshalb seinen Helden (Egmont) zum Schluss noch das Traumbild späterer Erfüllung erscheinen ließ, allen ästhetischen und kunstkritischen Einwänden zum Trotz … Ohne diesen großzügigen Optimismus, der auch eigenes Scheitern nur als vorübergehende Erscheinung im Wellenzuge der Entwicklung ansieht, der das eigene von schnelllebiger Gegenwart überholt erscheinende Werk doch als positives Glied in der Kette des geschichtlichen Lebens wertet, kann nichts Großes gewagt werden, verliert jedes Heldentum, jedes Ausharren im Unglück seinen eigentlichen Sinn». Ihr Kommentar klingt, als wisse sie um das Illusionäre des Trosts, den sie spenden will.

Zur Deutschen Glaubensbewegung

Ein weiterer Themenbereich von Dora Lux ist die Auseinandersetzung mit der Deutschen Glaubensbewegung. Vorab sei angemerkt: Die neue freireligiöse Bewegung hat mit den Deutschen Christen (DC) nichts zu tun. Die Deutschen Christen waren eine Gruppierung innerhalb der evangelischen Kirche in Deutschland, die mit dem NS-Staat kooperierte. In der Deutschen Glaubensbewegung dagegen sammelten sich (nach Vorstufen unter anderen Bezeichnungen) ab 1933/1934 Atheisten und Freidenker, auch genannt Freireligiöse.[30] Dora Lux grenzt sich mit ihren Beiträgen indirekt von anderen Autoren der *Ethischen Kultur* ab, die mit der Deutschen Glaubensbewegung sympathisierten.

Die Auseinandersetzung mit ihr nimmt von 1933 bis 1936 in der Zeitschrift breiten Raum ein. Ein Interesse an der neuen freireligiösen Bewegung wird nachvollziehbar, wenn man weiß, dass in der *Ethischen Kultur* seit ihrer Gründung immer wieder Freidenker publizierten, die ihrerseits die freireligiöse Bewegung beeinflussten: «Im Laufe der Jahrzehnte erlebten die Freireligiösen eine ‹atheistische›, eine ‹ethische›, eine ‹monistische› und eine ‹völkisch-bündische› Beeinflussung.» Die Zeitschrift wirkte auf sie «durch ihr Programm einer ‹autonomen Ethik›».[31]

Mehrere Autoren kommentieren die neue freireligiöse Bewegung mit offenkundiger Sympathie, obwohl diese anfänglich von führenden Nationalsozialisten gefördert wird. Sie erhoffen sich offenbar eine Umsetzung eigener antiklerikaler Zielvorstellungen. Dabei blenden sie die völkische und rassistische Grundlage aus oder weisen sie nur zaghaft zurück.

Von dieser Tendenz grenzt sich Dora Lux ab. Im Sommer 1933 arbeitet sie – als «D. L.» – unter dem Titel «Die Deutsche Nationalkirche» die ideologischen Grundlagen der neuen Glaubensbewegung klarer als ihre Autorenkollegen heraus – und wehrt sie entschiedener ab.[32] In der Besprechung einer Publikation von Ernst Bergmann, Philosophieprofessor aus Leipzig und Vordenker der Glaubensbewegung, begrüßt sie als Freidenkerin zwar seine Religionskritik, wendet sich aber als Humanistin gegen sein Plädoyer für eine «deutsche Nationalkirche».[33] Angesichts der Kluft zwischen der christlichen Ethik der Friedfertigkeit und der realen kriegerischen Gewalt teilt sie seine Vorbehalte gegenüber dem Christentum und konstatiert: «Über die Dinge wird in der nationalsozialistischen Literatur mit einer Offenheit geschrieben, die vor kurzer Zeit, jedenfalls aber im kaiserlichen Deutschland, von Staats wegen als Lästerung verfolgt worden wäre!» Sie stimmt mit Bergmann überein, wenn er den christlichen Kirchen Heuchelei vorwirft und gegen das Bild vom duldenden Menschen sowie das Dogma der Erbsünde argumentiert. Gleichzeitig weist sie seine Folgerung, das Christentum sei für die Deutschen «artfremd», entschieden zurück.

Wichtig ist ihr, klarzustellen, dass die «Jenseitigkeit» des «herkömmlichen Gottesbegriffs» bereits in der Aufklärung und in der deutschen Klassik durch eine «Diesseitigkeit» abgelöst wurde: «Längst ist – nach Schiller – die Gottheit von ihrem Weltenthron herabgestiegen, und der schöpferische Menschengeist hat sie in seinen Willen aufgenommen.» Und die Wendung ins Diesseitige will sie keinesfalls, im Gegensatz zu Bergmann, dem «germanisch- nordischen» Menschen, der dem «christlich-orientalen» Menschen gegenübergestellt wird, vorbehalten wissen: «Der moderne (also nicht nur der germanisch-nordische!) Mensch arbeitet, dient seinem Volke und der Menschheit, dass sie fortschreiten. Darin findet er Qual und Glück.»

Wieder zeigt sie Kontinuitätslinien auf, diesmal aber unter Betonung der Differenzen. Sie erinnert daran, dass der auf sich gestellte, selbstverantwortliche Mensch seit langem im freireligiösen Denken und in der Deutschen Gesellschaft für ethische Kultur zu finden ist: «Was ihm [Bergmann] wahrer Protestantismus ist, ist freilich nicht das überlieferte Luthertum, sondern stimmt im Wesentlichen überein mit der Weltanschauung, die die Gründer der Gesellschaft für ethische Kultur, Felix Adler in Amerika und Wilhelm Förster und nach ihm Rudolph Penzig, gelehrt haben.» Die von ihr hergestellte Verbindungslinie aber schneidet sie gleich wieder durch: Bergmann unterscheide sich insofern «sehr erheblich» von der freireligiösen Tradition, als er eine neue Kirche und zudem «die deutsche Nationalkirche» aufbauen wolle.

Am Schluss bleibt eine unüberbrückbare «Divergenz», die «einerseits in der Konstruktion des nordischen Urchristus» liegt, andererseits in dem «leidenschaftlichen, nahezu fanatischen Glauben an die Auserwähltheit des deutschen Menschen; so kritisch er [Bergmann] dem Christentum gegenübersteht, so absolut gläubig ist er in dieser Hinsicht. Hier scheiden sich die Geister».

Im Dezemberheft 1933 folgt eine abschließende Einschätzung unter dem Titel «Von Barth zu Bergmann». Anlässlich der Besprechung einer Neuerscheinung von Karl Barth, Professor der evangelischen Theologie, sowie einer Neuerscheinung von Ernst Bergmann schreibt sie über Barth: «Unbeirrt von der herrschenden Stimmung, mutig – und wenn die Welt voll Teufel wäre – und logisch vertritt er seine Thesen, bekämpft er, was der reinen Lehre und der echten evangelischen Kirche nach seiner Meinung zuwider ist, ohne sich auf Kompromisse irgendwelcher Art einzulassen. Freilich – er ist konservativ ... kein Neuerer.»[34]

Die «große Vision» Bergmanns, seine «Deutschreligion», die er für die nächsten dreißig Jahre entwirft, ist für sie dagegen nur noch eine unredliche Problemreduzierung und pathetische Vereinfachung: «Dieses Bild reicht trotz seiner an den Opernstil Wagners und den Baustil Ludwigs II. erinnernden Phantasie nicht einmal an die Gralszenen des Parsifal heran, seine prunkvolle Symbolik vermag über die tatsächliche Leere nicht hinwegzutäuschen. Und dann – wäre es so einfach, in dreißig Jahren die soziale Frage, das Problem der Arbeitsbeschaffung, den Kulturkampf, die Zwiespältigkeit der menschlichen Seele überhaupt und der deutschen im Besonderen, und sonst noch einige ähnliche Kleinigkeiten zu lösen – begreift man nicht, wieso die Menschheit die diversen Jahrtausende [davor] sich vergebens um diese Dinge bemüht hat. Es war doch schließlich mancher da, der guten Willens war! Das für möglich zu halten, dazu gehört eine naive Gläubigkeit, wie sie etwa die ersten Christen gehabt haben mögen, die einem aber bei einem Philosophieprofessor des 20. Jahrhunderts einigermaßen überraschend erscheint.»

Mit diesem Fazit verabschiedet sie sich als Autorin vom Thema «Religionskritik der Deutschen Glaubensbewegung». Einige Jahre später, 1938, wird ihre Tochter Eva, moralisch unterstützt von Dora Lux, der Bekennenden Kirche als einer politisch-oppositionellen Kraft beitreten.

Der zuletzt besprochene Beitrag erschien Mitte Dezember 1933. Zu diesem Zeitpunkt waren die Konflikte innerhalb der evangelischen Kirche bereits eskaliert. Am 21. September 1933 hatten Martin Niemöller und andere den «Pfarrernotbund» gegründet, aus dem 1934 die Bekennende Kirche hervorging. Die Deutschen Christen bekämpften die sich formierende innerkirchliche Opposition. Deren Kopf war Karl Barth, Professor der evangelischen Theologie, damals noch in Bonn, später in Basel. Durch die Aufwertung Barths bei gleichzeitiger Kritik an Bergmann bezieht Dora Lux nicht nur weltanschaulich, sondern auch politisch Position.

Die Zeitschrift *Ethische Kultur* beteiligte sich nicht an der Judenhetze, sie erinnerte vielmehr an die Leistungen und Verdienste von Jüdinnen und Juden. Das gilt für diese Publikation insgesamt, nicht nur für die Autorin Dora Lux. Solche öffentlichen Würdigungen wurden nach 1933 immer rarer und verdienen als Ausnahmen festgehalten zu werden:

Nachruf auf Jakob Wassermann (1873–1934): «Zu Neujahr 1933–34 ist Jakob Wassermann, sechzig Jahre alt, in seinem Landhaus in Alt-Ausee (Steiermark) gestorben.» So beginnt der Nachruf von Dora Lux, der kurz nach dem Tod des Schriftstellers im Januarheft 1934 erschien.[35] Seine Bücher waren, weil er Jude war, am 10. Mai 1933 in Berlin und anderen Universitätsstädten öffentlich verbrannt worden.[36] In ihrem Text spricht die Autorin «D. L.» seine Verbannung aus dem deutschen Kulturleben direkt an: «Wie weit die psychischen Eindrücke des letzten Jahres seine Gesundheit nachteilig beeinflusst haben, bleibe dahingestellt; wenn er auch außerhalb der reichsdeutschen Grenzen lebend die Schicksalsschläge, die die Genossen seiner Weltanschauung und einer Rasse in der letzten Zeit trafen, nicht so unmittelbar zu spüren bekam, so muss ihn doch die Ablehnung seines Lebenswerks im neuen Reich an der Wurzel getroffen haben. Dass er, einer der bis dahin am meisten gelesenen Schriftsteller, aus den öffentlichen und zum guten Teil auch aus den privaten Bibliotheken Deutschlands verbannt wurde, teilt er zwar mit manchen seiner nicht weniger bekannten Zeitgenossen, viel schmerzlicher muss ihm aber die prinzipielle Einstellung des neuen Deutschland zur literarischen Produktion der deutschen Juden überhaupt gewesen sein.» Statt Jakob Wassermann totzuschweigen, folgt eine mehrseitige Besprechung seiner Werke.

Erinnern an Felix Mendelssohn (1809–1847): Unter dem Titel «Elias. Zum Werden eines Kunstwerks» zeichnet Dora Lux, diesmal unter «L. B.» (Lux-Bieber), im Dezemberheft 1934 anhand von Briefen Felix Mendelssohns die Entstehungsgeschichte des Elias-Oratoriums nach.[37] Der Vater von Felix Mendelssohn, ein Sohn von Moses Mendelssohn, hatte seine Kinder evangelisch taufen lassen und ihnen den «christlichen» Namen Bartholdy beigefügt, der im vorliegenden Text aber nicht verwendet wird. Was uns heute bestenfalls als feinsinniges Zeugnis der Musikgeschichte anspricht, hatte im Dezember 1934, als der Artikel erschien, eine aktuelle Brisanz. Der Komponist existierte, obwohl getauft, im öffentlichen Musikleben nicht mehr; jede Aufführung seiner Werke war verboten. Zusätzlich brisant war, dass er sein Oratorium dem Propheten Elias widmet und in den abgedruckten Briefen mehrmals auf die Bedeutung des Alten Testaments für sein Schaffen eingeht. Gemäß NS-Ideologie sollte das Alte Testament aus der abendländischen Tradition eliminiert werden. Am Schluss ihrer Zusammenstellung erinnert Dora Lux über Briefzitate an die begeisterte Aufnahme, die das Werk im Jahr 1846 fand, und schließt damit den Bogen zu dem eingangs von ihr beschriebenen beglückenden Erlebnis des Elias-Oratoriums für «Millionen von Menschen, nicht nur in Deutschland, sondern in einem großen Teil Europas, ja, überhaupt der ganzen Nordhalbkugel».

Nachruf auf Alfred Dreyfus (1859–1935): Dora Lux erinnert 1935 an den einst verfolgten französischen und jüdischen Offizier anlässlich seines Todes im Sommer desselben Jahres.[38] Sie bedient sich dabei des 1908 erschienenen Aufsatzes «Alfred Dreyfus, der Jude» von dem renommierten, aber längst toten Autor Bjørnstjerne Bjørnson.[39] Der in der *Ethischen Kultur* nachgedruckte Text beginnt mit: «Erlauben Sie mir, einen einzigen Augenblick aus seinem langen, entsetzlichen Martyrium hervorzuheben. Daraus wird hervorgehen, wer Dreyfus eigentlich war.» Es folgt die Schilderung seines Aufbegehrens gegen den Tod trotz völliger Erschöpfung: «Er konnte, er durfte nicht sterben; das wäre Verrat an seiner Frau, an seinen Kindern gewesen; sie sollten das Leben mit reinem Namen fortsetzen. Es galt, auszuhalten, bis seine Unschuld wieder in hellstem Licht strahlte!» Der zitierte Schluss Bjørnsons lautet: «Der Tag wird kommen, da dieses hohe Beispiel von Unschuldskraft, vom Siegeskampf der Familienliebe in den Lesebüchern der Schulen stehen wird.»

Indem Dora Lux von 1933 bis 1936 in der *Ethischen Kultur* publizierte, machte sie sich doppelt angreifbar – angreifbar für die Nationalsozialisten, gegen die sie anschrieb, und angreifbar für alle, die lieber schweigen, solange sie die ganze Wahrheit nicht sagen konnten. Nur vermuten lässt sich, warum sie 1935 nur wenig publizierte (sechs Artikel, darunter zwei kurze Besprechungen) und 1936 kaum noch (ein Artikel und zwei kleine Rezensionen). Anzunehmen ist, dass die immer engmaschigere Kontrolle der Presse und die immer rigidere Ausschaltung der Juden auf die Zeitschrift einwirkte. In welcher Form, wissen wir nicht.

Frau Dr. Lux muss bei aller Bescheidenheit ein hohes Selbstbewusstsein gehabt haben. Davon zeugt die Vielfalt der Themen, an die sie sich heranwagte. Sie verfasste nicht nur Beiträge zu Demokratie und Bürgerrechten, zur Frauenbewegung, zur Literatur und Religionspolitik, sondern auch zu Fragen von Wissenschaft und Technik.

Doch zurück zum bereits genannten Motiv ihres Schreibens. Sie möchte sich mit der weithin zu beobachtenden Anpassung nicht abfinden und ist entsetzt über die «Leichtigkeit», mit der allzu viele die «Neuordnung der Dinge» akzeptieren.[40]

Dieser Haltung stellt sie im Juni 1933, im Beitrag «Zur Moral des Umschwungs», die Erklärung des «Allgemeinen Deutschen Lehrerinnen-Vereins» anlässlich seiner Selbstauflösung entgegen, «die geradezu wohltuend berührt». Mit der Selbstauflösung hatte der Verein eine «Gleichschaltung», das heißt die Eingliederung in den Nationalsozialistischen Lehrerbund (NSLB) vermieden. In der Erklärung wird zwar anerkannt, dass die Lehrenden «den Willen der Regierung und des Volkes, das sie eingesetzt hat», zu befolgen haben, ein völliger Bruch «mit dem Alten» und eine «verfemende Ableugnung der alten Ordnung» aber werden darin zurückgewiesen. «Tausende von Lehrern und Millionen von Volksgenossen … können sich nicht entschließen, alle die Männer und Frauen, alle die Taten und Einrichtungen der letzten furchtbar schweren vierzehn Jahre nur unter dem Gesichtspunkt des Versagens, des Eigennutzes, der Schwäche, der Ehrlosigkeit zu sehen.» In der Erklärung sieht Dora Lux eine Distanz gegenüber der Gegenwart und zugleich ein Beharren auf Kontinuität. Ihr Kommentar richtet sich auf den Unterschied zwischen Sein und Sollen. Sie schreibt: «Maßnahmen, die der Augenblick erforderlich macht oder zu machen scheint, brauchen darum noch nicht als endgültiges Ideal ... gepriesen zu werden; man kann sich auch mit den notwendigen oder wenigstens notwendig erscheinenden Härten abfinden, ohne sie deshalb als ewige Rechtsnorm stabilisieren zu wollen.» Oder gar – und hier bringt sie ein Hitler-Zitat, um ihm zu widersprechen – ohne das «im Augenblick vorhandene Kräfteverhältnis zum dauernden Fundament einer neuen Rechts- und Gesellschaftsordnung zu machen». Ihre Formulierungen lassen offen, ob ein Sich-Fügen notwendig ist oder nur notwendig erscheint – sie lassen aber keinen Zweifel daran, dass es Rechtsnormen und Ideale jenseits der Gegenwart gibt. Die Kluft zwischen Normen und Realität wenigstens wachzuhalten, ist der Sinn ihres Schreibens.

9

Eingriffe in das Leben der Geschwister Bieber –
Dora Lux, Annemarie Bieber, Elsbeth Schaper
und Friedrich Bieber

Wo soll ich nun anfangen zu berichten, was uns diese furchtbaren Jahre
gebracht haben? Wenn ich daran denke, verliere ich fast den Mut; es ist ja
alles so entsetzlich traurig, und kein Lichtblick dringt durch das Dunkel.
Merkwürdig, dass man trotzdem immer noch den Wunsch hat, sich zu
erhalten; ich hätte nie geglaubt, dass ich noch so am Leben festhalten würde,
auch wenn es einem nur Trübes bringt. Aber es ist immer noch eine leise
Hoffnung da, dass es noch einmal besser werden wird und man dann noch
Freude an irgendetwas haben kann, so viel inzwischen auch schon unwi-
derruflich verloren ist.

Dies schrieb Dora Lux in einem Brief an ihre Schwester Annemarie am
7. November 1944, der insgesamt zehn engzeilige Schreibmaschinenseiten umfasst.

Ich werde im Folgenden nachzeichnen, wie die Geschwister Bieber
gleich nach der Machtübernahme durch die Nationalsozialisten aus
dem Beruf gedrängt wurden und schließlich ums Überleben kämpften. Der Bieber'sche Familienverband wurde äußerlich zerstört, er bewahrte aber seine Kraft in Hilfeleistungen füreinander. Da Dora Lux
die Einzige war, die in den letzten Kriegsjahren in Berlin lebte, oblag es
ihr, die Verbindungen aufrechtzuerhalten. Mit diesem Ziel schrieb sie
als Chronistin der Familiengeschichte jenen oben zitierten Brief, obwohl sie nicht wusste, ob die Schwester ihn je erhalten würde.

Ostern 1933 wurde Dora Lux, wie sie 1947 in ihrem Lebenslauf mitteilt, «fristlos entlassen».[41] Sie war damals fünfzig Jahre alt. Die plötzliche Entfernung aus dem Schuldienst muss sie hart getroffen haben. «Ich sehe meine Mutter noch auf ihrem Bett sitzen, das Schreiben, das ihre Tätigkeit als Lehrerin beendete, vor sich, leise weinend.»[42] Im Gespräch 2003 in Toronto fügt die Tochter Gerda hinzu: «Ich habe meine Mutter sonst nicht weinen sehen, wenn sie traurig war.» Einige Monate später, im Sommer 1933, musste sie wie «alle nichtarischen Mitglieder» aus dem Elternbeirat der Fontaneschule, die ihre Tochter Eva besuchte, «zurücktreten». Das heißt: Sie wurde hinausgeschmissen, was sie «sehr gekränkt» hat.[43]

Ihrer Schwester, Dr. med. Annemarie Bieber, wurde Anfang Juli 1933, mit achtundvierzig Jahren, die Kassenzulassung entzogen.[44] Schon davor hatte sie alle ihre Funktionen im öffentlichen Gesundheitswesen und in den Ärzte-Vereinigungen, in denen sie mitgewirkt hatte, verloren. Zwar durfte sie zunächst noch Privatpatienten behandeln, aber ohne Kassenpatienten konnte sie ihre Praxis in Berlin-Friedenau nicht halten. 1934 sah sie sich gezwungen, diese in ihr Wohnhaus in die Kaiser-Wilhelm-Straße zu verlegen. Im Oktober 1938 wurde ihr untersagt, «überhaupt noch in Deutschland zu arbeiten».[45]

Als sich abzeichnete, dass alle «nichtarischen» Ärzte und Ärztinnen aus dem Beruf gedrängt werden sollten, hatten sich die Standesorganisationen der Ärzte keineswegs vor ihre jüdischen Kollegen gestellt. Im Gegenteil: Sie veröffentlichten «Huldigungstelegramme» an die neuen Machthaber und besorgten den Ausschluss selbst. In ihrem Tagebuch hat Hertha Nathorff, eine Kollegin von Annemarie Bieber, festgehalten, wie kaltherzig die Ärztinnen jüdischer Herkunft aus dem Bund Deutscher Ärztinnen, in dem die Schwester von Dora Lux Leitungsfunktionen innegehabt hatte, während einer Versammlung des Berliner Ortsvereins am 16. April 1933 gedrängt wurden. Es blieb ihnen nichts übrig, als zu gehen: «Schweigend stehen wir jüdischen und halbjüdischen Ärztinnen auf und mit uns einige ‹deutsche› Ärztinnen. Schweigend verlassen wir den Raum, blass, bis ins Innerste empört … Ich bin so erregt, so traurig und verzweifelt, und schäme mich für meine ‹deutschen› Kolleginnen.»[46]

Die beiden Juristen im Bieber'schen Familienverband fielen ebenfalls unter die Berufsverbote. Dr. jur. Richard Bieber bekam aufgrund einer Ausnahmeregelung die Zulassung als Rechtsanwalt und Notar zurück. Dr. jur. Friedrich Bieber, der jüngste Bruder von Dora Lux, aber versuchte vergebens, eine Wiederzulassung zu erlangen.

Aus dem «Gesuch auf Wiederzulassung»[47] von Friedrich Bieber vom 7. April 1933 ist eine tiefe Enttäuschung darüber zu erkennen, dass ihm, einem deutschen, national gesinnten Patrioten und hochdekorierten Offizier, überhaupt zugemutet wurde, um Erlaubnis für seine weitere Berufsausübung zu bitten. Er schreibt: «Ich möchte nicht verfehlen, zu bemerken, dass es mir außerordentlich schwer geworden ist bei meiner Einstellung dem Deutschen Vaterlande gegenüber, die meiner Familie und mir von je selbstverständlich gewesen ist, meine militärische Vergangenheit, auf die ich zwar wohl mit Recht stolz bin, als besonderes Verdienst zur Rettung meiner bürgerlichen Existenz betonen und herausstreichen zu müssen.» Aus diesen Worten – wie auch aus späteren Eingaben – klingt eine Fassungslosigkeit, die nicht vorgespielt zu sein scheint: «Es ergibt sich wohl ohne weiteres aus meinem Lebenslauf, dass ich nie in meinem Leben daran gedacht habe, dass ich in irgendeiner Weise gegenüber meinen früheren Kameraden oder sonst jemandem in Deutschland zurückgestellt werden könnte.»

Der «Arierparagraph» und politische «Begründungen» der Berufsverbote

Um den Eingriff des damaligen Staats in das Leben von Dora Lux, Annemarie Bieber und Friedrich Bieber durchschaubar zu machen, ist es notwendig, die Stoßrichtung und die wichtigsten gesetzlichen Grundlagen der Berufsverbote zu erläutern. Vorab sei angemerkt: Die Bezeichnung «Berufsverbot» war in der NS-Zeit nicht gebräuchlich, wird aber inzwischen in der Geschichtsdarstellung durchgängig für die berufliche Ausgrenzung im Nationalsozialismus verwendet.

Letztlich ging die Vertreibung der Juden und der politischen Gegner aus dem Berufsleben auf das «Gesetz zur Wiederherstellung des Berufsbeamtentums» vom 7. April 1933 zurück. Zwar bezogen sich seine Bestimmungen zunächst nur auf Beamte des Reichs, der Länder und Kommunen sowie auf Angestellte und Arbeiter im öffentlichen Dienst, sie wurden aber in schneller Folge sinngemäß auf alle anderen Berufsgruppen einschließlich der freien Berufe ausgedehnt. Inhaltlich analoge Gesetze oder Verordnungen ergingen unter anderem für Ärzte,[48] wie Annemarie Bieber, und Rechtsanwälte,[49] wie Richard Bieber und Friedrich Bieber. Ausgenommen blieb bis auf weiteres nur die Privatwirtschaft.

Das Gesetz war bereits in der zweiten Märzhälfte 1933 als «Instrument des Machteroberungs- und Machtsicherungskampfes» konzipiert worden und verstieß eindeutig gegen die damalige Verfassung. Sein primäres Ziel war, «politisch missliebige Angehörige des öffentlichen Dienstes möglichst rasch aus ihren Stellen zu entfernen und durch Nationalsozialisten oder Deutschnationale zu ersetzen».[50] Weiterhin ermöglichte es: Entlassungen wegen angeblich mangelnder Qualifikation und eine «Vereinfachung der Verwaltung». Wenig bekannt ist, dass der Paragraph drei (§3), der sogenannte «Arierparagraph», der sich explizit gegen die jüdisch-deutschen Bürger, «die nicht arischer Abstammung sind», richtete, erst kurz vor der Verabschiedung des Gesetzes eingefügt wurde. Mit diesem Paragraphen wurde, so stellt der Historiker Reinhard Rürup fest, «zum ersten Mal seit der Reichsgründung in Deutschland wieder ein Sonderrecht für Juden geschaffen und auf diese Weise das Zeitalter der Emanzipation abrupt beendet».[51] Man kann die Reichweite der antijüdischen Gesetze ab April 1933 nur ermessen, wenn man sich vergegenwärtigt, dass eine «nicht arische» Großmutter oder ein «nicht arischer» Großvater ausreichte, um unter die Berufsverbote zu fallen. Im Wortlaut: «Als nicht arisch gilt, wer von nicht arischen, insbesondere jüdischen Eltern oder Großeltern abstammt. Es genügt, wenn ein Elternteil oder ein Großelternteil nicht arisch ist.»[52]

Hier interessiert die rassistische und die politische Stoßrichtung des weichenstellenden Gesetzes. Beide Komponenten wurden für Dora Lux und Annemarie Bieber relevant. Der «Arierparagraph» (§3, Satz 1) lautete: «Beamte, die nicht arischer Abstammung sind, sind in den

Ruhestand zu versetzen.»[53] Der Paragraph (§4, Satz 1), der sich gegen politische Gegner und politisch Unzuverlässige richtete, klingt denjenigen, die sich noch an die politisch motivierten Berufsverbote in der Bundesrepublik Deutschland erinnern, peinlich vertraut: «Beamte, die nach ihrer bisherigen Betätigung nicht die Gewähr dafür bieten, dass sie jederzeit rückhaltlos für den nationalsozialistischen Staat eintreten, können aus dem Dienst entlassen werden.»[54]

Zwischen den gesetzlichen Bestimmungen für die rassistisch motivierten und die politisch motivierten Berufsverbote bestanden einige gravierende Unterschiede: Personen «nicht arischer Abstammung» konnten unter Ausnahmeregelungen nach §3 (Satz 2) fallen, die insbesondere für ehemalige «Frontkämpfer» im Ersten Weltkrieg sowie für Beamte, Ärzte, Richter etc. galten, die bereits vor dem 1. August 1914 eingestellt beziehungsweise zugelassen worden waren. (Die Ausnahmeregelungen erwiesen sich allerdings nur als ein Aufschub des vollständigen Berufsverbots für alle Juden in den Jahren 1938/1939.)

Für Personen, gegen die aus politischen Gründen ein Berufsverbot ausgesprochen wurde, gab es dagegen keine Ausnahmeregelungen. Sie wurden ohne Bezüge gleich entlassen, während die aus rassischen Gründen aus dem Beruf Entfernten «in den Ruhestand» versetzt wurden. Wobei ihre Ruhegehälter im Laufe der Jahre immer weiter reduziert und schließlich ganz gestrichen wurden.

Die wichtigste Unterscheidung aber war: Bei den politischen Berufsverboten handelte es sich um eine Kann-Bestimmung. Bei den Berufsverboten gegen «Nichtarier» um eine Muss-Bestimmung. Das hatte zur Folge, dass viele, die aus politischen Gründen entlassen worden waren, wenn sie unauffällig blieben, nach und nach neue Arbeit fanden. Für «Nichtarier» aber wurden alle Berufe Schlag auf Schlag gesperrt, ihnen wurde jede Erwerbsmöglichkeit und jede Sozialleistung verwehrt. Eine rapide Verarmung innerhalb der jüdischen Bevölkerung war die Folge.

Die ungeheure Schnelligkeit, mit der das genannte Gesetz von der nationalsozialistisch geführten Regierung bereits zwei Wochen nach dem «Ermächtigungsgesetz» vom 24. März 1933 verfügt wurde, verblüfft. Die Nationalsozialisten wollten durch diesen Eingriff in das gesellschaftliche Gefüge und in das Leben Einzelner Härte und Effizienz zeigen. Das gelang ihnen, weil die damaligen Koalitionspartner in der Regierung nicht dagegen opponierten.

Annemarie Bieber: Kassenentzug als Jüdin und sozialistische Ärztin

Für Dora Lux ist eine Verschränkung der beiden Gründe nicht nachweisbar, wird aber durch ihre eigenen Worte nahegelegt. 1947 führt sie an, dass sie «teils aus rassischen Gründen» aus dem Schuldienst entlassen wurde, «teils wegen der politischen Einstellung meines Mannes». Durchaus möglich, dass zum «Arierparagraphen», wie die Töchter die entsprechende Gesetzesgrundlage noch nach siebzig Jahren nennen, politische Gründe traten, denn es gehörte zur NS-Ideologie, das Verhalten des Mannes auch der Frau anzurechnen und umgekehrt. Und der Verdacht der «politischen Unzuverlässigkeit»[55] richtete sich gegen alle Kommunisten, Pazifisten und Freimaurer, aber auch gegen ausgewiesene Demokraten unter den Liberalen und Konservativen sowie gegen Sozialdemokraten wie Heinrich Lux, der bis zum Verbot der Partei im Juni 1933 Mitglied war.

Für Annemarie Bieber lässt sich eine Verschränkung der beiden Berufsverbots-Gründe rekonstruieren. Sie wurde mit großer Wahrscheinlichkeit nicht nur wegen ihrer jüdischen Herkunft, sondern auch aus politischen Gründen aus dem Beruf gedrängt. Anders lässt sich nicht erklären, dass sie ihre Kassenzulassung nicht wie etwa 60 Prozent der noch in Deutschland verbliebenen jüdischen Ärzte wieder zurückerhielt. Hatte sie doch seit 1911, also bereits vor Beginn des Ersten Weltkriegs, kontinuierlich als niedergelassene Ärztin praktiziert und fiel damit eindeutig unter die entsprechende Ausnahmeregelung. (Unter den männlichen jüdischen Ärzten hatten viele als «Frontkämpfer im Weltkrieg» ihre Zulassung zurückerhalten.)

Ohne die Wiederzulassung zahlreicher jüdischer Ärzte wäre die kassenärztliche Versorgung in einer Großstadt wie Berlin zusammengebrochen. Bei Zugrundelegung der «biologistischen Definition der Nationalsozialisten» galten im Jahr 1933 von schätzungsweise 3600 Berliner Kassenärzten «sicher mehr als 2000 als jüdisch», das sind circa

Marie Anna (genannt Annemarie) Bieber
in Phoenicia, N.Y., USA, ca. 1948. Das Foto
machte Fernard (Eric) Schwab.

55 Prozent. Der Anteil aller jüdischen Ärzte an der Gesamtärzteschaft im Deutschen Reich lag 1933 nach NS-Kriterien bei 10,6 Prozent.[56] Der hohe Anteil speziell in Berlin erklärt sich zum einen daraus, dass unter den jüdischen Abiturienten bereits im Kaiserreich viele ein Medizinstudium gewählt hatten, da die Tätigkeit des Mediziners als «freier Beruf» Juden früher als andere akademische Wirkungsmöglichkeiten offenstand. Zum anderen bevorzugten Juden Städte wie Berlin zum Leben und Arbeiten, da es in Großstädten für sie leichter war als in kleinen Orten, sich gesellschaftlich zu integrieren.

Wenn die Ärztin Dr. Bieber die Kassenzulassung unwiderruflich verlor, obwohl eine der Ausnahmeregelungen auf sie zutraf, so muss ihr gesundheitspolitisches Engagement in der Weimarer Republik gegen sie verwendet worden sein. Noch 1932 war sie als Kandidatin der «sozialistischen Ärzte» in die Ärztekammer Berlin gewählt worden.[57] In der Literatur fand ich den Hinweis, ihr sei als «staatsfeindliche Ärztin» die Kassenzulassung entzogen worden. Ein Etikett, das auch andere sozialistische Ärzte vom Staat und der NSDAP erhielten.[58] Möglicherweise kam bei Annemarie Bieber als weiterer Grund hinzu, dass sie verheiratet und durch ihren Ehemann versorgt war, also als Doppelverdienerin galt. Dies wäre ein Vorgriff auf die Verdrängung von verheirateten Ärztinnen, auch von nichtjüdischen, aus dem Beruf im Zuge der Kampagne gegen Doppelverdiener ab 1934.[59]

*Erzwungener Antrag auf Wiederzulassung
von Friedrich Bieber als Rechtsanwalt*

Für Friedrich Bieber scheint bis zur Verfolgung durch die Nationalsozialisten seine jüdische Herkunft unwichtig gewesen zu sein. Einen Bezug zur jüdischen Religion hatte er nicht. Schon als Baby war er getauft worden, er war als Protestant aufgewachsen – bis er sich 1933, zweiundvierzig Jahre alt, unter denen fand, die «sich plötzlich als Juden klassifiziert sahen».[60] Seine Verfolgungsgeschichte ist kompliziert, ungewöhnlich und dramatisch. So gut ich kann, werde ich versuchen, sie als Teil der Familiengeschichte darzustellen.

Anfang April 1933 wurde ihm wie allen «nichtarischen» Anwälten und Notaren die Zulassung entzogen[61] – zeitgleich und analog zum «Gesetz zur Wiederherstellung des Berufsbeamtentums». Mit einem sechsseitigen «Gesuch auf Wiederzulassung als Rechtsanwalt und Notar», das er am 7. April 1933 an den Preußischen Justizminister richtete, reagierte er sofort auf das ihm «soeben zugegangene Rundschreiben des Kammergerichtspräsidenten vom 6. IV. 33». In diesem Rundschreiben wurde verlangt, «dass alle jüdischen Anwälte einen Antrag auf Zulassung zu stellen hätten, verbunden mit einem Bekenntnis zu der Regierung und den von ihr erlassenen Regelungen».[62] Sein «Gesuch» enthält Ausführungen zu seinem beruflichen und militärischen Werdegang sowie zu seiner politischen Gesinnung. Nachreichen musste er zwei Bescheinigungen darüber, dass er sich nicht kommunistisch betätigt habe,[63] und einen mehrseitigen Fragebogen zur Person. Auf diesem versuchte er die Fragen zur Religionszugehörigkeit zu umgehen, indem er bei drei von vier seiner Großeltern angab: «mir nicht bekannt».

Da er unter die Ausnahmebestimmungen für «Frontkämpfer» fiel, konnte er hoffen, seine Zulassung als Anwalt und Notar zurückzuerhalten. Entsprechend betont er seinen Offiziersrang und seine Verdienste im Ersten Weltkrieg. Er schreibt, dass er nach dem Abitur 1910 «beabsichtigte, Offizier zu werden». Dem standen nach seinen Worten nur Gesundheitsprobleme entgegen. «Im Jahr 1914 trat ich als Fahnenjunker in die Armee auf eigene Verantwortung ein und nahm als Offizier [eines Infanterieregiments] von 1914 bis 1918 am Weltkrieg teil. Ich wurde 5 mal verwundet.» Er verweist darauf, dass er «dauernd in vorderster Linie» kämpfte und ihm das «eiserne Kreuz 2ter und 1ter Klasse» und das «Verwundetenabzeichen» in Gold verliehen wurden. «Ich habe dann noch vor meiner Verabschiedung [im Frühjahr 1920] bei der Niederwerfung der Spartakuskämpfe in Berlin bei der Garde-Kavallerie-Schützen-Division Dienst getan.» Abschließend beteuert er, dass er «mit sehr großer Leidenschaft und Überzeugung aktiver königlich preußischer Offizier war und nur durch meine schweren Verwundungen verhindert worden bin, Soldat zu bleiben».

Dem vom Kammergerichtspräsidenten verlangten «Bekenntnis zur Regierung und den von ihr erlassenen Regelungen» genügt er nicht formelhaft, sondern verleiht ihm unter Verweis auf sein Wahlverhalten Nachdruck: «Meine Loyalität gegenüber der Regierung der nationalen Erhebung dürfte wohl ohne weiteres dadurch belegt sein, dass ich selbst bei Ausübung des Wahlrechts mit zur Bildung dieser Regierung beigetragen habe, infolgedessen auch deren Handlungen von vornherein als für mich rechtsverbindlich anerkannt habe.» Ich schließe daraus – wenn diese Passage überhaupt einen wahren Kern hat –, dass Friedrich Bieber am 5. März 1933 zwar nicht die NSDAP, wohl aber die koalierende DNVP (Deutschnationale Volkspartei) gewählt hat. Auf dem nachgereichten Fragebogen verneint er eine jetzige oder frühere Parteizugehörigkeit, fügt aber, obwohl gar nicht danach gefragt war, hinzu: «Ich stehe den nationalen Parteien nahe», und informiert anschließend, wieder ungefragt, über seine Mitgliedschaft in mehreren Offiziersvereinigungen.[64] Zwar mag Friedrich Bieber im «Gesuch» und auf dem Frageboten seine Verdienste im Ersten Weltkrieg und seine patriotische Gesinnung zweckentsprechend herausgestrichen haben, im Wesentlichen aber treffen die Aussagen zu.

Etwa zwei Drittel der Anwälte in Berlin, die als jüdisch galten und einen Antrag gestellt hatten, bekamen ihre Zulassung zurück. In Zahlen heißt das: Von 1761 Berliner Anwälten erhielten 600 Berufsverbot, 1168 konnten vorläufig weiterarbeiten. Unter denjenigen, die wieder zugelassen wurden, befanden sich Anwälte wie Richard Bieber, die bereits vor 1914 praktiziert hatten, die meisten wieder zugelassenen aber waren «Frontkämpfer» gewesen. Deren Anzahl hatten die neuen Machthaber weit unterschätzt; sie waren dem eigenen Vorurteil, Juden seien feige, aufgesessen.[65]

Die Anwälte jüdischer Herkunft waren Ende 1932, wenn man die reichsweiten Zahlen heranzieht, mit 16,3 Prozent unter allen jüdischen Akademikern die anteilmäßig stärkste Gruppe, gefolgt von den Ärzten mit 10,5 Prozent. Ab April 1933 fielen dann unter die rassistische und extensive Auslegung von «nichtarisch» rund 5000 Rechtsanwälte von insgesamt 19 208, also gut ein Viertel.[66] Wieder war in Berlin der jüdische Anteil weit höher als im Reichsdurchschnitt. Nach einer rückwirkenden Zusammenstellung von 1938, die nicht erhärtet ist und der bereits die NS-Definition zugrunde lag, galten Ende 1932 in der Berliner Anwaltskammer von insgesamt rund 3400 Rechtsanwälten 1835 als «nichtarisch», das heißt etwa 54 Prozent.[67] Bei den Zahlenangaben ist zu berücksichtigen, dass in den ersten Monaten des Jahres 1933 bereits einige Anwälte Deutschland verlassen und weitere kein Gesuch auf Wiederzulassung gestellt hatten.

Die Gründe für den hohen Anteil sind die gleichen wie bei den Ärzten: freier Berufszugang seit der Kaiserzeit und Großstadtpräferenz. Bei den Anwälten kam dazu, dass Juden der Zugang zum Staatsdienst – bis 1869 grundsätzlich, informell weit länger – versperrt war. Das bedeutete, dass jüdische Juristen keine Stellen in der Verwaltung und in der Wissenschaft oder als Richter und Staatsanwälte erhielten. Offen für sie war nur der Anwaltsberuf.

Friedrich Bieber hätte als hochdekorierter Frontkämpfer mit Sicherheit zu den «nichtarischen» Anwälten in Berlin gehört, die wiederzugelassen wurden; vermutlich wäre er auch unter denen gewesen, die bis Ende 1935 als Notar tätig sein konnten; möglicherweise hätte er wie etwa 600 Anwälte trotz zunehmender Repressionen und Schikanen bis zum allgemeinen Berufsverbot durchgehalten, das Ende September 1938 erlassen wurde und bereits zwei Monate später in Kraft trat[68] – wenn er nicht mit der Justiz aus anderen Gründen in Konflikt geraten wäre.

Entlassung von Dora Lux aus dem Lette-Verein

Die Umstände der Entlassung von Dora Lux sind weitgehend rekonstruierbar, obwohl alle Unterlagen des Lette-Vereins bei einem Bombenangriff auf das Schulhaus in der Nacht vom 23. auf den 24. November 1943 verbrannt sind und nirgends eine Personalakte auffindbar war: Das «Gesetz zur Wiederherstellung des Berufsbeamtentums» muss in Berlin unverzüglich auf diejenigen Privatschulen erstreckt worden sein, die von öffentlichen Zuschüssen abhingen, wie etwa der Lette-Verein.[69] Frau Dr. Lux selbst erläutert 1951 im Rahmen ihres Wiedergutmachungsverfahrens dessen staatliche Abhängigkeit: Der Lette-Verein «unterstand dem pr. [preußischen] Ministerium für Handel und Gewerbe und arbeitete eng mit diesem zusammen. Es wäre unter dem national-sozialistischen Regime ganz unmöglich gewesen, rassisch oder politisch missliebige Personen in seinem Schuldienst weiterzubeschäftigen, da für seine Angestellten dieselben Bedingungen galten wie für die an öffentlichen Lehranstalten.»[70]

Erklärungsbedürftig ist, dass der Anteil der Männer und Frauen unter den Studienräten, die Berufsverbot erhielten, verglichen mit anderen Berufen auffallend gering war: Bei Studienräten betrug er reichsweit nur 0,8 Prozent (0,5 Prozent bei Volksschullehrern, 4,3 Prozent bei Privatlehrern).[71] Die Angaben stammen von Juni 1933 und beziehen die Personen ein, die bereits Berufsverbot hatten.[72] Bei Rechtsanwälten / Notaren dagegen lag er, wie wir sahen, reichsweit über 15 Prozent, bei Ärzten über 10 Prozent. Zur Erklärung der Diskrepanz dient, dass zum öffentlichen Schuldienst vor 1919 kaum Juden und Jüdinnen als Beamte oder Angestellte Zutritt hatten und zudem die langjährige politische Auslese für den Staatsdienst nachwirkte.

Die fristlose Entlassung von Dora Lux kann zusätzlich darauf zurückgehen, dass sie beim Lette-Verein, einem privaten Schulträger, keinen festen Angestelltenvertrag hatte, obwohl sie dort seit 1922 kontinuierlich als Studienrätin beschäftigt war. Aus ihrem Wiedergutmachungsverfahren in der Nachkriegszeit geht hervor, dass sie kein Ruhegehalt erhalten hatte, nur eine dreimonatige Weiterzahlung bis Ende Juli 1933.

Als sie das Lette-Haus verlassen musste, bezeugte zumindest eine Kollegin Anteilnahme, und zwar «Frl. Magdalene Lüttge, damals Vorsteherin der gewerblichen Abteilung des Lette-Hauses …, die mich persönlich aufsuchte, um mir ihr Bedauern darüber auszudrücken, dass ich aus rassischen Gründen nicht mehr beschäftigt werden durfte».[73] Über das Verhalten der Schulleitung ist nichts bekannt. Anzunehmen ist, dass weitere Lehrkräfte aus rassischen Gründen gehen mussten, denn vor 1933 bestand zwischen dem Lette-Verein und dem liberalen jüdischen Bürgertum Berlins eine enge Verbindung. «Nach der ‹Machtergreifung› galt diese Tatsache als Schande und der Lette-Verein als ‹Judenschule›. Bezeichnend ist in diesem Zusammenhang der enorme Rückgang der Schülerinnenzahlen.»[74]

Der Lette-Verein und seine Schule, das Lette-Haus, zeigten sich, um weiterbestehen zu können, anpassungsbereit: Nach der Pensionierung der bisherigen Direktorin Lilly Hauff wurde Hans Meinshausen, ein NS-Gefolgsmann, im Herbst 1933 vom Staat zum «Vereinsführer» berufen.[75] Er war von den Nationalsozialisten kommissarisch als Stadtschulrat eingesetzt worden und hatte übereifrig bereits am 1. April 1933 – also einige Tage vor dem Berufsverbotsgesetz vom 7. April 1933 – sämtliche Berliner Bezirksämter angewiesen, «alle dem Blut nach jüdischen Lehrkräfte an den städtischen Schulen sofort zu beurlauben». Unter seiner Führung erhielt der Lette-Verein eine neue Satzung, in der alle Selbstverwaltungsgremien abgeschafft wurden. Ein neu eingeführter Paragraph (§3) lautete: «Die Mitgliedschaft von Personen nichtarischer Abstammung ist ausgeschlossen.» Zum Ausschlussparagraphen bemerkt die Historikerin Doris Obschernitzki: «Aber – wer hat die Satzung gekannt? Keiner der heute noch lebenden Lehrer oder Mitarbeiter des Lette-Vereins kannte den Text. Wieder hoffte man offenbar, hinter den Vorschriften Eigenes durchsetzen zu können.»[76]

Nicht alle renommierten Frauen-Bildungsstätten in Berlin wählten einen solchen realitätstüchtigen und zugleich willfährigen Weg, nicht so das «Jugendheim» in Charlottenburg, ein Geflecht von Tagesstätten für Kinder und Jugendliche und zugleich eine angesehene Ausbildungsstätte für Frauen. Dort wehrte sich das Kollegium einmütig gegen die Entlassung der Leiterin Anna von Gierke – und musste erleben, dass das Jugendheim aufgelöst und Teile daraus einer gefügigeren Einrichtung, dem Pestalozzi-Fröbel-Haus, eingegliedert wurden.[77]

Nach ihrer Entlassung als Studienrätin hat Frau Dr. Lux bisweilen junge Frauen, die kein Latein in der Schule hatten, auf das Latinum vorbereitet, wenn sie zum Beispiel Medizin studieren wollten. Vor allem aber unterrichtete sie «Gruppen von sog. Mischlingen, die damals [ab Juli 1942] aus den höheren Schulen entfernt wurden», so die Mitteilung in ihrem Lebenslauf von 1947. Gerda Voss sieht die Jungen und Mädchen noch vor sich, wie sie um den Esstisch in der Fregestraße saßen. Sie weiß noch, dass ihr Cousin Wölf dabei war, der jüngste Sohn von Else Schaper, sowie ein Sohn von Hilde Benjamin: «Mit der jungen

Mutter hat sie sich gerne unterhalten, die war sozialistisch, die beiden hatten damals guten Kontakt. Umso entsetzter war sie, wie diese nette Frau später in der DDR als ‹rote Hilde› auftrat.»[78] Vom ehemaligen Teilnehmer Peter Wölf Schaper erfuhr ich, dass sich Eltern aus dem Französischen Gymnasium Berlin, deren Kinder als «Halbjuden» von der Schule gewiesen worden waren, zusammengetan hatten. Ihre Kinder und Jugendlichen suchten verschiedene Fachlehrer zu Hause auf. Dora Lux, die Latein und möglicherweise weitere Fächer übernahm, soll an der Organisation wesentlich beteiligt gewesen sein. Er schätzt die Dauer des Schülerzirkels auf nur einige Monate. Rückblickend bedauert er, dass er dem Angebot, den Schulunterricht inoffiziell fortzusetzen, damals nur unwillig gefolgt ist. Dora Lux beschönigt den Erfolg des Schulersatzes bei ihrem Neffen ebenso wenig: «Es taten sich mehrere zu Privatkursen zusammen, aber auch das wurde nach Möglichkeit unterbunden, sodass er und seine Freunde ziemlich verbummelten.»[79] Es wird zahlreiche ähnliche inoffizielle Schülerzirkel gegeben haben – eine Studie dazu kenne ich aber nicht.

«Arier», «Jude» oder «Mischling»?

Mit Beginn der nationalsozialistischen Herrschaft erhielt die Einstufung als «Nichtarier» oder «Arier» plötzlich existenzielle Bedeutung. Von der Zuweisung zur einen oder anderen Kategorie hing es ab, ob jemand aus dem Berufsleben entfernt wurde oder nicht. Später konnte über Leben und Tod entscheiden, ob ein «Jude» oder eine «Jüdin» einen jüdischen oder einen nichtjüdischen Partner geheiratet hatte. Aber wer galt als «Nichtarier» und wer als «Jude»? Und was war mit denen, die dazwischenstanden?

Dass Dora Lux mit einem nichtjüdischen Mann verheiratet war, hatte nicht nur gravierende Auswirkungen für sie selbst, sondern auch für ihre Kinder, die jetzt zu «Mischlingen ersten Grades» wurden, aber nicht als Juden galten. Annemarie Bieber und ihr Mann Richard Bieber wurden herkunftsbedingt als Juden definiert, obwohl sie Dissidenten waren und die jüdische Religionsgemeinschaft längst verlassen hatten.

Elsbeth Schaper wiederum verlor als Witwe 1943 den Schutz, den ihr die frühere Ehe mit einem nichtjüdischen Mann gewährt hatte.

Bislang habe ich die entscheidenden Begriffe «Arier» und «Jude», von deren Definition alles abhing, verwendet, ohne ihre damalige Bedeutung mitgeteilt und problematisiert zu haben. Das soll hier nachgeholt werden: Erst durch die «Erste Verordnung zum Reichsbürgergesetz» vom 14. November 1935, die sich auf die «Nürnberger Gesetze» bezog,[80] wurde der Begriff «Jude» rechtsgültig festgeschrieben und die Bezeichnung «jüdischer Mischling» offiziell eingeführt. Davor waren die Ausdrücke «arisch» und «nichtarisch» verwendet worden, bisweilen auch «halbarisch» und «viertelarisch», «Halbjude» und «Vierteljude». Der Terminus «Arierparagraph» hatte in die Alltagssprache sowie in die Sprache der Justiz und Verwaltung Eingang gefunden.

In der Weimarer Republik und im Kaiserreich basierten, wie erwähnt, alle amtlichen Statistiken zum jüdischen Bevölkerungsanteil auf der Religionszugehörigkeit. Diejenigen, die seit Beginn des 19. Jahrhunderts zum Christentum konvertierten oder Freidenker wurden, sind darin nicht enthalten. Ihr Anteil kann nur geschätzt werden. Die statistischen Ergebnisse rufen noch heute Erstaunen hervor, weil der Anteil der jüdischen Bürger und Bürgerinnen in Deutschland weit niedriger war, als gemeinhin angenommen. Deshalb hier noch einmal die Zahlen: Anfang 1933, kurz vor der Etablierung der NS-Herrschaft, lebten in Deutschland etwa eine halbe Million Juden und Jüdinnen, circa 500 000 Personen, weniger als ein Prozent der Gesamtbevölkerung, genau: 0,76 Prozent. Dazu kamen schätzungsweise etwa 70 000 Christen oder Dissidenten jüdischer Herkunft.

Jenseits der amtlichen Definition gab es lange vor 1933 Tendenzen, Juden über ihre Herkunft zu definieren. Der Antisemitismus seit dem Kaiserreich arbeitete zunehmend mit der Kategorie «Rasse». Aber auch innerhalb des Judentums nahmen die Bestrebungen zu, eine jüdische Identität über die gemeinsame Herkunft zu begründen – teils als selbstbewusste Antwort auf den Antisemitismus in der Gesellschaft, teils zum Aufbau eines säkularen kulturellen Zusammenhalts, der nicht mehr primär auf einer religiösen Bindung beruhte.

Nur weil die inoffizielle Definition über die «Abstammung» bereits

so weit verbreitet war, konnte gleich im April 1933 gegen Menschen wie
Dora Lux und Annemarie Bieber, die getauft waren, ein Berufsverbot
«aus rassischen Gründen» verhängt werden. Unter der Flut rassistischer
Veröffentlichungen sei ein Lexikon erwähnt, das 1929/1931 unter dem
Titel *Sigilla Veri* (*Siegel der Wahrheit*) vierbändig erschien. Hier wurden
vor allem Juden, aber auch nichtjüdische Sozialisten, Freimaurer und
andere, die jüdische Ehepartner hatten und/oder als judenfreundlich
galten, namentlich denunziert, teils im Rahmen von thematischen Beiträgen, teils alphabetisch.[81] Das Nachschlagewerk war zwar nicht frei im
Buchhandel erhältlich, konnte aber beim Verlag bezogen werden. Explizit ist hier die Kategorie «Rasse» der Konfession übergeordnet. Eine
entsprechende Markierung hinter den Namen lautete: «Rassejuden jeder ‹Konfession›».

In dem Lexikon wird unter den jüdischen Rechtsanwälten in Berlin
auch ein «Bieber» aufgelistet, womit nur Richard Bieber gemeint sein
kann.[82] Annemarie Bieber und Dora Lux dagegen fand ich nicht. Zu
Rudolf Penzig, der als Freimaurer diffamiert wird, heißt es, er gebe «seit
mehr als dreißig Jahren ... die Zeitschrift *Ethische Kultur* heraus»,[83]
Heinrich Lux erscheint als Sozialdemokrat, verheiratet mit einer jüdischen Frau aus dem südlichen Russland, und als «Judenschützer».[84] Die
gesamte «Ethische Bewegung» – so die Überschrift – wird auf sechsein-
halb Seiten diffamiert. Ihr wird Mangel an Vaterlandsliebe, Pazifismus,
Zusammenarbeit mit Juden und vieles mehr vorgeworfen. Im Rahmen
des Artikels wird der Deutschen Gesellschaft für ethische Kultur unterstellt, sie sei «in Wirklichkeit» so etwas wie eine Tarnorganisation, «ein
feinerer Ableger, ja zum Teil ein Ableger mit Personenidentität von dem
‹Verein zur Abwehr des Antisemitismus›».[85]

Auf diese und viele andere Publikationen sowie kursierende Namen-
listen konnten die Nationalsozialisten 1933 mit ihrem staatlich vertrete-
nen Rassenantisemitismus zurückgreifen.

Die neue Stufe war, dass jetzt erstmalig auf der Basis von Gesetzen
ein «Arier» von einem «Juden» über die «Abstammung» unterschieden
werden sollte – letztlich über das Blut, wie der Begriff «deutschblütig»,
der sich immer mehr durchsetzte, es direkt artikuliert. Die Definition
über die Abstammung ist der zentrale Ausgangspunkt der antijüdi-

schen NS-Politik. Da die Kategorie «Abstammung» vor 1939 in keiner amtlichen Statistik vorkam, flossen die inoffiziell vorhandenen Denunziationen in die offizielle Politik ein. Neben Publikationen wie dem erwähnten Lexikon kursierten in vielen Berufsverbänden und Vereinen Listen, auf denen Mitglieder, deren jüdische Herkunft bekannt war – und sei es gerüchteweise –, ebenso standen wie Mitglieder jüdischer Konfession. Das vorhandene Material floss in die amtlich angeordneten, personenbezogenen Nachforschungen ein. Für diese stellten sich – oft mit inquisitorischer Energie – Behörden, Kirchen, Bibliothekare und Berufsverbände zur Verfügung. Das galt für die Standesorganisationen der Ärzte und betraf Dr. med. Annemarie Bieber, und das galt auf Anweisung des neuen Stadtschulrats für die Berliner Bezirksämter und betraf die Studienrätin Dr. phil. Dora Lux. Und auch für die Anwälte müssen, obwohl die Nationalsozialisten in der Berliner Anwaltskammer – im Gegensatz zu den Standesvertretungen der Ärzte und Lehrer – kaum Rückhalt hatten, solche Listen erstellt worden sein.[86] Wie sonst wäre gegen Friedrich Bieber ein Berufsverbot aus rassischen Gründen ergangen?

Im Zusammenhang mit den «Nürnberger Gesetzen» bürdete der Staat ab Herbst 1935 dem Einzelnen die Nachweispflicht, ein «Arier» zu sein, auf und verlangte für Einstellungen, Eheschließungen etc. den berüchtigten «Ariernachweis». Später verließ man sich auf die Selbstanzeige, so bei der Volkszählung 1939, der ersten offiziellen statistischen Erhebung, bei welcher nach der «Abstammung» gefragt wurde.

Bei der Volkszählung, wie bereits davor beim «Ariernachweis», griff der Staat, obwohl er die «Abstammung» erfassen wollte, doch wieder auf die Religionszugehörigkeit zurück. Dafür gibt es nur einen einzigen Grund: Eine justiziable Definition einer Person über seine «Abstammung» ist prinzipiell unmöglich.[87] So mussten Bürger und Bürgerinnen für einen «Ariernachweis» anhand von Kirchenbüchern bis 1800 selbst herausfinden, ob ihre vier Großeltern christlich getauft waren. Entsprechend mussten alle Deutschen bei der Volkszählung 1939 für ihre vier Großeltern getrennt angeben, ob diese «der Rasse» nach «Volljuden» waren oder nicht – was wieder an deren Religionszugehörigkeit festgemacht wurde. Dieser immanente Widerspruch des rassischen Antisemitismus führte im Nationalsozialismus zu willkürlichen Definitionen, zur Überkreuzung von Erlassen und Anordnungen, zur Unübersichtlichkeit und zur Radikalisierung.

Dass die Definition «Jude» willkürlich war, zeigen gerade die «Nürnberger Rassegesetze», indem sie den Begriff genau festschreiben wollten. Ab Herbst 1935 galt als «Jude», wer mindestens drei jüdische Großeltern hatte; Menschen mit zwei jüdischen Großeltern erhielten die Bezeichnung «Mischling ersten Grades» und wurden über Zusatzbedingungen entweder als «Jude» oder als «Nichtjude» definiert: Wenn ein «Mischling ersten Grades» der jüdischen Religion angehörte und, falls verheiratet, einen jüdischen Ehepartner hatte, galt er als Jude und wurde offiziell als «Geltungsjude» bezeichnet. Wenn ein «Mischling ersten Grades» (bis zu einem bestimmten Stichtag) oder seine Vorfahren aus der jüdischen Religionsgemeinschaft ausgetreten waren und, falls verheiratet, einen nichtjüdischen Ehepartner hatte, galt er nicht als Jude. Personen mit nur einem jüdischen Großelternteil wurden als «Mischlinge zweiten Grades» definiert und galten nicht als Juden.

Diese vom Staat aufgezwungene Gruppenzugehörigkeit mit dem Ziel der Stigmatisierung ist etwas ganz anderes als eine mögliche Selbstdefinition als Jude oder Jüdin – sei es über die jüdische Religion, die jüdische Herkunft oder die jüdische Tradition, oder sei es nach dem Holocaust über die kollektive Verfolgung.

Verbot jeglicher Berufsausübung und Emigration von Annemarie Bieber

Als im Herbst 1938 die letzten noch beruflich tätigen Juden und Jüdinnen «aus dem deutschen Wirtschaftsleben ausgeschaltet» wurden – so die NS-Terminologie –, verbot der Staat auch allen noch praktizierenden jüdischen Ärzten, deren Anzahl durch immer neue Schikanen Jahr für Jahr kleiner geworden war, ihren Beruf auszuüben. Am 25. Juli 1938 wurde verfügt: «Bestallungen (Approbationen) jüdischer Ärzte erlöschen am 30. 9. 38.» Nur einige wenige – überwiegend Ärzte und Ärztinnen, die in sogenannten «privilegierten Mischehen» lebten – durften weiterhin Patienten versorgen, aber einzig jüdische Patienten, und nicht mehr als «Arzt» oder «Ärztin», sondern als «Krankenbehandler», und dies jederzeit widerruflich.[88]

Frau Voss berichtet, dass Dr. Regula Frisch, eine Nichte von Käthe Kollwitz und eine alte Freundin der Familie Lux / Bieber, im Herbst 1938 die Praxis von Dr. med. Bieber übernahm. Die beiden Frauen hatten seit 1932 in einer Praxisgemeinschaft in der Stübbenstraße in Berlin-Schöneberg zusammengearbeitet. Regula Frisch (1894–1980) galt, weil ihr Vater Georg Stern – nicht aber ihre Mutter Lisbeth Stern – Jude war, als «halbarisch». Ob sie vor 1933 überhaupt eine Kassenzulassung gehabt hatte, konnte ich nicht herausfinden.[89] Jedenfalls lebte sie ab 1934 im Haus von Richard und Annemarie Bieber und praktizierte dort,[90] bis auch sie im April 1943 als «Mischling ersten Grades» ein vollständiges Berufsverbot erhielt und als Schwesternhelferin nach Schwarmstedt bei Hannover zwangsverpflichtet wurde.[91]

Trotz des vollständigen Berufsverbots ab Herbst 1938 betreute Dr. med. Bieber viele ihrer alten Patienten über Hausbesuche weiter. Ihre Tochter Hanna erinnert sich: «In den beiden nächsten Jahren schien Dr. B. eine Leidenschaft für Tee zu entwickeln. Jedes Mal, wenn das Telefon klingelte und eine solche Einladung überbracht wurde, zog sie ihren großen Mantel an, die Taschen vollgestopft mit einem Stethoskop, Spritzen und Arzneimitteln, und ging aus dem Haus.» Auf diese «Verbrechen» standen drastische Strafen – sowohl für Dr. Bieber wie für die Patienten, die «zu ihr hielten».[92]

Zu den beruflichen Sorgen kamen private und finanzielle. Richard Bieber war am 19. September 1936 mit achtundsiebzig Jahren gestorben. Seine Witwe Annemarie Bieber wurde Ende der dreißiger Jahre zunehmend von Verboten umzingelt und sukzessive ihres Besitzes beraubt. Ab November 1938 durften die beiden Töchter – Ruth, damals vierzehn Jahre alt, und Hanna, damals zwölf Jahre alt – keine öffentliche Schule mehr besuchen. Die Mutter suchte nach privaten Alternativen. Frau Voss berichtet im Gespräch, dass ihre Cousine Hanna Ende der dreißiger Jahre «lange bei uns wohnte», weil sie in eine katholische Privatschule in der Nähe der Familie Lux ging: «Ich studierte. Eva war schon weg. Ich schlief mit Hanna, die Heimweh hatte und oft traurig war, in einem Zimmer.» Hinzu kam, dass die ältere Tochter Ruth wegen einer verzögerten psychischen und intellektuellen Entwicklung besondere Aufmerksamkeit brauchte. Belegt ist, dass Ruth im Mai 1939 an einem Unterricht, der offenbar von den Eltern privat organisiert wurde, in einer Villa im Grunewald teilnahm. Spätestens 1940 besuchten beide Mädchen nach Angaben im Curriculum Vitae ihrer Mutter die «American School in Berlin». Weder über die katholische Privatschule in Schöneberg-Friedenau, die nach 1938 noch jüdische Kinder aufnahm, noch über die American School konnte ich etwas herausfinden.[93]

Richard Bieber hatte, da er sich über die weitere Entwicklung keine Illusionen machte, ab Mitte der dreißiger Jahre die Auswanderung seiner Familie betrieben. Er war nach Auskunft von Frau Voss eigens mit dem Ziel in die USA gefahren, Kontakt zu entfernten Verwandten aufzunehmen und sich deren Unterstützung zu versichern. Nach seinem Tod zögerte Annemarie Bieber zunächst zu emigrieren. Als es dann ganz dringlich wurde, gab es Schwierigkeiten mit der Visumsbeschaffung, vor allem wegen der leichten Behinderung der Tochter Ruth, obwohl Frau Dr. Bieber die notwendigen Bürgschaften (Affidavits) von Verwandten aus den Vereinigten Staaten für sich und ihre Kinder vorlegen konnte.

Kurz bevor kein Jude mehr aus Deutschland und den von Deutschland besetzten Ländern in die USA emigrieren konnte, schifften sich Annemarie Biber und ihre Töchter in Amsterdam ein, und zwar am 11. Juli 1940 auf der «Westernland».[94]

Mit der Vergegenwärtigung des Abschieds am Bahnhof in Berlin beginnt der Brief von Dora Lux an ihre Schwester vom 7. November 1944:

Mein liebes Miezel!
Nun ist es vier und ein halbes Jahr her, dass Du am Zugfenster standest und Hinz und ich auf dem Bahnhof Friedrichstraße, um für lange, vielleicht für immer, wehmütigen Abschied zu nehmen. Vielleicht kommt mir deshalb das drängende Bedürfnis, Dir in Briefen, die Dich vielleicht auch einmal erreichen, alles das zu erzählen, was wir in den wenigen, die bisher möglich waren, nicht sagen konnten und durften.
Dabei weiß ich nicht einmal, wohin ich diesen Brief adressieren sollte, ir-

gendwohin nach dem fernen Amerika, aber wo? Es sind wohl Nachrichten durchgesickert, teils über Schweden, teils über die Schweiz, dass Ihr alle lebt und es Euch sogar gut geht, aber nicht, wo man Euch suchen soll. Und wer weiß, ob jemand von uns das ja noch fern liegende Kriegsende überlebt.

Die Absicht des Briefes ist es, Zeugnis abzulegen von dem, was geschah, für den Fall, dass niemand mehr aus der Familie würde darüber berichten können. Deshalb will sie die Blätter «verlässlichen Menschen übergeben, bei denen Du vielleicht selber einmal versuchen wirst, Nachricht zu erhalten, was aus uns allen geworden ist».

Zunächst aber drückt sie ihre Erleichterung über die Emigration der Schwester aus:

Als Du damals, am Tage der Besetzung Norwegens, abfuhrst, ahnten wir noch nicht, was für ein Segen es war, dass das endlich Wirklichkeit wurde, wogegen Du Dich solange gesträubt hattest, und welchem unausdenkbaren Schicksal Ihr entgangen seid. So schwer es gewesen sein mag, so ganz ohne Geld aus der Heimat fort zu müssen einer ungewissen und sicher nicht lockenden Zukunft entgegen: Es war doch die Rettung. Denn wie es denen ergangen ist, die nicht mehr zur rechten Zeit hinauskonnten, das wird eine menschlichere Zukunft ins Reich der Gräuel-Phantasie verweisen, aber leider ist es grausame Wahrheit. Was Fanatismus, Borniertheit und auch nackte Gewinnsucht da zuwege gebracht haben, ist fast noch nicht da gewesen. Und das in einem auf seine Kultur so stolzen Staat im 20. Jahrhundert!

Es folgen Informationen über die Deportationen von Juden. Die richtige chronologische Abfolge sowie die Angabe der Zielorte lassen keine Zweifel: Dora Lux wie sicher auch andere in ihrem Umfeld wussten genau Bescheid. Eingefügt werden Namen von Freunden und Bekannten, die sich das Leben nahmen oder deportiert wurden und von denen man «nie wieder etwas gehört» hat.

Ein späterer Teil des Briefes berichtet darüber, dass das «alte Haus» in der Kaiser-Wilhelm-Straße beschlagnahmt wurde und jetzt «dem Reich gehört».[95] Nachgetragen sei: Der Bieber'sche «Familiensitz» wurde im Februar 1945 weitgehend von Bomben zerstört, 1953 abgerissen. Der Brief endet mit den Worten:

Mein liebes Miezel, es ist wenigstens gut, dass Du und Deine Mädels leben und einem normalen Lebensende bzw. Lebensweg entgegensehen könnt! Mögen die Kinder sich nur dessen bewusst sein und sich damit über etwaige persönliche Kümmernisse trösten. Denn hier wären sie unbarmherzig zermalmt worden, wie so viele ihrer Bekannten.
Und nun hoffentlich: Auf Wiedersehen! Dordl.

Auf eine so vertraute Anrede der Schwester und auf den Kosenamen, mit dem Dora Lux unterzeichnet, bin ich sonst nirgends gestoßen. Unter den Schwestern gab es offenbar eine intime Kommunikation, die nur an dieser Stelle ein wenig durchscheint.[96]

Deportation von Elsbeth Schaper

Annemarie Bieber hatte zusammen mit ihren Töchtern Deutschland gerade noch rechtzeitig verlassen. Elsbeth Schaper, die jüngste Schwester, nicht. Sie hatte das Schaper'sche Haus in der Buchenstraße 4 im Tiergarten noch einige Jahre als Familienpension weitergeführt, konnte es dann aber finanziell nicht mehr halten. 1939 musste sie die Villa verkaufen.[97] Mit ihrem jüngsten Sohn fand sie bei ihrer Schwester Annemarie, in der Kaiser-Wilhelm-Straße 53, eine leider nur vorübergehende Bleibe.[98] Ihre drei älteren Söhne aus erster Ehe waren bereits, da sie die französische Staatsbürgerschaft besaßen, einige Jahre davor legal nach Frankreich ausgewandert. Später dienten sie in den Streitkräften von Charles de Gaulle beziehungsweise in der US-amerikanischen Armee und kämpften gegen das faschistische Deutschland.

Zu den Maßnahmen gegen bisher verschonte Gruppen gehörte ab Ende 1943 die Deportation von Juden und Jüdinnen, deren «privilegierte Ehe» durch den Tod des nichtjüdischen Partners oder durch Scheidung nicht mehr bestand.[99] Davon war Elsbeth Schaper, geborene Bieber, unmittelbar betroffen. Bis dahin war sie durch die Ehe mit Wolfgang Schaper, der keine jüdischen Vorfahren hatte, über dessen Tod hinaus geschützt gewesen.

Über Elses «plötzliche Deportation» am 15. Februar 1944 berichtet Dora Lux ihrer Schwester Annemarie: «Sie geschah während eines der schlimmsten Terrorangriffe auf Berlin, als ihre Hausgenossen bis auf ein junges Mädchen, das bei ihr wohnte, sich bereits im Bunker befanden. Sie war völlig unvorbereitet und hatte daher nichts geordnet, nicht einmal ein Vormund für Wölf war bestellt.»

Am 23. Februar 1944 wurde Elsbeth Schaper mit fünfundfünfzig Jahren von Berlin nach Theresienstadt deportiert. Auf der Liste des 102. Transports steht hinter ihrem Namen unter «Bemerkungen»: «Nicht mehr bestehende privilegierte Mischehe.» Die gleiche Bemerkung fand ich bei weiteren siebenundzwanzig Namen (von insgesamt vierundsiebzig Deportierten) sowie auf allen späteren Transportlisten von Berlin nach Theresienstadt.[100]

Vielleicht wäre sie verschont geblieben, wenn ihr Sohn noch als versorgungsbedürftig gegolten hätte. Hierzu liest man Unterschiedliches. Bezogen auf Berlin schreibt die Sozialwissenschaftlerin Rita Meyhöfer: «Waren … Kinder zu versorgen, die ‹Mischlinge ersten Grades› waren, wurde die Deportation ausgesetzt, bis die Kinder vierzehn Jahre alt waren.»[101] Peter Wölf war, als seine Mutter abtransportiert wurde, fünfzehn.

Heinrich Lux hatte ihn, seinen jüngsten Neffen, gern zu Ausflügen mitgenommen, bisweilen auch auf Reisen. Dora Lux unterrichtete ihn 1942, wie auch andere «jüdische Mischlinge», inoffiziell und privat. Jetzt war sie die Einzige aus der Familie, die in Berlin lebte und die sich um ihn kümmern und Verantwortung für ihn übernehmen konnte. Von großer Hilfe muss der Bankier Scheurmann gewesen sein, der «die geschäftlichen Dinge in sorglichster Weise» wahrnahm und später Peter Wölfs Vormund wurde.[102] Den Jungen selbst nahm eine Tante in Bremen auf. Acht Monate lang konnte er dort als Lehrling in einem großen Schlossereibetrieb arbeiten, dann wurde er zur «Organisation Todt» zwangsverpflichtet,[103] kam in ein Lager bei Hannover und musste Schwerstarbeit verrichten. Im November 1944 scheint er noch dort gewesen zu sein, denn Dora Lux schreibt: «Ich schicke ihm

Brotmarken, alte Sachen von Hinz und was er eben so braucht.» Wie ich inzwischen von Peter Wölf Schaper selbst weiß, brach bald darauf im Lager Diphtherie aus, und er wurde in ein Krankenhaus eingeliefert. Ausgestattet mit einem Wehruntauglichkeitspass, den ihm eine Ärztin, die als «Halbjüdin» selbst zwangsverpflichtet war, ausgestellt hatte, beschloss er, nicht ins Lager zurückzukehren, sondern sich nach Berlin durchzuschlagen. Irgendwann im Januar oder Februar 1945 klopfte er an die Tür seiner Tante in der Fregestraße 83. «Infolge der bereits sich verwirrenden Umstände» lebte er dort «unangemeldet und unbehindert» – pro forma war er allerdings bei Freunden gemeldet – und arbeitete bei seinem Vormund Scheurmann im Büro. In der Fregestraße blieb er bis über das Kriegsende hinaus.

Der Kontakt zwischen Elsbeth Schaper und Dora Lux war währenddessen mit gelegentlichen kurzen und zensierten Briefen aufrechterhalten worden. In diesen stand, dass sie in Theresienstadt als Kinderschwester tätig sei und es einige «kulturelle Einrichtungen» gebe. «Sonst haben wir überhaupt keine Vorstellung von dem Leben dort.» Im Dezember 1944 brach dann die Verbindung zur Schwester Elsbeth ganz ab, ein Anlass für große Sorgen.[104] Im Brief von Dora Lux vom 7. November 1944 an Annemarie Bieber folgt die Passage:

Ob wir uns überhaupt noch einmal wiedersehen, auf die eine oder andere Weise? Man kann es sich gar nicht vorstellen, dass es nicht mehr sein soll! Aber noch gebe ich die Hoffnung nicht auf.

Gerichtsverfahren gegen Friedrich Bieber

Am 22. November 1934 wurde Dr. Friedrich Bieber «wegen fortgesetzter Amtsanmassung und wegen Untreue in 3 Fällen zu einer Gesamtstrafe von 2 Jahren Gefängnis» verurteilt.[105] Anfang Januar 1934 war er bereits in Untersuchungshaft genommen worden. Aus der Urteilsbegründung:

Der Angeklagte hatte seit dem Jahre 1922 in Berlin eine gutgehende eigene Rechtsanwaltspraxis ... 1927 wurde er zum Notar ernannt. Bis 1928 arbeitete er mit seinem Verwandten Justizrat Dr. Bieber und dessen Sozien, Dr. Fabian und Dr. Hepner, zusammen. Dann machte er sich selbständig. Seine Vermögensverhältnisse waren hier zunächst geordnet, obwohl er weiter kein Privatvermögen hatte. Bald kam er aber durch hilfsbereite Hergabe von Geldern an notleidende Mandanten und Verwandte, denen gegenüber er nicht rechtlich verpflichtet war, sowie durch mehrere Regresse, deren Höhe um 65 000 RM lag, in immer größere finanzielle Schwierigkeiten. Dies führte schließlich dahin, dass der Angeklagte zum Teil wegen geringfügiger Beträge zur Leistung des Offenbarungseides geladen wurde und sogar gegen ihn Haftbefehle dieserhalb erlassen wurden. Um diesen Schwierigkeiten zu entgehen, verwandte er nun zeitweilig unrechtmäßig Mandantengelder für seine eigenen Zwecke.

Vor Gericht ließ sich Friedrich Bieber von einem «sehr guten jüdischen Anwalt» vertreten. Innerhalb der Familie waren, wie Frau Voss erinnert, im Vorfeld die möglichen Nachteile abgewogen worden. Die Wahl eines jüdischen Verteidigers Anfang 1934 durch einen Angeklagten jüdischer Herkunft zeugt für Vertrauen in eine noch funktionierende unabhängige Justiz. Offenbar zu Recht, denn das Verfahren im November 1934 vor der 4. Strafkammer unter dem Vorsitz von Landgerichtsdirektor Rückert enthält keine Verstöße gegen die Rechtsstaatlichkeit; in den Akten findet sich kein antisemitischer Unterton; die jüdische Herkunft von Dr. Bieber wird mit keinem Wort erwähnt.

Im Verfahren erscheint der Angeklagte als einer, der über seine eigene Hilfsbereitschaft gestrauchelt ist und sich schließlich nur noch durch Betrug zu helfen wusste. Bei der «unrechtmäßigen Verfügung über Mandantengelder», die bis in das Jahr 1931 zurückreicht, wird zu seinen Gunsten angeführt, dass er sich bemühte, «den Schaden wieder gut zu machen» und kein «einheitlicher Vorsatz» zu erkennen war.

Hinter dem zweiten Anklagepunkt «Amtsanmassung» verbarg sich Folgendes: Im Berufsverbotsverfahren hatte Dr. Friedrich Bieber auf sein Gesuch, als Anwalt und Notar wieder zugelassen zu werden, mehrere Monate lang keine Antwort erhalten, obwohl er immer neue Eingaben gemacht und Nachfragen gestellt hatte. Stattdessen erhielt er mehrere Aufforderungen, sich zu seinen finanziellen Unregelmäßigkeiten ab 1931 zu äußern, die er alle unbeantwortet ließ. Er verschlimmerte seine Lage, indem er weiter praktizierte, obwohl die alte Zulassung zurückgezogen worden war und eine neue, so ein Zwischenbescheid, noch geprüft wurde. Im Herbst 1933 wurde er mehrmals aufgefordert, zuletzt am 3. November, sein Amtssiegel als Notar herauszugeben. Aber auch darauf reagierte er nicht. «Vielmehr nahm er nach diesem Zeitpunkt vom 3. 11. 33 bis zum 3. 1. 1934 in seiner Tätigkeit als Notar 23 Amtshandlungen, Unterschriftenbeglaubigungen, Errichtung von Testamenten und Schuldurkunden ... vor.» So die Urteilsbegründung.

Zweifellos stand Friedrich Bieber finanziell das Wasser bis zum Hals, und nach aller Erfahrung mussten seine Betrügereien früher oder später auffliegen. Aber die Renitenz, mit der er sich über den Entzug seiner Zulassung hinwegsetzte, als Anwalt und Notar weiterpraktizierte und alle Mahnungen und Aufforderungen negierte, zeugt von einer Missachtung des Staates und der Amtsautoritäten, die man auch bewundern kann – zumal wenn die Obrigkeit derartig zu fürchten ist, wie sie es unter den Nationalsozialisten war. Möglicherweise steigerte sich seine Renitenz nach 1933, weil er keinen Grund mehr sah, nachdem der Staat ihm gegenüber die Loyalität aufgekündigt hatte, seinerseits dessen Gesetze und Anweisungen zu befolgen. Sein anarchisches Verhalten mag auch durch die Kränkung verstärkt worden sein, dass gegen ihn überhaupt ein Berufsverbot aus rassischen Gründen ergangen war.

Dass bei Friedrich Bieber Realitätsflucht und Widerspruchsgeist bereits vor der NS-Herrschaft dicht beieinanderlagen, geht aus einem Ehrengerichtsverfahren der Anwaltskammer hervor, das im Mai 1933 eröffnet wurde und Vorgänge seit 1929 einbezog. Anlass war, dass er die wiederholten Bitten eines Anwaltskollegen, ihm in einer geringfügigen Nachlassangelegenheit Auskunft zu erteilen, seit 1930 unbeantwortet gelassen hatte. Bei der Urteilsfindung kam hinzu, dass er in «früheren Fällen in ganz ähnlicher Weise gegen seine Standespflichten verstoßen hat».[106] Aufgeführt wurden nicht weniger als vier Missbilligungen, eine Ordnungsstrafe und zwei Mahnungen, die alle zwischen 1929 und 1932, also vor 1933, an ihn gegangen waren. Trotz der Vielzahl der Verstöße erhielt Friedrich Bieber nur die niedrigste Strafe – eine Verwarnung.

In der Urteilsbegründung des Ehrengerichts werden ihm seine Verwundungen im Krieg, «darunter auch zwei schwere Kopfschüsse», und seine militärischen Auszeichnungen zugutegehalten. Und dann folgt eine geradezu einfühlsame Passage: «Wenn auch der Angeklagte eine sonstige Erklärung für sein Verhalten nicht anführen kann, so ist ihm doch zu glauben, dass er gewissen Angelegenheiten und vor allem Mahnbriefen gegenüber vielfach eine derartige Unlust zur Erledigung empfindet, dass er weitere Mahnbriefe immer wieder zurücklegt, ohne darauf etwas zu veranlassen.»

Die Urteilsbegründung stammt von Oktober 1933, also aus der Zeit, als das Berufsverbotsverfahren gegen ihn schon über sechs Monate lief. Es scheint, als hätten die Anwaltskollegen, die dem Ehrengericht angehörten, ihn, solange es irgend ging, zu halten versucht. Dabei war die Berliner Anwaltskammer bereits seit Anfang April 1933 «gleichgeschaltet», aber offenbar nur auf der Vorstandsebene. Bekannt ist, dass die Nationalsozialisten unter den Berliner Anwälten kaum Anhänger hatten und sich die Berliner Anwaltskammer (im Unterschied zu den Berufsverbänden der Ärzte oder Lehrer), den neuen Machthabern nicht angedient hatte – im Gegenteil.

Im Januar 1934 wurde das Berufsverbot gegen Friedrich Bieber, der bereits in Untersuchungshaft war, bestätigt, die «nachgesuchte Zulassung» wurde ihm versagt.[107] Am 20. Februar 1935 wird dann seine Zulassung als Anwalt und Notar endgültig «gelöscht». Der Grund lag nicht in seiner jüdischen Herkunft – als «Frontkämpfer» hätte er eine Wiederzulassung erhalten –, sondern in seiner anarchischen Amtsführung, die über ihm zusammenbrach. Und trotzdem gibt es eine Verbindung zwischen dem Berufsverbot und seinen «Amtsanmassungen» – diese begannen erst, nachdem ihm im April 1933 aus rassischen Gründen untersagt worden war, seinen Beruf auszuüben. Ohne diesen Einschnitt hätte er weiterhin als Anwalt und Notar Geld verdienen können. Vor allem aber muss ihn der Ausschluss aus dem Beruf und der Kampf um seine Wiederzulassung psychisch stark angegriffen haben.

Als Friedrich Bieber Ende 1935 aus der Haft entlassen wurde – die

Untersuchungshaft von fast einem Jahr war angerechnet worden –, bewährte sich der Bieber'sche Familienverband. «Onkel Friedl hatte, nachdem er aus dem Gefängnis kam, keine Bleibe. Er konnte zunächst mit seiner Frau in der Schaper'schen Villa in der Buchenstraße wohnen, dem Haus von Tante Else. Dort war Raum für gestrandete Familienmitglieder», so Gerda Voss unter Verweis auf andere, die dort schon früher untergekommen waren. «Onkel Friedl war anfangs selten in der Familie. Erst nachdem er das Unglück hatte» – mit dem Wort «Unglück» sind alle Verfehlungen entschuldigt –, «wird er ganz in die Familie aufgenommen. Davor sahen wir ihn kaum.» Die Sicht von Peter Wölf Schaper hierzu ist eine andere: Für ihn war Onkel Friedl schon immer ein wichtiges Familienmitglied. Nach dem Tod seines leiblichen Vaters im Jahr 1930 wurde er sein vielgeliebter «Ersatzvater», und auch seine Mutter hatte seit ihrer Kindheit eine enge Bindung zu ihrem Bruder, vielleicht, weil sie die beiden Jüngsten in der Geschwisterreihe gewesen waren.

Bald nach seiner Entlassung begann Friedrich Bieber wieder beruflich aktiv zu werden. Inoffiziell und privat beriet er ehemalige Klienten in juristischen und finanziellen Angelegenheiten. Später hatte er dann außerdem eine Baufirma. Offensichtlich war er wirtschaftlich erfolgreich, denn er konnte, spätestens 1938, zusammen mit seiner Frau eine Wohnung in der Woyrschstraße beziehen, in einer guten und teuren Gegend im Berliner Bezirk Tiergarten.

Der «gekaufte» Großvater

Als die Lebensgefahr für Friedrich Bieber wegen seiner jüdischen Herkunft immer größer wurde, fuhr er nach Preußisch Stargard in Westpreußen, wo die Familie väterlicherseits herstammte, und suchte in den Kirchenbüchern nach einem passenden nichtjüdischen Großvater. Er wurde fündig. Im Februar 1941 «kaufte» er den «Geburts- und Taufschein» eines gewissen Ludwig, August Joachim Bieber, geboren 1818, Akquisenkontrolleur in Preußisch Stargard.[108] Der jüdische Großvater Joachim Bieber, geboren 1826, den wir als Erbauer des «Familiensitzes»

*Elsbeth (genannt Else)
Schaper, 1926*

*Unten:
v. l. n. r. Friedrich
Bieber, Elisa Mucha,
genannt «Mutter
Lisa», die seit 1891 im
Haushalt von Richard
Bieber tätig war,
Heinrich Lux, Else
Schaper, kniend: Inge
Mucha, die Enkelin
von «Mutter Lisa»,
Wüstrow an der
Ostsee, ca. 1939*

in Berlin-Mitte kennengelernt haben, konnte daraufhin aus der Ahnenreihe «verschwinden». Der Geburtsort stimmte überein; «Joachim» traf neben anderen Vornamen auf beide zu; der Altersunterschied war gering; vor allem aber – der neue Großvater war evangelisch. Das Dokument ist keine Fälschung, es wurde nur in die falsche Ahnenkette eingereiht. «Aber frag nicht, was mich das gekostet hat», so der Kommentar von Friedrich Bieber gegenüber seiner Nichte Gerda. Ihr wie auch anderen Familienangehörigen tat der «gekaufte Großvater» gute Dienste: «Auf diese Weise wurden wir einen jüdischen Großvater los und hatten legitime Papiere darüber. So konnte ich Arbeit bekommen, was mir davor nicht möglich war.»[109]

Kampf ums Überleben

Nach seiner Entlassung aus der Haft hatte Friedrich Bieber mehrere Jahre unentdeckt als Jude gelebt, keineswegs im Untergrund, vielmehr für jeden erreichbar. Von 1939 bis 1943 stand er unter «Friedrich Bieber, Dr. jur. Oberleutnant a.D.» mit voller Adresse – «W 35, Woyrschstr. 45» – in den Berliner Adressbüchern, allerdings nicht im Amtlichen Fernsprechbuch. Dort aber war von 1938 bis 1941 seine Frau Gertrud unter der gleichen Adresse eingetragen, mit dem Zusatz «Unterricht und Schreibmaschinenarbeiten». Von 1941 bis 1943 ist sie im Adressbuch mit einem eigenen Eintrag, Telefon und gleicher Anschrift wie ihr Mann verzeichnet. Auch Gertrud Bieber war teilweise jüdischer Herkunft – ob sie als «Jüdin» oder als «Mischling» galt, weiß ich nicht. Bei Friedrich Bieber aber war die Zuordnung eindeutig: Er hatte vier jüdische Großeltern. Dennoch hatte er sich die obligatorischen Papiere, die ihn als Juden ausgewiesen hätten, nicht geholt – ebenso wenig wie seine Schwester Dora –, auch führte er den Zwangsvornamen «Israel» nicht und trug keinen Judenstern. All dies waren gravierende Gesetzesübertretungen. Im Spätsommer 1943 aber geriet er ins Visier der Gestapo. Das Weitere entnehme ich dem knappen und teilweise verklausulierten Bericht von Dora Lux an ihre Schwester Annemarie vom 7. November 1944 sowie detailreichen Aufzeichnungen aus dem

Jahr 1995 von Gerda Voss, denen spätere Gespräche und Recherchen zugrunde liegen.[110]

Dora Lux schreibt: «Friedel ging es in der Zeit verhältnismäßig gut. Er hatte für seine Baufirma gut zu tun, reiste viel herum und hatte auch allerlei Privatpraxis. So konnte er Gertrud, die viel kränkelte, einen dauernden Erholungsaufenthalt im Taunus ermöglichen. Aber immer schwebte das papierne Damoklesschwert über ihm. Trotzdem nahm er ein heimatloses Ehepaar mit zwei Kindern bei sich auf, als Gertrud verreist und er dauernd unterwegs war. Das ging ein Dreivierteljahr, dann kam, wie üblich, eine Denunziation.» Die Denunziation richtete sich zunächst gegen Franz Eulenburg, einen Freund von Friedrich Bieber und Professor der Volkswirtschaft, Jude der Herkunft nach, der durch seine Ehe mit einer nichtjüdischen Frau ansatzweise geschützt war. Er hatte seine jüdische Sekretärin, die mit ihrer Familie in der Wohnung von Friedrich Bieber untergetaucht war, illegal weiterbeschäftigt (siehe das Kapitel: «Jüdische Helfer für jüdische Verfolgte», S. 232).

Franz Eulenburg kam ins Gestapogefängnis am Alexanderplatz. Das war Anfang September 1943. Die jüdische Familie wurde sofort deportiert. Dora Lux berichtet weiter: «Kurz darauf besetzte die Gestapo Friedels Wohnung, ließ Gertrud, die unglücklicherweise gerade aus dem Taunus anläutete, dort ausheben und lauerte auf Friedels Rückkehr. Fr. kam aber nicht wieder, er hatte wohl von G.s Verhaftung erfahren. Er blieb Monate verschollen. Inzwischen wurde G. deportiert, so viel man weiß, nach Auschwitz (O. Schl.).»

Im *Gedenkbuch Berlins der jüdischen Opfer des Nationalsozialismus* ist eingetragen: «Bieber Gertrud, geb. Driesen, geb. am 28. 02. 89 in Berlin; Tiergarten, Woyrschstr. 45; 46. Transport vom 8. 11. 43, Auschwitz; Todesort: Auschwitz, verschollen.»

Friedrich Bieber hatte versucht, über die Grenze in die Schweiz zu fliehen. In verschiedene Stadien der Fluchtvorbereitungen, die sich über Wochen hinzogen, waren seine Schwestern einbezogen. Dora Lux schreibt weiter: «Else und ich haben getan, was wir tun konnten, eigentlich mehr als das, es hatte aber alles keinen Erfolg.» Die Flucht misslingt. Kurz vor der Schweizer Grenze wird er verhaftet. Ein Gastwirt in den Alpen hatte ihn zuerst finanziell ausgesaugt, dann verraten. In den nächsten sechs Monaten kommt er in Süddeutschland von einem Gefängnis ins andere, dem Verhungern nahe. «Ich habe für alle meine Sünden gebüßt», so sein von Gerda Voss übermittelter Kommentar. Im April 1944 wird er ins Polizeigefängnis am Berliner Alexanderplatz überstellt, von wo aus er über Mittelspersonen mit seiner Schwester Dora Kontakt aufnimmt. Im Mai gelingt es ihm, bei einem Bombenangriff auf das Polizeigefängnis zu entkommen, aber kurz bevor er eine relativ sichere Unterkunft bei einem Verwandten auf dem Land erreichen kann, wird er erneut gefasst.

Etwa vier Wochen später meldet sich laut Gerda Voss ein unbekannter junger Mann per Telefon bei Dora Lux mit einer Nachricht ihres Bruders. Er schlug vor, sich in einem kleinen Restaurant «in der Nähe des Gestapo-Gebäudes»[111] zu treffen und bat sie, «Zigaretten, Lebensmittel und Unterwäsche» mitzubringen. Notfalls solle sie sich als seine «Tante Adele» aus Köpenick ausgeben. Horst, so hieß der junge Mann, arbeitete im Sammellager für jüdische Häftlinge auf dem Gelände des Jüdischen Krankenhauses in Berlin-Wedding[112] und begleitete die Gefangenen, die Bombenschäden in der Stadt – unter anderem am Gestapo-Gebäude – beseitigen mussten, vermutlich als Vorarbeiter oder Bewacher.

Bei dem Treffen übergab Horst einen Brief von Friedl, in dem er schrieb, dass «verglichen mit dem, was er zuvor erlitten hatte», sein jetziger Aufenthalt «der Himmel auf Erden sei».[113] Lange konnten Dora Lux und der junge Mann nicht miteinander sprechen, denn auf einmal betrat sein Vorgesetzter das Lokal. Horst kehrte zu seinem Dienst zurück, «und Mutter saß noch eine Weile mit seinem Vorgesetzten zusammen, gab ihm Zigaretten, kaufte ihm ein Bier und etwas zu essen».

In den nächsten Wochen trafen Dora Bieber und Horst sich wiederholt. «Niemand schien sich über die Anhänglichkeit des jungen Mannes an seine alte Tante zu wundern. Schließlich brachte die Tante nicht nur für ihren Neffen, sondern auch für dessen Vorgesetzten Zigaretten und Lebensmittel mit.» Da die Bestände von Frau Lux bald erschöpft waren, bat sie Freunde und Verwandte um Unterstützung. So schrieb sie auch in verklausulierter Form an eine enge Freundin ihres Bruders in Baden-Baden, Frau Siebert, bei der er sich auf seinem Weg in die

Schweiz einige Zeit versteckt hatte. Frau Siebert schickte Zigaretten und Alkohol.

An einem Julitag 1944 erhielt Dora Lux von Horst die Nachricht, dass ihr Bruder Friedl auf der Liste einer unmittelbar bevorstehenden Deportation «in den Osten» stehe. Gerda Voss: «Mutter packte einen Koffer voll mit Vaters Sachen, u. a. Hemden, Schlafanzüge, Seife, Alkohol. Es war Sonntag, sie fuhr quer durch die Stadt. Dort angekommen, überhäufte sie die Polizisten der Wache mit Zigaretten. Diese versprachen, den Koffer abzuliefern, konnten aber keine Erlaubnis erteilen, Friedl zu sehen. Nachdem Frau Lux sich als seine Schwägerin vorgestellt hatte, rieten sie ihr, um eine Besuchsgenehmigung bei der Gestapo nachzusuchen – den letzten Ort, den sie gewillt war aufzusuchen.» Verständlicherweise, denn sie besaß die vorgeschriebenen Papiere nicht und war nicht die Schwägerin, sondern die Schwester von Friedrich Bieber, mithin eine Jüdin. Nachgetragen sei, dass das Gelände des Jüdischen Krankenhauses nicht nur von Gestapo-Leuten wimmelte, sondern, wie man heute weiß, auch von jüdischen Spitzeln.

«Niedergeschlagen und ziellos bewegte sie sich auf der sonntäglich leeren Straße neben dem Gebäude. Plötzlich sah sie ihn. Er saß am offenen Fenster und rauchte eine Zigarette. Fast ein Jahr war es her, als sie ihren Bruder zuletzt auf Vaters Geburtstagsfeier gesehen hatte. Sie winkte und rief eine Begrüßung. Viel konnten sie nicht austauschen. Mutters Stimme reichte kaum hoch zu ihm. ‹Du wirst wieder von mir hören, ganz sicher›, das waren seine letzten optimistischen Worte. Sie hörte nie mehr von ihm.»

Aus dem Brief von Dora Lux ist zu entnehmen, dass er «am 13. Juli 1944 nachmittags 6 ½ Uhr in einem Transport nach dem Osten gebracht wurde, möglicherweise nach Auschwitz». Trotzdem soll sie noch lange darauf gehofft haben, dass er von irgendwoher, wo er sich vielleicht verborgen hatte, zurückkäme.

Wenig später erschien Frau Siebert «in einem Anflug von Panik» in Berlin. Ein Brief von Frau Lux war von der Polizei abgefangen worden, Frau Siebert wurde vorgeladen und streng verhört. Obwohl sie alle nur denkbaren Ausreden vorgebracht hatte, war Frau Lux durch den Vorfall aktenkundig geworden. Sie musste befürchten, dass die Gestapo

dem Vorgang nachgehen, sie als Jüdin identifizieren und festnehmen
würde.

Dazu Gerda Voss: «Sie überließ sich dem Schicksal, machte ihr Testament und wartete auf die zwangsläufige Verhaftung. Seit mehreren Jahren empfand Mutter ihr Leben als eine geborgte Zeit ... Nun würden sie kommen. Es war nur eine Frage von Tagen. Nichts passierte. Berlin wurde mehr und mehr verwüstet. Mutter machte Platz für zwei Freunde, deren Haus zerbombt worden war. Noch immer kam niemand, um sie abzuholen.»

Ab Sommer 1944 war sie die Einzige aus dem Bieber'schen Familienverband, die in Berlin zurückgeblieben war. Schon länger liefen alle Fäden bei ihr zusammen. In vielfältiger Weise kümmerte sie sich um die anderen, nicht nur in spektakulärer Form wie um ihren Bruder, sondern auch im Alltag. Etwa indem sie den Briefkontakt mit den Freunden und Freundinnen ihrer Schwester Else, die selbst dazu nicht in der Lage war, aufrechterhielt oder ihrem Neffen Peter Wölf Brotmarken schickte. Die Sorgen und Nöte aller lasteten auf ihr. Hinzu kam, dass ihre eigene Gefährdung zunahm.

Flucht von Dora Lux aus Berlin

Ab Frühjahr 1943 und verstärkt Ende 1944 gab es neue Vorstöße innerhalb der Partei und der Regierung, jüdischen Ehepartnern in bestehenden Ehen mit Nichtjuden ihre «Privilegien» zu nehmen und sie den anderen Juden gleichzustellen. Viele von ihnen wurden zur Zwangsarbeit verpflichtet, ihre Deportation war beabsichtigt. Das Gleiche galt für «jüdische Mischlinge» wie den Töchtern von Dora Lux. Zwar wurde eine Grundsatzentscheidung auf die Zeit nach dem Krieg verschoben, aber noch im Februar / März 1945 gab es solche Deportationen.[114] Der größte Einschnitt aber war für Frau Lux der Tod ihres Mannes Ende August 1944. Damit schwebte die Gefahr, das gleiche Schicksal wie ihre Schwester Elsbeth zu erleiden, über ihr.

Anfang März 1944 flüchtete sie, alles zurücklassend, aus Berlin, «da damals auch die Witwen arischer Männer in Konzentrationslager

gebracht wurden». So ihre eigene Begründung.[115] Wie sie die Abreise bewerkstelligte, ist unklar. Sie selbst schrieb in einem Nachtrag vom 22. Mai 1945 zum Brief an ihre Schwester Annemarie nur: «Ich durfte meines Alters wegen Berlin verlassen.»

Auf Einladung des Archäologen Ludwig Ohlenroth aus Augsburg, dem Mann ihrer Stieftochter Wera, ging sie nach Niederstaufen, ein kleiner Ort in der Nähe des Bodensees, und ließ sich als «wissenschaftliche Hilfskraft» in seinem Projekt zur Römerzeit in Kempten einstellen. Dort waren ihre Personalien nicht bekannt. Nachweise wurden aber nicht mehr gefordert, und sie konnte so ungehindert arbeiten.[116]

Die Region wurde 1945 von den Franzosen befreit. Dora Lux machte sich mit ihren Französischkenntnissen nützlich und betätigte sich als Dolmetscherin. Nebenbei brachte sie den jungen Mädchen des Dorfes Französisch bei, damit diese sich mit ihren neuen marokkanischen Freunden, die in der französischen Armee dienten, verständigen konnten. Und so steht in jenem Nachtrag vom 22. Mai 1945 der Satz: «Mir selber geht es hier auf dem Lande äußerlich ganz gut, wenn mir nicht die furchtbaren Sorgen und die Ungewissheit über das Schicksal meiner Leute Schlaf und Ruhe raubten.»

Dora und Heinrich Lux als Lebenspartner

Frau Dr. Lux hatte den Aufstieg Hitlers früher kommen sehen als ihr Mann. Als Franz von Papen im Juni 1932 Reichskanzler wurde, soll sich laut Familienüberlieferung folgender Disput zwischen den beiden Eheleuten zugetragen haben: Frau Lux: «Und der nächste Reichskanzler ist Hitler» – was für Herrn Lux unvorstellbar war: «Das wird er nie» – darauf sie: «Ich garantiere dir, er wird es.» So der mündliche Bericht ihrer Tochter Eva Tietze. Ihre andere Tochter Gerda erinnert sich, wie ihre Mutter fassungslos vor einem Hitler-Bild saß und sagte: «Wie kann ein so unintelligent aussehender Mensch so eine Macht kriegen. Guck ihn dir doch an. Guck ihn dir doch an. – Ich kann das nicht begreifen.» Und als der Krieg gegen Russland erklärt wurde, soll sie sich die Europakarte angeschaut und gesagt haben: «Mit diesem großen Land wollen wir Krieg führen – das geht nicht gut.»

Dora Lux besaß einen ausgebildeten Realitätssinn und konnte Gefahren antizipieren. Diese Fähigkeiten hielten sie aber nicht davon ab, immer wieder couragiert zu handeln, wenn es ihr notwendig erschien. Ich erinnere daran, wie sie sich, um ihrem Bruder zu helfen, in Gefahrenzonen begab. Beide Töchter bezeichnen sie mehrfach als «angstfrei». Gerda Voss geht sogar so weit und behauptet: «Mutter kannte ja überhaupt keine Furcht.» Als Beleg führt sie eine Episode im Krieg an: «Wir waren während eines Bombenangriffs unterwegs; ich wollte in einen Unterstand; ich hatte große Angst; sie aber ging nach Hause; ihr Mann war zu Hause, also ging sie nach Hause. Da kannte sie gar nichts.»

Ihr Mann soll ebenfalls «angstfrei» gewesen sein, aber in den Schilderungen der Töchter wirkt er ein wenig wie ein Traumtänzer, bei dem Furchtlosigkeit mit einem Schuss Leichtsinn gepaart war. Über seine Furchtlosigkeit oder Unvorsichtigkeit – je nach eingenommener Perspektive – sind in der Familie etliche Anekdoten überliefert. Einige seien berichtet: So soll er bei der letzten freien Wahl am 5. März 1933, als die SA bereits versuchte, die Wähler einzuschüchtern, demonstrativ auf die im Wahllokal anwesenden SPD- und KPD-Leute zugegangen sein: «Mit ausgestreckter Faust grüßte er sie vor der ganzen SA. Wir hatten Angst, dass sie ihn verprügeln würden.» Bei der «Wahl» am 12. November 1933 – das erste Scheinplebiszit der neuen Reichsregierung, bei dem man nur noch mit «Ja» oder «Nein» stimmen konnte – soll er das Wahllokal mit der weithin hörbaren Frage betreten haben: «Wo steht ‹Nein›?» So die mündlichen Mitteilungen der Tochter Eva Tietze.

Mit einer Strategie der listigen Umarmung gelang es ihm bei zwei Hausdurchsuchungen, die laut Frau Tietze 1935 oder 1936 stattfanden, die Situation zu entschärfen. Das eine Mal soll er zwei ungebetene Besucher, die sich unter anderem für die Loge «Zur Morgenröte» interessierten, freundlich gestimmt haben, indem er ihnen Logenbänder für ein «Freimaurer Museum» schenkte, das die Nationalsozialisten zur Diffamierung der Freimaurer planten. Das andere Mal verwickelte er zwei Eindringlinge so angelegentlich in Gespräche über Theodor Pliviers Tatsachenroman *Der Kaiser ging, die Generäle blieben* – er stand auf der Liste der zu verbrennenden Bücher –, dass es ihm angemessen erschien, «nach getaner Arbeit einen Schnaps mit ihnen zu trinken» – so die Familienlegende. Gefunden wurde beide Male nichts. Er war gewarnt worden.

Wenn es ihm notwendig erschien, griff Heinrich Lux im Brustton der Empörung zu Zwecklügen, so etwa, als seine Tochter Wera aus erster Ehe, die in Augsburg lebte, Ende 1938 als Jüdin denunziert wurde. Er schrieb:

Liebe Wera! Es ist mir unverständlich, wie die Passstelle dazu kommt, Dich zur Jüdin machen zu wollen. Kann man nicht gegen den Denunzianten, der offenbar bewusst falsche Angaben über Dich macht, um Dir zu schaden, gerichtlich vorgehen? Wie ich schon mehrmals erklärt habe, habe ich hier beim Patentamt schon im Jahr 1935 meinen Ariernachweis bis etwa 1800 erbracht … Von Deiner Mutter besitze ich allerdings nicht ein einziges Papier, um ihre Rassezugehörigkeit zu erweisen; seit unserer Eheschließung sind fünfzig Jahre verflossen, und damals kümmerte man

sich nur um die Religionszugehörigkeit. Ich kann daher nur die Erklärung
abgeben, dass sie nicht der jüdischen Religionsgemeinschaft angehörte. Aus
Russland Abstammungszeugnisse zu erhalten, war damals schon nicht
möglich, und ist es jetzt erst recht nicht.[117]

Der Brief, dem sechs beglaubigte Kopien über die Herkunft von Heinrich Lux beigefügt waren, beendete die Nachstellungen. Heinrich Lux
aber wusste ganz genau, dass die Mutter seiner Tochter Wera, Elisaweta
Holzmann, eine russische Jüdin war.

Über seine Ablehnung und Verachtung der NS-Herrschaft soll er bei
passenden und unpassenden Gelegenheiten nie ein Hehl gemacht haben. So politisierte er mit Vorliebe laut im Luftschutzkeller des großen
Mietshauses in der Fregestraße 81 gemeinsam mit einem Nachbarn,
Herrn Kirch, einem pensionierter Oberstleutnant[118] und ebenfalls
«kein Nazi». Das lief in der Erinnerung der Töchter immer ähnlich
ab: «Der Blockwart, Herr Müller,[119] in brauner Uniform, kam vorbei.
Räusperte er sich, waren die beiden still, war er weg, politisierten sie
weiter. Der dicke Müller hat weggehört; er liebte den alten Lux, er hat
uns nie etwas getan.»

1946 oder 1947 fuhr Frau Lux eigens und unter großen Mühen von
Heidelberg nach Berlin, um bei der amerikanischen Militärbehörde
zugunsten von Herrn Müller auszusagen. Die Anhörung soll sie laut
Tochter Eva Tietze mit der Aufforderung eröffnet haben: «Nehmen Sie
die Füße vom Tisch, wenn Sie mit einer Dame reden» – auf Englisch,
versteht sich.

Die sozialistische Vergangenheit von Heinrich Lux dürfte im Haus
und in der Nachbarschaft bekannt gewesen sein, wie eine kleine Episode, erzählt von Eva Tietze, nahelegt: «Es war im Krieg, ich kam
von der Bahn, schleppte einen schweren Koffer. Ein Arbeiter sprach
mich an: ‹Lottchen oder Lieschen, gib den Koffer, ich trag ihn dir, wo
wohnste?› – ‹Fregestraße 81.› – ‹Wo der olle Lux wohnt?› Die Arbeiter
kannten ihn alle, meinen Vater. Als Sozialdemokrat hatte er viel Kontakt
mit ihnen gehabt. Der Arbeiter geht mit rauf; Vater hat sich so gefreut.»

Aber auch zur Polizei, wenigstens in Gestalt eines Verkehrspolizis-
ten, bewahrte er nach 1933 sein gutes Verhältnis. Täglich hielt der immer

gleiche Polizist den Verkehr an, sobald er Heinrich Lux aus der U-Bahn-Station kommen sah, damit er auf seinem Weg ins Büro eine belebte Straße bequem überqueren konnte. «Jedes Weihnachten überreichte ihm mein Vater eine Flasche als Geschenk.» So der Bericht von Gerda Voss. Sie selbst lieh sich von demselben Polizisten gelegentlich Fahrgeld zur Schule.

Die mitgeteilten Anekdoten kennzeichnen Heinrich Lux als einen beliebten, leutseligen und nicht auf Vorsicht bedachten alten Mann. Das ist jedoch nur ein Aspekt seines Verhaltens. Er konnte durchaus planvoll handeln: Für Menschen, die angesichts der Deportation den Freitod wählen wollten, stellte er Zyankalikapseln her. So jedenfalls verstand Frau Dr. Maya Rauch in der Nachkriegszeit einen Wortwechsel zwischen Frau Lux und Frau Jaspers, dessen Inhalt Gerda Voss auf Nachfrage bestätigte: «Es ist wahr, dass mein Vater, der viel Chemie betrieb, jüdischen Freunden, die den Abtransport fürchteten, Zyankali zubereitete. Darüber durfte natürlich nie gesprochen werden, und ich wundere mich, dass jemand das weiß.»[120]

Seitdem Frau Lux Berufsverbot hatte, arbeitete sie mehr als davor mit ihrem Mann zusammen. Sie «betätigte» sich ab dem Frühjahr 1933, wie sie 1947 schrieb, als seine «Sekretärin und Gehilfin» im Büro und bei seinen «wissenschaftlichen und schriftstellerischen Arbeiten». Heinrich Lux formulierte es in seinen Memoiren salopper: «Dora versieht seither sämtliche Ämter, vom Bürovorsteher bis zum Laufburschen.»[121] Eine Bürokraft konnte nicht mehr bezahlt werden, und seine Frau war sich offenbar für keine Arbeit zu gut. In der Bülowstraße soll sie im vorderen Teil des Büros ein wenig aufgeräumt haben, ansonsten respektierte sie das Chaos, in dem nur Heinrich Lux sich zurechtfand – und tastete es nicht an.

Das Ehepaar Lux ging jetzt morgens immer gemeinsam zur Arbeit. Gut denkbar, dass Frau Lux sich in der Bülowstraße ebenfalls einen Arbeitsplatz einrichtete, an dem sie von 1933 bis 1936 ihre Artikel für die Zeitschrift *Ethische Kultur* schrieb oder zusammen mit ihrem Mann die Redaktionsarbeit machte. Die Töchter jedenfalls wussten von dieser neuen Tätigkeit ihrer Mutter nichts.

Heinrich Lux bildete von Anfang 1933 bis Ende 1938, zusammen mit Ludwig Schneider, die Schriftleitung des Publikationsorgans *Das Licht* der Deutschen Beleuchtungstechnischen Gesellschaft, gegründet 1930. Diese wurde im Laufe des Jahres 1934 «in die Parteiorganisation hineingezogen (‹gleichgeschaltet›, wie der technische Ausdruck lautete) und verlor ihr Eigenleben». Fortan hieß sie Deutsche Lichttechnische Gesellschaft (DLTG).[122] Da die Zeitschrift *Das Licht* «nur gezwungenermaßen und in beschränktem Umfang diesen Umschwung mitmachte, fiel die Redaktion Schneider-Lux in Ungnade». Heinrich Lux hatte, wie er schreibt, «stark im Zentrum der ganzen Gesellschaft gestanden. Bei meinem 70. Geburtstag im Jahre 1933 erhielt ich dann auch eine feierliche Ehrenurkunde und diverse Würdigungen und Gratulationen ... am 75. Geburtstag [August 1938] ging mir die Kündigung meines Postens zu, und von meinem 80. Geburtstag (1943) wurde überhaupt keine Notiz mehr genommen».

In Misskredit geriet er zudem wegen seines einleitenden Beitrags 1938 im *Handbuch der Lichttechnik*.[123] Dort hatte er die zurückliegenden Verdienste von Wissenschaftlern wie dem Breslauer Augenarzt Dr. Hermann Cohn und dem ersten Vorsitzenden der Gesellschaft, Professor Dr. Emil Warburg, die Juden waren, hervorgehoben. Auch wurde ihm «persönlich verübelt», dass er die «gegenwärtige propagandistische Tätigkeit der Leitung der DLTG nicht genügend gewürdigt» hatte. In der Tat hatte er die neue Leitung in seiner Einleitung kaum erwähnt.

In den Memoiren tröstet sich Heinrich Lux damit, dass er seit 1935 wenigstens als Patentanwalt arbeiten kann.[124] Eine Zulassung war ihm, wie gesagt, in der Kaiserzeit, aber auch in der Weimarer Republik verweigert worden – mit der Begründung, er sei vorbestraft.

Ironisch kommentiert er die späte Korrektur: «Erst im Dritten Reich stieß ich auf besseres Verständnis, vielleicht schon deshalb, weil ja auch der Führer ‹vorbestraft› war; und ich wurde ungehindert nachträglich zum Patentanwaltsexamen zugelassen. Ich war damals fast zweiundsiebzig Jahre alt. Seit 1935 bin ich also wohlbestallter Patentanwalt und übe diese Tätigkeit jetzt noch trotz meiner achtzig Jahre aus.» Noch nie davor soll jemand in einem so weit fortgeschrittenen Alter Patentanwalt geworden sein, was ihm in seinen Kreisen einigen Ruhm einbrachte.

Nicht aufklärbar ist, wie er es geschafft hat, als Patentanwalt vereidigt zu werden und in den folgenden Jahren offenbar unangefochten vor Gericht aufzutreten – mit einer jüdischen Frau, einer früheren Zugehörigkeit zu den Freimaurern und seiner sozialistischen Vergangenheit. Für Patentanwälte galten seit April 1933 analoge Berufsverbotsgesetze wie für Beamte, Rechtsanwälte etc.[125] Ab Herbst 1938 konnte ihnen die Eintragung beim Reichspatentamt versagt werden, wenn sie als «jüdisch versippt» galten – oder in der damaligen Gesetzessprache, wenn der «Ehegatte nicht deutschen oder artverwandten Blutes» war.[126]

Der Gelderwerb als Patentanwalt fing die Finanznot der Familie Lux noch einige Jahre auf. Aber knapp war das Geld dennoch. Als Redakteur durfte Dr. Lux nicht mehr arbeiten; seine lichttechnischen Messungen wurden während des Krieges kaum noch nachgefragt; Ersparnisse gab es nicht; seine Frau hatte keine Stelle mehr, «sodass wir mit schweren materiellen Sorgen zu kämpfen hatten». Ab 1943 lebte das Ehepaar Lux vor allem vom Verkauf der Laboratoriumseinrichtung, die «einen recht beträchtlichen Wert» darstellte, sowie vom Verkauf der lichttechnischen Bibliothek an die Firma Osram. Das Patentbüro allerdings bestand weiter, obwohl die Arbeitskraft von Heinrich Lux altersbedingt sehr abgenommen hatte. Und nun erfahren wir von Frau Lux aus dem Brief an ihre Schwester im November 1944, wie weit ihre «Mithilfe» im Hintergrund ging: «Zum großen Teil konnte ich ja die Arbeit selbständig machen, und Hinz brauchte nur zu unterschreiben.»

Eine «privilegierte Mischehe» – in der Außenwahrnehmung

Außenwahrnehmung und reale Situation von Frau Dr. Lux unterschieden sich ab 1939 erheblich. Bis dahin war sie den gleichen Verfolgungsmaßnahmen wie alle Menschen jüdischer Herkunft in Deutschland unterworfen. Das bedeutete vor allem: Berufsverbot, «Sonderabgaben» bei einem Vermögen über 5000 Reichsmark und die «Arisierung» von Besitz. Dora Lux hat jedoch nie eine Vermögenserklärung abgegeben und entgegen der Vorschrift auch keine Wertgegenstände abgeliefert. «Sie hatte wohl auch nichts zu deklarieren», so Eva Tietze.

Erst ab 1939 gab es spezielle Bestimmungen für Juden und Jüdinnen, die mit Nichtjuden verheiratet waren und somit in einer «Mischehe» lebten. In der Kaiserzeit und in der Weimarer Republik wurde als «Mischehe» eine Ehe zwischen Partnern unterschiedlicher Konfession bezeichnet; beginnend 1935 und abschließend 1937 erfährt der Begriff eine rassistische Umdeutung, alltagssprachlich und juristisch: «Das Wort Mischehe darf im behördlichen Verkehr nur zur Bezeichnung einer Ehe zwischen Angehörigen verschiedener Rassen, nicht aber verschiedener Religionsbekenntnisse verwandt werden.»[127]

Ab April 1939 bahnt sich eine Unterscheidung zwischen einer «privilegierten» und einer «nichtprivilegierten Mischehe» an. Ab 1942 findet sich der Begriff der «privilegierten Mischehe» dann durchgängig in den gesetzlichen Regelungen. Es handelt sich um eine komplizierte Konstruktion, die – zu diesem Ergebnis kommt die Historikerin Beate Meyer – «allerdings nie rechtlich fixiert» wurde.[128] Die wichtigsten Bestimmungen sind: Als «privilegiert» wurde eine Ehe definiert, wenn der jüdische Partner oder die jüdische Partnerin nicht der jüdischen Religionsgemeinschaft angehörte und die Kinder nicht jüdisch erzogen wurden. Beides traf auf das Ehepaar Lux zu.

Juden und Jüdinnen in solchen Ehen wurden von einigen, aber nicht allen antijüdischen Diskriminierungen ausgenommen. Ihre Lebensmittelrationen wurden nicht gekürzt. Sie durften weiterhin ein Telefon benutzen.[129] Sie unterlagen nicht den zeitlichen Ausgangssperren und den Begrenzungen der räumlichen Bewegungsmöglichkeit.[130] Von großer Bedeutung war, dass die jüdischen Ehepartner und Ehepartnerinnen, als im Herbst 1941 die Kennzeichnung der Juden in der Öffentlichkeit angeordnet wurde, keinen Judenstern zu tragen brauchten.[131] Entscheidend aber war, dass ihr Leben, solange die Ehe bestand, in der Regel vor der äußersten Unmenschlichkeit geschützt blieb – vor der Deportation. Dennoch lebten sie in ständiger Unsicherheit und Gefahr. Die Rechtslage war unübersichtlich und änderte sich ständig. Gegen Ende der NS-Herrschaft war auch ihr Leben unmittelbar bedroht.

Da Dora Lux sich frei in der Stadt ohne Judenstern bewegte, wird sie von allen, die um ihre jüdische Herkunft wussten, als Jüdin, die in einer «privilegierten Mischehe» lebte, wahrgenommen worden sein. Eine solche Wahrnehmung entbehrte aber der polizeistaatlichen Fundierung: Sie hatte bei der polizeilichen Meldebehörde ihre jüdische Herkunft nicht angegeben, vielmehr alle gesetzlichen Aufforderungen, die zu ihrer Registrierung geführt hätten, missachtet. In einem eigenen Kapitel – «Die Weigerung, sich als Jüdin registrieren zu lassen» (S. 254) – gehe ich diesem außergewöhnlichen Verhalten näher nach. Hier nur so viel: Frau Dr. Lux lebte weiterhin in ihrer gewohnten Umgebung, scheinbar geschützt durch ihre Ehe, objektiv aber stark gefährdet. Wäre ihre Unbotmäßigkeit entdeckt worden, hätte sie nicht überlebt. Aber niemand im Haus, niemand aus ihrem Bekanntenkreis und niemand von ihrer früheren Arbeitsstelle hat sie denunziert. Das Stillschweigen mag verschiedene Ursachen gehabt haben, dürfte aber vor allem ihrer Verhaltenssicherheit geschuldet gewesen sein, vermittelte sie doch den Anschein, völlig legal als Jüdin in einer «privilegierten Mischehe» zu leben.

Ich frage mich, ob Dora Lux ihrem Mann gegenüber eine besondere Dankbarkeit empfand, weil er zu ihr gehalten hatte, Nachteile in Kauf nahm und nie an Scheidung dachte. Ich glaube eher nicht. Manche Berichte über «Mischehen» im Nationalsozialismus klingen da ganz anders – Berichte, aus denen zu ersehen ist, dass die objektiv gegebene existenzielle Abhängigkeit zu einer subjektiven Abhängigkeit wurde, in der die jüdische Partnerin oder der jüdische Partner den anderen aus übergroßer Dankbarkeit aufwertete und sich selbst abwertete.[132]

Ausflüge und Reisen

Trotz der politischen und privaten Sorgen vermitteln die Berichte von Heinrich Lux weiterhin Lebensfreude bei gemeinsamen Ausflügen und Reisen.[133] So nahm das Ehepaar gleich im Frühjahr 1933, wohl als Erholung von dem Schock des Berufsverbots, die Einladung eines alten Freundes an den Gardasee an. «Wir hatten das Bedürfnis, eine ganz andere Luft zu atmen als zu Hause.»

Heinrich Lux, 1941

In seinen Memoiren hebt er unter anderem eine Reise zu Ostern 1943 nach Heidelberg hervor. Das Ehepaar war von einer alten Freundin der Familie, Gertrud Rech-Quincke, eingeladen worden, um dem Bombenhagel in Berlin wenigstens für einige Zeit zu entgehen. Dora Lux hat in ihrem Brief an ihre Schwester in den USA 1944 festgehalten: «Wir kamen dort zur Zeit der schönsten Baumblüte an; gleich am nächsten Tag machte Hinz auf dem Schloss eine Unzahl von Farbaufnahmen, und am Morgen darauf musste er eiligst an einem eingeklemmten Bruch operiert werden!» Die Operation überstand er «über Erwarten schnell und gut, aber von da an kamen in immer kürzeren Intervallen immer neue Anfälle von Bronchitis». Als Rekonvaleszent im Heidelberger Schlosshotel, damals ein Sanatorium, ließ er es sich, wie seine Tochter Gerda zu berichten weiß, nicht nehmen, die nahegelegenen «blühenden Rhododendronfelder am Königstuhl» aufzusuchen und seiner Lieblingsbeschäftigung nachzugehen – zu fotografieren.

«Das schönste Naturerlebnis» seines Alters aber ist für Heinrich Lux der Bodensee – ihn beschreibend verlässt er den nüchternen, oft leicht ironischen Duktus eines Naturwissenschaftlers: «Der Bodensee mit seinen wechselnden Farben, seinen wunderbaren Sonnenuntergängen, seinen malerischen Städten und Burgen, seinen Weinbergen, seinem unerschöpflichen Reichtum an Blumen und Obstbäumen, seiner Umrahmung von Mittel- und Hochgebirge.» Er möchte lieber in der Natur verweilen, als historische Stätten in der Gegend besuchen: «Für den geschichtlichen Nimbus … brachte meine Begleiterin allerdings mehr Verständnis auf als ich; mich interessierte vor allem die gegenwärtige Erscheinung. Trotzdem folgte ich gehorsam der Führung in die Kirchen von Mittel- und Oberzell und habe das nicht bereut.» Den Bodensee hatte das Ehepaar 1939 für sich entdeckt – und war seither möglichst jedes Jahr dorthin gefahren, einmal zusammen mit Tochter Eva, zuletzt, 1942, mit Tochter Wera und Mann.

Kurz nach seinem achtzigsten Geburtstag im August 1943 verreisten Heinrich und Dora Lux zum letzten Mal. Die Reise führte sie nach Oberschlesien zu seinen vier Schwestern, die er seit seiner Jugend nur selten gesehen hatte. Drei der Schwestern, die alle berufstätig gewesen waren, lebten unverheiratet in Breslau, in einer gemeinsamen Wohnung.

Seine jüngste und ihm liebste Schwester, Wally, betrieb mit ihrer Tochter eine kleine Pension in Weichsel, in den Beskiden, den westlichsten Ausläufern der Karpaten. Dort arbeitete Heinrich Lux, geschwächt durch eine akute Bronchitis, an seinen Memoiren: «Meist saß ich vor dem Hause in der strahlenden Sonne und schrieb an meinen Jugenderinnerungen, die durch das Zusammensein mit meinen Schwestern wieder besonders aufgefrischt worden waren.» Seine politische Umgebung nahm er wahr, deutete seine Eindrücke aber nur an.

Das Kapitel «Reisen und Wanderungen» in seinen Memoiren endet mit der Klage über den «außerordentlich schmerzlichen Verlust meiner geliebten Contax». Diese hatte er immer bei sich, und oft sind seine Reiseberichte zugleich Schilderungen seiner Leidenschaft fürs Fotografieren. Um seine Kamera ranken sich viele Geschichten: Sie bleibt mehrmals irgendwo liegen, wird mit viel Aufwand gesucht und gefunden, bis sie bei einer Nachsendung auf seiner letzten Reise endgültig abhandenkommt. Die Wichtigkeit, die er ihrem Verlust beimaß, scheint Frau Lux angesichts der Not und Verfolgung ringsherum doch befremdet zu haben: «Mutter hat mir später erzählt, dass Vater mehr vom Verlust seiner geliebten Contax mitgenommen zu sein schien als von all den Tragödien, die unserer Familie und unseren Freunden in den furchtbaren Jahren widerfahren waren.»[134]

Im Fotografieren konnte er offenbar seine Empfänglichkeit für die Schönheit der Natur mit seiner Technikbegeisterung verbinden. Seiner Tochter Gerda hatte er vor vielen Jahren den berühmten Vers von Gottfried Keller ins Poesiealbum geschrieben: «Trinkt, o Augen, was die Wimper hält, von dem goldnen Überfluss der Welt!» Nach dieser Devise scheint er bis ins hohe Alter gelebt zu haben.

Die Memoiren

Wie beim Besuch seiner Schwester Wally in den Beskiden, so waren generell seine beiden letzten Lebensjahre – 1943 und 1944 – vorrangig damit ausgefüllt, seine Erinnerungen festzuhalten. Diese zu vollenden, muss ihm schwergefallen sein, denn seit Spätherbst 1943 nahmen seine

Bronchitisanfälle, verbunden mit Herz- und Kreislaufstörungen, zu, die sich laut seiner Frau «mit starken Bewusstseinstrübungen verbanden». Weihnachten 1943 ging es ihm so schlecht, dass «Gerda, die auf Urlaub war, nicht erwartete, ihn wiederzusehen». Zwischenzeitlich erholte er sich wieder, «hatte aber zu Pfingsten einen neuen Tiefstand, z. T. wohl gefördert durch die schweren Bombenangriffe in dieser Zeit. Dann ging es bergauf, sodass er streckenweise noch arbeiten konnte». So beschrieb Dora Lux im November 1944 seine angegriffene Gesundheit.

Laut Gerda Voss war ihre Mutter beim Abfassen der Memoiren die Sekretärin und Gesprächspartnerin ihres Vaters: «Meine Mutter hat ihn angespornt, hat seine Aufzeichnungen in die Maschine getippt und mit ihm diskutiert.» Angesichts der zunehmenden körperlichen und geistigen Schwäche von Heinrich Lux frage ich mich, ob der Beitrag seiner Frau an der Fertigstellung seiner Autobiographie nicht weit über eine Mitarbeit als Schreibkraft und Gesprächspartnerin hinausging – seine Redakteurin zumindest wird sie gewesen sein.

In einem Nachspann zu den Erinnerungen, undatiert, aber offenkundig noch während der NS-Herrschaft geschrieben, thematisiert sie die notwendige Vorsicht: «Hier enden die Aufzeichnungen. Am 6. August 1944 ist Heinrich Lux gestorben, kurz vor Vollendung seines einundachtzigsten Lebensjahres. Über die Ereignisse im letzten Jahrzehnt seines Lebens sich rückhaltlos zu äußern, gestatteten ihm die gegenwärtigen Verhältnisse nicht; deshalb hat er sich für diese Zeit im Wesentlichen auf private und neutrale Angelegenheiten beschränken müssen und darauf verzichtet, zu großen Tagesfragen, zu Politik und Krieg Stellung zu nehmen.»

In den Memoiren blieben nicht nur die «großen Tagesfragen» unkommentiert, sondern es wurde auch vieles, das ihn in Schwierigkeiten hätte bringen können, ausgefiltert. Einige Lücken waren rekonstruierbar. So wird seine Mitarbeit in der Zeitschrift *Ethische Kultur* nur kurz gestreift und unscharf datiert. Alles, was die Aufmerksamkeit auf die jüdische Herkunft von Dora Lux hätte lenken können, bleibt unerwähnt. Unter den vielen Reiseberichten fehlt ausgerechnet die Reise nach Kopenhagen im Jahr 1935 zu seiner Tochter Käthe, die mit ihrem Partner, der Kommunist war, vor den Nationalsozialisten dorthin geflohen war.

Die Information darüber entnahm ich dem Text *My Father* von Gerda Voss, die ihn damals begleitete. Und im Bericht über die Reise nach Heidelberg Ostern 1943 bleibt das Zusammentreffen mit Herrn und Frau Jaspers unerwähnt, bei dem sie zu viert «im Garten des Heidelberger Schlosshotels» – wie Frau Jaspers 1959 schrieb – «gemeinsam über das Hitlerregime in Offenheit sprachen».[135] Diese Ergänzungen, die nur punktuell sein können, lassen ahnen, wie vieles in den Memoiren bewusst ausgespart wurde.

Bei aller Vorsicht, die unverkennbar ist, vergriff sich Heinrich Lux – und seine zu vermutende Redakteurin – nicht in der Wortwahl und machte keine Zugeständnisse an die NS-Ideologie. Ab 1933 schildert er vor allem Reisen und Naturerlebnisse, verstreut findet sich aber auch anderes. So thematisiert er recht freimütig den Anpassungsdruck in seinem beruflichen Bereich, der Lichttechnik. Oder er fügt eine gegenwartsbezogene Passage in der Beschreibung seiner Jugend in Oberschlesien ein: «In Weichsel wird heute offiziell nur Deutsch gesprochen. Die polnische Bevölkerung ist nach der Besetzung durch die Deutschen zum größten Teil enteignet worden und wird als Menschenkategorie zweiter Klasse behandelt. Sie darf auf der Eisenbahn nur die dritte Klasse in besonderen Wagen benutzen, darf keinen selbständigen Gewerbebetrieb unterhalten, keine gehobenen Stellungen bekleiden und ist gezwungen, bei Amtshandlungen lediglich Deutsch zu sprechen. Es speichert sich deshalb in diesem Teil der eingesessenen Bevölkerung ein ausgesprochener Deutschenhass auf, der einmal zur Katastrophe werden kann. Davon war damals noch nichts zu spüren; trotz allem herrschte zwischen der deutschen und polnischen Bevölkerung im Allgemeinen Verträglichkeit.»[136]

Nicht zufällig erfahren wir in manchen Passagen der hier vorliegenden Biographie mehr über Heinrich Lux als über Dora Lux. Das vorhandene Material verleitet dazu. Über ihren Vater schrieb die Tochter Gerda, als sie bereits seit langem in Kanada lebte, einen biographischen Essay, nicht aber über ihre Mutter. Der Vater schien ihr der Interessantere und Bedeutendere von beiden. Von ihm liegen Memoiren vor, an deren Zustandekommen seine Frau einen erheblichen Anteil hatte. Über sich

Heinrich und
Dora Lux, 1944

selbst aber schrieb Dora Lux, außer in Briefen, die bis auf einen verloren sind, und einigen Lebensläufen zu bestimmten Zwecken, keine Zeile. Ich sehe hier ein Beispiel für die Aufwertung der Biographie des Mannes und ein Unwichtignehmen der Biographie der Frau, wie man sie oft beobachten kann. Mit diesem Buch möchte ich ein Gegengewicht setzen.

Veränderungen im Zusammenleben

In den Jahren 1943/1944 hatte sich die Beziehung zwischen Herrn und Frau Lux insofern geändert, als Heinrich Lux zunehmend von der Realität abrückte und Dora Lux sich mehr und mehr gezwungen sah, ohne ihn zu handeln. Im Alter verstärkten sich bei ihm Züge, die eine vertrauensvolle Kommunikation nur noch eingeschränkt erlaubten: «Er war nie sehr diskret gewesen. Aber während seine Indiskretion in der Vergangenheit peinlich sein konnte, so war sie jetzt gefährlich.» Seine Indiskretion konnte für die Familie Lux und für Freunde gefährlich werden. «Vater nahm das meiste, was sich um ihn herum abspielte, wahr, aber Mutter behielt die Einzelheiten mehr und mehr für sich. Seit mehreren Jahren war sie sehr vorsichtig, was sie ihm erzählte.»[137]

Ab dem Sommer 1943 hatte Dora Lux «alles in der Hand»[138] – so die Wendung ihrer Tochter Gerda –, und war zugleich mit ihren Sorgen alleine. In diesem Sinn schrieb sie 1944 an ihre Schwester Annemarie: «Von den Ereignissen der letzten Zeit hat er vieles nicht mehr in seiner ganzen Tragweite aufgenommen. Dazu gehört vor allem die plötzliche Deportierung von Else am 15. Februar 44.» Gerda Voss meint an anderer Stelle: «Mehr denn je fühlte sie den zwanzigjährigen Altersunterschied zwischen sich und ihrem Mann. Sie war die Einzige aus ihrer Familie, die in Berlin geblieben war. Meine Schwester und ich lebten beide in anderen Teilen Deutschlands und kamen nur gelegentlich zu Besuch nach Hause.»[139]

Die Befreiung vom Faschismus hat Heinrich Lux nicht mehr erlebt. Er starb am 6. August 1944. Nach einem Schlaganfall in der Nacht vom 1. zum 2. August war er in ein Krankenhaus in Lichtenberg eingeliefert worden. Gerda Voss hat festgehalten: «Als Mutter und ich ihn besuchten, erkannte er uns nicht. Mutter bat, informiert zu werden, sobald das Ende nahte. Als sie am nächsten Morgen im Krankenhaus anrief, erfuhr sie, dass Vater bereits in der Nacht gestorben war. Während eines Luftangriffs hatte sich offensichtlich niemand um ihn gekümmert und nach ihm geschaut. Was bedeutete schon ein alter sterbender Mann im kriegsgeschüttelten Berlin?»[140]

Die Töchter Gerda, Wera und Eva waren gekommen, um Frau Lux beizustehen. Zum Abschiednehmen fanden sich im Krematorium in Berlin-Wilmersdorf mehr alte Freunde und Weggefährten ein, als die Familie erwartet hatte. Gerda Voss schließt ihren Bericht über die Trauerfeier: «Zu unserer Überraschung und unserem Entsetzen hatte die Lichttechnische Gesellschaft einen Abgesandten geschickt, den gleichen Mann, der die Kündigung meines Vaters betrieben hatte. Der Delegierte legte einen großen Kranz, dekoriert mit einer Hakenkreuzfahne, nieder. Ich rang nach Luft. Mir war, als würde Vater den Sargdeckel hochheben. Die Nächste in der Reihe war Dr. Regula Frisch, die den langen Weg von Hannover her gekommen war. Sie trug ein bescheidenes Blumengebinde, legte es quer über den Kranz und bedeckte damit sorgfältig das anstößige Symbol. Ich atmete erleichtert auf. Vater konnte in Frieden ruhen.»

In der Zeitschrift *Das Licht* findet sich im August 1944 ein respektvoller, geradezu warmherziger, allerdings nicht gezeichneter Nachruf, aus dem ich auszugsweise zitiere: «Bis in das hohe Alter hinein hat es ein seltenes Geschick dem nunmehr Entschlafenen vergönnt, in einzigartiger jugendlicher Geistesfrische auf dem Gebiet der Lichttechnik zu arbeiten, dem er sein ganzes Leben lang gedient und auf dem er in den Jahrzehnten des Höhepunktes seiner Arbeitskraft Pionierleistungen vollbracht hat … Der gerade, aufrechte Geist und der unbeugsame Wille dieses einst jugendlichen Feuerkopfes werden uns immer, wenn sein Name erklingt, an einen Mann erinnern, der ein tiefes fachliches Wissen und Können mit echter kameradschaftlicher Gesinnung verband ... Der Name unseres Dr. Lux ist in die Geschichtsannalen der deutschen Lichttechnik mit ehernem Griffel eingetragen, und wir, die wir mit ihm leben und wirken durften, werden ihm stets ein treues und ehrendes Andenken bewahren.»[141]

Dora Lux ordnete seine Hinterlassenschaften und las, wie sie ihrer Schwester Annemarie mitteilte, die Briefe «von dir an mich, an ihn, von Ida usw.». Zur Trauer kamen die Sorgen: «Jeden Tag kann eine Bombe mir allen weiteren Kummer ersparen, es kann mir aber auch noch Schlimmeres passieren.» Dennoch versiegte ihre Realitätstüchtigkeit nicht, so stattete sie einen Freund der Familie, mit Vornamen Hennes, der zur Zwangsarbeit verpflichtet war, mit Arbeitskleidung aus und schickte ihm Sportsachen ihres verstorbenen Mannes ins Lager.

II

Jüdische Helfer für jüdische Verfolgte

Geht es um «Hilfe für Juden» im nationalsozialistischen Deutschland, werden nach meinem Eindruck vorrangig Nichtjuden als Helfer assoziiert. Dass Menschen jüdischer Herkunft andere, die untergetaucht waren, bei sich versteckten, gehört kaum zum Wissen. Dabei dürfte ihr prozentualer Anteil gemessen an der geringen Anzahl der noch in Deutschland verbliebenen Juden groß sein, vermutlich größer als der Anteil der Helfer in der übrigen Bevölkerung. Insbesondere Juden und Jüdinnen, die in sogenannten «privilegierten Mischehen» lebten, waren häufig die erste Anlaufadresse, wenn ihre jüdischen Freunde sich entschieden hatten, in den Untergrund zu gehen. Zur Hilfe von Juden für Juden während des Nationalsozialismus gibt es aber bislang nur verstreute Berichte. Niemand weiß, wie viele, die selbst aufgrund ihrer jüdischen Herkunft gefährdet waren, andere in noch größerer Not bei sich aufnahmen; wie viele davon unentdeckt blieben und wie viele dabei ihr Leben ließen.

Meine Aussage beschränkte sich auf jüdische Helfer im nationalsozialistischen Deutschland ab etwa 1940. Sie ist eine Facette zum «Rettungswiderstand», wie Arno Lustiger die aktive Hilfe für Juden und andere Verfolgte nennt. In seinen Büchern ist beschrieben, wie jüdische Organisationen in anderen Ländern Europas, so in Frankreich, Belgien, Holland, Italien und Polen, insbesondere jüdische Kinder vor der Deportation schützten, und weswegen eine solche organisierte Form der Hilfeleistung durch Juden in Deutschland nach Etablierung der NS-Diktatur kaum noch möglich war.[142]

Zu denjenigen, die bereit waren zu helfen, gehörten Friedrich Bieber, sein Freund Franz Eulenburg, Gertrud Bieber und Dora Lux. Friedrich Bieber und seine Frau Gertrud hatten, wie berichtet, ihre Wohnung im Sommer 1943 einer vierköpfigen jüdischen Familie, die untertauchen musste, zur Verfügung gestellt. Das ging nach Angabe von Frau Lux ein Dreivierteljahr gut.[143] Bekannt ist, dass die Zuflucht kurz nach dem achtzigsten Geburtstag von Heinrich Lux, der am 31. August 1943 stattfand, verraten wurde. Bekannt ist auch, dass die jüdische Frau illegal für Professor Franz Eulenburg arbeitete. Eulenburg war selbst Jude der Herkunft nach, verheiratet mit einer nichtjüdischen Frau und dadurch partiell geschützt. Am besagten Geburtstag war Thema, dass er für den nächsten Tag eine Vorladung zur Gestapo erhalten hatte. Gerda Voss, die anwesend war, schreibt: «Eine solche Aufforderung war gewöhnlich Anlass zu großer Sorge. Aber da er bereits früher dorthin bestellt worden war, und zwar aus irgendeinem trivialen Grund, beunruhigte ihn das nicht sonderlich. Weder Friedl noch er stellten eine Verbindung zwischen der Vorladung und der Beschäftigung und Unterbringung der jüdischen Sekretärin her.»[144] Franz Eulenburg wurde auf der Stelle verhaftet. Er kam nie zurück.

Franz Eulenburg, geboren am 29. Juni 1867, war ein bekannter Professor der Nationalökonomie und Statistik. 1929 wurde er zum Rektor der renommierten Handelshochschule in Berlin gewählt, in der er bis mindestens 1933 lehrte. Er wohnte in Berlin-Halensee, Kurfürstendamm 101. Der Anlass seiner Verhaftung und die Umstände seines Todes sind bisher nirgends nachzulesen. Einiges dazu kann ich mitteilen: Als Grund für seine Inhaftierung gibt seine Witwe Gertrud Eulenburg, geborene Luthardt, nach 1945 «Judenbegünstigung» an.[145] Dahinter verbergen sich die von Dora Lux und Gerda Voss festgehaltenen Ereignisse. In den folgenden Monaten blieb Franz Eulenburg im Gestapo-Gefängnis am Alexanderplatz. Er starb am 28. Dezember 1943 im Jüdischen Krankenhaus. Auf seiner Sterbeurkunde vom 13. Januar 1944 ist zynisch vermerkt: «wohnhaft in Berlin Alexanderplatz». Auf einem anderen Dokument steht: «zuletzt wohnhaft: Polizeigefängnis Berlin». Bruno Blau, der als Zeitzeuge die Zustände im Jüdischen Krankenhaus in den letzten Kriegsjahren aufgezeichnet hat, berichtet, dass Franz Eulenburg, der sein Hochschullehrer gewesen war, «schon fast sterbenden Zustands» dort eingeliefert wurde. Wir erfahren zudem, dass die jüdische Frau seine langjährige Sekretärin gewesen war, die er illegal weiterbeschäftigt hatte.[146]

Die allermeisten Juden waren ab Herbst 1941 nicht mehr in der Lage gewesen, anderen Juden beizustehen, es sei denn im gemeinsamen Untergrund, worüber es eindrucksvolle Zeitzeugenberichte gibt.[147] Friedrich Bieber konnte 1943 nur deshalb Zuflucht gewähren, weil er seine jüdische Herkunft bis dahin erfolgreich verborgen hatte. Wie seine Frau Gertrud bei der Polizei registriert war, ist unklar, nach den NS-Kategorien fiel sie entweder unter die «Mischlinge ersten Grades» oder die «Mischlinge zweiten Grades». Am ehesten konnten noch die Juden, die mit Nichtjuden verheiratet waren, anderen Zuflucht gewähren. Häufig waren sie die ersten Anlaufstellen für ihre jüdischen Freunde in Not.

Die Geschichte einer solchen Zuflucht spielte sich Anfang 1943 in der Wohnung von Herrn und Frau Lux in Berlin-Friedenau ab, Fregestraße 81. Tochter Gerda, die anwesend war, hat sie überliefert: «Irgendwann Anfang 1943, ich lebte noch zu Hause, hatte Mutter den Eindruck, die Tür zur Speisekammer bewege sich jedes Mal, sobald sie die Küche betrat. Eines Morgens war die Bewegung so offensichtlich, dass sie festen Schrittes zur Speisekammer ging und sie weit öffnete. Sie sah sich konfrontiert mit einer heftig erschrockenen und verlegenen Frau. Die Dame war über vierzig, klein und ein wenig rundlich, mit gewelltem, aufgehelltem Haar und einem Gesicht, das Mutter gut kannte. Sie hieß Lotte Markiewicz, ihre Freunde nannten sie Loma.»[148]

Lotte Markiewicz, genannt Loma, war die Schwester von Käte Schaps, einer ehemaligen Schülerin und Freundin von Frau Lux, die nach England emigriert war.[149] Frau Markiewicz war befreundet mit «Johanna», etwa fünfundfünfzig Jahre alt. Ihren Nachnamen konnte mir niemand sagen. Johanna hatte lange im Haushalt von Frau Schaps gearbeitet und war nach deren Emigration von der Familie Lux übernommen worden. Die Freundschaft zwischen den beiden so unterschiedlichen Frauen entstand, als Lotte Markiewicz, als Schwester von Frau Schaps, und Johanna, als ihre frühere Hausangestellte, über Wochen gemeinsam die verlassene Wohnung auflösten.

Seither kam Lotte Markiewicz häufig zu Besuch in die Fregestraße. Sie war Jüdin der Herkunft nach, protestantischer Konfession, geschieden, ohne Familie in Berlin. Ihre beiden kleinen Kinder hatte sie kurz vor Kriegsbeginn mit einem der Transporte der Kirchen nach England geschickt, wo sie in Pflegefamilien untergekommen waren. «Obwohl Loma immer die Hintertreppe raufstieg und ihre Besuche, die Johanna galten, auf die Küche beschränkte, hatte sich Mutter häufig zu ihnen gesetzt und sich freundlich am Gespräch beteiligt.» Ihre Besuche wurden seltener, nachdem sie, wie die meisten jüdischen Frauen, zur Fabrikarbeit zwangsverpflichtet worden war. «Aber dann und wann stahl sie sich weiterhin nach Einbruch der Dunkelheit die Hintertreppe rauf. Um Johanna und uns nicht in Schwierigkeiten zu bringen, drückte sie ihre Handtasche eng an die Brust und verbarg so vor den Nachbarn den gelben Stern, den sie zu tragen gezwungen war.»

Am 28. Februar 1943 fand die «Fabrikaktion» statt, bei der fast alle noch in Deutschland verbliebenen jüdischen Zwangsarbeiter ohne Vorankündigung direkt in den Betrieben verhaftet wurden. Da Lotte Markiewicz an diesem Tag krankgemeldet war, entging sie der Verhaftung. Eine Vorarbeiterin suchte sie am folgenden Tag zu Hause auf und riet ihr, nicht mehr zur Arbeit zu kommen. Sie musste untertauchen.

Die Hauptperson in dieser Zufluchtsgeschichte ist Johanna. Sie hatte ihre jüdische Freundin, ohne die Hausherrin zu fragen, bei sich untergebracht, vermutlich im Wissen, dass Frau Lux Verständnis haben würde. «Johanna hatte Loma, ohne Rücksicht auf ihre eigene Sicherheit, in ihrer kleinen Kammer versteckt. In die Mädchenkammer in unserer Wohnung passte gerade mal ein schmales Bett, ein Nachttopf, eine Kommode, ein Waschtisch – zwischen diesen Dingen konnte sich die korpulente Johanna kaum hindurchzwängen. Hier hatte Loma auf dem Fußboden auf einem Federbett geschlafen.» Nach der Begegnung in der Küche bot Frau Lux ihr an, auf dem Sofa im Esszimmer zu schlafen. Allerdings müsse sie warten, bis ihr Mann ins Bett gegangen sei. Er dürfe nichts erfahren. «Vater war fast achtzig Jahre alt und weder physisch noch emotional in der Lage, mit solch einem todbringenden Geheimnis umzugehen.»

Mehrere Wochen lebte Lotte Markiewicz in der Fregestraße 81, ohne die Wohnung zu verlassen. Die Tage verbrachte sie in der Küche, die Nächte im Esszimmer. «Eines Nachts bekam sie einen ziemlichen Schreck, als Vater plötzlich in seinen Pyjamas zurückkam, mit seiner Taschenuhr in der Hand, die er nach der elektrischen Uhr über dem Sofa stellen wollte. Loma erstarrte und hielt ihren Atem an, als Vater die Tür zum Esszimmer öffnete und das Licht anknipste. Aber Vater schaute nicht nach unten, er stellte nur seine Uhr und verschwand.»

Dora Lux, die selbst in einer schwierigen Situation war, wollte bei den Nachbarn keinen Argwohn wecken, aber wegschicken wollte sie die hilflose Frau auch nicht. Ein Ausweg bot sich an, als Karl und Emma Kasper – Karl Kasper war ein alter sozialistischer Freund von Heinrich Lux – bei einem Besuch in der Fregestraße spontan anboten, Frau Markiewicz zu sich in ihr eigenes kleines Haus in Berlin-Hohenschönhausen zu nehmen. Dort erhielt sie zwei Jahre lang eine Bleibe, bis zur Befreiung. Herr und Frau Kasper wurden in den fünfziger Jahren vom Berliner Senat für ihre Hilfeleistung geehrt. Frau Markiewicz emigrierte nach England und traf ihre Kinder wieder, die sich aber für eine Mutter, «die sie fast vergessen hatten», nicht interessierten.

Gerda Voss schildert die Hilfsbereitschaft und die Gefahr, in die Johanna, ihre Mutter und als Mitwisserin auch sie selbst sich begaben, ohne jede Dramatik. Das entspricht anderen Berichten von Hilfeleistungen für Juden. Nach allem, was man weiß, haben die wenigen, die halfen, dies ohne viel Aufhebens, meist spontan, mit großer Selbstverständlichkeit getan. Sie kannten das Risiko für sich, sahen aber zuerst die Notlage der anderen.

Bei den Hilfsangeboten gingen Juden, wenn sie «Untergetauchte» bei sich aufnahmen, ein ungleich größeres Risiko ein als Nichtjuden. Und die Tatsache, dass Dora Lux selbst Jüdin war, wäre bei einer Entdeckung nicht zu verheimlichen gewesen. Die Bestrafung von Nichtjuden reichte – im Einzelfall unvorhersehbar – von einer Geldbuße über Gefängnis und KZ-Haft bis zur Todesstrafe.[150] Wurden dagegen Juden oder «Mischlinge» als Helfer gefasst, so hatten sie überhaupt keine Chance, wie wir bei Friedrich Bieber, Gertrud Bieber und Franz Eulenburg sahen.

12

Willensstark und verschwiegen – die Töchter
Gerda und Eva Lux

Wenn Gerda und Eva Lux sich gegen die Auswirkungen der Rassenpolitik auf ihr Leben wehrten, dann verdanken sie das – nach ihrer eigenen Einschätzung – ihren Eltern und weiteren Menschen, die zu ihren Gunsten eingriffen, vor allem aber – nach meinem Eindruck – ihrem eigenen Willen, sich nicht ausgrenzen zu lassen. Einen solchen Willen konnten sie in einem Elternhaus entwickeln, das sie in eine offene Kommunikation einbezog, ihre Selbständigkeit förderte und ihnen zugleich die Sicherheit gab, sich notfalls auf ihre Eltern verlassen zu können. Unter erschwerten Bedingungen setzte insbesondere die Mutter dieses Verhalten fort: Sie verheimlichte Schwierigkeiten vor ihren Töchtern nicht, ließ sie ihre eigenen Wege gehen, intervenierte aber bei Gefahr mit Rat und Tat. Immer wieder finden sich solche kleinen und größeren Gesten der Unterstützung durch Dora Lux.

Gerda und Eva Lux waren «Halbjüdinnen». Durch die «Nürnberger Gesetze» von 1935 wurden sie als «Mischlinge ersten Grades» definiert, ein Begriff, den sie selbst allerdings nie verwenden. Um auszudrücken, dass sie «weder jüdisch noch arisch» sind, bezeichnen sie sich als «halbarisch» oder «halb-jüdisch». Nach der NS-Konstruktion waren sie zwar «Mischlinge ersten Grades», aber keine Jüdinnen, da sie der jüdischen Religionsgemeinschaft nicht angehörten.[151]

Gerda Lux, geboren am 5. Mai 1919, war bei der NS-Machtübernahme fast vierzehn Jahre alt, «alt genug, um wahrzunehmen, was um mich herum vorging; alt genug, um es nicht zu vergessen».[152] Ihre jüngere Schwester Eva, geboren am 24. Oktober 1920, war zwölfeinhalb. Die Mädchen wussten, dass die Eltern ihrer Mutter «von Geburt jüdisch waren und später getauft wurden».[153] Eine solche Offenheit gegenüber Töchtern und Söhnen war keineswegs selbstverständlich. In lebensgeschichtlichen Berichten ist immer wieder zu lesen, wie Kinder und Jugendliche, deren Väter und / oder Mütter nicht mehr zur jüdischen Religionsgemeinschaft gehörten, erst durch die antijüdische Politik nach 1933 mit ihrer jüdischen Herkunft konfrontiert wurden und in Identitätsschwierigkeiten gerieten.

Schulerfahrungen von Gerda Lux

Im Gespräch 2003 schildert Gerda Voss, wie der Direktor ihrer Schule, der Berliner Chamissoschule, gleich im Frühjahr 1933 in die Klasse kam und notierte, «wer nichtarische Ahnen habe». Gefragt wurde nach der Abstammung, nicht nach der Religionszugehörigkeit, die sowieso bekannt war, allein schon wegen des zu erteilenden Religionsunterrichts. Alle in der Klasse haben vorschriftsmäßig geantwortet.

Die Chamissoschule, ein «städtisches Lyzeum mit realgymnasialer Studienanstalt» lag am Barbarossaplatz, in einer wohlsituierten Nachbarschaft in Berlin-Schöneberg.[154] Lyzeum hieß seit der Schulreform 1909 jede höhere Mädchenschule in Preußen, die einen mittleren Schulabschluss nach der zehnten Klasse anbot. In der Chamissoschule konnten, wie bei einem Teil der Lyzeen, Mädchen, die das Abitur machen wollten, nach dem siebten Schuljahr in eine sechsjährige «realgymnasiale Studienanstalt» überwechseln, die in Anlehnung an die Realgymnasien für Jungen eingerichtet worden waren. Andere Lyzeen, aber wenige, boten gymnasiale oder oberreale Studienstufen an.

Die Chamissoschule wird von Rita Meyhöfer in ihrer Studie *Gäste in Berlin? Jüdisches Schülerleben in der Weimarer Republik und im Nationalsozialismus* als eine von neun höheren Mädchenschulen einbezogen, die einen besonders hohen Anteil jüdischer Schülerinnen hatten.[155] Für Mai 1934 gibt sie 19,6 Prozent an.[156] Die Jahresberichte der Schule vor 1934 enthalten keine Angaben dazu. Frau Voss berichtet, dass die Mitschülerinnen in ihrer Klasse Anfang 1933 zu einem Drittel Jüdinnen waren, die im Laufe der nächsten zwei Jahre alle abgingen. In den beiden letzten Jahren vor dem Abitur bestand die Klasse dann nur noch aus sieben Schülerinnen, «die eine verlässliche Clique von guten Freundinnen wurde. Drei von uns, darunter ich, waren ‹halb-arisch›».[157]

238

Wichtig ist ihr, zu betonen, dass sie an ihre Schulzeit von 1933 bis zum Abitur Ostern 1937 überwiegend gute Erinnerungen hat. Diese tendenziell verallgemeinernd, nennt sie als einzigen Grund für den Schulabgang ihrer Klassenkameradinnen die Vorbereitung auf die Auswanderung – schulinterne Diskriminierungen als Ursache erwähnt sie nicht. Nach dem Bericht einer ehemaligen Schülerin (Charlotte P., Jahrgang 1920) soll die Chamissoschule aber etwa 1935/1936 ihre jüdischen Schülerinnen von der Schule gewiesen haben.[158] Mag sein, dass bei Gerda Voss die häufige Tendenz, die eigene Schulzeit zu beschönigen, mitschwingt; mag sein, dass sie, gestärkt durch ihre Familie, die erfahrenen Kränkungen souveräner als andere Jugendliche verarbeiten konnte. Sie war offensichtlich schon damals fähig, den staatlich verordneten Rassismus von dem gegen sie als Person gerichteten Rassismus zu trennen.

Nach ihrer Einschätzung vermieden die meisten Lehrer «jede politische Stellungnahme» und waren «peinlich gerecht». Sie gehörten dem «alten Establishment» an: «Als Konservative misstrauten sie der Demokratie nach den katastrophalen Erfahrungen der letzten vierzehn Jahre in Deutschland. Sie waren zwar beeindruckt von dem großen ökonomischen Erfolg Hitlers, aber nicht gewillt, die nur noch absurden Facetten der Nazi-Ideologie zu übernehmen.» Zusammenfassend schreibt sie: «Ich erlebte nur wenig persönliche Diskriminierung während meiner verbleibenden Jahre auf der Schule. Ich wurde aber verletzt und angewidert vom offiziellen Rassismus.»[159] Wenn sie mündlich oder schriftlich Zurücksetzungen oder Bedrohungen schildert, so berichtet sie gleichzeitig, wie diese mit Hilfe anderer aufgefangen oder entschärft wurden.

Hierzu drei Episoden: «Die einzig Dusselige war eine Deutschlehrerin, Frau Kluge.[160] Bei einem Krippenspiel ließ sie mich nicht mitmachen. Meine Mutter wollte sich totlachen, hat allen Leuten erzählt, dass der Mohrenkönig arisch sein muss. Sie fand das so komisch. Ich gar nicht.» Danach haben sich aber «alle unsere Eltern zusammengetan und es geschafft, dass wir diese dämliche Deutschlehrerin loswurden». Treibende Kraft scheint ihre Mutter gewesen zu sein, so Gerda Voss im Gespräch. Bei einem anderen Vorfall – Gerda Lux hatte mit einem Aufsatz bei einer weiteren Deutschlehrerin Anstoß erregt – ging ihre Mutter in die Schule, setzte sich mit der Lehrerin auseinander und konnte Schaden für die Tochter abwenden.

Als das Abitur bevorstand, bahnte sich für Gerda Lux im Fach Biologie eine unerträgliche Situation an. Im Unterricht hatten die Mädchen über die Rassenlehre mit den absurden Schädelmessungen nur gespottet und die Belehrungen zur sogenannten «jüdischen Frage» schweigend über sich ergehen lassen.[161] «Das Problem begann, als Bibi, die Biologielehrerin, ihre Planung für das Abitur bekannt gab. Sie würde die Prüfungsfragen auf Karten schreiben, und jede von uns müsse eine Karte ziehen. Sie gab zu, dass die ‹jüdische Frage› dabei war. Der Vorstellung, vor der Prüfungskommission zu stehen und die fatale Karte zu ziehen, setzte mir zu. Die anderen in der Klasse verstanden meine Sorgen; aber als wir Einspruch erhoben, streckte Bibi ihr kleines rundes Kinn nach oben und wurde halsstarrig. In einer stürmischen Beratung unter uns beschlossen wir, Ina, die Klassensprecherin, solle mit unserem Klassenlehrer reden.» Herr Lochmann, «mein Lieblingslehrer aller Zeiten», der die Klasse seit sechs Jahren in Mathematik und Physik unterrichtet hatte, verstand sofort und versprach Abhilfe.[162] «Als ich dann zur Biologieprüfung reingerufen wurde, lagen die Prüfungskarten vor Herrn Lochmann. Er zog eine aufs Geratewohl, warf einen kurzen Blick darauf und reichte sie mir. Ich las: ‹Erklären Sie Mendels Gesetz.› Erleichtert, dass es mir erspart geblieben war, vor der versammelten Kommission zu rebellieren, ratterte ich die Antworten zu jedermanns Zufriedenheit runter.»[163]

Laut Frau Voss «hielten immer alle Mitschülerinnen zu mir», sie brauchte ihnen gegenüber nicht einmal vorsichtig zu sein. Ihre Schulerinnerungen von 1933 bis zum Abitur 1937 sind in das kontrastreiche Gesamtbild einzufügen: Es gibt Berichte von «halbjüdischen» Kindern und Jugendlichen über eine Unterstützung durch Lehrer und Mitschüler, und es gibt Berichte über brutale Quälerei, Ausgrenzungen und Bloßstellungen.[164]

Eva Lux besuchte ab Ostern 1933 oder 1934 die achte Klasse der Fontaneschule, ein städtisches Lyzeum ohne «Studienanstalt», in Berlin-Friedenau, Rubenstraße 74; Ostern 1935 oder 1936 ging sie nach der zehnten Klasse ab.[165] Während der Schulzeit dort erlebte sie weder Anfeindungen von Mitschülerinnen noch Benachteiligungen von Lehrkräften. Im Gegenteil, als gute Sportlerin und aktives Mitglied im Turnverein war sie in ihrer Erinnerung eine beliebte und angesehene Schülerin. Dazu hatte ihre Turnlehrerin Frau Zobel, die auch für den Turnverein und den Ruderverein der Schule zuständig war, entscheidend beigetragen: «Die mochte mich, hat mich vorgezogen.»[166]

Die Fontaneschule hatte verglichen mit der Chamissoschule einen geringen Anteil jüdischer Schülerinnen. Allerdings liegen auch hier Zahlenangaben in den Jahresberichten erst ab Anfang 1934 vor. Diese besagen: 1934 gab es 236 «arische» und zwölf «nichtarische» Mädchen an der Schule.[167] Ursachen könnten die Bevölkerungsstruktur im unmittelbaren Einzugsgebiet gewesen sein oder die fehlende Möglichkeit, an der Schule das Abitur machen zu können. Im folgenden Berichtsjahr wird zusätzlich die Kategorie «halbarisch» eingeführt. Anfang 1936 ist dann nur noch eine einzige Schülerin als «nichtarisch» verzeichnet, drei als «halbarisch». Zu Beginn 1938 besuchte kein einziges jüdisches Mädchen mehr die Schule – noch bevor im November 1938 alle jüdischen Schüler von den Schulen abgehen mussten.

Eva Lux wollte kein Abitur machen, sondern mit Kindern arbeiten, am liebsten Kindergärtnerin werden. Aber das Pestalozzi-Fröbel-Haus und ähnliche Ausbildungsstätten waren ihr als «Mischling ersten Grades» bereits verschlossen. Notgedrungen arbeitete sie eine Zeitlang in einem Landhaushalt. Danach entschied sie sich zum Besuch einer Frauenschule, die der Sophie-Charlotte-Schule, einem städtischen Lyzeum in Charlottenburg (damals Scharrenstraße 23–27, heute Schustehrusstraße), angeschlossen war. Dort hätte sie nach drei Jahren ein Fachabitur machen können. Ihre Mutter kannte und schätzte deren Leiterin, Frau Dr. Margarete Roseno, und glaubte die Tochter in guten Händen. Der lange Schulweg – Eva Lux radelte täglich von Friedenau nach Charlottenburg, eine Strecke von zehn Kilometern – war demgegenüber nachrangig.

Zum Problem wurden dann auch nicht die Lehrkräfte, sondern die Mitschülerinnen. «Kein Lehrer hat mich bloßgestellt», wohl aber wandten sich fast alle Mitschülerinnen von ihr ab. Eva Tietze hat besonders gute Erinnerungen an Frau Dr. Roseno, an Frau Dr. Leuthäuser, ihre Klassenlehrerin, und an Herrn Dr. Siebenhaar, den Direktor des ganzen Schulkomplexes. Speziell ihn bezeichnet sie als «furchtbar nett; er wollte mir helfen; ließ mich bei einer Schulfeier Gedichte aufsagen, obwohl er das gar nicht mehr durfte».[168] In der Klasse aber war sie isoliert. Im Schulhof fand sie sich alleine. «Das war sehr schmerzlich. Einige der Mädchen, die im BDM waren, waren ganz schlimm.» Die Ausgrenzung setzte schlagartig ein, nachdem in der Klasse anhand einer schriftlichen Umfrage ihre Herkunft bekanntgeworden war. Wie die Indiskretion passieren konnte, weiß sie nicht mehr. Mädchen, die «richtige Freundinnen» gewesen waren, mieden sie jetzt. «Nur Irmgard von Unruh, die Nichte des Dichters, die auch nicht zum BDM ging, hielt zu mir.» Wegen der für sie unerträglichen Situation brach sie nach einem Jahr die Frauenschule wieder ab und suchte erneut einen Ausbildungsplatz, diesmal als Säuglings- und Kinderschwester.

Zum Schulabgang jüdischer Schülerinnen und Schüler

Nach Rita Meyhöfer verließ bereits im ersten Jahr der NS-Machtübernahme fast die Hälfte der jüdischen Schüler und Schülerinnen die höheren Schulen.[169] Der drastische Rückgang war gewollt: Bereits Ende April 1933 war durch das «Gesetz gegen die Überfüllung deutscher Schulen und Hochschulen» der Anteil «nichtarischer» Schüler, außer an «Pflichtschulen», das heißt an Grundschulen und Volksschulen, auf höchstens fünf Prozent festgelegt worden, bei Neuaufnahmen auf 1,5 Prozent. In die Quote wurden Schüler, «bei denen ein Elternteil oder zwei Großeltern arischer Abkunft sind», nicht einbezogen[170] – damit waren auch Gerda und Eva Lux von dieser Quote ausgenommen. Die meisten Schulen erfüllten oder übererfüllten die Vorgabe. Nicht alle

Schulen aber hielten die Quote ein, einige boten «einen relativen Schutz für jüdische Schüler».[171]

Der reichseinheitliche Numerus clausus von fünf Prozent traf Berlin besonders hart, da hier nach der Volkszählung von 1933, die reichsweit einen jüdischen Bevölkerungsanteil von unter einem Prozent erbracht hatte, etwa ein Drittel (160 564 Personen) der in Deutschland ansässigen Bürger jüdischer Konfession lebte. «Damit war die Situation in Berlin gänzlich anders als zum Beispiel in Württemberg, wo diese Regelung bei einem Anteil von 0,4 Prozent jüdischer Bevölkerung kaum ins Gewicht fiel.»[172] In manchen Bezirken, darunter auch in Schöneberg, galten die meisten höheren Schulen – im Sinne des genannten Gesetzes – als «überfüllt». Der Numerus clausus von fünf Prozent wirkte sich umso gravierender aus, desto mehr eine Schule diese Quote überschritt. Er bestrafte geradezu die Schulen, die den Ruf hatten, liberaler und freier von Antisemitismus zu sein als andere und deswegen von jüdischen Eltern bevorzugt worden waren. Die Unterschiede waren groß, so hatte im Bezirk Charlottenburg 1932 ein Lyzeum an die 50 Prozent jüdische Schülerinnen, ein anderes nur vier Prozent.[173]

Dennoch war der gesetzliche Eingriff nur einer unter mehreren Gründen für den Schulabgang. Andere Ursachen waren: die erste große Auswanderungswelle gleich nach der «Machtergreifung» 1933, eine möglichst praxisnahe Vorbereitung auf die geplante Auswanderung, fehlende Studienmöglichkeiten für Juden und fehlende akademische Berufsperspektiven, Streichung der Schulgeldfreiheit, judenfeindliche Unterrichtsinhalte und Kränkungen durch Lehrer und Mitschüler. Zunehmend wechselten Schülerinnen und Schüler auf jüdische Privatschulen, für deren Kosten die bereits entrechteten und verarmten Juden selbst aufkommen mussten. Offen bleibt im Einzelfall, wie weit der Schulabgang von der jeweiligen Schulleitung forciert oder von den Eltern aufgrund der aussichtslosen Lage beschlossen wurde.

Im Spätherbst 1938 wurde dann der staatlich inszenierte Pogrom vom 9. November zum Anlass genommen, auch die letzten Juden und Jüdinnen von allen öffentlichen Schulen einschließlich der Volksschulen zu verweisen.[174] Ausgenommen blieben weiterhin die «Mischlinge ersten Grades». Ab Sommer 1942 aber wurden auch sie, bei gewissen Übergangsregelungen, von allen weiterführenden Schulen verwiesen – sofern sie noch schulpflichtig waren, blieb ihnen nur die Volksschule.[175]

Gerda Lux an der Technischen Hochschule Berlin

Der Berufswunsch von Gerda Lux stand längst fest: Sie wollte Ingenieurin werden und an der Technischen Hochschule, abgekürzt TH, in Berlin-Charlottenburg studieren. Ostern 1937, als sie Abitur machte, wurden «Mischlinge ersten und zweiten Grades», außer in den pädagogischen und medizinischen Fächern, noch zum Studium zugelassen, während Abiturienten, die als Juden galten, seit Beginn der NS-Herrschaft kaum mehr aufgenommen wurden. Das erwähnte «Gesetz gegen die Überfüllung deutscher Schulen und Hochschulen» beschränkte ab April 1933 den Zugang von Juden auf 1,5 Prozent pro Fakultät.

Bereits vor 1933 war die Forderung nach einem drastischen Numerus clausus erhoben worden, der auch «arische» Studenten betraf, vor allem weibliche. So erhielt vom Abiturjahrgang 1934 nur etwa jeder zweite Abiturient und jede siebte Abiturientin einen Studienplatz. Die eklatante Fehlplanung hatte die Anzahl der Studierenden in Kürze derart erheblich reduziert, dass bereits 1936 eine Kehrtwende notwendig wurde: «An die Stelle der Eindämmungspolitik gegen die ‹Überfüllung› trat ab 1936 die gezielte Werbung für den Hochschulbesuch.»[176] Der Mangel an Ingenieuren war besonders groß und sollte durch eine Nachwuchswerbung behoben worden. Die antijüdische Hochschulpolitik wurde aber trotzdem fortgesetzt und weiter radikalisiert, bis nach dem Pogrom am 9. November 1938 alle verbliebenen inländischen «Volljuden» von einem Tag auf den anderen die Hochschulen, so auch die TH Berlin, verlassen mussten.

Gerda Lux konnte sich zum Wintersemester 1937/1938 als «stud. Ing.» im Fach Physik an der TH als «halb-arisch» immatrikulieren.[177] Aber gleich beim vorgeschalteten Arbeitsdienst von einem halben Jahr, der ab Juni 1935 für alle Studierenden obligatorisch war, geriet sie in Schwierigkeiten, die sie wie folgt beschreibt: Am 1. Mai 1937 begann ihr Arbeitsdienst in einem Dorf nahe der polnischen Grenze in einem Kinderzentrum. Bald nach ihrer Ankunft kaufte sie sich, weil ihr langweilig war, in einem kleinen Laden, der einem Juden gehörte, Garn zum Sticken, was eine folgenschwere Auseinandersetzung mit ihrer Vorgesetzten, einer «jungen Kindergärtnerin mit Parteischulung», auslöste: «‹Wie konntest du das tun? Der Mann ist Jude.› Ihre Stimme war so voller Entsetzen, dass ich meine Fassung verlor. ‹Warum sollte ich nicht? Ich bin doch selbst halb-jüdisch.›»[178]

Die Reaktion der Vorgesetzten und der weitere Verlauf, der durchaus skurrile Züge annahm, zeigten ihr: «Zukünftig würde ich lernen müssen, meine Zunge zu hüten. Durch einen Ausbruch wie diesen war nichts zu gewinnen – weder für mich noch für irgendjemanden sonst. So lautete meine erste Lektion. Ich hatte sie am Vorabend meines achtzehnten Geburtstags gelernt. Ich war nicht mehr von freundlichen Mitschülerinnen umgeben und von wohlmeinenden Lehrern beschützt. Die Umwelt, die ich betreten hatte, zeigte ihre Feindseligkeit.»

Am nächsten Morgen, beim Frühstück, betrat der Bürgermeister die Kindertagesstätte und forderte sie brüllend auf, sofort das Kinderzentrum zu verlassen. Geistesgegenwärtig erwiderte sie: «Ich bin von der Nationalsozialistischen Studentenschaft hierher geschickt worden, und ich muss ihre Anweisungen befolgen.» Sie erhielt eine Vorladung aufs Bürgermeisteramt, zu der auch der Landrat hinzukam, «um sich mit dem dringenden Fall zu befassen». Der Landrat zeigte sich sehr empört, dass ihnen die Studentenschaft jemanden wie sie geschickt habe. Dann warf er ihr vor: «Sie sind uns bei unserem Kampf gegen das internationale Judentum in den Rücken gefallen.» Noch am selben Tag müsse sie das Dorf verlassen. «Mit der Ruhe, die einen überkommt, wenn man weiß, dass alles verloren ist, sagte ich, dass ich kein Geld habe. Er war bereit, die Bahnfahrkarte zu bezahlen. Ich brachte vor, dass ich meinen Koffer nicht zum Bahnhof transportieren könne; daraufhin befahl er zwei Hitlerjungen, mein Gepäck dorthin zu karren.»

Am Nachmittag ihres achtzehnten Geburtstags saß Gerda Lux wieder im Zug nach Berlin. Ihre Chancen, mit dem Studium beginnen zu können, hatten sich verdüstert. In dieser Situation formulierte ihre Mutter einen Brief, «ein Meisterstück der Diplomatie», an den Reichsstudentenführer, von dem eine verblüffende Antwort einging: «Er vergab mir nicht nur alle meine Vergehen, sondern arrangierte sogar Ausnahmemöglichkeiten für mich.» Den Arbeitsdienst konnte sie in den nächsten drei Monaten als Hilfskraft in einem Büro der Partei ableisten, die restlichen drei Monate wurden auf die Semesterferien im folgenden Sommer verschoben.

Nach diesem Eklat war Gerda Lux «an der Universität sehr vorsichtig». Sie lernte, die Wahrheit zu verschweigen und zugleich ihre Ziele energisch zu verfolgen – so als sie im zweiten Studienjahr unbedingt segelfliegen wollte und zu diesem Zweck gemeinsam mit ihrer Studienkollegin und Vertrauten Marga in den Hochschul-Segelclub eingetreten war. Alles ließ sich gut an, die beiden hatten bereits einige Wochenenden auf dem Flugplatz verbracht, als ihnen während einer Vorlesung ein Studien- und Clubkollege ein auszufüllendes Formular herüberreichte:

«Unten auf dem Formular stand: ‹Ich schwöre, dass ich reindeutscher Abstammung bin.› – ‹Was mache ich jetzt?›, fragte ich Marga leise. ‹Unterschreib›, war ihre Antwort. Ich tat es – und verbrachte viele glückliche Stunden beim Segelfliegen. Im Segelclub kannte niemand meine Abstammung. Viele Clubmitglieder wurden meine Freunde. Allerdings stellte ich ihre Freundschaft nicht durch vertrauliche Gespräche auf die Probe … Angreifbar, wie ich war, lernte ich endlich, meinen Mund zu halten.»[179]

Gerda Lux wollte möglichst schnell fertig studieren. Als «Halbjüdin» erhielt sie keine Vergünstigungen wie Gebührenerlass oder Stipendien, auch keine Jobs. Den Eltern aber fiel es schwer, ihr Studium zu finanzieren. Die Eile erwies sich rückblickend als zweckmäßig. Ab Herbst 1940 wurde auch den «Mischlingen ersten Grades» die Fortführung des Studiums und jede Neuzulassung untersagt.[180] Nach Aussage von Gerda Voss trat dieses Verbot an der Technischen Hochschule Berlin «aus Gründen, über die ich nur mutmaßen kann», erst ein halbes Jahr später in Kraft.[181] In dieser Zeit begann sie mit ihrer Diplomarbeit bei Professor Hans Geiger, der «mich immer sehr gefördert hat und auch andere, die gefährdet waren».[182] Ihr Antrag, das angefangene Examen beenden zu dürfen, wurde bewilligt. So konnte sie im November 1941, mit zweiundzwanzig Jahren, ihr Studium an der TH Berlin als eine der letzten Studenten «halb-jüdischer Herkunft» mit dem Titel «Diplom-ingenieurin» (Dipl. Ing.) abschließen.

Ausbildung von Eva Lux und Eintritt in die Bekennende Kirche

Im Gegensatz zu ihrer älteren Schwester konnte sich Eva Lux nicht, wie sie es gewünscht hätte, auf den Beruf ihrer Wahl vorbereiten. Als «Halbjüdin» blieb ihr die Ausbildung zur Kindergärtnerin verschlossen; der Besuch der Frauenschule war ihr von den Mitschülerinnen verleidet worden; ein Krankenhaus, das sie als Lehrschwester annahm, fand sich nicht. Schließlich war nur ein Säuglingsheim der Inneren Mission, in dem sie ein Praktikum gemacht hatte, bereit, sie auszubilden – allerdings nur zur Säuglingspflegerin, nicht zur Säuglings- und Kinderschwester. Das Heim, in dem fünfzig Kleinkinder bis zum Alter von zwei Jahren von Diakonissen betreut wurden, lag in Berlin-Friedenau, in der Rubenstraße 67, gleich neben ihrer alten Schule. Es war der Evangelischen Nathanael-Kirchengemeinde angegliedert und im großen Gemeindehaus untergebracht, in dem auch die Schwestern wohnten.[183] Hier lebte und arbeitete Eva Lux etwa zwei Jahre lang. Belegt ist ihr Aufenthalt bis Herbst 1938.

Zu den Schwierigkeiten für Eva Lux, als Kindergärtnerin oder als Krankenschwester einen Ausbildungsplatz zu finden, während andere Berufe bis in die vierziger Jahre für «Mischlinge ersten Grades» noch offen waren, sei angemerkt: Je enger der Kontakt zu Menschen in einem Beruf war, desto früher und rigider war es Juden und auch «Mischlingen» verwehrt, ihn zu ergreifen. Das betraf alle sozialen, pflegerischen und medizinischen Berufe. Offenkundig sollten – in der NS-Terminologie – «Artfremde» den «Deutschblütigen» körperlich nicht nahekommen; sie sollten sie im wörtlichen und übertragenen Sinn nicht «berühren», als drohe eine Ansteckung, eine Kontamination.[184]

Selbst bei der Inneren Mission waren 1937 nur noch wenige Einrichtungen zur Ausbildung von Nichtariern bereit, und auch nur, wenn diese getauft, das heißt «nichtarische Christen» waren.[185] Diese Bedingung zu erfüllen, war Eva Lux bereit. Sie war zwar in einem atheistischen Milieu aufgewachsen, hatte aber in der Schule ebenso wie ihre Schwester am evangelischen Religionsunterricht teilgenommen. Darauf hatte ihre Mutter bestanden: «Das gehörte ihrer Meinung nach zur Allgemeinbildung. Ich wäre lieber nach Hause gegangen. Aber sie hatte vollkommen recht», so Gerda Voss im Gespräch.

Ein Pfarrer der Nathanael-Gemeinde, der zur Bekennenden Kirche gehörte, Dr. Johannes Pfeiffer, taufte sie Ende November 1937.[186] Sie blieb in seinem Umfeld und trat ein knappes Jahr später, am 17. Oktober 1938, kurz vor ihrem achtzehnten Geburtstag, in die «Evangelische Bekenntnis Gemeinde Nathanael» ein. Ihre Mitgliedskarte hat sie bis heute aufgehoben. Aus Solidarität mit der Tochter, aber auch aus Wertschätzung für Martin Niemöller, dem bekanntesten Vertreter der Bekennenden Kirche, der seit Juli 1937 in Haft war, soll Frau Dr. Lux nach Aussage beider Töchter ebenfalls der Bekennenden Kirche beigetreten sein. Zum Pfarrer – höchstwahrscheinlich handelte es sich um Pfarrer Pfeiffer –soll sie gesagt haben: «Ich tue es aus Protest, bin ganz ungläubig.» Da ihre Mitgliedskarte in den Archiven nicht auffindbar war – Mitgliederkarteien wurden aus Vorsicht nicht offen geführt und sind nur im Ausnahmefall erhalten –, muss ich die Mitteilung so stehenlassen. Dass sie mit der Bekennenden Kirche sympathisierte, steht aber außer Frage.

Die Arbeit der Bekennenden Kirche wird uneinheitlich eingeschätzt. Unbestritten ist, dass der Anstoß für ihre spätere Gründung die Ablehnung des «Arierparagraphen» für Pfarrer und andere kirchliche Mitarbeiter war, den die Deutschen Christen auf der Generalsynode der «Altpreußischen Union» am 5. September 1933 durchgesetzt hatten. Unbestreitbar ist aber auch, dass später kein Leitungsgremium je offiziell gegen die Judenverfolgung Stellung bezog.[187] Gleichzeitig versuchten viele ihrer Mitglieder, als Einzelne oder in Gruppen, Juden zu helfen. Einige verloren dabei ihr Leben.

Zu denjenigen innerhalb der Bekennenden Kirche, deren Verdienste vergessen sind, gehört Pfarrer Pfeiffer.[188] Allein schon, indem er «Nichtarier» taufte, verstieß er gegen die Ideologie der Deutschen Christen, die bis Ende der dreißiger Jahre wie fast überall in Berlin so auch in der Nathanael-Gemeinde im Gemeindekirchenrat die Mehrheit hatten.[189]

Bei diversen Anlässen setzte er sich über Anfeindungen souverän hinweg und lenkte auch nicht ein, als Pfarrer-Kollegen ihn öffentlich wegen seiner «Judenfreundlichkeit» attackierten. Als ihn seine Widersacher im Gemeindekirchenrat im Frühjahr 1935 mit neun zu einer Stimme zum Rücktritt von der Geschäftsführung zwingen wollten, berief er einige Wochen lang den Gemeindekirchenrat einfach nicht ein. Ab 1936 weigerte er sich, mit den Deutschen Christen in den Kirchengremien überhaupt noch zusammenzuarbeiten. Als er sich offen für Pfarrer Niemöller einsetzte, wurde er im März 1938 vier Wochen lang inhaftiert.

Dank der Entschiedenheit von Personen wie Pfarrer Pfeiffer schlossen sich ab 1937 immer mehr Menschen, die der Kirche an sich fernstanden, der Bekennenden Kirche als einer oppositionellen Kraft an. Sie gewann an Boden, weil sie sich weder durch die ständige Gestapo-Überwachung noch durch immer neue Verhaftungen einschüchtern ließ.[190]

Pfarrer Pfeiffer muss für die Familie Lux bedeutungsvoll gewesen sein, denn auch Gerda Voss, die sich nicht taufen ließ, brachte seinen Namen nach über sechzig Jahren genauso spontan, ohne längeres Nachdenken, ins Gespräch wie ihre Schwester Eva, die am Gemeindeleben teilgenommen hatte.

Gerda Lux als Ingenieurin in der Luftfahrtsforschung

Nach Studienschluss wollte Gerda Lux so schnell wie möglich Geld verdienen, am liebsten auf dem Gebiet der Luftfahrtelektronik – aber als «Halb-Arierin» hatte sie trotz des Arbeitskräftemangels kaum eine Chance, eine passende Stelle zu finden. Sie schreibt: «Da beschloss ich, dem Schicksal einen kleinen Schubs zu geben. Es war an der Zeit, eine weitere Falschaussage zu machen. Inzwischen wusste ich, wie die Parteimaschinerie funktionierte. Niemand würde sich die Mühe machen, meine Akte aus der Universität auszugraben. Die Nazis verließen sich auf die Ehrlichkeit und auf die Furcht derer, die sie verfolgten … Von jetzt an gab ich nur noch einen jüdischen Großelternteil bei meinen Bewerbungen zu. Als eine Dreiviertel-Arierin hatte ich wenigstens eine Chance.»[191]

Und sie fand genau die Stelle, die sie sich gewünscht hatte – dank der falschen Angabe und dank der liberalen Einstellungspolitik des Institutsleiters, Dr. Paul von Handel –, und zwar in der Deutschen Versuchsanstalt für Luftfahrt (DVL) in Berlin-Adlershof.[192] Dort begann sie am 2. Januar 1942 als Ingenieurin im Institut für Elektrophysik. Im Juli 1943 wurde das Institut nach Ainring in Bayern, in der Nähe von Landsberg am Lech, auf eine nicht mehr benutzte Flugbasis verlegt.[193] Am neuen Standort arbeitete Gerda Lux, ohne dass ihre Herkunft zum Problem wurde – bis Kriegsende.

Die Projekte, an denen Gerda Lux mitarbeitete, müssen als kriegsrelevant eingestuft gewesen sein, denn nur solche wurden im Zweiten Weltkrieg noch finanziert. Darüber hinaus ist bei technisch-naturwissenschaftlicher und medizinischer Forschung jener Zeit immer zu fragen, ob sie menschenrechtswidrige Versuche einschloss. Gerda Voss selbst sprach das Thema an. Sie erwähnte die Schleudersitz- und Auskühlungsversuche, an denen Mitarbeiter der DVL teils in Berlin-Adlershof, teils im KZ Dachau beteiligt waren. Sie nannte die Namen Rombach und Steppke.[194] Hinweise, dass auch das Institut für Elektrophysik, an dem Gerda Lux auf dem Gebiet «Flugfunk» tätig war, in dergleichen Versuche einbezogen war, habe ich nirgends gefunden.

Bei ihrer Arbeit lernte sie den dreizehn Jahre älteren Odje Voss kennen, der ihr Partner und nach dem Krieg ihr Mann wurde. Er war als «Testpilot und Flugleiter» am gleichen Institut wie sie beschäftigt, davor war er Schiffszimmermann, «Kapitän auf hoher See» und Schiffsoffizier gewesen. Obwohl er aus einem kulturell und politisch anderen Milieu kam, wurde er von Herrn und Frau Lux wohl gelitten – und er verhielt sich ihnen gegenüber loyal. Bei seinen Flügen nach Berlin «kreiste er immer über die Fregestraße, um nachzuschauen, ob das Haus noch steht».[195] Erlaubte es seine Zeit, so besuchte er die Eltern seiner Freundin und erfreute sie mit Tee aus seiner Piloten-Sonderration. Dennoch bewahrten Herr und Frau Lux ihm gegenüber einen Rest an Vorsicht, wie Gerda Voss in Erinnerung an den achtzigsten Geburtstag ihres Vaters durchblicken lässt: «Vater erhob das Glas mit seinem in den letzten zehn Jahren immer wiederkehrenden Trinkspruch: ‹pereant› (‹mögen sie untergehen›). Mutter blickte kurz zu ihrem zukünftigen Schwiegersohn, den sie nicht ganz durchschaute, und schien zu denken: Vielleicht ist es doch besser, dass er kein Latein versteht.»[196]

Eva Lux als Säuglingspflegerin und angehende Bäuerin

Im Frühjahr oder Sommer 1939 trat Eva Lux mit achtzehn Jahren ihre erste Stelle auf einem Gut in Marienwalde bei Woldenberg an, nahe der polnischen Grenze. Frau Seidel, die Gutsherrin, hatte sie zur Betreuung ihrer fünf Jungen und Mädchen eingestellt, vor allem war sie für das jüngste Kind, noch ein Baby, zuständig. Eva Lux blieb drei Jahre dort, allseits beliebt und angesehen. Auf Drängen der Eltern im Dorf leitete sie sogar ein Jahr lang den Kindergarten der NSV, der Nationalsozialistischen Volkswohlfahrt.

Über ihre Herkunft schwieg sie, sogar gegenüber ihrer Arbeitgeberin. Das empfahl sich auch, denn als «Mischling ersten Grades» hätte sie nicht als Säuglingspflegerin bei einer «arischen» Familie arbeiten dürfen und einen Kindergarten leiten schon gar nicht – man denke nur an den Aufstand, den es beim Arbeitsdienst gab, nachdem Gerda Lux sich als «Halbjüdin» zu erkennen gegeben hatte. Erst nach dem Krieg erfuhr sie, dass die Gutsherrin sehr wohl informiert gewesen war. Mit der gelegentlichen Erwähnung ihres weithin bekannten Onkels Richard Bieber hatte Eva Lux selbst die Spur gelegt. Frau Seidel aber ließ ihr die Illusion, unentdeckt zu sein, während sie drohendes Unheil unauffällig von ihr abwandte, so als ausgerechnet Eva, die nie dem Bund Deutscher Mädel angehört hatte, als BDM-Führerin des Dorfes vorgeschlagen wurde. Ihr Wissen soll Frau Seidel vorsichtshalber auch vor ihrem Mann, einem Major an der Front und NS-Anhänger, geheim gehalten haben.

Nach einer kurzen und unerfreulichen Zwischenstation auf einem Gut in Pommern, auf das sie gegangen war, um erneut einen Säugling aufziehen zu können, verschlug es Eva Lux im Frühjahr 1943 nach Baden, in das kleine Dorf Merchingen bei Buchen im Odenwald. Sie hatte sich, wie ihre Mutter im November 1944 an Annemarie Bieber schrieb, «etwas abwegig mit dem Sohn eines Erbhofs verlobt» und lernte bei dessen Eltern im Badischen Landwirtschaft. Von Eva Tietze selbst weiß ich, dass die Familie ihres Verlobten Karl Hambrecht sie freundlich aufnahm. Mit seiner Mutter, «einer wunderbaren Frau», und seiner Schwester blieb sie zeitlebens befreundet. Wieder war sie gut integriert: «Alle kannten Eva.» Jeden Sonntag begleitete sie «Mutter Hambrecht» zur Kirche – ein ostentativer Akt gegenüber dem Ortsgruppenleiter, der observierend am Kirchentor stand. Und sie blieb in der Familie, als die Nachricht kam, dass ihr Verlobter in Russland vermisst sei.

Ihren jüdischen Hintergrund verschwieg sie auch hier. Ihre Mutter soll ihr dazu geraten haben: «Darum kümmert sich auf dem Land doch keiner.» Selbst mit ihrem Verlobten will sie nicht darüber gesprochen haben. Schwer nachzuvollziehen, aber allemal klug, denn als «Mischling ersten Grades» hätte sie sich nicht mit einem «Arier» verbinden dürfen, weder außerehelich noch durch Heirat.[197] So aber war sie im Dorf als zukünftige Schwiegertochter der Familie Hambrecht wohl akzeptiert.

Dass in Merchingen noch vor kurzem Juden gelebt hatten, war für Eva Lux nur noch Vergangenheit: «1942 waren keine Juden mehr da, davor viele. Darüber wurde nicht geredet. Das war vorbei.»[198] Sie sah die Synagoge, die nun zweckentfremdet wurde, und sie muss den jüdischen Friedhof gekannt haben, von dem viele Gräber erhalten geblieben sind. Sie scheint sich bewegt zu haben, als ginge sie das alles nichts an. Genauso wie die anderen. Sie gehörte dazu. Das war der beste Schutz.

Nervös wurde sie, als das «Jungbäuerinnen-Diplom» anstand. Ihre damalige Ratlosigkeit wird beim Sprechen wieder lebendig: «Ich hatte doch keine Papiere. Was mache ich bloß? Davor hatte niemand danach gefragt.» Da kommt wie ein Deus ex Machina Karl Stiefel, Landrat des Kreises Buchen, zugleich ein Vetter des Verlobten, sonntags zu Besuch und spricht mit ihr unter vier Augen: «Ich weiß, was mit dir los ist», sagt er und ist bereit, ihr Dokumente auszustellen. In diese trug er den Geburtsnamen ihrer Mutter mit einfachem «i» ein, da er offenbar wusste, dass die Schreibweise mit «ie» (Bieber) auf eine jüdische Familie hindeutete, die mit «i» (Biber) dagegen auf eine nichtjüdische.[199] Nach Kriegsende, als der ehemalige Landrat von den Amerikanern verhaftet wurde, sagte sie zu seinen Gunsten aus. Die Frage bleibt: Wieso war er über ihre Herkunft informiert?

252

Im Herbst 1945 ging Eva Lux nach Heidelberg und holte an der Universitätsklinik in nur einem Jahr den Abschluss als Säuglings- und Kinderschwester nach. Ihre Ausbildung zur Säuglingspflegerin wurde anerkannt. Inzwischen hatte ein Russlandheimkehrer sie davon in Kenntnis gesetzt, dass ihr Verlobter tot sei. Später bestätigte das Rote Kreuz, dass Karl Hambrecht in sowjetischer Kriegsgefangenschaft bei einem Bergwerksunglück umgekommen war.

Erhalt des Selbstwertgefühls

Gerda Lux handelte zielorientiert und ließ sich nicht einschüchtern, notfalls missachtete sie die Anordnungen. Eva Lux war bei ihrem Werdegang objektiv mit größeren Schwierigkeiten konfrontiert, sie half sich, indem sie konsequent ihre jüdische Herkunft mütterlicherseits verheimlichte. Beiden jungen Frauen gelang es, die ihnen von Staat und Gesellschaft zugedachte Stigmatisierung als «Mischling» nicht in Selbstabwertung umzusetzen. Daran gibt Frau Voss rückblickend im Gespräch ihrer Mutter einen großen Anteil: «Wir waren ja schief angesehen als nichtarisch. Aber wir hatten von zu Hause immer die Vorstellung, dass die anderen die Dussels waren, die nicht wussten, dass wir nicht so waren, wie die dachten. Wir hatten die Vorstellung, dass wir besser sind. Wir hatten nie Minderwertigkeitskomplexe. Ich kann nicht sagen, dass meine Mutter sich hingesetzt und uns das eingeredet hat. Aber sie hat uns immer – auch mein Vater – das Gefühl von unserem eigenen Wert gegeben. Dies Gefühl hat sie uns nie genommen. Das war sehr wichtig, und deswegen haben wir auch die Zeit verhältnismäßig gut überlebt.»

13

Die Weigerung, sich als Jüdin registrieren zu lassen

Mein Schlüssel zum Verständnis von Frau Dr. Lux während des Nationalsozialismus ist ihre Weigerung, sich als Jüdin abstempeln und registrieren zu lassen. Was sich rückwirkend als Überlebensstrategie erwies, war primär ein Akt der Selbstachtung. Es war die Entscheidung – und eine durchaus riskante –, sich dem Diktat der Nationalsozialisten nicht zu unterwerfen. Aber nicht nur sie, sondern ebenso ihr Bruder Friedrich und abgeschwächt ihre beiden Töchter verhielten sich der staatlichen Macht gegenüber unbotmäßig. Meinen Bericht über das Leben von Dora Lux unter der nationalsozialistischen Herrschaft schließe ich ab, indem ich ihrer Widerständigkeit genauer nachgehe.

Zum Verhalten ihrer Mutter ab 1938 schreibt Gerda Voss: «Allen Menschen jüdischer Herkunft wurde befohlen, einen Antrag einzureichen und im Standesamt als mittleren Vornamen Israel bzw. Sara eintragen zu lassen. Daraufhin wurde ihnen eine Kennkarte ausgestellt, auf die ein großes J gestempelt war. Fast jeder befolgte die Anordnung, so auch Mutters Schwestern, weil sie die angedrohten Repressalien fürchteten. Friedl hatte es nicht getan, jetzt hatte das Schicksal ihn eingeholt. Mutter, meine freundliche, leise sprechende Mutter, konnte eigensinnig sein. ‹Ich lege keinen Strick um meinen Hals, nur weil sie es mir befehlen›, sagte sie. ‹Ich bin nicht jüdisch, und mein Name ist nicht Sara. Lass sie kommen.›»[200]

Ich verstehe das Zitat so: Frau Lux wollte ihr Selbstbild erhalten, das Selbstbild einer humanistisch gebildeten Frau, die ihr Leben lang eigenständig gedacht und gehandelt hatte und niemandem erlaubte, über sie zu verfügen. Sie war nicht obrigkeitshörig. Mit ihrem linksliberalen Politikverständnis war eine Unterordnung unter einen diktatorischen Staat nicht vereinbar. Einem Staat, der sie kraft seiner Rassegesetze zur Jüdin erklärte mit dem Ziel, sie aus der Gesellschaft auszustoßen, wollte sie sich nicht selbst ausliefern. Deshalb akzeptierte sie die Definition

«Jüdin», die ihr von den Machthabern zugeschrieben werden sollte, nicht.

Negieren des Kennkartenzwangs für Juden

Der NS-Staat war gekennzeichnet durch eine bis dahin nicht gekannte Erfassung der Bürger.[201] Noch in der Weimarer Republik hatte es keine allgemeine reichseinheitliche Meldepflicht und keinen einheitlichen Ausweis gegeben. Wer ins Ausland fahren wollte, beantragte einen Reisepass; im Inland brauchte man seine Identität nur bei bestimmten Anlässen nachzuweisen, zum Beispiel wenn man bei der Post Geld abholen oder ein Auto fahren wollte. Hierfür genügte ein Lichtbilddokument sowie ein Führerschein oder ein Postausweis. Ab 1938 aber wurde eine «Reichsmeldeordnung» mit verschärften Bestimmungen erlassen und die Kennkarte als polizeilicher Inlandsausweis erstmals eingeführt.[202] Ihr Besitz war freiwillig, außer für Juden und wehrpflichtige Männer. Ab September 1939 mussten sich dann alle Einwohner jederzeit ausweisen können, aber nicht notwendigerweise mit einer Kennkarte, denn andere amtliche Dokumente reichten weiterhin aus wie Reisepass, «Dienstausweis, Mitgliedsbuch der NSDAP und NSV, Führerschein, Wehrpass» oder eben ein «Postausweis».[203]

Die Einführung der «Judenkennkarte» – ein Begriff, der sich auch in der Behördensprache findet – wurde mit folgenden Worten bekanntgegeben: «Juden, die deutsche Staatsangehörige sind, haben unter Hinweis auf ihre Eigenschaft als Jude bis zum 31. Dezember 1938 die Ausstellung einer Kennkarte zu beantragen. Bei allen mündlichen Anträgen an Behörden haben sie die Kennkarte unaufgefordert vorzulegen, bei schriftlichen Anträgen auf ihre Eigenschaft als Juden hinzuweisen.»[204] Die Bestimmung galt für alle Menschen jüdischer Herkunft, auch für diejenigen, die in einer «privilegierten Mischehe» lebten. Die Formulierung lässt keinen Zweifel: Menschen sollten mit einem Blick als Juden identifizierbar sein. In die Kennkarte war – wie schon Gerda Voss betont – ein ungefähr fünf Zentimeter großes, farbiges und gut sichtbares J eingeprägt oder eingestempelt. Etwa zeitgleich wurden die Reisepässe von jüdischen Staatsangehörigen mit einem J versehen. Ihre alten Reisepässe mussten sie abgeben.

Dora Lux und Friedrich Bieber kamen der gesetzlichen Aufforderung, eine «Judenkennkarte» zu beantragen, nicht nach.[205] Ebenso wenig befolgten sie die gesetzliche Anweisung, den Zwangsvornamen «Sara» beziehungsweise «Israel» anzunehmen, den sie ab Anfang Januar 1939 hätten führen müssen.[206] Frau Lux benutzte weiterhin ihren Postausweis. Womit ihr Bruder sich legitimierte, kann ich nicht sagen. Das mit der Gesetzesmissachtung verbundene Risiko war groß, zumal Juden bei Übertretung «irgendeiner Anweisung» weit härter bestraft wurden als Nichtjuden. Über ihnen schwebte die Drohung: «Alle Juden, die irgendeiner Anweisung nicht sofort nachkommen oder ein staatsabträgliches Verhalten zeigen, sind sofort zu verhaften und in ein Konzentrationslager zu schaffen.»[207] Die Unbotmäßigkeit wäre bei einer Entdeckung unerbittlich geahndet worden, denn die Kennkartenpflicht war das Scharnier der Überwachung der Juden; sie zu beachten, wurde nicht nur den Juden selbst, sondern auch den Behörden immer wieder eingeschärft. So ordnete der Berliner Polizeipräsident am 14. August 1940 an, «dass die Polizeibehörden (ebenso Berliner Spitzenbehörden und Parteidienststellen) den strengsten Maßstab zur Durchführung und Überwachung der Ausweispflicht von Juden anzulegen haben … Bei jeder Gelegenheit ist ihre Kennkarte als Ausweis zu verlangen. Bei Nichtvorzeigen erfolgt Strafanzeige.»[208]

In der Familie Lux besaß einzig Heinrich Lux, der kein Jude war, eine Kennkarte. Sie wurde am 5. Mai 1942 ausgestellt und ist erhalten. Die Töchter brauchten keine zu beantragen, da sie nach den «Nürnberger Gesetzen» nicht als Juden galten. Gerda Lux benutzte zunächst ihren Studentenausweis, später einen Ausweis ihrer Arbeitsstelle, der Deutschen Versuchsanstalt für Luftfahrt. Eva Lux besaß einen Postausweis. Die beiden Schwestern von Dora Lux dagegen befolgten die Anordnung: Annemarie Bieber holte sich eine mit J gestempelte Kennkarte und später einen mit J markierten Reisepass, andernfalls hätte sie nicht emigrieren können. Elsbeth Schaper hatte, so die Familienüberlieferung, das Risiko einer Gesetzesübertretung für zu groß erachtet und eine Kennkarte, die sie als Jüdin auswies, beantragt.

Die Geschichte der «Postausweiskarte» – so die genaue Bezeichnung – im Nationalsozialismus muss erst noch geschrieben werden.[209] Es handelt sich um einen zweisprachigen Lichtbildausweis mit dem Untertitel «Carte d'Identité Postale», der national und international verwendbar war. Der Postausweis hat so manche unerlaubte Reise und so manchen illegalen Aufenthalt und so manche Flucht ermöglicht.

Über die Flucht eines entfernten Verwandten, Werner Bruck, im August 1943 berichtet Gerda Voss: «Inzwischen hatte sich Werner, mit ehrlichem Gesicht und guten Nerven, eine Ausweiskarte der Post verschafft, ohne seine jüdische Herkunft offenzulegen … Waren seine Papiere für die Kontrolle gut genug? … Zwei Polizisten gingen von Abteil zu Abteil … Welche Erleichterung, als der Polizist ihm seine Papiere ohne Kommentar zurückgab.»[210] Werner Bruck übersteht mit dem Postausweis zahlreiche weitere Kontrollen auf der Fahrt von Berlin nach Dornbirn in Österreich, von wo aus es ihm gelingt, zu Fuß über die Schweizer Grenze zu gelangen.

In einer anderen Geschichte schaffte es eine junge jüdische Berlinerin, genannt Helga Fröhlich, sich im Februar 1943 in Frankfurt am Main einen Postausweis zu besorgen, mit dem sie über die Grenze nach Belgien floh: «Um den [Postausweis] zu erlangen, hatte sie ausgetüftelt, dass der Vater täglich ein Einschreiben in die Solmsstraße schickte, damit der Postbote [sie] kennenlernen konnte. Das geschah einige Tage lang. [Anschließend fingiert sie einen mehrtägigen Ausflug und den Verlust ihrer Papiere, worüber sie der Postbotin berichtete.] Als sie beim Postamt den Ausweis beantragte, verlangte der Beamte – wie erwartet – einen Zeugen ihrer Identität. Sie nannte die Briefträgerin. Diese bestätigte, dass sie Fräulein Fröhlich aus der Solmsstraße kenne. Für 50 Pfennig erhielt Helga das Dokument, wofür man auf dem Schwarzmarkt in Berlin 5000 Mark hätte hinblättern müssen.»[211]

Zwar mussten Juden in ihre Postausweise wie auch in andere Dokumente, zum Beispiel in Lebensmittelkarten, das J und den Zwangsvornamen eintragen lassen, aber diese Markierung konnte bei der Post offensichtlich relativ leicht umgangen werden. Und so stimmte im Fall von Helga Fröhlich das unbürokratische Verhalten des Frankfurter Postbeamten mit seiner Dienstanweisung völlig überein: «Der Antragsteller hat sich, wenn er nicht persönlich bekannt ist, durch eine andere bekannte vertrauenswürdige Person oder in sonst zuverlässiger Weise auszuweisen.» Diese weitauslegbare Dienstvorschrift stammte noch aus der Weimarer Republik und galt unverändert weiter.[212] Postbeamte konnten sie zugunsten von Antragstellern nutzen, indem sie es unterließen, nach der Geburtsurkunde oder gar nach einem «Ariernachweis» zu fragen. Sie hatten damit einen größeren Ermessensspielraum als Polizeibeamte, wenn es darum ging, einen Menschen als Juden abzustempeln oder nicht.

Da Dora Lux seit Jahrzehnten in der Fregestraße 81 in Berlin-Schöneberg wohnte und beim nahegelegenen Postamt in der Hauptstraße gewiss bestens bekannt war, gehe ich davon aus, dass sie dort einen bereits vorhandenen Postausweis mehrmals verlängern lassen konnte. Dessen Laufzeit betrug drei Jahre, wobei die Laufzeitbegrenzung 1943, für die Dauer des Krieges, ausgesetzt wurde.[213]

Dass die Benutzung eines Postausweises ohne die verlangten Eintragungen lebensgefährlich sein konnte, zeigt ein Vorfall in Leipzig im Herbst 1943. Eine Jüdin, die in einer «privilegierten Mischehe» lebte, war von einer Bekannten angezeigt worden, weil der Zwangsvorname Sara in ihrem Postausweis fehlte. Dies hatte die Denunziantin beim Anstehen vor dem Postschalter bemerkt. Die Jüdin wird wegen «Tarnung ihrer Rassezugehörigkeit» verhaftet, als politische Gefangene eingestuft und nach Auschwitz deportiert, wo sie ermordet wurde. Dabei hatte sie ihre jüdische Herkunft vorschriftsmäßig bei der Meldestelle angegeben und führte den Zwangsvornamen. Sie hatte nur versäumt, ihn auch in ihren alten Postausweis eintragen zu lassen.[214]

Aus nicht bekannten Gründen besaß Frau Lux nach Kriegsende keinen Postausweis mehr. Eventuell hatte er in den letzten Kriegsmonaten doch noch seine Gültigkeit verloren.[215] Geblieben war ihr nur ein Ausweis ihrer früheren Arbeitsstelle. Im August 1945 schrieb sie: «Ich besitze gegenwärtig nur einen leider undatierten Ausweis des Lette-Hauses in Berlin.»[216] Er ist unterzeichnet mit «Lilly Hauff, Direktorin». Lilly Hauff aber war spätestens 1933 vorzeitig in den Ruhestand geschickt worden. Ohne Datum und mit einer wertlosen Unterschrift hätte er einer genaueren Kontrolle nicht standgehalten. Sie muss das an sich wertlose Papier viel benutzt haben – das erhaltene Dokument ist reichlich zerfleddert und vermittelt eine Ahnung von der Gefahr, in der sie in den letzten Monaten vor der Befreiung lebte.

Die unterlassene Selbstanzeige

«Unaufgefordert» ist der entscheidende, immer wiederkehrende Begriff. Er besagt, dass bei der Ausstellung einer «Judenkennkarte» und ebenso bei der Eintragung von «Sara» oder «Israel» Dora Lux und Friedrich Bieber hätten selbst tätig werden müssen. Bei jedem mündlichen und schriftlichen Kontakt mit Behörden hatten Juden sich «unaufgefordert» als solche auszuweisen: So hatten sie «selbst für die richtigen Einträge» der Zwangsvornamen ins amtliche Fernsprechverzeichnis «zu sorgen»[217] und im Herbst 1942 «unaufgefordert» ihre Angaben zur Person im Rahmen einer statistischen Erfassung der Juden abzuliefern.

Solche Zumutungen wies Frau Lux, so die Deutung ihrer Tochter, dezidiert zurück: «Die Nazis verließen sich auf Selbstanzeige. Die Juden mussten sich selbst denunzieren. Auch das Geld, das sie ihnen abgenommen haben, mussten sie selbst hinbringen. Bei uns nicht.» Es gab jüdische Freunde, «die meine Mutter bestürmten», sich als Jüdin registrieren zu lassen, «um die angedrohten Folgen zu vermeiden».[218] Sie aber blieb bei ihrer Haltung – und wurde dabei von ihrem Mann unterstützt.

Falsche Angaben

Die reichsweite Volkszählung vom 17. Mai 1939 enthielt erstmalig offiziell die Kategorie «Abstammung», und zwar auf einer «Ergänzungskarte für Angaben über Abstammung und Vorbildung». Auf dieser wurde gefragt: «War oder ist einer der vier Großelternteile der Rasse nach Volljude?» Die Anweisung zur Beantwortung der Frage lautete:

«Maßgebend ist allein die rassenmäßige, nicht die konfessionelle Zugehörigkeit.» Die Antwort war für alle vier Großelternteile getrennt in je eine Spalte einzutragen. Die Karten kamen in ein verschlossenes Kuvert; da jedoch Daten zur Person, wie Geburtstag, Geburtsort, Ausbildung und sogar die gegenwärtige Anschrift, abgefragt wurden, waren die Auskünfte weder anonym noch geheim.

Je eine «Ergänzungskarte» musste vom Haushaltsvorstand für alle Personen in der Wohnung ausgefüllt werden. Für den Teil der deutschen Bevölkerung, der ein bis vier Großelternteile als jüdisch angegeben hatte, sind die Karten weitgehend erhalten und liegen im Bundesarchiv in Berlin.[219]

Alle «Ergänzungskarten» der Familie Lux / Bieber, bis auf die Karte von Elsbeth Schaper, waren auffindbar. Bei der Sichtung der Computerausdrucke stellte ich fest: Frau Dr. Lux hatte nur den Großvater väterlicherseits und die Großmutter mütterlicherseits als jüdisch eingetragen, also gleichsam einen jüdischen Großvater und eine jüdische Großmutter «unterschlagen».[220] Friedrich Bieber hatte die gleichen falschen Angaben gemacht wie seine Schwester. Damit wurden sie zu «Mischlingen ersten Grades» und galten nach den «Nürnberger Gesetzen» nicht als Juden. Annemarie Bieber wiederum verheimlichte die jüdische Großmutter väterlicherseits. Auch die Angaben weiterer Familienmitglieder sind unrichtig. Gertrud Bieber gab nur einen jüdischen Großvater an, was kaum stimmen kann, denn sie gehörte laut Austrittskartei bis 1928 der jüdischen Gemeinde Berlin an. Bei Gerda und Eva Lux ist jeweils nur die Großmutter mütterlicherseits, nicht aber der Großvater als jüdisch eingetragen. Damit wurden sie zu «Mischlingen zweiten Grades». Nur Dr. Heinrich Lux antwortete wahrheitsgemäß, er hatte keine jüdischen Großeltern anzugeben.

Die falschen Angaben auf den Ergänzungskarten von Frau Lux und ihren Töchter schleppen sich bis heute in «die (erweiterte) Datenbank des Gedenkbuchs der Stadt Berlin».

Als ich herausfinden wollte, wie viele andere Bürger möglicherweise bei der Volkszählung 1939 ihre jüdische Herkunft ganz oder teilweise verschwiegen haben, konnte eine Mitarbeiterin des Bundesarchivs nur sagen: «Man weiß es einfach nicht.»

Preußen

Stadt Berlin

Verwaltungsbezirk: **Tiergarten**

Ortsteil:

Zählbezirk Nr. _1920_

Grundstücksliste Nr. _1_

Zur Haushaltungsliste Nr. _4_

Volks-, Berufs- und Betriebszählung am 17. Mai 1938
Ergänzungskarte
für Angaben über Abstammung und Vorbildung

Jedermann ist gesetzlich verpflichtet, die erforderlichen Angaben zu machen. Die Ergänzungskarte ist nach sorgfältiger Ausfüllung in *verschlossenem Umschlag* dem Zähler zu übergeben!

Erläuterungen zu umstehendem Fragebogen

I. Wer hat eine Ergänzungskarte auszufüllen?

Jeder, der zur Ausfüllung einer Haushaltungsliste verpflichtet ist (vgl. S. 1 der Haushaltungsliste), hat auch eine Ergänzungskarte auszufüllen. Personen, die nicht zur Familie des Haushaltungsvorstandes gehören (z. B. Hausgehilfen, Gesellen, Lehrlinge, Knechte, Landhelfer, Mägde, Untermieter, Pensionsgäste, Personal und Insassen von Anstalten u. dgl.), sind berechtigt, die Angaben über Abstammung und Vorbildung auf einer besonderen Ergänzungskarte zu machen und diese in verschlossenem Umschlag an den Haushaltungsvorstand abzugeben, der sie dem Zähler ungeöffnet auszuhändigen hat.

Lfd. Nr.	Vorname	Familienname bei Frauen auch Mädchenname	Geburtstag, -monat, -jahr	Geburtsort und -kreis	War oder ist einer der vier Großelternteile der Rasse nach Volljude? (Ja oder nein)				Haben Sie eine Hochschule oder Fachschule oder nicht abgeschlossen? (Ja oder nein)	Wenn ja, an welcher Hochschule oder Fachschule...
					Großvater väterlicherseits	Großmutter	Großvater mütterlicherseits	Großmutter		

A. Sämtliche Anwesende

1	Paul	Schwarz	19.10.1883	Rödkau, Kr. London	nein	nein	nein	nein		
2	Maria	Schwarz, geb. Lewinski	18.6.1888	Königsfeld, Kr. Stolzi	nein	nein	nein	nein		
3	Hermann	Schwarz	3.9.1935	Magdeburg	nein				nein	
4	Hanna	Löwinski	1.9.1931	Wielau, Kr. Stolzi	nein				nein	
5	Alfred	Piski	13.1.1918	Schönebeck, Kr. Calau b. M.	nein				ja	Höhere techn. Lehranstalt, Bremen
6	Frieda	Möller	8.3.1925	Lodz, Polen	ja	nein			ja	Technische Hochschule Danzig
7	Sally	Cohn	4.5.1922		ja				ja	
8	Joachim	Cohn, geb. Oppenheimer	30.3.1908	Breslau	ja				nein	
9	Paul	Cohn	21.5.1905	Breslau	ja	ja	ja	ja		Lateinschule Berlin
10	Ruth	Schwarz, geb. Cohn	20.7.1909	Berlin	ja	ja				
11	Elisabeth	Schwarz	16.1.1908	Berlin	ja					
12	Martha		26.3.1910	Kaufung, Kr. Goldberg	nein					
1	Heinrich	Lux, Dipl.	10.8.1863	Tarnowitz 95	nein	nein	nein	nein	ja	Universität Breslau
2	Dora	Lux, geb. Pischer	27.10.1882	Garnsdorf, Kreis ...	nein	nein	nein	ja	ja	Realgymnasium Berlin
3	Greta	Lux	5.8.1919	Bln.-Schöneberg	nein	nein	nein	ja	nein	staatl. ing. Berlin
4	Eva	Lux	29.10.1920	Bln.-Schöneberg	nein	nein	nein	ja	nein	
5										
6										
7										
8										
9										
10										

B. Vorübergehend abwesende Mitglieder der Haushaltung

1	Gerhard	Schmidt	13.11.1914	Danzig						
2										
3										
4										

Bescheinigung: Daß die Angaben vollständig und nach bestem Wissen gemacht worden sind, bescheinigt:

Wohnung: Bln.-Friedenau, Frege Straße Nr. 51

Hier bitte Ihre Unterschrift:

Dr. Heinrich Lux

Das Risiko bestand im möglichen Abgleich der Informationen auf den Ergänzungskarten mit anderen vorhandenen Daten. Richtige Angaben, die gefährlich werden konnten, lagen reichlich vor, denn das «Erste, was 1933 passierte, war, dass jedermanns Rassenhintergrund registriert wurde, in der Schule und bei der Arbeit».[221] In der Schule hatten die Töchter korrekt geantwortet, sie hatten also angegeben, dass der Vater und die Mutter von Frau Lux Juden waren; zu «schwindeln», wie Gerda Voss sagt, lernten sie erst später. Die jüdische Herkunft von Frau Dr. Lux muss aber auch unabhängig davon in der Schulverwaltung und im Lette-Verein bekannt gewesen sein, sonst hätte sie nicht schon zu Ostern 1933 ein Berufsverbot aus rassischen Gründen erhalten. Vergleichbares gilt für Richard Bieber und Friedrich Bieber. Für Gerda Lux lagen von der Ergänzungskarte abweichende Daten in der Technischen Hochschule: Dort hatte sie wahrheitsgemäß, als ab dem Wintersemester 1935/1936 alle Studierenden einen «urkundlichen Ahnennachweis» bei der Immatrikulation beibringen mussten,[222] ihre jüdische Großmutter und ihren jüdischen Großvater mütterlicherseits eingetragen, auf der Ergänzungskarte aber nur ihre jüdische Großmutter. Und schließlich hätte allein schon ein Datenabgleich zwischen Dora Lux und ihren Schwestern Annemarie Bieber und Elsbeth Schaper genügt, und die Falschaussagen wären aufgeflogen.

Zu den Abweichungen zwischen den Ergänzungskarten und anderen Unterlagen kamen weitere Unstimmigkeiten: Der «gekaufte» evangelische Großvater ersetzte ausgerechnet denjenigen Großvater, den Dora Lux und Friedrich Bieber auf der Ergänzungskarte als jüdisch zugegeben hatten. Bei Gerda Lux stimmte ihre spätere Stellenbewerbung, bei der sie nur eine jüdische Großmutter angegeben hatte, nicht mit ihren TU-Unterlagen als Studentin überein. Eva Lux verschwieg, seit sie Berlin verlassen hatte, ihre teilweise jüdische Abstammung gänzlich, aber merkwürdigerweise war diese immer, wenn es darauf ankam, den entscheidenden Personen bekannt. All diese Unstimmigkeiten sind zudem auf dem Hintergrund zu sehen, dass die Familie Bieber als emanzipierte jüdische Familie in Berlin keineswegs unbekannt war.

Die widersprüchlichen Angaben waren so lange ungefährlich, wie sie der Polizei und Gestapo nicht auffielen. Die Fragen sind also: Wie wurden die Ergänzungskarten ausgewertet? An welche Dienststellen wurden sie weitergeleitet? Inwiefern fand ein Datenabgleich mit anderen Unterlagen statt?

Diese Fragen klärt eine Studie, die auf Wunsch des Statistischen Bundesamts von Jutta Wietog angefertigt wurde.[223] Danach war der Teil der Ergänzungskarten, «der nach der ‹blutmäßigen› Abstammung fragte», für die Nationalsozialisten der «wohl wichtigste Teil der Volkszählung 1939».[224] Das Ergebnis der Auszählung war allerdings schwer vereinbar mit der angeblich millionenfachen «rassischen Bedrohung». Gezählt wurden: 233 646 «Rassejuden», 52 005 «Mischlinge ersten Grades» und 32 669 «Mischlinge zweiten Grades». Deren Ergänzungskarten blieben, weil das Statistische Reichsamt die Weitergabe verweigerte, fast zwei Jahre bei den Statistischen Landesämtern, während die Karten der «Arier» eingestampft wurden. Ab Ende März bis Spätherbst 1941 allerdings wurden die Karten von Juden und sogenannten «jüdischen Mischlingen» über die Landräte und Bürgermeister nach und nach den polizeilichen Meldestellen sowie einer «Volkskartei», die sich im Aufbau befand, und dem Reichssippenamt in Berlin zur Verfügung gestellt. Nach einer zeitlich begrenzten Auswertung vor Ort mussten sie an das ebenfalls in Berlin ansässige Statistische Reichsamt zurückgeschickt werden.[225] Die Ergänzungskarten konnten also etwa ab Mitte 1941 in den Städten und Gemeinden für die Erfassung und Deportationen der Juden verwendet werden. Ob und in welchem Umfang dies geschah, ist allerdings weiterhin offen. Der Zeitpunkt lag so spät, dass die jüdischen Bürger und Bürgerinnen schon weitestgehend über polizeiliche Meldelisten, Steuerkarteien, Wohnungskarteien und Unterlagen der jüdischen Gemeinden registriert waren.

Für Berlin steht fest, dass im Spätsommer und Herbst 1941 die Ergänzungskarten «mit einem enormen bürokratischen Aufwand nach Juden durchsucht» wurden.[226] Und so ist bei den Geschwistern Bieber vermerkt, wann sie bearbeitet wurden: Dora Lux am «18. 9. 1941», Friedrich Bieber am «24. 10. 41» (zusätzlich: «erl. 2. 8. 41»), Annemarie Bieber am «14. 10. 41».[227] Die falschen Angaben von Dora Lux und ihrem Bruder, die sich zu «Mischlingen ersten Grades» gemacht hatten und damit nicht als Juden galten, wurden offenbar nicht angezweifelt. Jedenfalls führte die Bearbeitung nicht zu ihrer Enttarnung.

Eine weitere Frage ist, ob bei der polizeilichen Meldestelle Dora Lux als «Jüdin» oder als «Halbjüdin» geführt wurde. Das wäre prinzipiell möglich, denn die Meldekarten enthielten ab einem bestimmten Zeitpunkt die Rubrik «Abstammung», und bei den polizeilichen Meldestellen sollten alle Daten über eine Person zusammenfließen. Ein Datenaustausch mit anderen Behörden war vorgesehen, und bei Umzügen wurden sie an die neue Meldestelle geschickt.[228] Da von der Zentralen Meldekartei für Berlin nur Restbestände erhalten sind, muss die Frage offenbleiben. Erhalten sind aus der Familie Bieber / Lux nur die Karten von Elsbeth Schaper und ihrem Sohn. Auf diesen sind zwar Personenstanddaten notiert sowie Ummeldungen und Anschriften, Angaben zur «Abstammung» und zur Deportation von Elsbeth Schaper aber fehlen.[229] Der Befund verweist erneut darauf, dass zwischen der Absicht der datenmäßigen Erfassung der Bürger und deren Umsetzung im Nationalsozialismus eine erhebliche Kluft bestand.

Die Absicht der totalen Erfassung

Weil die Registrierung durch die Meldebehörden trotz des möglichen Datenaustauschs eine nur lokale und dezentrale war, sollten zusätzlich zwei zentrale Karteien erstellt werden: eine reichsweite «Judenkartei» sowie eine reichsweite «Volkskartei». Zur «Judenkartei» schreibt die Historikerin Cornelia Essner: «Die Pläne zu einem zentralen Judenregister, die seit 1933 bestanden, wurden nie verwirklicht.» Sie scheiterten unter anderem an Kompetenzstreitigkeiten innerhalb der verschiedenen Machtzentren. Die Gestapo-Stellen legten stattdessen «örtliche ‹Judenkarteien›» an, mit dem impliziten Ziel, durch eine Addition der Daten schließlich alle Juden namentlich zu registrieren.[230]

An der Erstellung einer «Volkskartei» wurde ab 1939 zusätzlich zur reichsweiten Volkszählung vom Mai 1939 gearbeitet. Die «Volkskartei», die vor allem der Rekrutierung von Arbeitskräften für die Kriegswirtschaft dienen sollte, blieb nach energischen Anfängen alsbald kriegsbedingt stecken. Ich gehe auf die «Volkskartei» deshalb ein, weil hier der Abstand zwischen der hochgespannten Zielsetzung – alle Einwohner sollten erfasst werden – und der dilettantischen Durchführung besonders offenkundig ist. In die Erhebung waren unzählige «Helfer» einbezogen, deren Aufgabe es war, die ausgefüllten Volkskarteikarten einzusammeln, ihre «lückenlose Beantwortung» zu kontrollieren und gegebenenfalls nachzubessern.[231] Die Karten selbst erhielten zwar keine Frage zur «Abstammung», eine jüdische «Abstammung» sollte aber von den Helfern nachgetragen werden – anhand welcher Kenntnisse ist unerfindlich, also letztlich nach eigenem Ermessen. Der entsprechende Runderlass des Reichsministers des Inneren vom 15. Februar 1939 lautete: «Bei der zu errichtenden ‹Volkskartei› sind Karten von Personen, die den Helfern als Juden bekannt sind, mit der Bleistiftkennzeichnung ‹J› zu versehen.»[232] Auch wenn die Eintragungen der Helfer noch einmal von den polizeilichen Meldeämtern überprüft werden sollten, so bleibt die Diskrepanz zwischen angeblicher Genauigkeit und offenkundiger Willkür eklatant.

Zum Glück waren damals die technischen Möglichkeiten einer totalen Kontrolle der Bürger noch nicht so weit entwickelt wie in der Gegenwart. Zwar lagen dezentral viele Daten vor – ich erinnere zum Beispiel an die Listen der Berufsverbände der Ärzte über ihre «nichtarischen» Mitglieder oder an die Listen der Schulverwaltung Berlins im Vorfeld der Berufsverbote für Lehrer –, aber sie flossen nicht personenbezogen zusammen. Die Kommunikation unter den Behörden im Nationalsozialismus war schwerfällig und lückenhaft, die Auswertung von statistischen Erhebungen wie der Volkszählung langwierig. Der Abstand zu unserem elektronischen Zeitalter kann aus dem zitierten Erlass ermessen werden, der den Helfern vorschrieb, die Volkskarteikarten von Juden «mit der Bleistiftkennzeichnung ‹J› zu versehen». Später wurden dann Klammern, genannt «schwarze Reiter», aufgesteckt. Ein digitaler Zugriff auf alle vorliegenden Daten und deren Zusammenfügung hätte viele weitere Leben gekostet. Noch weniger Menschen wären entkommen. Die Herkunft wäre nicht mehr zu verschleiern gewesen. Falsche Angaben wären schnell entdeckt und erbarmungslos geahndet worden.

Dora Lux und Friedrich Bieber waren offensichtlich der staatlichen Registrierung als Juden ab 1938/1939 entgangen. Dennoch wären sie erfasst worden, hätten sie einer jüdischen Gemeinde angehört. Jüdische Vereinigungen waren bereits 1935 aufgefordert worden, die Namen ihrer Mitglieder für die Erstellung der oben genannten zentralen «Judenkartei» an die Gestapo weiterzugeben.[233] Nachdem die Pläne, seitens des Staates ein zentrales Register aller Juden zu erstellen, gescheitert waren, wurde ihre Registrierung (ab 1940) der «Reichsvereinigung der Juden» übertragen. Diese war über Zwischenschritte im Sommer 1939 gegründet und bereits ab September 1939 der Kontrolle des Reichssicherheitshauptamts und damit der Gestapo unterstellt worden. Die jüdischen Gemeinden mussten ihr alle Mitgliederlisten und weitere Unterlagen zur Verfügung stellen. Um den Zugriff selbst auf diejenigen zu erhalten, die aus dem Judentum ausgetreten waren, nach NS-Kriterien aber als Juden galten, verfügte der Staat ihre Aufnahme in die Reichsvereinigung. Ausgenommen war zunächst, wer in einer «privilegierten Mischehe» lebte; ab 1943 galt die Zwangsmitgliedschaft aber auch für diese Gruppe.[234]

Die Reichsvereinigung hatte ursprünglich die Aufgabe der «Förderung der jüdischen Auswanderung» sowie die Aufgabe, «das jüdische Schulwesen und die freie jüdische Wohlfahrtspflege aus ihren Mitteln» zu erhalten.[235] Auf diesen Gebieten leistete sie Beachtliches. Ab Herbst 1941 aber wurde sie über die noch bestehenden jüdischen Kultusgemeinden in die Organisation der Deportationen einbezogen. Klare Worte hierzu findet Dora Lux 1944 in ihrem Brief an ihre Schwester Annemarie: «Zum Abholen wurden dann jüdische ‹Ordner› abgerichtet, die dadurch der Gestapo Personal und Mühe sparten. Ein geradezu teuflisches Spiel.»

Die Vertreter der noch bestehenden jüdischen Kultusgemeinden in Deutschland und der Reichsvereinigung der Juden hatten gehofft, durch partielle Zusammenarbeit mit der Gestapo die Deportationen hinauszögern oder eingrenzen zu können. Über ihre Motive und über das Scheitern ihrer Absicht gibt es inzwischen eine differenzierte Auseinandersetzung.[236]

Im Herbst 1942 wurde eine «neue statistische Erfassung der Juden in Berlin» angeordnet, und wieder waren alle «selbst verpflichtet, unaufgefordert die sie betreffenden persönlichen Angaben zu machen». Bei der Statistischen Abteilung der Reichsvereinigung der Juden sollten sie «Angaben zur Person (Name, Familien-, Wohnungs- und Arbeitsverhältnisse) auf einem postkartengroßen Stück Papier in vierfacher Ausfertigung bis zum 1. Dezember abliefern».[237] Da spätestens bei dieser «Statistik» eine Verbindung zwischen der namentlichen Erfassung und der drohenden «Umsiedlung» offensichtlich war, befolgten viele Berliner Juden die Anordnung nicht. Unter ihnen waren Dora Lux und ihr Bruder.

Über Dora Lux und Friedrich Bieber gibt es im Archiv der Stiftung Neue Synagoge Berlin – Centrum Judaicum, in dem die Bestände der Jüdischen Gemeinde Berlin und der Reichsvereinigung der Juden – soweit sie erhalten sind – liegen, keine Dokumente. Für Annemarie Bieber aber ist «eine Karteikarte überliefert, die offenbar im Zusammenhang mit der Bildung der Reichsvereinigung der Juden in Deutschland (1939) steht und für diejenigen angelegt wurde, die nicht Gemeindemitglied waren, aber aufgrund ihrer jüdischen ‹Abstammung› Mitglied [in der Reichsvereinigung] sein mussten».[238] Für Gertrud Bieber fand sich eine Austrittskartei von 1928, für Richard Bieber und seine Frau Hanna Bieber-Böhm alte Austrittskarteien aus dem Jahr 1892.

Das Fehlen von Unterlagen zu Friedrich Bieber kann damit erklärt werden, dass er gleich nach seiner Geburt 1891 evangelisch getauft wurde und die Eltern auf seiner Geburtsurkunde als «evangelisch» eingetragen waren. Sie konvertierten bereits 1887, und mit der Taufe war üblicherweise eine Austrittserklärung aus dem Judentum an das Standesamt verbunden. Auf der Geburtsurkunde von Dora Bieber aus dem Jahr 1882 dagegen muss noch die «mosaische Religion» ihrer Eltern vermerkt gewesen sein. Frau Lux vermied es deshalb tunlichst, dieses Dokument irgendwo vorzuzeigen. Gewiss nicht zufällig fehlt es in den vielen amtlichen Unterlagen, die im Familienbesitz erhalten sind. Auch konnte sie hoffen, dass die weit zurückliegende Austrittserklärung ihrer Eltern, abgegeben im entfernten Schneidemühl, nicht auftauchte.

So wird verständlich, warum Dora Lux nach dem Krieg ihre jüdische Herkunft nicht belegen konnte, aber umso mehr Dokumente zur evangelischen Religionszugehörigkeit ihrer Eltern besaß – was sie bei den politischen Überprüfungen nach 1945 in Beweisnot brachte. Annemarie Bieber musste eidesstattlich von den USA aus versichern, dass «meine Schwester Dora von denselben Eltern geboren worden ist wie ich», und fügte zum Nachweis der «deutschen jüdischen Geburt» ihre eigene Geburtsurkunde bei, auf der bei Vater und Mutter «mosaische Religion» eingetragen war.

Die Frage sei erneut gestellt, wie Dora Lux bei der Polizei geführt wurde: Als Jüdin, die durch ihre Ehe «privilegiert» war? Als «Mischling ersten Grades» entsprechend der «Ergänzungskarte»? Als «Arierin»? Die Antwort ist einkreisbar: In Kenntnis aller Indizien ist auszuschließen, dass sie bei der polizeilichen Meldebehörde oder bei der Gestapo als Jüdin erfasst war. Möglicherweise wurde sie, wie sie auf ihrer «Ergänzungskarte» angegeben hatte, als «Mischling ersten Grades» eingetragen, galt damit nach der NS-Definition aber nicht als Jüdin. Noch wahrscheinlicher ist, dass sie bei den entscheidenden Stellen weder als Jüdin noch als «Halbjüdin» eingetragen war, da der polizeilichen Meldestelle und der Reichsvereinigung der Juden keine entsprechenden Unterlagen vorlagen.

Wenn sie bei der Polizei nicht als Jüdin registriert war, folgt daraus, dass sie auch nicht in einer «privilegierten Mischehe» gelebt haben kann, wenigstens nicht im Behördenverständnis. Sie selbst muss dennoch das Bewusstsein gehabt haben, durch ihre Ehe bis zum Tod von Heinrich Lux «geschützt» gewesen zu sein. Vermutlich wurde ihr ein solcher Schutz von ihrer Umgebung zurückgespiegelt. Die Töchter beschreiben einerseits sehr präzise, dass und warum sich ihre Mutter nicht als Jüdin erfassen ließ, und sprechen andererseits kurz darauf, ohne darin einen Widerspruch zu sehen, von der «privilegierten Mischehe» ihre Mutter. Die Lebenssituation von Dora Lux war offenbar so ungewöhnlich, dass sie sich nicht widerspruchsfrei abbilden lässt.

Dora Lux und Friedrich Bieber verweigerten die verlangte Zuarbeit und blieben als Juden unentdeckt – ohne in den Untergrund zu gehen, ohne ihre Identität zu wechseln, ohne sich neue Papiere zu besorgen. Über die Brüche im Leben von Friedrich Bieber habe ich berichtet. Vergleichbare Brüche gab es bei Dora Lux nicht. Sie lebte mit ihrem bisherigen Namen im bisherigen Umfeld bis März 1945. Mit Eigensinn und Beharrlichkeit wehrte sie sich dagegen, aus der Gesellschaft ausgeschlossen und eine Jüdin im Sinne der Machthaber zu werden – ein stigmatisierter Mensch.

Um nicht als Juden erkannt zu werden, wichen Dora Lux und ihr Bruder konsequent allen Situationen aus, bei denen sie Papiere wie ein Arbeitsbuch, eine Geburtsurkunde und schlimmstenfalls einen «Arier-nachweis» hätte vorlegen müssen. «Das ging nur, wenn man jeden Kontakt zu offiziellen Stellen vermied und auch keine neue Arbeit suchte oder annahm», so Gerda Voss im Gespräch. Oder wie Hilde Radusch, eine politisch Verfolgte aus Berlin-Schöneberg, es ausdrückte: Es war geboten, «im Sinne des bürokratischen Systems einfach nicht existent zu sein».[239]

Wie viele andere Menschen jüdischer Herkunft einen ähnlichen Weg beschritten, ist offen. Es wird sie gegeben haben, aber es waren vermutlich nur wenige. Unter den mir bekannten Erinnerungen weisen einzig Valentin Senger (*Kaiserhofstraße 12*) und eine Überlebensgeschichte, die in dem Buch «*Jüdische Mischlinge*» von Beate Meyer zu finden ist, gewisse Parallelen auf.[240]

Im Wagemut von Dora Lux und ihrem Bruder eine verallgemeinerbare Möglichkeit zur Selbstrettung verfolgter Juden und Jüdinnen zu sehen, wäre nicht nur anmaßend, sondern auch historisch naiv. Es war ein Ausnahmeverhalten in einer Ausnahmesituation. Wie dargestellt, hatten in der gegebenen Konstellation überhaupt nur Christen oder Dissidenten jüdischer Herkunft eine Chance, einer Erfassung zu entgehen – und auch nur dann, wenn keine alten Unterlagen über sie gefunden wurden.

Zu diesen objektiven Voraussetzungen kamen subjektive. Dora Lux hatte schon seit ihrer Jugend selbstbestimmter gelebt als die meisten.

Sie war nicht gezwungen worden, sich den gesellschaftlichen Erwartungen an eine Frau ihrer Zeit unterzuordnen. Durch die vielen Barrieren, die sie als Studentin und als berufstätige Frau mit Mann und Kindern überwinden musste, hatte sie gelernt, an der Weisheit der Obrigkeit zu zweifeln und Widerständigkeit einzuüben. Diese Unangepasstheit, verbunden mit Mut, befähigte sie, in den Anfangsjahren der NS-Herrschaft als Autorin der Zeitschrift *Ethische Kultur* die Pressegesetze zu unterlaufen. Danach ging sie einen Schritt weiter und verweigerte den antijüdischen Gesetzen, die sie direkt betrafen, den Gehorsam. Auch ihr Bruder Friedrich hatte schon, bevor sich die Situation für ihn als Juden ab 1938/1939 zuspitzte, wenn auch aus anderen Motiven und in anderen Formen, gesellschaftliche Normen missachtet und gesetzliche Vorschriften übertreten.

Damit unterschieden sich die Geschwister von den allermeisten deutschen Bürgern und Bürgerinnen, den nichtjüdischen wie den jüdischen, für die es eine Selbstverständlichkeit war, im Rahmen der gesellschaftlichen Konventionen zu leben und der Obrigkeit zu gehorchen. Die fortschreitende rechtliche Gleichstellung seit Anfang des 19. Jahrhunderts hatte zudem das Vertrauen gerade der deutschen Juden in die Rechtsstaatlichkeit gestärkt. Eine Vernichtung durch den deutschen Staat war für sie nicht vorstellbar.

Dass sich das unbotmäßige Verhalten von Dora Lux als Überlebensstrategie erweisen würde, war nicht absehbar. Rückblickend wäre sie bis zum Tod ihres Mannes im August 1944 in einer amtlich registrierten «privilegierten Mischehe» mit einer «Judenkennkarte» und mit dem Zwangsvornamen «Sara» weit weniger gefährdet gewesen, als sie es durch ihre Gesetzesübertretungen war. Mit dem Tod von Heinrich Lux aber hätte sie den Schutz einer «privilegierten Mischehe» verloren und wäre als verwitwete Jüdin mit großer Sicherheit wie ihre Schwester Elsbeth deportiert worden. Diesem Schicksal entging sie, weil sie bei den Verfolgungsbehörden nicht als Jüdin registriert war. Dennoch muss sie sich oft genug gefragt haben, ob sich ihre «Situation auf die Dauer halten lässt», wie sie 1944 an ihre Schwester Annemarie schrieb.

Bezogen auf die Überlebenschancen von Friedrich Bieber erinnere ich daran, dass er, der ab Herbst 1941 einen Judenstern hätte tragen müssen, sich noch Ende August 1943 frei bewegte und arbeitete, ohne untergetaucht zu sein. «Aber immer schwebte das papierne Damoklesschwert über ihm» – so eine Formulierung von Dora Lux aus dem Brief von 1944, die sich erst im vorgetragenen Kontext voll erschließt. Er blieb lange unentdeckt, gerade weil er sich keine «Judenkarte» und keinen «Zwangsvornamen» geholt hatte und ansonsten falsche, aber offenbar nicht überprüfte Angaben zur Person machte – bis er dann aus einem ganz anderen Grund, der Aufnahme einer jüdischen Familie in Not, doch noch gefasst und ermordet wurde. Bei beiden verband sich widerständige Selbstbehauptung mit couragiertem Einsatz für andere.

Zum Schluss eine Charakterisierung von Frau Lux durch ihre Tochter Gerda: «Mutter war dickköpfig. In moralischer Beziehung. ‹Das lass ich mir nicht bieten, das tue ich nicht.› Nicht in Kleinigkeiten, da war sie nachgiebig, aber in großen moralischen Fragen, da war sie dickköpfig. Es war typisch für sie, dass sie eine Grenze zog; über die wurde nicht gegangen.

Meine Schwester und ich hatten damals Poesiealben. In meines schrieb sie:

Der Eine fragt: was kommt danach?
Der Andere fragt nur: ist es recht?
Und also unterscheidet sich
Der Freie von dem Knecht.
Theodor Storm: *Sprüche. 1884*

Das ist die Erklärung, das ist ihr Prinzip gewesen.»

14

Nach der Befreiung

Am 26. Mai 1945 teilt Dora Lux ihrer Schwester Annemarie mit: «Heute kam Heiner als frz. Artillerie Leutnant bei mir vorgefahren!!» Ein französischer Koch, der einige Wochen im Pfarrhaus, in dem auch sie wohnte, einquartiert war, hatte ihn ausfindet gemacht. Heiner Schwab, ihr früheres Ziehkind, brachte ihr die Nachricht, dass sein Bruder Fernand seine Mutter aus Theresienstadt geholt habe! In einem Jeep war er als Fotograf in Begleitung eines amerikanischen Kriegsberichterstatters mit den vorrückenden Truppen der US-Armee durch Deutschland und Österreich gefahren. In Theresienstadt kam er einen Tag nach der Befreiung des Konzentrationslagers durch die Sowjetarmee an. Noch herrschte dort Anarchie. Er suchte seine Mutter, fand sie im Waisenhaus bei den Kindern, die sie betreut hatte, und nahm sie mit. Diese schier unglaubwürdige Geschichte hat sein damaliger Begleiter, Meyer Levin, 1950 publiziert.[241]

Im Sommer 1945 besuchte Elsbeth Schaper ihre Schwester Dora in Niederstaufen. Mit dabei war Peter Wölf, dem die Woche am Bodensee in schöner Erinnerung geblieben ist. 1946 emigrierten Mutter und Sohn in die USA. Ihre erste Anlaufstelle war Annemarie Bieber. Später betreute Elsbeth Schaper im Haus von Albert Einstein etwa zwei Jahre lang dessen kranke Schwester, während Peter Wölf aufs College ging. Elsbeth Schaper starb, über siebzig Jahre alt, bei einem Besuch in Deutschland.

Ebenfalls über ihre Neffen Heiner und Fernand Schwab war es Frau Lux gelungen, Kontakt mit ihrer Schwester Annemarie in den USA aufzunehmen. Diese war am 25. April 1940, mit sechsundfünfzig Jahren, völlig mittellos in New York angekommen: «mit ihren 2 Teenagers, 3 Löffeln, Messern und Gabeln, einem Koffer voll mit ihren medizinischen Instrumenten und 3 Dollar, um ein neues Leben zu beginnen».[242] Ab 1943/1944 vertrat sie einen Arzt, der zum Militär eingezogen war,

Das Wiedersehen der drei Schwestern in Pasadena, Kalifornien, USA, 1950:
v. l. n. r. Else Schaper, Annemarie Bieber, Dora Lux

in Woodstock, New York. 1948 / 1949 übernahm sie mit fast fünfundsechzig Jahren im kleinen Dorf Phoenicia, im gleichen Staat, hoch in den Catskill Mountains, eine Praxis und führte sie, sehr bescheiden lebend, noch mindestens sechs Jahre als vielbeschäftigte und respektierte Landärztin. Sie starb am 5. Mai 1957, ohne Deutschland noch einmal betreten zu haben.

In einem Nachruf würdigt die Tochter Hanna die enorme Tatkraft und Disziplin ihrer Mutter, aber auch ihre Lebenszugewandtheit und Selbstbestimmtheit. Mitleid mit sich scheint sie nicht gekannt zu haben. «Sie nahm das Bergdorf an, und das Bergdorf nahm sie an ... Dr. B. weigerte sich, in der Vergangenheit zu leben.» Ihre Würdigung endet mit den Worten, die ich unübersetzt lasse: *I believe that, as far as is given to any of us, Dr. Marie Bieber was truly the master of her fate, the captain of her soul.*[243]

Dora Lux hat ihre beiden Schwestern zweimal in den USA besucht. 1950 und erneut Mitte der fünfziger Jahre fuhr sie per Schiff über den Ozean, um sie wiederzusehen. Zu dritt suchten sie die übrige Verwandtschaft auf, so auch Peter Wölf Schaper, der inzwischen in Kalifornien lebte.

Nur mit Friedrich Bieber gab es kein Wiedersehen. Im Sommer 1951 erreichte Frau Dr. Lux in Heidelberg die Nachricht des American Jewish Joint Distribution Committee, dass ihr Bruder am 12. Juli 1944 «in den Osten» deportiert wurde und nicht zurückgekommen ist. In das *Gedenkbuch Berlins der jüdischen Opfer des Nationalsozialismus* ist eingetragen: «Friedrich Bieber, geb. am 25. 07. 91 in Lissa, Posen; Tiergarten Woyrschstr. 45; 55. Transport vom 12. 7. 44 nach Auschwitz; Todesort: Auschwitz, verschollen.»

TEIL 5

Leben und Arbeiten in der Nachkriegszeit

15

Als alte Frau in Heidelberg 1945–1958

Dreizehn Jahre lang wohnte Frau Dr. Lux in einem einzigen Zimmer bei Frau Dr. Gertrud Rech, die im Parterre einer dreistöckigen Villa eine Familienpension unterhielt. Das Haus in der Neuenheimer Landstraße 8 lag direkt am Neckar mit Blick auf die Alte Brücke und das Schloss.[1] Vier der Zimmer waren in der Regel vermietet. Frau Rech und ihre Tochter bewohnten zwei Räume. Das große repräsentative Gesellschaftszimmer diente zugleich als gemeinsamer Essraum. Das einzige Bad mussten sich alle teilen.

Leben in der unmittelbaren Nachkriegszeit

Das Zimmer von Frau Dr. Lux war kleiner als die meisten anderen in der Wohnung und eher dunkel, lag aber nahe am Ausgang zum Garten. Sie hatte es möbliert gemietet, eine eigene Einrichtung besaß sie nicht, wohl aber bereits wieder viele Bücher. Wenn sie sich auch sehr einschränken musste, so kam sie doch in eine vertraute Umgebung. Nicht nur kannte und liebte sie Heidelberg seit ihrer Studienzeit, sie hatte die Stadt auch immer wieder aufgesucht, zuletzt Ostern 1943 zusammen mit ihrem Mann auf Einladung ihrer jetzigen Wirtin, zu der eine alte Familienfreundschaft bestand.[2]

Trotz der schwierigen Versorgungslage in den ersten Nachkriegsjahren servierte Nanna, das Hausmädchen, jeden Tag ein warmes Mittagessen. Beim Auftragen der Speisen wurde Frau Lux als Älteste immer zuerst bedient, worauf sie – so erinnern die Töchter – gern verzichtet hätte, wenn dafür ihre Suppe beim gemeinsamen Essensbeginn noch heiß gewesen wäre. Alle Pensionsgäste trugen, so gut sie konnten, zur Versorgung bei. Dora Lux konnte CARE-Pakete von ihrer Schwester aus den USA beisteuern, vor allem aber erwies sich ihre Nichte Hanna

Bieber, die inzwischen amerikanische Staatsbürgerin war und als Dolmetscherin bei den Nürnberger Kriegsverbrecherprozessen arbeitete, als sehr hilfreich. Sie reiste «zu allen Verwandten, jedes Wochenende zu anderen», und versorgte sie mit Lebensmitteln, so Gerda Voss im Gespräch.

Geheizt wurde kaum, bisweilen brannte nur ein notdürftig installierter Ofen im Essraum, dem einzigen warmen Ort, in dem sich alle einfanden. Hier bereitete Frau Dr. Lux am Esstisch sitzend ihren Unterricht vor; hier hielt sie, ohne sich durch die anderen stören zu lassen, nach dem Essen einen kurzen «Rundschlaf» auf einer Liege. Die Nachmittage wurden mit der immer wiederkehrenden Frage eingeleitet, wer denn eine kleine Tasse schwarzen Kaffees spendieren könne, was sie mit der ihr eigenen Nüchternheit zu kommentieren pflegte: «Mehr wäre noch schöner.» Der Umgang miteinander muss bei allen materiellen Entbehrungen freundlich und hilfsbereit gewesen sein.

Diese und weitere Informationen zum Leben von Dora Lux in der unmittelbaren Nachkriegszeit verdanke ich Dr. Maya Rauch, die ihr damals neben den Töchtern Gerda und Eva am nächsten stand. Mit Frau Rauch konnte ich im Sommer 2008, kurz vor ihrem Tod, mehrere Tage in Zürich sprechen.[3] Ihre lebendigen Erinnerungen an Frau Lux gab sie gern an mich weiter. Wir, die wir uns noch nie gesehen hatten, versuchten in ungewöhnlich dichten Gesprächen, gemeinsam das Besondere der Persönlichkeit von Dora Lux zu ergründen und besser zu verstehen, warum sie für uns beide unvergessen geblieben war.

Ich ahne, warum Maya Rauch, zwanzig Jahre alt, wenige Monate nach Kriegsende die Zuneigung der weit älteren Frau von vierundsechzig Jahren erwarb. Sie kam aus einem weltoffenen Milieu und bezeichnete sich selbst als «wissbegierig und lernfreudig». Ihr Vater, Heinrich Zimmer, war ein international angesehener Indologe an der Heidelberger Universität gewesen, der mit ihrer Mutter Mila Esslinger-Rauch und den drei gemeinsamen Kindern unverheiratet zusammengelebt hatte.[4] Da die Tochter von früh auf gewohnt war, mit klugen und außergewöhnlichen Menschen zu kommunizieren, hatte sie zwar Respekt, aber keine Scheu vor Dora Lux. Kennengelernt hatten sie sich bei Frau Rech. Maya Rauch wohnte zwar nicht in der Familienpension, durfte aber, da ihre

Mutter eine langjährige Freundin des Hauses war, als Gast am Mittags-tisch teilnehmen. Sie war nach Heidelberg gekommen, um das Abitur nachzuholen. Alsbald half ihr Frau Lux mit dem Latein und machte ihr Mut, indem sie ihr gleich nach der ersten Lateinstunde versicherte, «sie sei ja viel besser als diejenigen, die brav in der Schule gesessen haben».

Dozentin in den Vorsemesterkursen der Universität Heidelberg

Über Vermittlung von Professor Karl Jaspers, zu dessen Frau Gertrud eine alte Freundschaft bestand, die bis ins Jahr 1906 nach Prenzlau zu-rückreichte, erhielt Frau Dr. Lux eine zeitlich befristete Stelle als Dozen-tin an der Heidelberger Universität. Dort bereitete sie von Dezember 1945 bis September 1947 in einjährigen Vorsemesterkursen Studienan-wärter in Deutsch und Latein auf das Abitur vor.[5] Die Teilnehmer wa-ren überwiegend ehemalige Kriegsteilnehmer, deren Abitur oder Schul-entlassungsvermerk nicht anerkannt wurde, ferner Frauen und Männer, die aus unterschiedlichen politischen Gründen ihren Schulbesuch vor-zeitig hatten abbrechen müssen. Der Unterricht konzentrierte sich auf die drei Arbeitsfächer: Deutsch, Latein und Mathematik, die schriftlich im Abitur geprüft wurden. Dazu kamen Physik und Geschichte im mündlichen Abitur. In den zwei Jahren ihres Bestehens schlossen über tausend Teilnehmer die Vorsemesterkurse erfolgreich ab.[6]

Frau Lux soll dort ausgesprochen gerne gelehrt haben, wenn die Räume der Universität im Winter auch ungeheizt waren und sie fürch-terlich fror. In ihren Deutsch-Seminaren las sie neben Stücken von Schiller, Goethe und Shakespeare vor allem Lessing: «*Fabeln, Hambur-gische Dramaturgie,* (Voltaire), *Emilia Galotti, Nathan der Weise* (Aufklä-rung, Humanität).»[7]

Eine ihrer Studentinnen im Latein-Seminar war Maya Rauch. Die Freundschaft zwischen den beiden schloss ein wechselseitiges Interesse an der Arbeit ein. So schrieb Maya Rauch die Latein-Klausuren, die für den Parallelkurs bestimmt waren, probeweise vorab und half damit Frau Lux, deren Schwierigkeitsgrad abzuschätzen. Diese wiederum half ihr bei der Abiturvorbereitung in Geschichte. Was immer Frau Lux tat, anerkennende Worte pflegte sie abzuwehren mit: «Maya, bitte keine Zensuren.»

Bisweilen gingen die zwei Frauen zusammen ins Theater, zu Lesungen oder ins Kino. Gelegentlich nahm Maya Rauch die damals noch rüstige Frau Lux am Wochenende mit zu ihrer Mutter, die in Haßmersheim, einem Dorf im Neckartal, ein offenes Haus führte. Attraktiv war für Dora Lux dort die große Bibliothek mit Beständen zur Weltliteratur von Heinrich Zimmer, aber auch das warme Wasser, die reichhaltige Kost auf dem Land und die ausgedehnten Spaziergänge in der Natur. Nach dem Abitur Herbst 1946 wurden die Begegnungen seltener, brachen aber erst ab, als Maya Rauch 1949 in die Schweiz ging und dort blieb.

Ich hatte angenommen, dass gerade unter den jungen Leuten der Vorsemesterkurse viele, die desillusioniert aus dem Krieg zurückgekommen waren, eine Auseinandersetzung mit der NS-Diktatur wünschten, notfalls selbst herbeiführten. Aber das traf zumindest nach der Einschätzung von Frau Rauch «ganz und gar nicht zu». Wenn die Studienanwärter die nationalsozialistische Zeit überhaupt ansprachen, dann überwiegend mit dem Tenor: «Wir haben doch daran geglaubt, wir haben unser Bestes gegeben.» Frau Rauch erinnerte verschiedene Situationen, in denen Mitstudierende ihre Ablehnung der amerikanischen Besatzungsmacht offen artikulierten, aber keine Situation, in denen sie ein Entsetzen über die von Deutschen verübten Verbrechen zeigten. Auch von den Lehrkräften sollen keine Impulse zur Auseinandersetzung ausgegangen sein, obwohl keine «alten Nazis» unter ihnen waren, darauf war bei der Auswahl seitens der US-Militärregierung streng geachtet worden. Nach Auskunft von Frau Rauch wurden überhaupt keine Veranstaltungen zur jüngsten Vergangenheit angeboten.

Und hier stoßen wir wieder auf das Phänomen des vollständigen Vergessens von Unterweisungen über den Nationalsozialismus, die nachweislich stattfanden: Aus einem Bericht des Leiters der Vorsemesterkurse geht hervor: «Der erste Kurs schloss im August [1946] mit der von der Militärregierung als verbindlich erklärten Behandlung der neuesten deutschen und Weltgeschichte. Diese Reorientierung wurde geleistet in neun Vorlesungen des Frankfurter Oberstudiendirektors Pinnow über den Zeitraum von 1900 bis 1945.» Die Vorlesungen, die für alle Kursteilnehmer obligatorisch waren, fanden als öffentliche Veranstaltungen in der Aula der Alten Universität statt.[8] Wie gering die Bereitschaft war, sich öffentlich zur NS-Vergangenheit zu äußern, lässt sich daraus ersehen, dass sich 1945/1946 kein einziger Wissenschaftler an der Universität Heidelberg gefunden hatte, der bereit gewesen wäre, die Vorlesungen im Rahmen der Vorsemesterkurse zu übernehmen. Umso mehr ehrt es Hermann Pinnow, der ein Schulhistoriker, kein Universitätshistoriker war, eingesprungen zu sein. Er brachte einen komprimierten, faktenreichen Überblick über die Ereignisse von 1919 bis 1945, der bereits 1947 gedruckt vorlag.[9] Frau Dr. Lux muss die Vorlesungsreihe gekannt haben, zumindest empfahl sie die Publikation von Pinnow im Geschichtsunterricht in der Elisabeth-von-Thadden-Schule, wie eine ehemalige Schülerin mitteilte (D. B.-K., Abitur 1950).

Während Frau Rauch die Vorlesungsreihe von Pinnow vollkommen vergessen hat, ist ihr die Vorlesungsreihe von Karl Jaspers mit dem Titel: «Die geistige Situation in Deutschland» noch im Alter höchst präsent. Es war seine erste Vorlesung im Wintersemester 1945/1946 nach Wiedereröffnung der Universität, gehalten ebenfalls in der Alten Aula, offen für alle Bürger der Stadt. Anzunehmen ist, dass unter den Anwesenden auch Frau Lux war. Die Vorlesung erhielt dadurch Brisanz, dass Jaspers die Schuld der Deutschen thematisierte. Damit brachte er Wissenschaftler und Politiker, Heidelberger Bürger und Studenten gegen sich auf.[10] Maya Rauch erinnerte sich, dass sie und andere «Angst hatten, dass ihm auf dem kurzen Weg von seiner Wohnung [Plöck 66] bis zur Alten Aula etwas zustößt». Unterstützung erhielt er nur von einer kleinen Minderheit in der Universität und in der Stadt, zu der die von den Amerikanern eingesetzte Universitätsleitung gehörte.

Bei Jaspers fand Maya Rauch die problemorientierte und subjektbezogene Auseinandersetzung mit dem Nationalsozialismus, auf die sie gehofft hatte. Eine chronologische Kenntnisvermittlung wie bei Pinnow, so interpretiere ich ihr Vergessen, ging dagegen an ihren Erwartungen vorbei. Ihre Enttäuschung in den folgenden Jahren über den Wiederaufbau des Landes, bei gleichzeitigem Schweigen über die NS-Vergangenheit, war so groß, dass sie deswegen 1949 Deutschland verließ.[11]

Geschwiegen haben damals nicht nur die meisten, die als Täter oder Mitläufer die NS-Herrschaft zu verantworten hatten, sondern ebenso fast alle, die verfolgt worden waren. Kaum jemand interessierte sich für die Erfahrungen der Opfer.[12] Auch Frau Lux schwieg, wie wir sahen, gegenüber ihren Schülerinnen in Wieblingen, mit Maya Rauch aber sprach sie über ihre Familiengeschichte, unter anderem über ihren Bruder Friedl und dessen missglückte Flucht in die Schweiz, und zwar anlässlich eines gemeinsamen Filmbesuchs 1946.[13]

Ansichten zur Nachkriegspolitik

Viel konnte ich über die Meinungen von Dora Lux zur politischen Entwicklung nach 1945 nicht in Erfahrung bringen. Nur von den Töchtern erhielt ich einige Hinweise. So soll sie, weiterhin liberal, «die Heuss-Partei» gewählt haben, vielleicht aber auch die SPD, denn sie schätzte Kurt Schumacher. Radikal sei sie nicht gewesen, sie mochte kein Pathos, neigte vielmehr dazu, «immer alle Seiten anzusehen, nicht nur eine Seite». Bei der Heidelberger Gemeinderatswahl im Dezember 1947 gab sie dennoch ihre Stimme einer Kommunistin, Sophie Berlinghof, die ihr von Frau Hannah Walz, der Geschäftsführerin der Elisabeth-von-Thadden-Schule, mit den Worten empfohlen worden war: «Sie ist die tüchtigste Frau, die wir hier haben.»[14] Dazu Eva Tietze: «So hat Mutter kommunistisch gewählt, obwohl sie gar nichts für die Kommunisten übrig hatte.»

Was mich überraschte, war zu hören, dass Frau Dr. Lux die Nürnberger Prozesse mit den bekannten Argumenten kritisierte: Die Urteilsfindung läge bei keinem unabhängigen Gericht; die Mächte, gegen die Deutschland Krieg geführt habe, dürften aus völkerrechtlichen Gründen keine Urteile sprechen, nur Anklage erheben; Anklage und Urteilsfindung dürften nicht in einer Hand liegen. Ich habe mehrmals nachgefragt, aber beide Töchter bestanden unabhängig voneinander auf dieser Sicht ihrer Mutter.

Der Historiker Norbert Frei hat beschrieben, wie die Bevölkerung, die Kirchen, die Medien sowie Mitglieder der Regierung und

Repräsentanten der Parteien in der Nachkriegszeit auf die Prozesse reagierten: Unter dem «Schock über die nun in aller Deutlichkeit ans Licht gebrachten Verbrechen des Regimes» erhielt der Prozess gegen die Hauptkriegsverbrecher vor dem Internationalen Militärtribunal 1945/1946 in Meinungsumfragen zunächst eine breite Zustimmung, die in den Folgejahren allerdings abnahm. Auf große Ablehnung von Anfang an stießen dagegen die Nachfolgeprozesse der Westalliierten.[15]

Unter den Prozessgegnern waren zweifellos viele, die jede Strafverfolgung der begangenen Verbrechen ablehnten und die juristische Argumentation nur als Vorwand benutzten; sie agitierten mittels Übertreibungen, Halbwahrheiten und falschen Informationen bezüglich der Verfahrens- und Haftbedingungen. Aber unter denjenigen, die eine Beendigung der Prozesse der Westalliierten forderten und sich für eine Begnadigung von bereits Verurteilten einsetzten, sind auch Personen, deren Gegnerschaft oder zumindest Abstand zum NS-Regime anerkannt ist, wie etwa Carlo Schmid, Herbert Wehner, Theodor Heuss, Martin Niemöller und Gustav Radbruch. Wie sie ihre Position begründeten, erfahren wir bei Norbert Frei nicht. So bleibt eine Erklärungslücke.[16] Sie mögen juristisch ähnlich wie Frau Lux argumentiert haben. Möglicherweise erlebten sie die Prozesse als von außen aufgezwungen oder empfanden sie als nationale Kränkung. Ohne die damit verbundenen Fragen beantworten zu können, habe ich den Eindruck, dass damals eine kritische Einstellung zu den Prozessen mit der Einschätzung, dass die Angeklagten verbrecherisch gehandelt hatten, einhergehen konnte. Ich frage mich allerdings auch, wie weit selbst bei Frau Lux und anderen NS-Verfolgten – die es unter den Prozesskritikern durchaus gab – der bewusste oder unbewusste Wunsch mitschwang, die Kluft zwischen sich und der übrigen deutschen Gesellschaft zu verringern.

Der Zwang, Geld zu verdienen

Nach Auslaufen der Vorsemesterkurse im Herbst 1947 sah sich Dora Lux gezwungen, obwohl bereits über fünfundsechzig Jahre alt, weiterhin Geld zu verdienen. Vorsorgend hatte sie bereits im Frühjahr 1947 parallel zu ihrer Universitätsanstellung begonnen, an der Elisabeth-von-Thadden-Schule zu unterrichten. Vielleicht genoss sie es sogar, sich noch einmal auf ihre eigentlichen Fächer – Latein, Griechisch und Geschichte – konzentrieren zu können, aber sie hatte auch keine andere Wahl. Sie war weitgehend mittellos. Aus ihrer Berufstätigkeit von 1909 bis 1933 erhielt sie nur eine monatliche «Angestelltenrente von DM 64,–, neuerdings von DM 80,–», wie sie in ihrem Antrag auf Wiedergutmachung vom 22. Juni 1949 angibt. (Das entspricht in etwa der heutigen Kaufkraft von 350 Euro.) Die Ursachen für die außerordentlich niedrige Rente lassen sich weitgehend rekonstruieren: private Anstellungsverhältnisse, eine nicht mehr existente Pensionskasse, vor allem aber die fehlenden zwölf Jahre in der Rentenversicherung bedingt durch das Berufsverbot. Ihr Gehalt als Studienrätin betrug im Mai 1949, etwa ein Jahr nach der Währungsreform, gemäß einer Bescheinigung der Schule 379 Mark brutto, sie selbst gibt ihr Gehalt mit «netto rd. 330 DM» an. (Das entspricht in etwa der heutigen Kaufkraft von 1500 Euro.) Durch Nachhilfeunterricht besserte sie ihre Einnahmen auf, sofern die Eltern der Schülerinnen bezahlen konnten. Wenn nicht, nahm sie – wie bei Larissa Pfeifer – kein Geld. Von dem, was sie verdiente, sparte sie für die Zeit, in der sie nicht mehr würde arbeiten können, und unterstützte ihre Töchter.

Ich halte es für skandalös, dass eine alte Frau nach fünfundzwanzig Jahren Berufstätigkeit und zwölf Jahren Berufsverbot im Alter keine angemessene Versorgung hatte. Hinzu kommt, dass in der Nachkriegszeit, zumindest in der Schulverwaltung Baden-Württembergs, nicht darüber nachgedacht wurde, wie ein verantwortlicher Umgang mit den NS-Opfern unter den Lehrkräften hätte aussehen können. Im Amtsblatt des Kultusministeriums[17] findet sich von 1946 bis 1956 keine einzige Überlegung, Empfehlung oder Anweisung dazu. Dabei waren «Bevorzugungen» durchaus vorgesehen, so für Lehrkräfte «die nach dem 30. Januar 1933 aus politischen Gründen» entlassen wurden, aber nur sofern sie Heimatvertriebene waren;[18] auch Kriegsheimkehrern wurde der Wiedereinstieg in den Beruf erleichtert. Dass die Entschädigung von NS-Opfern zunehmend auf Bundesebene zentralisiert wurde, entschuldigt die Unterlassungen auf Landesebene nicht.

Frau Dr. Lux reichte im Juni 1949 einen Antrag auf Wiedergutmachung ein. Sie machte einen Verdienstausfall in Höhe von 43 200 Reichsmark durch zwölf Jahre Berufsverbot aus rassischen Gründen geltend.[19] «Ersatzzeiten» in der Sozialversicherung für die fehlenden zwölf Jahre in der Altersversicherung scheint sie nicht beantragt zu haben, sie wären nach dem damaligen Stand der Gesetzgebung auch kaum bewilligt worden.[20]

Jahre vergingen, in denen Frau Lux mit immer neuen Dokumenten und Stellungnahmen ihre Entlassung als Jüdin nachweisen sollte. Vertreten wurde sie von einem «öffentlichen Anwalt für die Wiedergutmachung» beim Amtsgericht Heidelberg, einen privaten Anwalt konnte sie sich nicht leisten. Das Verfahren zog sich in die Länge. Erst musste geklärt werden, wer überhaupt für ihren Antrag zuständig ist, das Landesamt für die Wiedergutmachung in Karlsruhe oder die Entschädigungsbehörde im Berlin. Um mögliche Kosten von sich oder vom Land Berlin abzuwenden, argumentierte der Lette-Verein als früherer Arbeitgeber – offenbar auf Betreiben des Senats von Berlin – haarspalterisch: Frau Dr. Lux sei gar nicht entlassen worden, vielmehr sei ihr Vertrag, da es keine Verwendung mehr für sie gab, nur nicht verlängert worden. Als sie erneut ihren Ausschluss aus dem Berufsleben belegen soll, verliert sie die Geduld: «Dass ich von Ostern 1933 an, nach meiner Verabschiedung aus dem Lette-Haus, auch nicht mehr in untergeordneter Stellung beschäftigt werden durfte, ist doch aus den n. s. [nationalsozialistischen] Bestimmungen so selbstverständlich, dass darüber keinerlei Unklarheit herrschen kann. Ich weiß allerdings nicht, was für negative Beweismittel ich darüber vorlegen sollte … Ich erhalte deshalb meinen Antrag auf Wiedergutmachung aufrecht. Ich bin inzwischen siebzig Jahre alt geworden und hoffe, dass ihm noch zu meinen Lebzeiten stattgegeben werden wird.»[21] Nach insgesamt vier Jahren, im September 1953, werden ihr schließlich 4734 Mark als Entschädigung zugesprochen.[22]

Neben ihrer Berufstätigkeit half sie ihren Töchtern so weit irgend möglich. Tochter Gerda arbeitete als Ingenieurin in Augsburg. Ihr Partner Odje Voss musste sich beruflich neu orientieren. Sie hatten ein Kind. Frau Voss berichtet: «Als mein Junge ein Baby war, mitten im kältesten Winter in Deutschland, im Winter 1947, und es nichts zu kaufen gab, kam meine Mutter aus Heidelberg. Sie hatte von jemandem eine Kinderbadewanne erhalten. Die zog sie an einer Strippe vom Bahnhof bis zu uns im Schnee hinter sich her. Sie musste auf dem Fußboden schlafen, wir hatten nur ein Zimmer. Sie hat alles mitgemacht, hat sich nie beschwert.»

Tochter Eva hatte nach der Geburt einer Tochter 1951 ihre Stelle als Kinder- und Säuglingsschwester in der Heidelberger Universitätsklinik aufgegeben und lebte nun in der Nähe von Ludwigshafen mit Mann und zwei Kindern – einen Jungen hatte der Jurist Dr. Fritz Tietze in die Ehe mitgebracht, der von 1950 bis 1952 arbeitslos war. Frau Lux half der Familie praktisch und finanziell, so gut sie konnte. «Am Ende ihres Lebens hat sie Dinge übernommen, die sie früher nie zu tun brauchte. Sie hat nie selbst gekocht. Jetzt hat sie bei Eva sogar Windeln gewaschen. Was gemacht werden musste, hat sie gemacht, da hat sie sich reingefunden», so Gerda Voss im Gespräch. Und Eva Tietze fasst zusammen: «Mutter hat nie gejammert.»

Gleichzeitig war Dora Lux auf Unabhängigkeit bedacht. Sie wehrte sich dagegen, dass ihre Töchter über sie bestimmten, «was wir natürlich, als sie älter wurde, versuchten», wie Gerda Voss selbstkritisch mitteilt. Verschiedentlich soll die Mutter gesagt haben: «Erst habe ich mich von Annemarie kommandieren lassen, dann von meinem Mann, von euch lasse ich mich nicht mehr kommandieren.» Auch scheint sie ihre Töchter nicht in alles eingeweiht zu haben, denn beide waren der festen Meinung, sie habe nie einen Antrag auf Wiedergutmachung gestellt.

Links: Gerda Voss, geborene Lux, 1950 in Heidelberg
Rechts: Eva Tietze, geborene Lux, mit ihrem Mann
Dr. Fritz Tietze 1950 in Heidelberg

Außenkontakte nahm Frau Lux in ihrer Heidelberger Zeit kaum wahr. Das mag altersbedingt gewesen sein, aber nicht nur: Schon in Berlin hatte sie keinen Wert auf größere Gesellschaften jenseits des Familienverbands gelegt. Den aber gab es nicht mehr. Weder verabredete sie sich mit Kollegen und Kolleginnen der Vorsemesterkurse, noch ergriff sie die Möglichkeit, die sie über Marie Baum, Gertrud Rech und Maya Rauch gehabt hätte, am sozialen Leben im Umfeld der Universität teilzunehmen. Selbst den Einladungen von Frau Jaspers folgte sie selten, hielt aber weiterhin Verbindung zu ihr, auch nachdem Karl Jaspers 1948 einen Ruf nach Basel angenommen hatte. Über Freundschaften zu Lehrerinnen oder Lehrern der Elisabeth-von-Thadden-Schule, die über eine kollegiale Zusammenarbeit hinausgingen, ist nichts bekannt. Neu entstand außer zu Maya Rauch nur eine gewisse Nähe zu Dr. Leonore Gräfin Lichnowsky, die um 1950, bevor sie nach Rom zog, einige Zeit bei Frau Rech wohnte.[23] Mit ihr besuchte sie Veranstaltungen des Deutschen Akademikerinnenbunds, wie während der Weimarer Republik mit Frau Elly Heuss-Knapp in Berlin, und schätzte sie als Gesprächspartnerin. Kontakt hielt sie zu einigen wenigen alten Freundinnen, vor allem zu Trude Dietmer, die sie seit 1913 kannte und die jetzt in Ludwigshafen am Rhein unterrichtete, oder Dr. Maura Lilia, Äbtissin in Fulda, ebenfalls eine frühere Schülerin aus den Gymnasialkursen in Berlin, die sie wiederholt in ihr Kloster einlud, um mit den Nonnen lateinische Texte zu lesen.[24] Wenn sie nur wenige Freundschaften pflegte, so ist zu bedenken, dass viele ihrer alten Freunde den Mord an den Juden nicht überlebt hatten.

Mit denen, die ins Ausland emigriert waren, hielt sie brieflichen Kontakt, so zu Bärbel Kirchner, der langjährigen Wandergefährtin. Bis ins hohe Alter muss sie eine so rege Korrespondenz mit Freunden und Verwandten gehabt haben, dass sie sich zu deren Bewältigung Hilfe holen musste. Eine «Wieblingerin» schreibt: «Nach dem Abitur [1953] – wann, weiß ich nicht mehr genau – habe ich bei Frau Dr. Lux in ihrer Wohnung etliche Wochen eine Art Privatsekretärin spielen dürfen. Nach meiner Erinnerung wegen schwacher Augen oder schwacher

Hand diktierte sie mir viele Briefe an unterschiedlichste Adressaten und ließ mich Unterlagen ordnen. Ich habe mich in ihrer auf ganz eigene Art hochkultivierten und intellektuellen Umgebung unglaublich wohl gefühlt und so ganz nebenbei viel mitbekommen» (B.L.). Leider ist von der ganzen Korrespondenz nichts erhalten. Nur in einigen Kondolenzschreiben findet sich ein Nachklang, darunter im Brief ihres Neffen Heiner, der inzwischen in Belgien lebte.

Nach den Schilderungen von Frau Rauch blieb sie bei den Einladungen in der Familienpension eher passiv. Viele der Gäste waren in der einen oder anderen Weise von der antijüdischen NS-Politik betroffen gewesen, so auch Frau Rech selbst, die aus einer teilweise jüdischen Familie stammte. Zwar nahm Frau Lux an dem «gesellschaftlich privilegierten Niveau» gern teil, die Initiative aber ergriff sie nie. Die Gespräche verfolgte sie zurückhaltend, aber gut informiert.

Im engeren Kreis der Pensionsgäste bewegte sie sich wie in einer Familie, in der jeder seinen Platz hat, ohne sich immer neu beweisen zu müssen. Später schrieb Frau Rech: «Charakterlich und vor allem geistig stand sie weit über uns. Ihr Wissen auf jedem Gebiet – abgesehen vielleicht von Musik – war ja so überragend, dass wir sie immer fragten, statt in einem Lexikon nachzusehen. Und was es auch war, sie wusste es stets. Dabei hat sie in ihrer stillen, überaus bescheidenen Art die anderen nie ihre große Überlegenheit fühlen lassen.»[25]

Genauso wenig wie Frau Lux eine gesellschaftlich herausgehobene Rolle spielen wollte, ließ sie sich durch das Ansehen anderer beeindrucken. Sie behandelte alle mit der gleichen Höflichkeit, unabhängig vom jeweiligen Status oder Bildungsgrad, das Hausmädchen von Frau Rech ebenso wie Leute mit hoher Reputation. Frau Rauch schildert sie als frei von sozialer Eitelkeit und als unabhängig davon, ob jemand sie mochte oder nicht. Sie ging sogar so weit, zu sagen: «Sie war nicht bedürftig nach gesellschaftlicher Anerkennung.» Sie selbst empfand den Umgang mit ihr besonders angenehm, weil man nie fürchten musste, Frau Lux könne «selbst wenn sie mit einer Sache nicht einverstanden war, dies in Verstimmung umsetzen».

Die Frage, ob Frau Dr. Lux überhaupt Emotionen zeigte, beantwortete meine Gesprächspartnerin wie folgt: «Sie nahm auf nüchterne

Weise den Zustand des anderen wahr; sie half bei Bedarf mit großer Selbstverständlichkeit, ohne ein Aufheben davon zu machen.» So spielte sie eine immer wiederkehrende Erkrankung von Maya Rauch, anders als die meisten in ihrer Umgebung, nicht herunter, sondern kümmerte sich um sie und brachte ihr bei Bedarf «ein brauchbares Mittagessen» – nach einem halbstündigen Fußmarsch. «Aber sie agierte keine Gefühle aus, weder Trauer noch Freude.»

In der Tradition der Aufklärung

Dora Lux war Freidenkerin geblieben, wenn sie formal auch weiterhin der evangelischen Kirche angehörte. An einen Dialog bei einer Wanderung im Neckartal erinnerte sich Frau Rauch genau. Sie, die voller Trauer über die Verluste war, die sie in den letzten Kriegsjahren erlitten hatte und damals Trost im katholischen Glauben ihrer Kindheit suchte, sagte: «Ich verstehe nicht, wie jemand ohne Glauben an ein Wiedersehen im Jenseits leben kann. Worauf Frau Dr. Lux, die vor mir ging, nur erwiderte: ‹Und ich verstehe nicht, wie man mit diesem Glauben leben kann.›»

Beim Versuch zu erfassen, warum Frau Lux sich trotz der kollektiven Verfolgung der Juden nicht als Jüdin sehen wollte, verwies Frau Rauch darauf, dass sie keinen Menschen je über eine Gruppenzugehörigkeit definiert habe, auch habe sie alle nationalen Verallgemeinerungen vermieden und einen Begriff wie «jüdischen Intellekt» nie verwandt. Das durchgängige Vermeiden von Zuschreibungen kann erklären helfen, warum im Selbstbild von Dora Lux die jüdische Herkunft nachrangig blieb.

Die Ablehnung, sich als Jude zu definieren, findet man in der Nachkriegszeit auch bei anderen, die unter dem NS-Regime gelitten hatten. So etwa bei dem Musiker Konrad Latte, der in Berlin untergetaucht war und sich mit ungeheurem Wagemut durchgeschlagen hatte. Sein Biograph Peter Schneider schreibt: «Jahrzehnte später, als er seine Geschichte im israelischen Fernsehen erzählte, verblüffte Konrad Latte seinen Interviewer mit der Erklärung: ‹Ich fühle mich nicht als Jude, habe keinerlei Kontakt zur jüdischen Gemeinde, aber auch zu keiner anderen Gemeinde.› Und als der Befrager einwandte: ‹Aber Sie haben doch das jüdische Schicksal in seiner furchtbarsten Form kennengelernt …›, erwiderte Konrad: ‹Es kann doch nicht sein, dass die Nazis recht behalten. Ich kann mir doch nicht von den Nazis diktieren lassen: ‹Du bist Jude …›»[26]

Obwohl Dora Lux hatte erleben müssen, wie alle mit der rechtlichen Gleichstellung verbundenen Hoffnungen brutal zerstört wurden, hielt sie an der Tradition der Aufklärung fest. Sie wollte, wie Maya Rauch sich getraute, es zu formulieren, «unabhängig von Klasse, Nation und Rasse nur Mensch sein». Es fällt schon auf, dass einige ihrer ehemaligen Schülerinnen den Begriff «weise» mit ihr assoziieren, aber auch andere wie etwa Frau Rech: «Ihre milde, abgeklärte, ich möchte beinahe sagen weise Art, die Dinge und Menschen zu sehen, wirkte stets vermittelnd.»[27] Oder ihre alte Freundin Käthe Schaps: «Sie war die weiseste Person, die ich je gekannt habe.»[28] An der Aufklärungsutopie hatten sich viele liberale deutsche Juden im 19. Jahrhundert orientiert. Sie war das Fundament der Deutschen Gesellschaft für ethische Kultur gewesen und hatte, wie verschiedentlich vermerkt, das Denken von Dora Lux seit ihrer Jugend beeinflusst.

Für Maya Rauch war Dora Lux eine der wenigen Ausnahmen unter ihren jüdischen Freunden, die mit ihrer jüdischen Herkunft weder haderten noch sie überhöhten. Sie fühlte sich als Teil der deutschen Gesellschaft, allerdings einer Gesellschaft, die sie als vielfältig gespalten wahrnahm. Von daher hatte sie weder den Wunsch, von anderen bestätigt zu bekommen, dass sie dazugehörte, noch den Wunsch, sich abzugrenzen.

Dora Lux mit Enkelin Carola Tietze, 1953

16

Eine Geschichtslehrerin gegen den Zeitgeist

Der Geschichtsunterricht, den Frau Dr. Lux in unserer Klasse in Heidelberg-Wieblingen von Ostern 1953 bis zum Abitur im März 1955 erteilte, unterschied sich erheblich von den geschichtsdidaktischen Positionen, die in der Nachkriegszeit in Westdeutschland dominierten. Das Besondere ihres Unterrichts erschloss sich mir, als ich meinen Blick auf die Traditionen des Fachs Geschichte und die Bemühungen um Erneuerung nach 1945 richtete. In keinem anderen Fach gestaltete sich der Neuaufbau nach 1945 so schwierig wie in diesem. Der Geschichtsunterricht galt als das «heiße Eisen» der Schulreform.[29] In den anderen Fächern schien es möglich, wenn dies von heute aus gesehen auch eine Täuschung war, die NS-Ideologie als abtrennbare Bruchstücke herauszulösen – die Rassenkunde zum Beispiel aus der Biologie oder die Idealisierung des Germanentums aus dem Deutschunterricht –, ansonsten aber an die Bildungstraditionen anzuknüpfen. Demgegenüber verbot sich eine nur bruchstückhafte Erneuerung im Geschichtsunterricht, vor allem für die neuere Geschichte. Der Historiker Hans Herzfeld schrieb: «Die unvermeidliche *Neuorientierung* ... stellte so umfassende und schwierige Fragen, dass es nur zu begreiflich ist, wenn sich Schule und Unterricht zunächst nur zögernd an ihre Beantwortung wagten.»[30]

Eine Untersuchung von Helmut Genschel, der als Geschichtsforscher und als Geschichtsdidaktiker ausgewiesen ist, kommt zu dem Ergebnis, dass der Geschichtsunterricht von 1933 bis 1945 durch Merkmale gekennzeichnet war, die weit ins 19. Jahrhundert zurückreichen. Es sind dies: Moralisierung, Einheit des Volkes, Definition eines inneren Feindes, Krieg als Notwendigkeit, «große Männer» als Repräsentanten eines permanenten Kampfes, Fixierung auf nationale Geschichte. Bis auf die Fixierung auf die eigene Nation sind diese Denkmuster «nicht spezifisch nationalsozialistisch-rassistisch», sondern «wesentliche Elemente national-konservativer Staats-, Gesellschafts- und Geschichtsauffassung … Der Nationalsozialismus hat sie alle instrumentalisiert, potenziert, akzentuiert, rassistisch überhöht.»[31] Gegen solche in der Gesellschaft tiefverwurzelten Geschichtsdeutungen – und nicht nur gegen die NS-Ideologie – musste der Geschichtsunterricht in der Nachkriegszeit anarbeiten.

Aber auch eine Rückbesinnung auf die Weimarer Republik war kein Ausweg, denn nach 1918 hatten die Geschichtslehrer ebenso wie die Geschichtspädagogen und Universitätshistoriker mehrheitlich große Vorbehalte gegen eine demokratische Umgestaltung von Gesellschaft und Staat gezeigt. Nur eine kleine Minderheit war für eine durchgreifende Erneuerung des Geschichtsunterrichts eingetreten. Diese war vor 1933 nicht konsensfähig gewesen, und wer nach 1945 an sie anknüpfen wollte, wie einige Schulbuchautoren, geriet schnell ins Abseits.

Wegen der skizzierten Schwierigkeiten war in allen Teilen Westdeutschlands der Geschichtsunterricht zunächst von den Alliierten verboten worden. In Nordbaden, dem für Heidelberg zuständigen Regierungsbezirk, dauerte das Verbot für die höheren Schulen bis Herbst 1947. Aber erst im Februar 1957 erließ das Kultusministerium in Stuttgart Lehrpläne für Geschichte und alle anderen Fächer der höheren Schulen. Davor hatte bereits Ende 1953 die Kultusministerkonferenz in Bonn «Grundsätze zum Geschichtsunterricht» als Empfehlungen für alle Bundesländer verabschiedet.[32] *

Unsere Klasse hatte Frau Dr. Lux in Geschichte in der Unterprima und Oberprima, also in der der zwölften und dreizehnten Klasse. Themen und Schwerpunkte ihres Unterrichts lassen sich anhand einiger Schulhefte, die erhalten sind, weitgehend rekonstruieren.[33] Die Hefte stammen von Ingeborg Wallem (I. W.) und Ingrid Köhler (I. K.); sie decken auf insgesamt 160 handgeschriebenen Seiten fast den ganzen Unterrichtszeitraum ab und enthalten Überblicke, Zusammenfassungen und Begriffsdefinitionen, alles äußerst knapp und sicher lückenhaft. Da die Eintragungen der beiden Mitschülerinnen sich von Juli 1953 bis Oktober 1954 überschneiden und da unter den Abschnitten viele wort-

* Weitere Informationen im fünften Exkurs: Zur Wiedereinführung des Geschichtsunterrichts in Nordbaden nach 1945, unter: www.rowohlt.de/doralux

gleich sind, vermute ich, dass die meisten Formulierungen auf unsere Lehrerin zurückgehen und von ihr im Sinne einer traditionellen Ergebnissicherung diktiert wurden.[34] Daneben gibt es Passagen, die inhaltlich nahezu übereinstimmen, aber nicht wortgleich sind. Ich sehe in ihnen gelenkte Mitschriften. Zwar können die Schulhefte den Unterrichtsprozess nicht abbilden, sie können aber Auskunft darüber geben, welche Themen aus der Fülle der möglichen Unterrichtsinhalte besprochen und welche Kenntnisvermittlung unsere Lehrerin für vorrangig hielt. Die Mitschriften werden ergänzt durch punktuelle subjektive Erinnerungen von anderen wie auch von mir.

Bei der Rekonstruktion des Geschichtsunterrichts von Frau Dr. Lux half unser damaliges Schulbuch: *Deutsche Geschichte in Kurzfassung* von Dr. Otto Heinrich Müller, Oberstudiendirektor in Frankfurt am Main, erschienen im Hirschgraben-Verlag, erste Auflage 1949. Wir hatten die dritte Auflage von 1950.[35] Das Schulbuch bot für die Oberstufe der höheren Schulen auf 261 Seiten eine Darstellung des Geschichtsverlaufs von der Auflösung des Römischen Reichs im 5. Jahrhundert n. Chr. bis zur Gegenwart.[36] Insbesondere die inhaltlichen Abweichungen zwischen dem Schulbuch und den Mitschriften geben Aufschluss über das Geschichtsverständnis unserer Lehrerin. Dabei gehe ich hier nur auf ihren Unterricht bis zum Ende des Kaiserreichs ein. Die Schwierigkeit der Vermittlung der neueren und neusten Geschichte wird thematisiert im Kapitel «Die nationalsozialistische Vergangenheit in Unterricht und Schule: Sprachlosigkeit und Präsenz» (siehe S. 322).

Problemorientierte Geschichtsvermittlung

Schon beim Durchblättern der Schulhefte fällt als ein Prinzip des Unterrichts von Frau Dr. Lux das Festhalten an Problemstellungen ins Auge. Dies konkretisiert sich auf zweierlei Arten: Zum einen werden vorab definierte Probleme über einen längeren Zeitraum, gegebenenfalls über Jahrhunderte verfolgt, zum anderen werden zeitgleiche Entwicklungen in mehreren Ländern verglichen. Werden Linien durch verschiedene Zeitabschnitte gezogen, so spricht man von einer diachronen Betrachtung oder von «Längsschnitten». Werden zeitgleiche Entwicklungen in verschiedenen Regionen verglichen, so spricht man von einer synchronen beziehungsweise einer horizontalen Betrachtung oder von «Querschnitten». Solche Längsschnitte und Querschnitte wurden in den «Grundsätzen zum Geschichtsunterricht», die Anfang 1954 publiziert vorlagen, für den Unterricht in der Oberstufe empfohlen, gehen aber auf ältere geschichtsdidaktische Konzepte, die unsere Lehrerin offensichtlich kannte, zurück. Eine Abiturientin von 1953 erinnert sich, dass Frau Dr. Lux «großen Wert auch auf eine horizontale Geschichtsbetrachtung legte, was uns damals neu war. So brachte sie bei der geschichtlichen Schilderung einer Periode sehr oft einen Verweis auf die Geschehnisse in einem anderen Land während der gleichen Epoche. Mir hat diese nicht so einseitige Geschichtsbetrachtung sehr viel gegeben und mein Interesse für das Fach noch verstärkt» (L. M.).

Während es Beispiele für eine synchrone, vergleichende Geschichtsvermittlung auch im erwähnten Schulbuch gibt – so zu den Freiheitsbewegungen in verschiedenen Ländern Anfang des 19. Jahrhunderts –, finden sich Längsschnitte nur in den Schulheften: «Die Entwicklung Preußens von 1300 bis 1710» oder «Elsass und Lothringen vom 3./4. Jahrhundert bis 1945» oder «Die Schleswig-Holsteinische Frage». Darüber hinaus werden historische Entwicklungen von der Antike bis zum «Tausendjährigen Reich» über politische Grundbegriffe wie «Imperialismus» erschlossen. Gelegentlich findet sich eine Kombination von Quer- und Längsschnitten, wenn etwa in einem Überblick die Staaten Mitteleuropas in ihrem jeweiligen «Bestand» von 1648 bis zu den «Staaten des Europarats» verglichen werden.

Wie veränderte sich das Verhältnis zwischen Regierung und Regierten?

Über die Längs- und Querschnitte hinaus wäre mir vermutlich wenig in den alten Schulheften aufgefallen, wenn ich sie ohne Rückbezug auf die Nachkriegsdiskussion zum Geschichtsunterricht ausgewertet hätte. Erst auf diesem Hintergrund sieht man das Spezifische des Geschichtsunterrichts von Frau Dr. Lux. So hat sie anders als unser Geschichtsbuch kaum Kultur- und Geistesgeschichte vermittelt, was damals als eine Erweiterung des Unterrichts gefordert wurde, als mögliche Flucht vor der politischen Geschichte aber auch umstritten war. Sie konzentrierte sich vielmehr auf politische Geschichte, in die sie politische Ideengeschichte einbezog. Damit setzte sich ihr Unterricht von der damaligen Tendenz der Entpolitisierung ab.

Im Zentrum ihres Geschichtsunterrichts stand das Verhältnis zwischen Regierung und Regierten, und das bedeutet für die Neuzeit: das Verhältnis zwischen Staat und Bürger. Aus ihrer Verfassungsdefinition lässt sich ihr Unterrichtsprogramm ersehen: «Die Verfassung ist das Staatsgrundgesetz mit der Aufgabe, die Staatsform und Staatsordnung festzulegen, die Rechte und Pflichten der Regierung und der Regierten gegeneinander abzugrenzen.»[37] Ihre Frage war: Wie und warum änderte sich das Verhältnis zwischen Regierten und Regierung im historischen Prozess? Um sie beantworten zu können, muss man sich mit den sozialen und rechtlichen Ungleichheiten beschäftigen und mit den daraus entstehenden Konflikten. In unserem Unterricht wurden entsprechend Themen wie Gewaltenteilung, Steuern, Wahlrecht und politische Umwälzungen behandelt. Dabei wurden Regenten und Opponenten vorgestellt, aber auch Personen, die gesellschaftlich einflussreich waren, wie zum Beispiel Friedrich List, der im 19. Jahrhundert die wirtschaftliche Einheit Deutschlands vorantrieb, aber scheiterte und Selbstmord beging, Bertha von Suttner als Wegbereiterin der Friedensbewegung oder Helene Lange als Wortführerin der bürgerlichen Frauenbewegung.

Bei einem solchen Unterricht, der innerstaatliche Konfliktlinien verfolgte, brauchte man eine Personalisierung der Geschichte über «große Männer» nicht zu befürchten. Deren Beleuchtung als «übermächtige Geschichtssubjekte» kennzeichnete – darüber besteht ein weitgehender Konsens unter den Historikern – den Geschichtsunterricht von der Kaiserzeit bis zum Nationalsozialismus. Und darin sahen einige Politologen und Soziologen in den sechziger Jahren, genannt seien Ludwig von Friedeburg und Peter Hübner, immer noch die häufigste Fehlinterpretation von Geschichte: Die Fixierung auf «große Männer» sei eine Ursache für das defizitäre demokratische Bewusstsein von Jugendlichen und verbaue eine angemessene Auseinandersetzung mit dem Nationalsozialismus.[38]

Die Fragestellung unserer Geschichtslehrerin nach dem Verhältnis von Regierung und Regierten mag selbstverständlich klingen. Was sonst wäre Gegenstand des Geschichtsunterrichts? Aber die Tradition des Fachs war eine andere, und auch in den frühen fünfziger Jahren dominierten von dieser Fragestellung abweichende Ansätze. Der Geschichtsdidaktiker Ulrich Mayer analysierte alle damaligen Strömungen und kam zum Ergebnis: «Die Position der historischen Kultur- und Menschenkunde dürfte in den ersten beiden Jahrzehnten nach Kriegsende die einflussreichste geschichtsdidaktische Strömung gewesen sein. Gemeinsame Merkmale der verschiedenen Einzelbeiträge und Ansätze dieser Richtung sind eine ausgesprochene Flucht aus Politik und politischer Bildung und dafür die Hinwendung zum Kulturellen, ‹Allgemeinmenschlichen› und Religiösen.» Es wurde dafür plädiert, «politische Geschichte als eine belastete und belastende Art der Betrachtung von Geschichte möglichst auszusparen, nach dem Zerfall bzw. der Perversion der sittlich-moralischen Werte wieder eine sittliche Grundbildung anzuzielen und dies über die Vorbildwirkung ‹großer Persönlichkeiten› und eine insgesamt stark emotionale Komponente des Geschichtsunterrichts zu erreichen». Zur Rück- und zur Neubesinnung dienten die «Anthropologie des Menschen», das «Christentum», das «Abendland», aber auch die «Nation».[39]

Demgegenüber mutet der Unterricht von Frau Dr. Lux wie ein Kontrastprogramm an:

- Eine «Anthropologie des Menschen», die eine allgemeine Moral begründen sollte, fand in den Schulheften keinen Niederschlag, ebenso wenig wie der damals viel beklagte «Werteverfall» und die darauf bezogene «Wertesuche».
- Der Begriff «Christentum» fehlt in den Schulheften, wohl aber enthalten sie zwei gleichlautende Passagen zu den Auseinandersetzungen zwischen weltlicher und kirchlicher Macht, so zum «Streit zwischen Papst und Kaiser» im Mittelalter und zum «Kulturkampf Bismarcks im 19. Jahrhundert». Religion und Kirchenpolitik wurden durchaus thematisiert, aber nicht als Orientierung für die Gegenwart.[40]
- Das Wort «Abendland» taucht in den Schulheften zwar gelegentlich

auf, aber nicht im Sinne von «christlichem Abendland». Ein solches Leitbild trug nach 1945 dazu bei, dass «im Kontext der Entstehung und Verschärfung des Kalten Krieges der Begriff ‹Abendland› als Kampfbegriff der ideologischen Auseinandersetzung mit dem kommunistischen Osten gebraucht» wurde.[41]

– Die Entstehung der «Nationen» im 19. Jahrhundert in Deutschland und anderen Ländern Europas erhielt als Thema viel Raum in unserem Unterricht, aber keinesfalls als sinnstiftende Idee für die Gegenwart.

Ablösung der Nationalgeschichte

Dass die deutsche Nationalgeschichte im Unterricht durch eine europäische Geschichte oder sogar Weltgeschichte abgelöst werden müsse, war in der Nachkriegszeit weitgehend Konsens. Dennoch kamen Hans Herzfeld und seine Mitarbeiter in ihrer Analyse aller bis dahin erschienenen Geschichtsbücher 1952 zu dem Ergebnis: «Als letzte Sinnerfüllung auch der europäischen Geschichte erscheint immer wieder der *Nationalstaat*. Und der Nationalstaat wird zur beherrschenden Größe der Entwicklungsperspektiven und zum integrierenden Wert aller einzelnen Wertmaßstäbe.»[42]

Zur Ablösung von der tradierten Nationalgeschichte kann man einige feine Unterschiede entdecken, wenn man die Schulhefte der beiden Mitschülerinnen mit unserem Geschichtsbuch vergleicht.[43] Frau Dr. Lux vermittelte die Geschichte anderer Länder auch aus deren Perspektive, nicht nur bezogen auf Deutschland. So erfuhr die Geschichte Schwedens im 15. und 16. Jahrhundert eine eigenständige Aufmerksamkeit, und zwar bevor die Besprechung der «Ursachen des Dreißigjährigen Kriegs» anstand. In dem Schulbuch *Deutsche Geschichte in Kurzfassung* dagegen taucht Schweden erstmalig und ohne Vorbereitung wie folgt auf: «1630 landet in Pommern Gustav Adolf von Schweden, in der Absicht, den bedrängten protestantischen Ständen Hilfe zu bringen.» In acht kleingedruckten Zeilen werden dann einige wenige Informationen zu Gustav Adolf nachgeliefert.[44]

Ein anderes Beispiel: In unserem Lehrbuch wird «Imperialismus» im Abschnitt «Deutschlands Eintritt in die Weltpolitik» mit acht Zeilen abgetan.[45] Das Schulheft dagegen geht nicht von Deutschland aus, sondern betitelt – unter Verweis auf das Buch – den entsprechenden Abschnitt klar und knapp mit «Zeitalter des Imperialismus».[46]

Dass Frau Lux die Geschichte anderer Länder vorrangig mit ihrer eigenen Entwicklung vermittelte, zeigen vor allem die Mitschriften zur Geschichte Polens ab dem 15. Jahrhundert, zur Geschichte Russlands ab dem Mittelalter sowie zur Geschichte der USA. Darüber hinaus thematisierte sie Entwicklungen, die im Geschichtsbuch ganz fehlen, so die Reformpolitik Kemal Atatürks in der Türkei – wie eine ehemalige Mitschülerin lebhaft erinnert (M. B.).

Thema: Arbeiterbewegung

Mit einer Hervorhebung der «Arbeiterbewegung» wich Frau Dr. Lux vollends vom Geschichtsunterricht in der Nachkriegszeit ab. In unserer *Kurzfassung der deutschen Geschichte* wurde das Thema nur gestreift.[47] In den Schulheften dagegen erhält die «Arbeiterbewegung» in Verbindung mit der «Sozialen Frage», den «Sozialistengesetzen», den «Sozialversicherungen» und der «Entstehung des Kommunismus» eine herausragende Bedeutung. Zentrale Begriffe der sozialistischen Ökonomie wie «Mehrwert» oder «ehernes Lohngesetz» werden eingeführt, andere wie «Sozialismus», «Sozialdemokratie», «Kommunismus», «Bolschewismus» oder «Stalinismus» gegeneinander abgegrenzt. Am Ende einer solchen Begriffsklärung steht lakonisch: «Sozialisten vertreten eine sozialistische Weltanschauung, Sozialdemokraten sind eine politische Partei.»[48] Das *Kommunistische Manifest* wird mehrmals – wen wundert es noch? – genannt und einmal ausführlich erläutert. Es wird stellenweise als zu kurz greifend kritisiert – «Kriegsgeschichte ist ihm [Marx] nur Kampf zwischen zwei Klassen wegen wirtschaftlicher Gründe» –, insgesamt aber als ein wichtiges historisches Dokument vorgestellt.[49]

«Sie trug vor» – *zur Unterrichtsmethode*

Zur Unterrichtsmethode von Frau Dr. Lux, also zur Frage, wie sie die Inhalte vermittelte, sind die Mitschriften wenig aussagekräftig. Ihr Vorgehen traf in der Rückerinnerung ehemaliger Schülerinnen unserer Klasse auf unterschiedliche Resonanz. Dazu zwei entgegengesetzte Meinungen. Eine ihrer ehemaligen Schülerinnen schreibt: «Sie trug uns ihren Ein-Stunden-Abschnitt Geschichte vor, emotionslos und ohne größeres Interesse, was uns damit gesagt wäre» (B. A.). Eine andere: «Sie trug uns ungeheuer lebendig und farbig den Stoff vor» (K. W.). Gemeinsam ist beiden Aussagen: «Sie trug vor.» Das heißt, sie verzichtete auf Methodenvielfalt in Form von Arbeitsunterricht und Gruppenunterricht, von Projektunterricht ganz zu schweigen.

Die unterschiedliche Bewertung ihres «Vortrags» lasse ich so stehen. Was mich interessiert, ist das Phänomen, dass ihr lehrerzentrierter Unterricht einige, so auch mich, erreichte und nachhaltig beeinflusste. Hierzu eine Mitschülerin: «Sie brachte es zuwege, mich neugierig auf Geschichte zu machen … Ich verdanke Frau Dr. Lux, dass ich mich bis heute für Geschichte interessiere. Ich erinnere mich an keinen Lehrer in der Elisabeth-von-Thadden-Schule, der mich in dieser Weise zum selbständigen Denken und Entscheiden anleitete» (H. B.-B.).

Nach meiner eigenen Erinnerung verfügte Frau Dr. Lux über eine geradezu sokratische Fähigkeit der Gesprächsführung. Beispielhaft berichte ich über eine Schulstunde: Zu Beginn des Unterrichts waren wir der Überzeugung – wie unsere Meinung ermittelt wurde, weiß ich nicht mehr –, bei Steuern sei nichts gerechter, als wenn alle für das gleiche Gut gleich hohe Steuern entrichten. Am Ende der Stunde waren wir – ich erinnere ein gemeinsames, zumindest ein überindividuelles Aha-Erlebnis – vom Gegenteil überzeugt. Frau Dr. Lux hatte uns über Fragen und Denkanstöße zunächst verunsichert, dann zur Erkenntnis geführt, dass eine gleiche Besteuerung zum Beispiel von Lebensmitteln für denjenigen, der wenig hat, eine weit größere Belastung ist als für denjenigen, der viel hat. In der einen Stunde habe ich nicht nur den Unterschied zwischen indirekten und direkten Steuern gelernt, sondern auch verstanden und von da an behalten, dass Steuern umso gerechter sind, je mehr sie beim jeweiligen Besitzstand ansetzen.

Hierzu passend fand ich in den Schulheften zur Französischen Revolution folgende Passage: «Unter indirekten Steuern (Brot und Salz) leidet das Volk. Von den direkten Steuern ist der Adel befreit. Auf dem *tiers état* [dem dritten Stand, dem Bürgerstand] liegt die Grund- und Vermögenssteuer.»[50] Die zuvor beschriebene Stunde, die auf einer allgemeinen Ebene die Problematik der Besteuerung aufschloss, war – so meine Hypothese – der Bearbeitung der Französischen Revolution vorgeschaltet und sollte uns helfen, eine ihrer Ursachen zu verstehen. In unserem Geschichtsbuch steht dazu nur, gar nicht spannend und noch dazu ziemlich falsch: «Neben den gutsherrlichen Lasten (Abgaben und Fronden) trägt der Bauernstand den größten Teil der Steuerlast.»

Als ein weiteres methodisches Merkmal, das ich hier nur andeuten kann, fallen in den Schulheften die Wiederholungen bei gleichzeitiger Stoffreduktion auf: ein Thema, ein Ereignis oder ein Leitsatz werden mehrmals eingebracht, andere Themen dagegen vernachlässigt. Frau Dr. Lux arbeitete offenkundig nach dem Prinzip: Weniger ist mehr, und das Wenige prägt sich umso besser ein, je gezielter es mit Schlüsselbegriffen oder Merksätzen verbunden wird. Wiederholt wurden zu den verschiedenen Epochen ideengeschichtliche Leitsätze, von denen ich hier nur den bekannten Ausspruch des englischen Staatstheoretikers Thomas Hobbes bringe: *«Bellum omnium contra omnes»* («Krieg aller gegen alle») – als Kennzeichen des Naturzustands, der durch den Staat zu überwinden ist. Ausgehend von solchen Leitsätzen erschließen sich mir noch heute historische Zusammenhänge. (Entsprechend erinnern sich einige ihrer Schülerinnen an Merksätze im Lateinunterricht.)

Darüber hinaus beharrte sie auf einigen wenigen Jahreszahlen und hörte diese immer wieder ab. In meiner Erinnerung waren es nicht viele, höchstens zwanzig. Sie markierten herausragende Einschnitte, darunter: 325 n. Chr. (Konzil von Nicäa), 800 n. Chr. (Krönung Karls der Großen), 1618–1648 (Dreißigjähriger Krieg), 1789, 1870/1871. Das damals erworbene Zahlengerüst erleichtert es mir noch immer, Ereignisse historisch einzuordnen.

Ein drittes methodisches Prinzip, das zugleich ein inhaltliches ist, benennt eine Abiturientin von 1953: «Prägend erschien mir ihre Forderung, stets das ‹*Audiatur et altera pars*› [‹Man höre auch die andere Seite›] zu berücksichtigen» (B. L.). Dies lehrte Frau Dr. Lux uns bei der umstrittenen Zugehörigkeit von Elsass-Lothringen zu Deutschland oder zu Frankreich, bei der Schleswig-Holsteinischen Frage und bei weiteren historischen Konfliktfeldern. Sie vermied jede Schwarzweißmalerei. So konnte sie Bismarcks Leistungen würdigen, obwohl ihr Mann, wie erwähnt, in dessen Amtszeit als Sozialist verfolgt worden war.

Ihrer distanzierten Betrachtung war eine Emotionalisierung des Geschichtsunterrichts fremd; eine solche aber hielten in der Nachkriegszeit zahlreiche Historiker, Fachdidaktiker und Pädagogen nicht nur für wünschenswert, sondern geradezu für notwendig. Selbst Erich Weniger, der bekannteste Geschichtspädagoge der Nachkriegszeit, strebte eine «positive, Begeisterung weckende Darstellung der Vergangenheit» an und wollte einen «positiven geschlossenen Zusammenhang von Gewissheiten» erzeugen.[51]

Bevor ich den Geschichtsunterricht von Frau Dr. Lux abschließend würdige, möchte ich die Überforderung der meisten Geschichtslehrer in der Nachkriegszeit und ihre Flucht in Wertfreiheit und Objektivität ansprechen.

Geschichtslehrer und ihr Selbstverständnis

Weit wichtiger als Richtlinien und Schulbücher dürften die unverarbeiteten Brüche in den Biographien der meisten Geschichtslehrer und ihr Selbstverständnis als Schulhistoriker gewesen sein. Die Brüche thematisierte 1950 die Autorin und Psychologin Elisabeth Lippert. Sie wollte bewusstmachen, wie individuelle Lebenszusammenhänge durch die politischen Umbrüche 1918, 1933, 1945 zerrissen wurden und wie ein mehrmaliger «politischer Schock» zu Orientierungsverlust und Sprachverlust führt.[52] Dieser Sprachverlust ist ihrer Meinung nach besonders gravierend bei Berufsgruppen, bei denen «sprachliche Mitteilung und sprachliche Darstellung im Zentrum ihrer Berufsaufgabe stehen». Das treffe auf alle Lehrer zu, vor allem aber auf Lehrer der «Geschichte, Poli-

tik und Weltanschauung». Von ihnen würde verlangt, die jeweiligen Um-
orientierungen qua Beruf verbal und öffentlich zu vertreten. «Sie müssen
sofort weitersprechen.» Für die Autorin war der Zwang zur «Darstellung
des noch nicht Aussprechbaren, weil individuell noch nicht Verarbeiteten», nicht nur eine Überforderung, sondern eine «seelische Vergewalti-
gung». Sie sah in den meisten Lehrern «geschädigte Menschen».

Zwar teile ich ihre Prämisse nicht, nach der ein Mensch den geschichtlichen Umbrüchen seit 1914 hilflos ausgeliefert war, auch stoße
ich mich an der Tendenz zur Verallgemeinerung, dennoch sehe ich hier
Schwierigkeiten vieler Geschichtslehrer in der Nachkriegszeit nachden-
kenswert vorgetragen.

Ein möglicher Ausweg aus der Überforderung war der Rückzug auf
eine angebliche Wertfreiheit und Objektivität. Die Behauptung, die
wissenschaftliche Geschichtsbetrachtung sei «wertfrei» und «objektiv»,
dominierte unter Historikern bis in die siebziger Jahre hinein und gip-
felte in der Zweckbehauptung, «dass die Geschichtswissenschaft nicht
nationalsozialistisch geprägt gewesen sei».[53]

Ein solcher Rückzug lag in der Tradition des Fachs. Die meisten Geschichtslehrer an Gymnasien hatten sich bereits im Kaiserreich und in
der Weimarer Republik als unpolitische Fachleute gesehen. Und so bogen sie nach der Revolution 1918 den historisch-politischen Bildungsauftrag, zur Demokratisierung von Staat und Gesellschaft beizutragen,
in «Überparteilichkeit» und «Sachlichkeit» ab – so die damaligen Begriffe.[54] Das unpolitische Selbstverständnis hielt damals aber so manchen Lehrer nicht davon ab, für einen «vaterländischen Geschichtsunterricht» zu plädieren und «für das eigene Land unangenehme Wahrheiten
zu verschweigen oder zu verdrehen. Die Wahrheiten betrafen Themen
wie Kriegsausbruch, Kriegsende, Kriegsschuld, polnische Frage und
Selbstbestimmungsrecht der Völker, Rolle der großen Männer.»[55]

Zu den Unschärfen im Selbstbild mag beigetragen haben, dass die
Standortgebundenheit in der Geschichtsvermittlung noch kaum me-
thodisch und erkenntnistheoretisch diskutiert worden war.[56] Erst in
den letzten drei Jahrzehnten hat sich eine Position durchgesetzt, nach
der es in den Geistes- und Sozialwissenschaften keine «objektiven»
Erkenntnisse geben kann. Immer fließen, bewusst oder unbewusst,

werthaltige Vorentscheidungen, Prämissen und Fragestellungen in den Erkenntnisprozess ein, die nur korrigierbar sind, wenn sie im Arbeitsprozess reflektiert werden. Und so vermitteln auch – direkt oder indirekt, willentlich oder unbeabsichtigt – alle Geschichtslehrer bestimmte Geschichtsbilder und Werthaltungen.[57]

In den «Grundsätzen zum Geschichtsunterricht» der Kultusministerkonferenz von 1953 stehen die beiden Ansprüche, Wissenschaftlichkeit und Wertevermittlung, noch nebeneinander: «Die Einsicht in die Zusammenhänge vergangenen und gegenwärtigen Geschehens muss wissenschaftlich begründet und wertbestimmt sein.»[58] Nach 1968 wurde dann heftig diskutiert, wie im Geschichtsunterricht politisch-historische Positionen wertgeleitet und dennoch ohne Indoktrination der Heranwachsenden vermittelt werden können. Das Problem verschärft sich bei den Teilen des Geschichtsunterrichts, die sich der nahen Vergangenheit oder der Zeitgeschichte zuwenden.

Neben der skizzierten Gefahr der Selbsttäuschung, es gäbe eine wertfreie und objektive Geschichtsvermittlung, steht eine zweite, geradezu gegenläufige Gefahr: die Indienstnahme des Geschichtsunterrichts für die Politik. So sollte in der späten Kaiserzeit der Geschichtsunterricht der Großmachtpolitik des Wilhelminischen Reichs dienen, vor allem der Flottenpolitik und dem Erwerb von Kolonien.[59] Und «Zeitgeschichte», die an Schulen von Kaiser Wilhelm II. persönlich gefordert wurde, sollte die Jugendlichen «vor den Einflüssen sozialdemokratischer Irrlehren und Einstellungen bewahren».[60] Auch «Staatsbürgerkunde» wurde damals neu eingeführt, aber nicht, um den Heranwachsenden ihre Rechte als Bürger im Staat – und notfalls gegen diesen – bewusstzumachen. Selbst «Weltgeschichte», unverzichtbar zur globalen Krisenbearbeitung, hat eine imperialistische Tradition. Die Beschäftigung mit weltpolitischen Problemen diente dazu, das Streben Deutschlands, einen Platz als Weltmacht zu erobern, zu begründen. In der NS-Zeit hatten Zeitgeschichte und politische Bildung dann bekanntlich die Aufgabe, den nationalsozialistischen Überlegenheitswahn, den Führerkult, den Krieg und die Verbrechen zu legitimieren.

Man muss sich mithin vergegenwärtigen, dass Gegenwartsbezug und Zeitgeschichte, Einnehmen eines Standpunkts und politische

Bildung, Erweiterung des Blicks auf «eine Welt» und Weltgeschichte – Prinzipien der historisch-politischen Bildung, die inzwischen in der historisch-politischen Bildung unumstritten sind – alle eine unheilvolle Tradition haben. Demgegenüber konnte eine traditionelle Wissensvermittlung von geschichtlichen Ereignissen eine kritische Funktion haben: Ein unpolitisches Selbstverständnis war während des Nationalsozialismus und bereits im Kaiserreich die Basis, von der aus zahlreiche Geschichtslehrer die verlangte Politisierung ihres Unterrichts abwehrten. Nach Ende des Zweiten Weltkriegs wiederum vermieden auf dem Hintergrund der erfahrenen Politisierung viele Geschichtslehrer am liebsten jede Stellungnahme zu brisanten Fragen, eine Rückkehr zu Wertfreiheit und Objektivität bot sich an.

Das Aufzeigen der beiden Irrwege des Geschichtsunterrichts – Flucht in ein unpolitisches Selbstverständnis einerseits und Indienstnahme durch die Politik andererseits – sollte verstehen helfen, warum nach 1945 viele Geschichtslehrer eine inhaltliche Erneuerung ihres Fachs abwehrten oder unterliefen. Die benannten Schwierigkeiten dürfen aber nicht vergessen lassen, dass unter den Geschichtslehrern und Geschichtslehrerinnen viele waren, die ihre Schüler im Sinne der NS-Ideologie indoktriniert hatten und nach der Befreiung vom Faschismus vor sich und anderen nicht eingestehen konnten, geirrt zu haben und schuldig geworden zu sein.

Im Unterschied zu vielen Geschichtslehrern hatte Frau Dr. Lux keine Scheu, die genannten Prinzipien der historisch-politischen Bildung – Gegenwartsbezug, Einnehmen eines Standpunkts und Erweiterung des Blicks auf die «eine Welt» – ihrem Unterricht zugrunde zu legen. Beispielhaft kann ich meine eigene Abiturprüfung in Geschichte anführen, über die ich einen zeitnahen Bericht verfasste.[61] Im mündlichen Abitur wurde ich von Frau Dr. Lux zunächst zur russischen, danach zur amerikanischen Geschichte – und davon ausgehend zu den Menschenrechten befragt. Leider konnte ich damals die abschließende Prüfungsfrage – «Warum alle totalitären Staaten die Menschenrechte nicht anerkennen» – nicht zu ihrer Zufriedenheit beantworten.

Frau Dr. Lux vermittelte, obwohl sie kaum je direkt wertete, Werthaltungen, und zwar über ihre Schwerpunktsetzungen und Fragestellungen. Indem sie die Unterrichtsthemen aus unterschiedlichen Perspektiven kenntnisreich und mit größtmöglicher Genauigkeit bearbeitete, praktizierte sie wissenschaftlich-didaktische Redlichkeit. Ihre Geschichtsvermittlung war unpathetisch. Sie wollte niemanden begeistern, vielmehr selbständiges Denken durch das Auflösen von Gewissheiten einüben. Über strukturelle Einsichten und problemorientierte Linien stellte sie einen Gegenwartsbezug her. Wie alle in ihrer Generation, so hatte auch sie mehrere politische Umbrüche durchlebt und war dennoch kein «beschädigter Mensch». Sie war Teil einer toleranten, aufgeklärten und demokratischen Minderheit in Deutschland, deren Werthaltungen bis in die Kaiserzeit zurückreichten. Und diese Tradition brachte sie in ihren Unterricht ein.

In einem Vortrag aus dem Jahr 1947 von Karl König und Kurt Witte, die damals als Fachdidaktiker und Schulbuchautoren den Geschichtsunterricht demokratisieren wollten, erkannte ich Grundprinzipien des Geschichtsunterrichts von Frau Dr. Lux wieder: «Wir glauben nicht mehr – hier irrt Goethe –, das Beste an der Weltgeschichte sei der Enthusiasmus, den sie errege. Aus sehr bitterer Erfahrung wissen wir jetzt, dass bei uns hassdurchglühter Fanatismus falschem Enthusiasmus folgt. Weltgeschichte wie deutsche Geschichte darf nur mit geradezu heiliger Nüchternheit gelehrt werden ... Es ist primitiv, Liebe oder Hass zu erwecken. Schwerer ist es, zu sachlichem Durchdenken zu erziehen. Nur so kann der Kollektivhass verschwinden, der zwölf Jahre lang gegen jeden Andersdenkenden gelehrt wurde.»[62]

17

Das Kollegium der neu gegründeten
Elisabeth-von-Thadden-Schule

Als Frau Dr. Lux im Frühjahr 1947 in Heidelberg-Wieblingen zu unterrichten begann, war die Schule bereits ein gutes Jahr wieder in Betrieb. Sie war im Januar 1946 als evangelisches Mädchengymnasium neu eröffnet worden. Wenig später nahm auch das Internat seinen Betrieb auf, und bereits 1947 erhielt die Privatschule die staatliche Anerkennung mit eigenem Abitur.[63] Die schnelle Wiedereröffnung ist vor allem der Frauenrechtlerin und Politikerin Marie Baum, dem Pfarrer Hermann Maas sowie dem Pädagogen und Literaturwissenschaftler Reinhard Buchwald zu verdanken. Sie wollten die Schule im Gedenken an Frau von Thadden, mit der alle drei befreundet gewesen waren, aufbauen und gründeten hierzu einen «Freundeskreis Elisabeth-von-Thadden», in den sie gezielt Lehrkräfte, die ihnen menschlich, pädagogisch und politisch geeignet erschienen, einluden. Auch Frau Lux soll über Frau Baum – die beiden kannten sich aus Berlin – an die Schule gekommen sein.

Die drei Menschen, die gleich nach der Befreiung vom Faschismus die Initiative für eine Neugründung ergriffen, möchte ich kurz vorstellen, da sie über ihre Personalauswahl die Schulentwicklung nachhaltig beeinflussten:

Hermann Maas (1877–1970) hatte 1915 die Stelle eines evangelischen Pfarrers an der Heiliggeistkirche in Heidelberg angetreten. Nebenbei erteilte er Religionsunterricht in der Schule in Wieblingen. Sein Leben durchzog die Arbeit für Frieden, die Achtung vor der jüdischen Religion und die Zusammenarbeit mit Juden im In- und Ausland. Als diese vom deutschen Staat verfolgt wurden, trat er in der Öffentlichkeit und im Verborgenen für sie ein. Mehreren hundert Juden hat er, seine internationalen ökumenischen Verbindungen einsetzend, zur Ausreise verholfen. Dabei kooperierte er mit Stellen und Personen innerhalb der

Elisabeth-von-Thadden-Schule, ca. 1961

Bekennenden Kirche. Dank seines hohen Ansehens in Heidelberg und seiner Unbeirrbarkeit konnte er trotz erheblicher Anfeindungen – auch seitens der eigenen Landeskirche – und trotz Drohungen der Gestapo bis 1943 seine Pfarrstelle behalten, wenn auch mit eingeschränkten Befugnissen. Ab 1944 musste er Zwangsarbeit leisten. Nach dem Krieg, 1946, wurde er Dekan des Kirchenkreises Nordbaden, ab 1956 erhielt er den Titel «Prälat». 1950 lud ihn der Staat Israel als ersten Deutschen zu einem Besuch ein. Der Elisabeth-von-Thadden-Schule blieb er bis ins hohe Alter verbunden.[64]

Dr. Marie Baum (1874–1964) promovierte als erste Frau aus Deutschland in Chemie, und zwar 1897 in Zürich. Im Laufe ihres Lebens war sie als Wissenschaftlerin, Gewerbe- und Fabrikinspektorin, Politikerin und Publizistin tätig. Sie konnte kompromisslos sein. Zweimal hatte sie ein Beamtenverhältnis aufgekündigt. Ihre aktive Zeit in der Politik, von 1919 bis 1923 als Abgeordnete der Deutschen Demokratischen Partei (DDP), zunächst in der Nationalversammlung, später im Reichstag, beendete sie enttäuscht über die geringe Wirkungsmöglichkeit einer Parlamentarierin. Ab 1928 war sie Hochschuldozentin an der Universität Heidelberg auf dem Gebiet «Soziale Fürsorge und Wohlfahrtspflege», bis ihr im Juli 1933 wegen «nichtarischer Abstammung» – sie hatte eine jüdische Großmutter – die Lehrerlaubnis entzogen wurde. Trotz ihres Berufsverbots kümmerte sie sich um jüdische Freunde und arbeitete später eng mit Pfarrer Maas zusammen. Nach dem Krieg wirkte sie in zahlreichen demokratisch-politischen Initiativen mit. Als Vorsitzende des Kuratoriums verantwortete sie die Entwicklung der Elisabeth-von-Thadden-Schule bis 1961.[65]

Dr. Ernst Reinhard Buchwald (1884–1983) hatte sich in der Weimarer Republik in der Volkshochschulbewegung profiliert. 1930 war er als Regierungsrat im Volksbildungsministerium Thüringens von der dortigen Landesregierung, die als erste in Deutschland nationalsozialistisch geführt wurde, entlassen worden. In den folgenden Jahren erhielt er Lehraufträge an der Universität Heidelberg, zunächst zur Erwachsenenbildung, später zur Bildungs- und Literaturgeschichte. Während des Nationalsozialismus konnte er sich an der Universität halten, obwohl er zu den nur drei Dozenten der Philosophischen Fakultät gehörte, die sich Mitte der dreißiger Jahre weigerten, ihre Veranstaltungsthemen «deutschkundlich» umzuformen. Dennoch wurde er 1944 Honorarprofessor. Seine «Vorlesungen, meist über die Klassik und deren humanistisches Erbe, waren besonders kurz vor Kriegsende und in den ersten Nachkriegsjahren wahre Massenveranstaltungen».[66] Er blieb mit Pfarrer Maas und Frau Baum befreundet und galt nach dem Krieg als jemand, der sich nicht kompromittiert hatte: «An seine volkspädagogische Arbeit anknüpfend, wurde Buchwald 1945 ... von den Besatzungsbehörden als ‹Erziehungsdirektor der Stadt Heidelberg›, das heißt als Verantwortlicher für die Reorganisation des Schulwesens, eingesetzt.»[67]

Frau Baum, Pfarrer Maas und Herr Buchwald gaben durch die Auswahl der zukünftigen Lehrkräfte die Ausrichtung der Schule vor. Ihnen ist es zu verdanken, dass Frau Lux an eine Schule kam, in der sie sich nicht als Fremdkörper zu fühlen brauchte. Als sie im Frühjahr 1947 zu unterrichten begann, war das Kollegium immer noch klein.[68] Es war von zunächst vierzehn Lehrkräften im Januar 1946, von denen nur acht eine volle Stelle hatten, erst auf etwa zwanzig Personen angewachsen. Hier traf Frau Lux auf mindestens neun Frauen und Männer, mit denen sie biographische oder politische Gemeinsamkeiten hatte: Sechs stammten aus einer teilweise jüdischen Familie oder waren mit einem Juden verheiratet gewesen und hatten während des Nationalsozialismus berufliche Beeinträchtigungen hinnehmen müssen. Dazu kamen mindestens drei weitere Lehrkräfte, die unabhängig von ihrer Herkunft in Gegnerschaft oder zumindest in Distanz zum NS-Regime gestanden hatten. Einschließlich Frau Dr. Lux gab es also in der unmittelbaren Nachkriegszeit zehn Lehrkräfte im Kollegium der Elisabeth-von-Thadden-Schule, und das ist fast die Hälfte, die nachweislich zur antinazistischen Minderheit in Deutschland gehört hatte.

Nach dem Eindruck einer damals jungen Kollegin, Frau Dr. Hadeburg Reichert-Klingenstein, bestand zwischen Frau Lux und einer ebenfalls älteren Kollegin, Frau Friedenthal, ein besonders gutes Einvernehmen. Die beiden Frauen verband ein ähnlicher Ausbildungsgang, ihre Fächer überschnitten sich, und sie hatten, wenn auch in der jeweils anderen Position, in einer sogenannten «Mischehe» gelebt. Beide hatten erwachsene Kinder und waren Witwen: Dr. Fritze Friedenthal (1887–1985) hatte wie Frau Dr. Lux, wenn auch einige Jahre später, die Abiturkurse von Helene Lange in Berlin besucht. 1916 erwarb sie die Lehrbefähigung für höhere Schulen und war anschließend in der Frauenbildung tätig, zunächst in Berlin im «Jugendheim» der Frauenrechtlerin Anna von Gierke, später in Breslau. Dort lebte sie seit 1917 verheiratet mit Wilhelm Friedenthal, einem Großtuchhändler. Im Herbst 1933 musste sie den Schuldienst verlassen, weil ihr Mann «Nichtarier» war. Wie ihrem Lebenslauf, der sich im Schularchiv befindet, steht, wurde er im Februar 1945 «ein Opfer der Belagerung Breslaus». In der Elisabeth-von-Thadden-Schule unterrichtete sie seit der Wiedereröffnung die Fächer Geographie, Geschichte, Staatsbürgerkunde und Latein.

Gesellschaftliche Berührungen gab es zu Frau Sultan. Sie und Frau Lux kannten sich aus der gemeinsamen Dozentinnentätigkeit in den Vorbereitungskursen der Heidelberger Universität, sie trafen sich im Freundeskreis von Frau Rech und gelegentlich bei der Mutter von Maya Rauch im Neckartal. Charlotte Sultan (1896–1972) hatte, laut ihrem Lebenslauf im Schularchiv, Versicherungsmathematik, Statistik und Nationalökonomie studiert. Ihrem Mann, Dr. Herbert Sultan, Privatdozent der Nationalökonomie an der Universität Heidelberg, war Ende 1935 wegen «nichtarischer Abstammung» die Lehrbefugnis entzogen worden. Er emigrierte nach England, kehrte 1947 nach Heidelberg zurück und erhielt dort eine Professur. Frau Sultan, nichtjüdischer Herkunft, war in Heidelberg geblieben und schlug sich mit Privatstunden in Mathematik durch. Dieses Fach unterrichtete sie seit 1946 in Wieblingen, so auch in unserer Klasse.

Berufsverbot hatte auch Leni Preetorius (1889–1962) erhalten. 1933 war sie Assessorin für das Höhere Lehramt und Dozentin universitärer Ferienkurse gewesen. In ihrem Lebenslauf für die Schulunterlagen schrieb sie 1948 lapidar: «Abbau sowohl von Schule als auch Universität wegen halbjüdischer Abstammung. Seitdem Privatsprachlehrerin.» Nach einer Kindheit und Jugend in Belgien und England studierte sie ab 1918 Französisch und Englisch in Heidelberg und fasste dort Fuß.

Sie war eine Europäerin, viel herumgekommen, kein bisschen provinziell. In der Untertertia (achte Klasse) führte sie uns singend in die französische Sprache ein. Nach der Wiedereröffnung gab sie der Elisabeth-von-Thadden-Schule ihr musisches Profil. Ihre inzwischen legendären Theateraufführungen, inszeniert für die «Naturbühnen» im Wieblinger Schulgelände, mit Schülerinnen, für die sie keine Rolle als zu groß erachtete, verliehen der Schule Glanz, nach innen und nach außen.

Unter den Personen an der Schule, die wegen ihrer teilweise jüdischen Herkunft diskriminiert wurden, wäre auch Dorothea Lenel zu nennen, die bis 1953 die Wirtschaftsleiterin des Internats war,[69] sowie Dr. Hans Joachim Kanold,[70] außerdem Hannah Walz, die ich als Mitglied der Schulleitung eigens vorstellen werde.

Mir selbst war neu, dass so viele Lehrkräfte, die in der unmittelbaren Nachkriegszeit in Wieblingen unterrichteten, nachweislich zur Minderheit in Deutschland gehörten, die eine oppositionelle oder zumindest kritische Haltung gegenüber dem NS-Regime gehabt hatten. Noch bemerkenswerter aber fand ich, dass dieser Kreis im Kollegium in etwa identisch war mit den Lehrerinnen und dem einen Lehrer, von denen die Schule in der Nachkriegszeit geprägt wurde. Hierunter zähle ich die Mitglieder der Schulleitung ergänzt um mehrere Lehrkräfte, die in den Festschriften der Schule gewürdigt wurden und / oder in den Erinnerungen ehemaliger Schülerinnen deutlicher als andere präsent sind. In ihren Aufzeichnungen zu Frau Dr. Lux werden ungefragt und nebenbei genau die Lehrkräfte erwähnt, auf die ich hier eingehe. Ich berichte über sie, weil nur über Personen die damalige Besonderheit der Schule vermittelt werden kann.

Frauendominanz in der Schule

Wie in der Nachkriegszeit und vollends in Mädchenschulen nicht ungewöhnlich, führten in der Elisabeth-von-Thadden-Schule Frauen die Regie. Die Beschreibung aller ergäbe ein weitgefächertes Spektrum «starker Frauen» – unter ihnen nicht zu vergessen Frau Dr. Hadeburg Reichert-Klingenstein, die – 1947 erst fünfundzwanzig Jahre alt – mit einem Motorrad zur Schule kam und dem Klischee einer jungen Frau der vierziger und fünfziger Jahren so gar nicht entsprach. Feministinnen, wie wir heute sagen würden, wollten sie dennoch nicht sein. Hierzu Hannah Walz, die Geschäftsführerin der Schule, in einem Interview: «Wir waren selbstbewusste Frauen, aber … keine Frauenrechtlerinnen, überhaupt nicht» – außer Frau Baum –, «und die konnte natürlich nicht ein ganzes Kollegium bestimmen.»[71]

In diesem Kreis selbstbewusster und undogmatischer Frauen soll sich Frau Dr. Lux durchaus wohl gefühlt haben. Sie gehörte nicht zu den laut Vernehmbaren im Kollegium, aber so zurückhaltend sie auch war, beim achtzigsten Geburtstag von Frau Baum 1954 saß sie selbstverständlich in der ersten Reihe. Die Frauendominanz ist nicht nur aus dem geringen Anteil männlicher Lehrer zu ersehen, sondern vor allem daraus: Die Schule wurde in der Nachkriegszeit gemeinsam von drei Frauen geleitet, und zwar von Paula Schenkel, Hannah Walz und Hanna Eiermann.

Beginnen möchte ich mit der Vorstellung von Frau Walz, strahlte diese doch für mich am deutlichsten den unverzichtbaren Elan für den schwierigen Neubeginn aus. Im Rückblick schreibt sie: «Aber das Einzigartige der Monate nach der ersten Betäubung und beinahe Lähmung durch das Kriegsende, das für viele eine Erlösung, aber kaum für jemanden nicht mit sehr schmerzlichen Erinnerungen verbunden war, war das unerhörte Vertrauen, das man, ohne eigentlich Grund dafür zu haben, in die Zukunft setzte.»[72] Über ihre Tüchtigkeit und ihre gute Laune sowie über ihr soziales Verhalten gegenüber Lehrkräften und Schülerinnen in Not ist viel Ehrenwertes gesagt worden. So sorgte sie dafür, dass an Frau Lux, die nur eine minimale staatliche Rente bekam, nach ihrer Pensionierung von der Schule jenseits aller rechtlichen Verpflichtungen 50 Prozent ihres letzten Gehalts weiterbezahlt wurde.

Hannah Walz (1917–2002) stammte aus einer alteingesessenen, badisch-liberalen Familie. Bereits ihr Großonkel hatte der Stadt Heidelberg von 1886 bis 1928 vorgestanden. Nach 1933 verlor ihr Vater, «weil er Halbjude war», wie Frau Walz in einem Interview sagte, seine Stelle im Innenministerium in Karlsruhe; nach der Befreiung war er zunächst kommissarischer Bürgermeister Heidelbergs, später Präsident des Verwaltungsgerichts in Karlsruhe.[73] Sie selbst hätte nach dem Abitur gern eine Buchhändlerlehre gemacht, «aber weil ich eine jüdische Großmutter hatte – man kann sich's gar nicht mehr vorstellen! –, hat die Reichskulturkammer mich abgelehnt». 1935 bis 1937 arbeitete sie als Erzieherin und Lehrerin in einem Internat in Irland, während des Zweiten Weltkriegs bei Siemens in Berlin in der Verwaltung. Zum «Freundeskreis Elisabeth von Thadden» war Frau Walz durch ihre Schwester, die vor 1945 in der Schulverwaltung gearbeitet hatte, gestoßen. Obwohl sie keine pädagogische Ausbildung im engeren Sinn hatte, gab sie in einigen Klassen einen schwungvollen Englischunterricht, so auch bei uns in der Mittelstufe. Vor allem aber gehörte sie über Jahrzehnte, zeitweilig als Vorsitzende, der FDP-Fraktion im Heidelberger Stadtrat an und engagierte sich in vielfältiger Weise kommunalpolitisch – allseits bekannt und hochangesehen.

Frau Walz war nicht die Einzige ohne vollwertige pädagogische Ausbildung in der Schulleitung, das Gleiche gilt für Frau Eiermann. Wie sie zur Schule stieß, ist eine richtige Nachkriegsgeschichte:

Hanna Eiermann (1910–2001): «So begann es bei mir: Im Oktober 1945 war ich in Heidelberg beim Einkaufen. Da sprang plötzlich einer neben mir vom Rad und sagte: ‹Sie, ich mache draußen in Wieblingen eine Schule auf. Machen Sie mit?› Das war der Professor Buchwald, Germanist, Schillerforscher ... Freund unserer Elisabeth von Thadden, Freund auch des Prälaten Maas ... Den Professor hatte ich erst kurz vor dieser Straßenbegegnung kennengelernt in einem Kurs, den er für entlassene Soldaten mit Abitur und für politisch Verfolgte abhielt: Kurzausbildung für das Lehramt an Volksschulen. Und nun fragte er mich, die zwar eigene Kinder und Pflegekinder erzog, aber ‹blutiger Laie› auf dem Gebiet der Schulpädagogik war, *mich* fragte er tatsächlich, ob ich mitarbeiten wolle!»[74] Bald darauf gehörte sie der Vorbereitungsrunde um Frau Marie Baum an. Nach der Schuleröffnung unterrichtete und betreute sie die «Kleinen» in der Unterstufe. Zart und intensiv, dabei ideenreich und anspruchsvoll, zog sie als Klassenlehrerin in der Sexta und Quinta viele von uns, so auch mich, in ihren Bann. Von 1949 bis

1975 leitete sie das Internat.[75] Bis zu ihrer Pensionierung 1980 blieb sie als Lehrerin an der Schule.

Die spätere Schulleiterin, Frau von Rad, schreibt über sie: «Geprägt war sie durch den leidenschaftlichen politischen und kirchlichen Widerstand gegen den Nationalsozialismus, dem sie sich zusammen mit ihrem Mann verpflichtet hatte. Dieser war dem Zugriff der Gestapo nur durch den Kriegsdienst entgangen und in Russland gefallen.» Und: «Dass sie in ihren jungen, jugendbewegten Jahren kurz der Kommunistischen Partei angehört hatte, wussten wir freilich nicht.» Spätestens seit Ende der fünfziger Jahre muss sie sich erneut politisiert haben: «Ihre Ansichten von vergangenem und noch gegenwärtigem Faschismus hielt sie nicht hinterm Berg, und auch zu den Ereignissen der Tagespolitik hatte sie einen sehr klaren, keineswegs immer sehr gemäßigten Standpunkt. So wurde im Internat viel politisch diskutiert anhand von Texten und Schallplatten, lange bevor dies infolge der Studentenbewegung in allen Institutionen üblich war.»[76]

Den Kontrast zwischen Frau Eiermann und Frau Schenkel, über die ich als Nächste berichten möchte, kann man sich nicht groß genug vorstellen:

Paula Schenkel (1910–1988) war von 1946 bis 1975 die «Direktorin» der Schule und zumindest nach außen hin die Mächtige innerhalb des Leitungsteams. Sie hatte noch als Studienassessorin unter Frau von Thadden gearbeitet, die ihr 1939 die Verantwortung für den Teil der Schule, der in Heidelberg geblieben war, übertrug. Auch nachdem die Schule verstaatlicht worden war und einem Staatskommissar, dessen Verhalten allerdings als moderat beschrieben wird, geleitet wurde, blieb sie im Kollegium. Bei der Einschätzung des Grades ihrer Distanz zum NS-Regime muss ich mich auf das Urteil von Frau Baum, Pfarrer Maas und anderer verlassen. Deren Vertrauen muss sie besessen haben, denn ihr wurde von der Vorbereitungsgruppe einhellig die Leitung der wieder zu eröffnenden Schule übertragen.

Den Deutsch- und Geschichtsunterricht von Frau Schenkel, der stark philosophie- und ideengeschichtlich ausgerichtet war, schätzten viele ihrer Schülerinnen außerordentlich – davon zeugen verschiedene

Berichte in den beiden Schul-Festschriften –, einige aber lehnten ihn entschieden ab. Beide Einstellungen fanden sich auch in unserer Klasse, in der sie Geschichte, in der zehnten und elften Klasse, und die ganze Oberstufe hindurch Deutsch unterrichtete. Ihre Nachfolgerin Ursula von Rad spricht ihre Unabhängigkeit an: «In politischer und religiöser Hinsicht kann man sie sicher als konservativ bezeichnen … Aber man konnte sich in dieser Hinsicht auch sehr in ihr täuschen.»[77]

Immer wieder erscheint es wundersam, dass drei in ihrem Temperament, ihren politischen Einstellungen und ihrer Pädagogik so unterschiedliche Frauen über Jahre die Schule gemeinsam in Harmonie leiten konnten, was sie offenkundig taten. Die übereinstimmende Ablehnung des gerade erst überwundenen Faschismus scheint ihnen Sicherheit und Offenheit gegeben zu haben, verbunden mit Tatkraft und Optimismus.

Zur Schulleitung gehörte aus meiner Sicht informell auch Herr Müller, obwohl er offiziell erst 1975 zum stellvertretenden Schulleiter ernannt wurde. Die Stundenplangestaltung lag schon lange davor in seiner Hand. Neben zahlreichen anderen Aufgaben hatte er die Gestaltung der wöchentlichen Schulandachten übernommen. Er war einer der ganz wenigen männlichen Lehrkräfte, für den die Schule mehr als eine Zwischenstation war. Er blieb dort von 1947 bis zu seiner Pensionierung 1983. In unserer Klasse gab er Latein, zeitweilig auch Mathematik und Gemeinschaftskunde, vor allem aber war er ab der zehnten Klasse, von Herbst 1951 bis zum Abitur im Frühjahr 1955, unser Klassenlehrer. Als solcher hatte er durchaus gute Ideen wie die Umwidmung von Wandertagen in ein Verkleidungs- und Versteckspiel in einem Kaufhaus in Mannheim oder in eine Nachtwanderung im Odenwald oder eine Exkursion ins Ruhrgebiet, einem Brennpunkt der Nachkriegsgeschichte:

Dr. Siegfried Müller (1913–2001) stammte aus Berlin. Zu Beginn der NS-Herrschaft hatte er als Student einige Monate, von November 1933 bis März 1934, der SA als «Anwärter» angehört;[78] bereits 1934 aber trat er in die Bekennende Kirche ein und leitete ab 1937 Jugendbibelarbeitskreise. Wegen seiner aktiven Mitgliedschaft in der kirchlichen Opposition geriet er mit dem Regime in Konflikt. Seine Habilitation konnte er an der Berliner Universität nicht abschließen. Von 1939 bis 1945 war er Kriegsteilnehmer.

In den fünfziger Jahren engagierte er sich politisch, allerdings nicht im anerkannten Parteienspektrum wie Frau Walz, sondern in einer Splitterpartei, die 1952/1953 gegen die Wiederaufrüstung der Bundesrepublik antrat, der Gesamtdeutschen Volkspartei (GVP).[79] Mich befremdeten und faszinierten zugleich seine politischen Aktivitäten. Indem er mit seinem Roller abends oder nachts Wahlplakate für die GVP klebte – so wurde mir erzählt, gesehen habe ich ihn bei dieser Tätigkeit nie –, verstieß er in Inhalt und Form gegen meine Vorstellung von einem Studienrat. Genau damit aber erwarb er meine Achtung, weil es ihm offenkundig gleichgültig war, was wir und andere über ihn dachten. Später beriet er Kriegsdienstverweigerer, war in der SPD aktiv und übernahm Funktionen in der evangelischen Kirche, unter anderem als Mitglied der Landessynode.[80]

Die Älteste unter den Lehrerinnen und Lehrern

Im Kollegium war Frau Dr. Lux die Älteste. Als sie 1947 dort zu unterrichten begann, war sie bereits fünfundsechzig Jahre alt, 1955, bei unserem Abitur, dreiundsiebzig. Trotz ihrer Gebrechlichkeit fiel sie nicht wirklich aus dem Rahmen, denn während meiner Schulzeit kamen mir die Lehrerinnen und Lehrer – in einer typisch jugendlichen Fehleinschätzung – überwiegend alt vor. Dabei hatten 1947 von den etwas über zwanzig Lehrkräften nur drei Frauen das sechzigste Lebensjahr überschritten. Die drei Frauen im Leitungsgremium waren sogar ausgesprochen jung, Frau Schenkel und Frau Eiermann waren 1947 erst siebenunddreißig Jahre, Frau Walz gerade dreißig, der inoffizielle Stellvertreter, Herr Müller, vierunddreißig. Für die unmittelbare Nachkriegszeit ist diese Altersverteilung ganz untypisch. Damals wurden viele ältere Lehrkräfte wieder eingestellt, denn die «Entlassungen wegen Zugehörigkeit zur oder Unterstützung der Nationalsozialistischen Partei hatten vor allem die Lehrer der jüngeren und mittleren Jahrgänge

Dr. Dora Lux mit Paula Schenkel, Hannah Walz und Hanna Eiermann,
den Leiterinnen der Elisabeth-von-Thadden-Schule, März 1953

6. März 1953, Tag des mündlichen Abiturs:
v. r. n. l. Dr. Dora Lux, Dr. Marie Baum, Paula Schenkel

getroffen ... So kam es, dass 1947 fast 50 Prozent der Lehrer in der amerikanischen Zone über sechzig waren».[81]

Liberalität in einer evangelischen Privatschule

Frau Dr. Lux genoss, laut Frau Klingenstein-Reichert, ein hohes Ansehen im Kollegium. Dass sie einen anspruchsvollen Unterricht gab und dennoch bei den Schülerinnen beliebt war, hatte sich herumgesprochen. Einige im Kollegium scheinen nicht nur Achtung, sondern Zuneigung für sie empfunden zu haben. So nannte Frau Eiermann sie liebevoll «unser Lüxchen». Aber wie vertrug es sich mit einer evangelischen Privatschule, dass Dora Lux, die man in den Schulandachten nie sah, so wohlgelitten war? Zur Andacht – jeden Montag in der ersten Stunde – erschienen weitere Lehrkräfte selten oder nie, während für uns Schülerinnen die Anwesenheit Pflicht war. Aber auch in der Schülerschaft war «das Christliche», wie zumindest Frau Walz meint, «nicht besonders stark» vertreten. Erstaunlich ist schon, dass sich in einer privaten evangelischen Schule ein Mitglied der Leitung als «absolut unchristlich» bezeichnet, dies allerdings gleich wieder abschwächt: «Na, unchristlich kann man auch nicht sagen.» Die Aussage fällt, als Frau Walz ihr Verhältnis zu Frau Schenkel, die eine ausgeprägte christliche Bindung hatte, erläutert: «Obwohl wir total verschieden waren, hatten wir ein ausgezeichnetes Verhältnis, wir hatten überhaupt nie Krach.» Und dann kommt die eigentliche Erklärung: «Fräulein Schenkel hat eben so gern gelacht. Mein Vater hat immer gesagt: ‹In Wieblingen wird so viel gelacht, das ist das Schöne.›»[82] Offenkundig brauchten die Lehrenden nicht ständig auf ihre Autorität bedacht zu sein, sonst hätten sie nicht bei einem Schulfest zum allgemeinen Amüsement ein «Wettrennen» auf Kinderrollern veranstalten können. Heiterkeit in Verbindung mit Liberalität und Toleranz wird als ein Merkmal der Elisabeth-von-Thadden-Schule in der Nachkriegszeit verschiedentlich bezeugt.

Bei meiner Laudatio auf die Schule habe ich den miserablen Unterricht, den es auch gab, als relativ uninteressant übergangen. Übergangen habe ich ebenso die Wechselbäder der Stimmungen, denen einige der Lehrenden uns unterwarfen. Interessanter, weil schwieriger für mich zu verstehen, ist, warum meine Ambivalenz gegenüber der Schule und – mit Ausnahme von Frau Lux und Frau Walz – gegenüber allen Lehrern, die für meine Entwicklung durchaus bedeutsam waren, im Laufe der Schulzeit zunahm. Die ambivalenten Einstellungen haben sich in der Rückerinnerung verschoben und verändert, verschärft oder verringert, aber nicht aufgehoben.

Nur weniges will ich andeuten: der Gefühlsüberschwang der Andachten, in denen zu viel Blockflöte gespielt wurde, auch von mir. Das kulturelle Gepräge, das zwischen handgewebten Röcken und Ehrfurcht vor der hohen Kunst hin und her schwankte. Der Deutschunterricht in der Oberstufe, der, bezogen auf den tradierten Bildungskanon, ein sehr hohes Niveau hatte, uns als «moderne» Literatur aber Ernst Wiechert und Werner Bergengruen nahebrachte. Ich wusste nichts dagegen einzuwenden und las dicke Romane oder Novellen über demütige Mägde. Im Nachhinein schüttele ich mich. Auch ging ich, zumindest in der Oberstufe, nicht mehr gern auf eine reine Mädchenschule. Koedukation aber gab es damals in Heidelberg nur im humanistischen Gymnasium.

Rückblickend meine ich, dass ich die Elisabeth-von-Thadden-Schule zunehmend als einen Schonraum wahrnahm, den ich hinter mir lassen wollte. Ein Schonraum zu sein, war die Stärke, aber auch die Grenze der Schule. Aktuelle gesellschaftliche Konflikte erreichten uns kaum, wohl aber immer wieder Wellen von Innerlichkeit und Moral. In diesem Geflecht, an dem viele mitspannen, bewegte sich Frau Dr. Lux nüchtern und distanziert, als gehöre sie nicht dazu. Meine Ambivalenz der Schule gegenüber war nach dem Abitur so groß, dass ich Jahrzehnte brauchte, bis ich den Fuß wieder in sie hineinsetzte. Zugleich hatte ich das Gefühl großer Undankbarkeit.

18

Die nationalsozialistische Vergangenheit
in Unterricht und Schule: Sprachlosigkeit und Präsenz

Behandelt und vermieden

Ich war sicher, dass in unserem Geschichtsunterricht die NS-Zeit ausgespart worden war. Noch in meinem Anschreiben aus dem Jahr 2003 an
ehemalige Mitschülerinnen nahm ich an, dass Frau Dr. Lux ihren Unterricht nur bis zur Weimarer Republik geführt hatte. Meine Gewiss-
heit geriet durch Aufzeichnungen von zwei Frauen aus meiner Klasse
ins Wanken. Eine schrieb, dass sie im Abitur nach der Vichy-Regierung
gefragt worden sei (I. W.), eine andere erinnerte sich an eine Karte von
Russland, in der die Angriffsrouten der deutschen Wehrmacht ein-
gezeichnet waren (A. H.). Es gab aber auch mehrere Zuschriften, die
meine Sicht stützten. Noch stand Erinnerung gegen Erinnerung. Bis
ich im Schulheft von Ingeborg Wallem einen Durchgang durch die Zeitgeschichte vom Ersten Weltkrieg bis 1952 fand.[83] Der Überblick schloss
die Jahre 1933 bis 1945 ein. Der Nationalsozialismus war also Unterrichtsgegenstand gewesen.

Im Zuge der Rückbesinnung konnte ich zwar ausschließen, dass ich
während dieser Phase im Geschichtsunterricht anwesend war, denn die
Besprechung der NS-Vergangenheit fiel in die Zeit meines einjährigen
Schulaufenthalts 1952/1953 in den USA. Das ersparte mir eine Irritation über die Fehlbarkeit meiner Erinnerungen, änderte aber nichts
daran, dass bei der Aussage, die ich von Gleichaltrigen oder auch von
Jüngeren oft hörte, die NS-Zeit sei im Unterricht nicht «behandelt»
worden, Skepsis angesagt ist. Es gibt Beispiele dafür, dass eine Unterweisung über den Nationalsozialismus, die nachweislich erteilt wurde,
vollständig vergessen wurde, als hätte sie nie stattgefunden. Das gilt für
den Schulunterricht wie für die Erwachsenenbildung. Auf ebendieses
Phänomen stießen wir bei Maya Rauch, die der festen Meinung war,

im Rahmen der Vorsemesterkurse der Heidelberger Universität wäre der Nationalsozialismus nie thematisiert worden. Und so liegt auch bei einigen meiner Mitschülerinnen eine Täuschung vor, die erklärungsbedürftig ist. Letztlich stimmt beides: Unsere Geschichtslehrerin hat das Thema «Nationalsozialismus» einbezogen und zugleich gemieden.

Als Frau Dr. Lux uns von 1953 bis 1955 unterrichtete, war die Bearbeitung der NS-Herrschaft im Fach Geschichte längst in allen Bundesländern vorgesehen: Seit 1946/1947 hatte sich unter den wortführenden Historikern und Pädagogen ein Konsens über die Unverzichtbarkeit des Themas im Unterricht herausgebildet. Nur vereinzelt war in den folgenden Jahren öffentlich dagegen argumentiert worden.

1951 wollte die Zeitschrift *Geschichte in Wissenschaft und Unterricht* (GWU) eine Diskussion über «Die neueste Zeit im Geschichtsunterricht (1918–1945)» mit einer «These und Antithese» zweier «erfahrener Geschichtslehrer» einleiten. Hans Georg Fernis, ein späterer Schulbuchautor, lehnte einen solchen Unterricht ab, weil «es sich um Vorgänge handelt, über die noch keine zureichende geschichtliche Aussage möglich ist. Der Geschichtsunterricht kann nur so weit in die Gegenwart vordringen, wie wissenschaftlich hinlänglich gesicherte, übersichtliche Gesamtdarstellungen des zu behandelnden Zeitraumes vorliegen».[84] Und diese gäbe es weder für die Weimarer Republik noch für den Nationalsozialismus. Der Autor strapazierte die bekannte Forderung nach wissenschaftlicher Objektivität und argumentiert, als wäre es die Aufgabe des Geschichtsunterrichts, abgeschlossene wissenschaftliche Resultate zu vermitteln – die es nie geben kann –, anstatt Fragen anzuregen und eine Auseinandersetzung zu ermöglichen; als wäre die NS-Diktatur 1950 eine Tabula rasa der Dokumente, der Erkenntnisse und der Bewertung. Aber auch die existenzphilosophisch weitausholende Befürwortung eines Unterrichts zur «neuesten Zeit» durch Wolfgang Schäfer, damals Lehrer an der Odenwaldschule, ist wenig hilfreich. Die Kontroverse wurde in der Zeitschrift nicht fortgeführt.

Obwohl das Thema «Nationalsozialismus» durchgängig vorgesehen war und auch Schulbücher dazu vorlagen, ist offen, wie weit es im Geschichtsunterricht tatsächlich vorkam. Dazu gibt es widersprüchliche Hinweise: So schreibt Otto Heinrich Müller anlässlich der Vorstellung der «Grundsätze zum Geschichtsunterricht» von 1953: «Der Vorwurf, dass der Geschichtsunterricht der Endklassen nicht über das Jahr 1914, ja, manchmal sogar über 1871 nicht hinauskomme, trifft doch wohl nur noch wenige Schulen und Lehrer. In den meisten Fällen wird der Schüler in die Geschichte der neuen, ja, sogar der neuesten Zeit eingeführt.»[85] Einige Jahre später, 1960, bemängelte der Deutsche Ausschuss für das Erziehungs- und Bildungswesen in einer «Erklärung aus Anlass der antisemitischen Ausschreitungen» jedoch, dass «viele Lehrer die nationalsozialistische Zeit im politischen wie im Geschichtsunterricht ausklammerten».[86] Eine Skepsis war aufgekommen, nachdem die Schändung der Kölner Synagoge und die danach sprunghaft zunehmenden Hakenkreuzschmierereien auf jüdischen und christlichen Friedhöfen Weihnachten 1959 die Öffentlichkeit aufgeschreckt hatte.

Auch unser Lehrbuch – *Deutsche Geschichte in Kurzfassung* – schloss die Zeit des Nationalsozialismus ein. Dessen Darstellung auf nur zwanzig Seiten finde ich sogar ziemlich gut. Das Buch erklärt, wie sich die Nationalsozialisten in Staat und Gesellschaft etablieren konnten. Es informiert über die sofortige Ausschaltung der politischen Gegner und die Gleichschaltung in allen gesellschaftlichen Bereichen und verdeutlicht, dass Vertragsbrüche und Aufrüstung der «Vorbereitung des Angriffs auf Europa» dienten. Die Verbrechen des damaligen deutschen Staates werden benannt – so in den Abschnitten «Terror», «Unterdrückung. Judenverfolgung», «Ausplünderung der besetzten Gebiete», «Versklavung» und «Vernichtung». Zwar erhält der Verlauf des Zweiten Weltkriegs im Vergleich zur Innenpolitik vergleichsweise viel Raum, eine militärhistorische Sicht möchte ich dem Autor dennoch nicht vorwerfen.[87] Die Darstellung genügt verständlicherweise in vieler Hinsicht den später formulierten Ansprüchen nicht.[88] Aber das Lehrwerk, das bereits Ende 1948 von der amerikanischen Militärregierung genehmigt worden war, 1949 erschien und in den folgenden Jahren kaum verändert wurde, enthält zumindest keine Relativierungen, wie sie ab Anfang der fünfziger Jahre in Geschichtsbüchern zu finden sind. Damals begann die sogenannte «Tendenzwende» in der Betrachtung des Nationalsozialismus mit ihrer Konzentration auf Hitler und ihrer Entlastung der deutschen Gesellschaft und ihrer Bürger.[89]

Wie fügt sich der Geschichtsunterricht von Frau Dr. Lux hier ein? Ausgehend vom 19. Jahrhundert werden, wie den Mitschriften zu entnehmen ist, die Ursachen des Ersten Weltkriegs benannt. Es folgt eine Ereigniskette zum «Verlauf des Weltkriegs im Überblick», eine kurze Passage zur Weimarer Verfassung und «Wichtigste Ereignisse von 1920 bis 1933».[90] Bis hierhin ist die Darstellung verglichen mit früheren Zeitabschnitten zwar auffallend kurz, dennoch durch die Auswahl des Mitgeteilten komplex. Was folgt, unterscheidet sich davon erheblich. Die lange Zeitspanne von 1933 bis 1952 wird auf nur zwei handgeschriebenen Seiten chronologisch zusammengefasst.[91] Während bis 1936 noch einige Informationen zur Innenpolitik erscheinen – Ermächtigungsgesetz, Einführung der allgemeinen Wehrpflicht, Olympiade, Vierjahresplan –, reduziert sich das Aufgeschriebene für die Zeit von 1939 bis 1945 auf den Verlauf des Zweiten Weltkriegs. Entscheidendes fehlt ganz: die Verfolgung der Gegner und der politische Widerstand; die Entrechtung, Beraubung und Ermordung der Juden in Deutschland und Europa; die in den okkupierten Ländern verübten Verbrechen gegen die Zivilbevölkerung.

Der denkbare Einwand, unsere Lehrerin sei durch das nahende Abitur unter Zeitdruck geraten, ist zu entkräften: Die kurze Zusammenfassung zum Nationalsozialismus lässt sich auf Mai/Juni 1953 datieren, das Abitur fand aber erst im Frühjahr 1955 statt. Auszuschließen ist allerdings nicht, dass Frau Dr. Lux mehr als das im Heft Festgehaltene im Unterricht ansprach. Aber selbst dann bleibe ich, angesichts der ansonsten weit ausführlicheren Mitschriften, bei der Annahme, dass sie das nationalsozialistische Deutschland als Unterrichtsgegenstand möglichst zu umgehen suchte. Dafür spricht auch, dass in den problemorientierten Längsschnitten und bei den Wiederholungen, die einen Großteil des Unterrichts von Juli 1953 bis zum Abitur im März 1955 füllten, die NS-Herrschaft, der Erste Weltkrieg und die Weimarer Republik nicht einbezogen sind. Mithin fehlen alle brisanten Themen des Geschichtsunterrichts in der Nachkriegszeit.

Darüber hinaus fällt auf, dass Frau Dr. Lux, soweit aus den Mitschriften zu ersehen, in den zwei Jahren ihres Unterrichts die Geschichte der Juden in Europa nur streifte und über die deutsch-jüdische Geschichte ganz schwieg. In den Schulheften beider Mitschülerinnen findet sich dazu nur eine einzige stichwortartige Eintragung, und zwar zum 14. Jahrhundert: «Pest-Judenverfolgung. Juden nach Polen. Jiddisch.»[92] Worte wie «Antisemitismus» und «Rassismus» habe ich nirgends gelesen, obwohl unsere Lehrerin ansonsten großen Wert auf Begriffsklärungen legte.

Zwar bleibt manches, weil die Hefte eine dünne Quelle sind, unaufgeklärt, aber es dürfte feststehen, dass unser Geschichtsunterricht die damalige Gegenwart umfasste. Feststehen dürfte aber auch, dass die NS-Herrschaft und ebenso der Erste Weltkrieg und die Weimarer Republik weniger problemorientiert und weniger profund bearbeitet wurden als die Zeit davor. Vermutlich war dies in der ersten Hälfte der fünfziger Jahre die Regel. Wissenschaftliche Untersuchungen darüber, wie die «jüngste Vergangenheit» im Unterricht tatsächlich behandelt wurde, gibt es nicht.

Die Lehrer und Lehrerinnen waren bis weit in die fünfziger Jahre hinein bei der Thematisierung des Nationalsozialismus in einem heute kaum vorstellbaren Ausmaß auf sich gestellt. Von der Fachdidaktik kam so gut wie keine Unterstützung.[93] An publizierten Anregungen in Form von Unterrichtsvorschlägen und Erfahrungsberichten von Lehrern mangelte es fast ganz, vollends an solchen, die auf die Schwierigkeiten mit dem Thema sowohl der Lehrenden als auch der Lernenden, die alle lebensgeschichtlich berührt waren, eingegangen wären. Erörterungen fanden, wenn überhaupt, unter Universitätslehrern der Geschichte und der Allgemeinen Pädagogik statt, aber selbst hier waren sie rar.

Am erstaunlichsten ist, dass die Kultusverwaltung in Stuttgart den Lehrerinnen und Lehrern keinerlei Orientierungshilfen anbot. Gerade angesichts der schleppenden Lehrplanentwicklung in diesem Teil Deutschlands hatte ich gehofft, im Amtsblatt des Kultusministeriums Diskussionsbeiträge und Empfehlungen zu finden – wenn nicht im amtlichen, so zumindest im nichtamtlichen Teil. Bei einer Sichtung aller Jahrgänge von *Kultus und Unterricht* (von 1946 bis 1955)[94] fand ich zwar Listen der zugelassenen Lehrbücher und Besprechungen fachwissenschaftlicher Neuerscheinungen, aber nur einen einzigen Beitrag zum Problembereich «Nationalsozialismus im Unterricht» – und diesen erst 1955, verfasst zudem von einem fachfremden Autor. Es handelt sich um den Artikel: «Der 20. Juli 1944. Gedanken eines Vaters zu dem Film gleichen Namens von Dr. Joachim Kuttner, Landgerichtsrat.»

Im Gegensatz dazu erschienen zahlreiche und durchaus beachtenswerte Überlegungen zur Gemeinschafts- oder Staatsbürgerkunde sowie zur Demokratisierung der Schule.[95] Auch in der Elisabeth-von-Thadden-Schule wurde früh eine Schülermitverwaltung eingerichtet und aufkeimendes gesellschaftspolitisches Engagement honoriert. Ich selbst erhielt Unterstützung, als ich eine Paketaktion für die «Ostzone» organisierte. Und ich bekam schulfrei – und zwar ohne Schwierigkeiten und immer –, wenn ich nach meiner Rückkehr aus den USA als *chairman* der Austauschorganisation «American Field Service» (AFS) in Nordbaden zu Treffen mit anderen *chairmen* nach Düsseldorf, Brüssel oder Paris eingeladen war. Eine Verbindung des Demokratisierungsprozesses mit der Bearbeitung der NS-Vergangenheit lag aber offenbar in der Nachkriegszeit noch außerhalb des Horizonts der Administration und der Pädagogik.

Dass ein Unterricht zum «Nationalsozialismus», der im Wesentlichen Ereignisabläufe darstellt, wirkungslos ist, steht für mich außer Frage. Die Grenzen eines traditionellen Unterrichts sind hier noch evidenter als bei anderen Themen. Meine Erfahrungen und Einsichten beziehen sich allerdings auf Schüler und Lehrer, die noch einen biographischen Bezug zur NS-Vergangenheit hatten.[96] Eine bloße Vermittlung von Kenntnissen ging an den Erwartungen der Jugendlichen vorbei – und waren diese noch so diffus oder schlecht artikuliert. Sie wollten vor allem das wissen, was die Erwachsenen selbst immer wieder nicht verstehen: Warum haben so viele mitgemacht und so wenige widerstanden? Darüber anhand von Fakten, Lebensgeschichten und Analysen nachzudenken, ist mehr als Kenntnisvermittlung. Im Wissen um diese Schwierigkeiten initiierten zu Beginn der achtziger Jahre in Berlin und anderen Orten zahlreiche Lehrer und Lehrerinnen antifaschistische Projekttage oder Projektwochen – mit überwiegend positiven Ergebnissen. Leider erschwerte die Schulverwaltung – zumindest in Berlin – in den folgenden Jahren durch immer rigidere Vorgaben die Weiterentwicklung und Ausbreitung dieser Form einer selbsttätigen Auseinandersetzung erheblich.

Obwohl unser Geschichtsunterricht die Zeit des Nationalsozialismus weitgehend aussparte, hat die Elisabeth-von-Thadden-Schule bei mir – und sicherlich auch bei anderen – das Fundament für ein antifaschistisches Selbstverständnis gelegt, und zwar beginnend in der Unterstufe bis zum Abitur. Über das Schweigen der Erwachsenen und die Scheu der jungen Leute nachzufragen, berichten rückblickend schriftlich oder mündlich mehrere ehemalige Schülerinnen (siehe das Kapitel «Bild einer Lehrerin», S. 26). Eindeutig sind die Erinnerungen allerdings nicht, wie folgende Zuschrift zeigt: «Als ich zum ersten Mal die These hörte, die NS-Zeit sei im Unterricht unserer Schuljahre – ich machte 1956 Abitur in Wieblingen – nicht vorgekommen, wollte ich dies nicht glauben. Sicher ist bei Frau Dr. Lux und Herrn Müller – ebenso in Gesprächen mit Frau Eiermann – häufig davon die Rede gewesen, eventuell weniger als Objekt eines Geschichtslehrplans, denn als nahes Zeitgeschehen» (G. L.).

Aus der Schule sind die jährlichen Gedenkfeiern an Elisabeth von Thadden nicht wegzudenken. Vor allem aber trafen wir täglich auf Persönlichkeiten, die keine Anhänger des Nationalsozialismus gewesen waren. Sie sprachen zwar nicht mit uns über ihre Lebensgeschichte – darin stimmen fast alle Mitteilungen überein –, aber aus Indizien und Andeutungen erschloss sich mir doch einiges, am meisten zu Frau Dr. Lux, aber auch zu Frau Eiermann, zu Frau Walz und zu Herrn Müller. Inzwischen weiß ich, dass ich einiges falsch verstanden hatte. So meinte ich, Frau Walz sei aus politischen Gründen nach England emigriert, was nicht stimmte – aber ihre Gegnerschaft zur NS-Diktatur hatte ich angemessen wahrgenommen.

Ein Dokumentarfilm, den ich außerhalb des Unterrichts, aber arrangiert von der Schule, sah, konfrontierte mich früh mit der Grausamkeit und Unmenschlichkeit des deutschen Staates unter der Führung der Nationalsozialisten.[97] Ich erinnere mich an Bilder von toten und fast verhungerten Häftlingen kurz nach der Befreiung der Konzentrationslager durch die Alliierten. Ich muss vierzehn Jahre alt und in der achten Klasse gewesen sein. Um mehr über die damalige Filmvorführung in Erfahrung zu bringen, hatte ich einige ehemalige Mitschülerinnen angesprochen oder angeschrieben, fand aber zunächst keine, die meine Erinnerung teilte, bis ich folgende Bestätigung erhielt: «Ich habe diesen Dokumentarfilm auch gesehen. Es war in meinem ersten Wieblinger Jahr (1950/1951) ... Ich erinnere mich gut an die Verstörtheit und stundenlanges Weinen danach. Und dass niemand danach mit uns über diesen Film sprach, wir auch nicht miteinander.»[98] Ich sehe uns noch nach dem Film verloren auf der Straße vor der Schule bei kaltem Nieselregen stehen. Die Sprachlosigkeit erstaunte mich später mehr als damals. Obwohl wir mit dem Gesehenen alleine gelassen wurden, fand ich es immer richtig, dass uns die Dokumentation in so jungen Jahren gezeigt wurde.

Sanfter und indirekter trug aber auch manche Unterrichtsstunde zur Ablehnung der NS-Ideologie bei. So erinnere ich mich an eine Deutschstunde gegen den Krieg bei Frau Eiermann, in der ich, im Park, das Gedicht «Kriegslied» von Matthias Claudius, das 1774 entstand, vortrug: «'s ist Krieg! 's ist Krieg!/O Gottes Engel wehre,/Und rede Du darein!/'s ist leider Krieg –/und ich begehre/Nicht schuld daran zu sein!» Alle Strophen. Das muss spätestens in der Quarta, also in der siebten Klasse gewesen sein, denn danach hatten wir Frau Eiermann nicht mehr als Lehrerin. Das Gedicht berührt mich noch heute. Frau Eiermann hat die Stunde im Park ebenfalls nicht vergessen, wie sie mir in den achtziger Jahren auf einer Briefkarte schrieb.

Das Aufeinandertreffen unterschiedlichster Familiengeschichten

In den Schulalltag ragte die NS-Vergangenheit nicht nur durch Lehrerbiographien, sondern auch durch den Familienhintergrund zahlreicher Schülerinnen hinein. Zwei davon waren meine Schwester und ich. Meine Lehrer und die Mädchen in meiner Klasse wussten alle – darüber hinaus viele andere in der damals kleinen Schule –, dass mein Vater als Kriegsverbrecher in Berlin-Spandau im Gefängnis saß. Trotzdem fühlte ich mich in der Schule nie diskriminiert, so wenig, dass ich später die Frage danach kaum verstand. Meine jüngere Schwester Margret und ich hatten sogar in den ersten Jahren in Wieblingen ein Stipendium. Mir half, so paradox es klingen mag, dass mein Vater eine öffentliche Person war. Dadurch brauchte ich weder über meine Herkunft zu sprechen, noch musste ich sie verschweigen. Die Situation wurde mir insofern erleichtert, als kein Lehrer und keine Lehrerin, schon gar nicht Frau Lux, mich auf meinen Vater ansprachen.

Das Zusammentreffen ganz unterschiedlicher Lebenssituationen und Familienbiographien in der damaligen Schülerschaft eröffnete allen, die aufnahmebereit waren, ein Geschichtsspektrum und machte uns, bei viel Halbwissen und ohne alle Einblicke einordnen zu können, hellsichtig – so wage ich zu behaupten – hinsichtlich der Folgen der NS-Diktatur für Menschen in unserer Nähe und hinsichtlich der Verhaltensunterschiede, die es gegeben hatte.

Einige Mädchen in meiner Klasse hatten keine Väter mehr, sie waren als Soldaten umgekommen. Ein Vater wurde vermisst. Mehrere Mütter waren gezwungen, als Kriegerwitwen die Familie alleine durchzubringen. Andere Schülerinnen waren Flüchtlinge, zum Teil mit klangvollen adligen Namen, dennoch mittellos. Ein Vater hatte nach dem Ende des Nationalsozialismus – warum, wusste ich nur andeutungsweise – seine Stelle an der Universität verloren. Ein anderer erhielt keine Professur, obwohl er sie anstrebte. Daneben gab es Väter, die eine steile Nachkriegskarriere gemacht hatten. Andere wiederum waren Handwerker oder Geschäftsleute aus Heidelberg. Die Fluktuation war groß. Zwei stammten aus der «Zone» und lebten, ohne Eltern in der Nähe, im Internat. Zwei waren aus Portugal zurückgekehrt, wobei ich nie nachgefragt habe, warum sie dort gelebt hatten. Von Annette Kuhn, die erst in der Oberstufe nach Wieblingen kam und eine Klasse höher besuchte, wusste ich, dass sie mit ihrer Familie aus den USA nach Deutschland zurückgekehrt war. Wir kommunizierten, vermutlich aber nicht über die Gründe der Emigration. In unserer späteren Freundschaft gingen wir bei aller Wertschätzung vorsichtig miteinander um.[99]

Die sozial, kulturell und politisch weit auseinanderliegende Zusammensetzung der Schülerschaft fiel in der Mittelstufe einer «Neuen» als ein besonderes Merkmal der Schule auf (H. B.-B.).

Nicht in meiner, aber in anderen Klassen und im Internat gab es einige Schülerinnen, deren Väter oder Verwandte dem militärischen

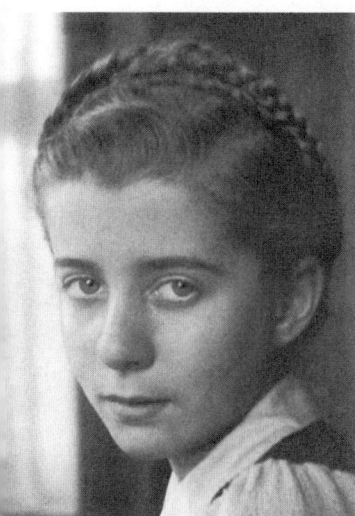

Hilde Speer, links: 11 Jahre, 1947
rechts: 14 Jahre, 1950

Widerstand angehört hatten. Ob wir miteinander darüber sprachen? Eher wenig. Gleichwohl scheinen wir nicht ganz sprachlos gewesen zu sein.[100] Eine Frau aus dem Abiturjahrgang 1956 schrieb mir 2003: «Ein Gespräch zwischen Ihnen und Ada von Haeften – wer sonst noch dabei war, weiß ich nicht – ist mir in Erinnerung geblieben, was belegt, dass jüngste Zeitgeschichte in Wieblingen zwar nicht im Unterricht, doch unter uns ‹da› war» (G. L.).[101]

Vor mir liegt ein Beitrag von Heidi Döll in einer Festschrift der Schule. Ihr Vater, Alexis von Roenne, war im Zusammenhang mit dem Attentat auf Hitler am 20. Juli 1944 von Roland Freisler, dem Präsidenten des «Volksgerichtshofs», zum Tode verurteilt und im Oktober 1944 in Plötzensee hingerichtet worden. In ihrem Text spricht sie der Begegnung zwischen ihr und mir, die so viel trennte, eine geradezu symbolische Bedeutung zu: «‹Wieblingen und ich› oder ‹Wieblingen und wir› – überkommen mich die Erinnerungen an jene Zeit sonst eher zufällig, so gibt es doch ein Datum im Jahr, an dem ich sicher an meine Schule denke: am 20. Juli. Und regelmäßig sehe ich dann – als sei es erst gestern gewesen und nicht schon fast fünfunddreißig Jahre her – Hilde Speer über den Schulhof zu mir kommen und höre sie sagen: ‹Heidi, heute denke ich an Dich!› Ich habe es nie vergessen, es steht für mich für das, was Wieblingen, unsere Schule, damals in jenen Nachkriegsjahren von uns wollte, uns vorlebte, praktizierte: das Ziel, nun gemeinsam, zusammen auf der schrecklichen Vergangenheit ein neues, ein anderes Deutschland aufzubauen, ohne danach zu fragen, wo man, das Elternhaus, die Familie vor 1945 gestanden hatte. Wann auch immer ich später mit dem Dritten Reich konfrontiert war, seinen Verbrechen, seinen Opfern, den Getroffenen, so hat mir auch das Gefühl, Wieblingen im Rücken zu haben, Kraft gegeben und beigestanden. Und wenn es mir gelegentlich gelungen sein mag, Anstöße zu einem Wieder-Annähern, zu Verstehen zu geben, so gewiss auch aufgrund dieses Wissens, dieser Erfahrungen in Wieblingen.»[102]

Die Zeilen lese ich auch in Kenntnis der Konflikte um die Bewertung des Attentats auf Hitler am 20. Juli 1944: Ein großer Teil der Bevölkerung sah in den frühen fünfziger Jahren in den Akteuren des militärischen Widerstands immer noch «Vaterlandsverräter», diffamierte sie als

«Eidbrecher» und als Schuldige an der «Niederlage».[103] In aufsehenerregenden Prozessen wurde um die Deutung ihrer Handlung gestritten. Erstmalig im Jahr 1952 kam es zu einer offiziellen Würdigung, aber es dauerte noch Jahrzehnte, bis ihre Ehrung zum Selbstverständnis der Bundesrepublik Deutschland gehörte. Im Unterschied dazu wurde mir (und sicher auch anderen) in der Elisabeth-von-Thadden-Schule Achtung vor den Männern und Frauen des 20. Juli vermittelt.

Zur jüdischen Herkunft von Mitschülerinnen und Lehrerinnen

Die von mir oben behauptete «Hellsichtigkeit» im Erfassen der damaligen Zeitgeschichte zeigt sich rückblickend als eingeschränkt. Sie blendete die jüdische Herkunft von Mitschülerinnen und Lehrerinnen aus. Erst ausgelöst durch die Recherchen zu Frau Dr. Lux sprach ich mit einer Klassenkameradin über ihren jüdischen Vater, der kurz nach seiner Emigration nach England gestorben war – dabei hatte ich in ihrem Elternhaus verkehrt und sie in meinem. Und erst neuerdings erfuhr ich, dass mehrere Schülerinnen in anderen Klassen, die ich kannte, eine jüdische Mutter hatten. Die gleiche Ignoranz bezog sich auf Lehrerinnen: auf Frau Walz, zu der ich mir zusammengereimt hatte, sie sei aus politischen Gründen emigriert; auf Frau Sultan und auf Frau Friedenthal, über deren Diskriminierung wegen ihrer jüdischen Männer ich nicht informiert war, und sogar auf Frau Preetorius, zu der ich, weil sie mit einer Tante von mir befreundet war, einen persönlichen Zugang hatte, ohne je ihre Gefährdung in der NS-Zeit als «Halbjüdin» wahrgenommen zu haben. Auch wenn es stimmt, dass niemand mit uns über die eigene Lebensgeschichte sprach, so bleibt doch eine Irritation über das Fehlen der Hellsichtigkeit ausgerechnet an dieser Stelle. Das gilt für alle Begegnungen außer mit Frau Lux, offenbar war meine Zuneigung und mein Interesse an ihr so groß, dass ich die Signale, die ich erhielt, verstand.

Meine Nichtwissen weist darauf hin, dass ich, wie damals fast alle, den starken Wunsch hatte, meine durchaus vorhandenen Kenntnisse über die Verfolgung und Ermordung der Juden aus meinem Alltag fernzuhalten. Zum Phänomen des Ausklammerns schreibt Norbert Frei:

«Weniger als um ein Nichtwissenwollen im Sinne eines aktiven Ver-
drängens handelte es sich um ein Nichtertragenkönnen, dass ausgesprochen würde, was inzwischen, wie ungenau auch immer, dank Nürnberg
und Reeducation, doch wirklich jeder wusste.»[104] Auch ich sehnte mich
nach Unbeschwertheit. Inzwischen glaube ich verstanden zu haben,
dass Kinder und Jugendliche und viele Erwachsene aus verfolgten Familien das Schweigen als Selbstschutz, wenn auch aus anderen Gründen,
ebenfalls brauchten.

Wie mir eines Tages schlagartig bewusst wurde, hatte ich sogar über
Jahrzehnte vermieden zu realisieren, dass in Heidelberg Juden lebten,
die ab 1933 aus der deutschen Gesellschaft ausgeschlossen und im Oktober 1940 nach Gurs in Südfrankreich deportiert wurden. Die Aus-
blendung kann ich rückblickend kaum noch nachvollziehen. Sie brach
erst zusammen, als ich – es muss in den frühen achtziger Jahren gewesen
sein – bei einem Besuch in Heidelberg, in der Altstadt nahe am Neckar, auf eine Gedenktafel stieß, die an die jüdische Synagoge erinnerte,
die hier in der Nacht vom 9. auf 10. November 1938 von Heidelberger
Bürgern angezündet und zerstört worden war.[105] Die einfache Steintafel
hat mich mehr umgeworfen als viele Bücher davor. Es war die Zeit, als
die Lokalgeschichte die Abstraktheit und Ferne bei der Bearbeitung der
NS-Vergangenheit zu verringern begann und Projekte, Publikationen
oder Ausstellungen mit Titeln wie «Nicht irgendwo, sondern hier bei
uns» entstanden.[106]

Schonung im Unterricht

Lange habe ich auf dem Hintergrund meiner Schulerfahrungen die
These vertreten, dass ein Unterricht über den Nationalsozialismus in
den fünfziger Jahren verzichtbar war – unter der Voraussetzung, dass
die Schule in anderer Form eine Ablehnung des Nationalsozialismus
vermittelt. Damit hatte ich einer Schonung Priorität vor einer Auseinandersetzung im Unterricht gegeben. Ich ging davon aus, dass das Wissen
über die NS-Herrschaft, das bereits damals reichlich in der Gesellschaft
vorhanden war, sich um einen Grundstock der Ablehnung herum anla-

gern würde. Noch 2003 schrieb ich an Annette Kuhn: «Schon häufig habe ich in Gesprächen die zunächst befremdliche These vertreten, dass ich diese wechselseitige Schonung damals richtig fand und noch heute gegenüber der gängigen Kritik am Geschichtsunterricht der Nachkriegszeit verteidige, allerdings unter bestimmten Bedingungen ...»

Wie schwer ein Ansprechen der noch nahen Vergangenheit im Unterricht sein konnte, zeigt eine Erinnerung von Heidi Döll: Ihre Geschichtslehrerin, Frau Dr. Friedenthal, deren jüdischer Mann in den letzten Kriegswochen in Breslau ermordet wurde, hat, als das Thema anstand, «mit den Tränen gekämpft, geweint und konnte es letztlich nicht».

Meine Erinnerung ist eindeutig und emotional tief verankert, das damit verbundene Gefühl kann ich gegenwärtig immer noch zurückholen: Ich war erleichtert, geradezu dankbar, dass meine Geschichtslehrerin den Nationalsozialismus als Unterrichtsthema aussparte. Dass sie es, als ich in den USA war, zumindest gestreift hatte, war mir entweder entgangen oder tangierte mich nicht. In meiner Wahrnehmung handelte es sich um eine doppelte Schonung: Frau Dr. Lux schonte mich, aber sie schonte auch sich selbst. Die Vorstellung, sie müsse als Jüdin vor der Klasse und vor mir darüber sprechen, empfand ich als Zumutung für sie. Ich wollte sie geschont wissen; wollte aber auch selbst geschont sein.

19

Rückzug und Abschied

In den letzten Heidelberger Jahren, ab etwa 1952, nahm die Einsamkeit von Frau Lux zu. Sie sah ihre Töchter nur noch selten. Tochter Eva wohnte seit Ende 1952 mit ihrer Familie in Hamburg. Tochter Gerda war im Oktober 1953 ihrem Mann Odje Voss nach Toronto, Kanada, gefolgt. Dort besuchte Frau Lux sie im Sommer 1954 oder 1955, nachdem sie bereits 1950 über den Atlantik zu ihren beiden Schwestern gefahren war.

Im Frühjahr 1956 nahm sie zum letzten Mal ein Abitur ab. Von der Schule erhielt sie «monatlich freiwillige Zahlungen (50 Prozent ihres letzten Gehalts), wohl eine Art Rente».[107]

Für das erste Jahr nach ihrer Pensionierung bringe ich einen Bericht von Marion Grcic-Ziersch, geschrieben 2008, die im letzten Schuljahr vor ihrem Abitur im Frühjahr 1957 zusammen mit Frau Lux bei Frau Rech wohnte:

Beim gemeinsamen Mittagessen saß Frau Lux immer auf einem Stuhl mit dem Rücken zum Fenster, ich pflegte ihr gegenüber auf einem Sofa zu sitzen. Bei Tisch unterhielten wir uns oft sehr angeregt, es wurde viel gelacht. Frau Lux sprach wenig, sie hörte schlecht, und das Essen fiel ihr nicht leicht. Sie schien auch an einer gemeinsamen Konversation nicht interessiert zu sein. Ja, sie wirkte oft unbeteiligt, dennoch sind mir ihre wachen Augen in Erinnerung geblieben, wenn sie den Kopf hob und freundlich blickte. Unmittelbar nach dem Essen stand sie auf und schlurfte in ihr Zimmer. Ich habe dieses Zimmer nie betreten. Auf dem Flur, in der Nacht, konnte man ihr begegnen, wenn sie die Toilette aufsuchte; sie trug ein langes weißes Nachthemd und einen wollenen Schlafrock. Frau Rech und Frau Lux trafen, soweit ich mich erinnere, am Abend zusammen. Wir anderen nahmen eigentlich an dem Leben der beiden Damen nicht recht teil. Fast jeden Tag verließ Frau Lux das Haus, um mit der Straßenbahn in die Schule nach Wieblingen zu fahren. Sie gab Nachhilfe in Latein. Der Fußweg vom Haus über die Alte Brücke zur Straßenbahnhaltestelle war für sie sicher nicht leicht, sie ging sehr, sehr langsam und gebückt, an der Hand trug sie eine lederne Aktentasche. Traf man sie unterwegs und wollte ihr helfen, so ließ sie das nicht zu. Ich bewunderte ihre Unabhängigkeit, gleichzeitig wagte ich nicht, mich ihr zu nähern. Wir blieben uns fremd. Ich bedaure das heute sehr.

Anfang 1957 verschlechterte sich ihr Zustand. Aussagen von verschiedenen Personen werfen etwas Licht auf ihre beiden letzten Lebensjahre. Nach dem Eindruck von Trude Dietmer, ihrer Freundin und Vertrauten seit der Weimarer Republik, hat sie nichts «so tief getroffen» wie der Tod ihrer Schwester Annemarie im April 1957, «mit der sie ihr ganzes Leben hindurch eng verbunden gewesen war».[108] Leonore Gräfin Lichnowsky meinte, dass Frau Dr. Lux in ihrer letzten Lebenszeit darunter litt, nicht mehr arbeiten zu können, «denn Leben und Arbeiten bedeutete ihr ja dasselbe».[109] Den folgenden Brief von Paula Schenkel vom 19. Februar 1957 bringe ich als ein Dokument der Fürsorge und Anteilnahme aus der Elisabeth-von-Thadden-Schule:

Liebe, sehr verehrte Frau Dr. Lux!
Als ich gestern Ihren Brief bekam, hatte ich eigentlich das Gefühl, dass ich Sie gleich besuchen möchte, um Ihnen persönlich und mündlich zu sagen, wie sehr ich über die Verordnung Ihrer Ärztin betrübt bin. Vor allen Dingen aber auch, um Ihnen nicht nur meine persönlichen, sondern die Wünsche von uns allen zu bringen. Gottlob hat mir Frau Dr. Rech heute erzählt, dass es Ihnen gesundheitlich wieder etwas bessergeht. Ich kann aber gut verstehen, dass die Ärztin den weiten Weg nach Wieblingen bei dieser ständig wechselnden Witterung für Sie zu anstrengend hält.
Ich möchte Sie aber doch sehr herzlich bitten, dass Sie sich weiter ganz zum Kreis der Unsren gehörig fühlen und wenn es Ihnen irgendwie gesundheitlich möglich ist, an unseren Schul- und Lehrerversammlungen und Veranstaltungen teilnehmen. Wir sind doch durch eine lange Reihe von Jahren so sehr mit Ihnen verbunden, dass wir auf Ihr Hiersein nicht verzichten wollen.

Sie wissen, liebe Frau Lux, dass wir Ihnen mit großer Dankbarkeit ver-
bunden sind für alle Ihre Mithilfe, Ihre Hilfe und Ihren Rat, für alles, was
Sie an uns und unseren Kindern getan haben, und wir bitten Sie – das
ist auch mein ganz persönlicher Wunsch –, dass Sie uns weiterhin mit
Rat und Tat zur Seite stehen. Ich glaube, ich darf es wohl sagen, dass aus
der guten Mitarbeit zwischen uns allmählich nicht nur Verehrung für Sie,
sondern auch Liebe gewachsen ist, und deshalb bleiben Sie ganz die Unsere!
Ich hoffe, Sie bald einmal besuchen zu können. Wenn Sie bei besserer
Witterung den Weg wieder einmal hier herausfinden, bitte ich Sie herz-
lich, vorher sich anzusagen, damit wir auch wirklich alle hier sein können.
Wie wir seinerzeit besprochen haben, bleibt in geschäftlicher Hinsicht alles
unverändert.
Mit sehr herzlichen Grüßen und guten Wünschen
bin ich
stets Ihre
Paula Schenkel

Krankheiten, körperliche Schwäche, Schüttellähmungen bestimmten die folgenden anderthalb Jahre. Zwischenzeitlich liegt Dora Lux im Krankenhaus Salem in Heidelberg, hier besuchte sie Frau Jaspers. Diese schrieb an Eva Tietze: «Als ich mich im Oktober [1958] im Krankenhaus von Ihrer Mutter verabschiedete, sagte sie: ‹Nun werden wir uns nicht wiedersehen ...› Die Ärzte im Krankenhaus sagten mir die zweifache Diagnose, sowohl die Parkinson'sche Nervenkrankheit und auch die Ihrer Mutter unbekannte Arteriosklerose im Gehirn. Das hörte ich mit Entsetzen.»[110] Ihre Hand zittert so stark, dass sie kaum noch schreiben kann. Es kommt vor, dass sie hinfällt. Ende November 1958 nimmt die Tochter Eva sie zu sich nach Hamburg. Anfang April 1959 erleidet sie einen Schlaganfall. «Danach war sie vollständig gelähmt, konnte erst nach Wochen wieder die Arme bewegen, aber nicht mehr selbst essen und das Bett überhaupt nicht mehr verlassen. Dazu hatte sie furchtbare Schmerzen in allen Gliedern.»[111] Eva Tietze, die ihr drittes Kind erwartete, musste sie «schließlich schweren Herzens in ein Krankenhaus bringen». Von dort kam sie in ein Altenheim. Am 13. Juni 1959 starb Frau Dr. Lux im Alter von sechsundsiebzig Jahren.

Dora Lux und Anna Lukassen, März 1959. Anna Lukassen, genannt Anneken, hatte ab 1909 als junges Mädchen den noch unverheirateten, berufstätigen Frauen Dora und Annemarie Bieber den Haushalt geführt.

Nachruf nach fünfzig Jahren

von Manon Grisebach

Die Verfasserin des Nachrufs, die Frau Dr. Lux nicht nur aus der Schule, sondern auch über ihre Eltern kannte, hatte bei ihr von 1947 bis zum Abitur 1950 Geschichts- und Lateinunterricht.

Wie sie ging. Sie schlurfte auf breiten Füßen. Und eine Figur gab der Körper nicht her, eher einen gedrungenen Turm aus der Frühzeit menschlichen Bauens. Dementsprechend war sie gewandet: voluminös, möglicherweise praktisch, aber unansehnlich. Jedenfalls Lichtjahre entfernt von modischem oder elegantem Zuschnitt. Ich habe alles Kleidungshafte grau in Erinnerung, traurige Säcke. Aber es kam daher die leibhaftige Autorität. Die natürliche Autorität. Ich liebte sie. «Guten Morgen, Frau Dr. Lux, darf ich Ihre Tasche tragen?» – ein altertümliches Etwas, rissiges Leder, zerfaltet und schwer voller Bücher und Hefte.

Ich wohnte ja nur drei Häuser entfernt von ihrem bescheidenen Zuhause, am Neckar immerhin, gegenüber dem Heidelberger Schloss. Meinem Vater, dem gelehrten Kunstgeschichtsprofessor, langweilte der immer gleiche, achtungheischende Blick aufs Schloss, sodass er mir die Order gab: «Zieh mal den Vorhang vor diese Fabrik.» Da hatte unsere Dr. Lux mehr Respekt vor der Geschichte. Schließlich sollten wir uns im Alten Rom heimisch fühlen, bei den schönen Ruinen, die Kenntnis der Punischen Kriege war selbstverständlich. Ach was, unsere Frau Dr. Lux holte das noch viel Ältere herbei: Xerxes und Dareios, Kyros der Große, Nebukadnezar und Mesopotamien … Ach so – sie ist überhaupt schuld, dass ich in meinem hohen Alter dreimal nach Persien reiste. Die von ihr nachdrücklich gesprochenen Namen entfalten eben noch lange danach ihren Duft, den unwiderstehlichen.

Ja, sie war eine Meisterin der Alten Geschichte(n). Wie Xerxes die

Schlacht an den Thermopylen gegen die Spartaner gewann – wichtig, weil es da diese heldenhafte Inschrift gab, Griechisch und Lateinisch, und selbstverständlich wurde sie auch in Schillers Worten zitiert: «Wanderer, kommst du nach Sparta, verkündige dorten, du habest / Uns hier liegen sehn, wie das Gesetz es befahl.»

Schiller lag ihr, wie vielen zu jener Zeit, nahe, dieser geniale Historiker, und sie freute sich, wenn ich auf dem Heimweg den «Handschuh» von Schiller vorsprach oder gar die «Worte des Glaubens» (Freiheit, Tugend, Gott). Sie war so freundlich in ihrem Lächeln, mit etwas Ironie gewürzt, wissend von weither, sibyllenhaft, und sie wusste viel mehr, als sie je an uns weitergab. Und doch hatte ich ihr gegenüber den Mut, Gedichte aufzusagen, die mir gefielen, und Gedachtes zu äußern, was ich zu Hause vor den Eltern nicht geäußert hätte.

Nie mehr im Leben glaubte ich jenen Leuten, die verlangten, das lateinische C als K auszusprechen. Frau Dr. Lux lehrte uns eindeutig, mit unschlagbaren Beweisen, dass das lateinische C weich zu tönen habe, eben nicht «Kikero und Käsar gingen in den Kirkus», das hatte sie doch schon von ihrem Lehrer in Rom gelernt! Und so ging's in die römischen Sprachkatakomben: in diese vielstöckigen Gebäude. Welche Worte gehörten denn zu welchen? Wie passten sie eventuell zusammen? Und woher sollte ich wissen, was der Sinn des langen Satzes war? «Manon, du hast keine Geduld.» Ja, richtig, ich hatte keine Geduld, aber sie, die Lehrerin, sie erklärte ruhig und immer wieder. «Erst suchst du das Verb, meist am Ende, und dann: Wozu passt es denn?» Und die Endungen, und so fort ... – aber in der Klassenarbeit, da kam uns zugute, dass Dr. Lux klein war. Sie saß dort vorne am Tisch, fast versunken, also war es ein Leichtes, unter unserem Tisch die kleine Übersetzung, Klatsche genannt, aufzuschlagen – das muss doch erlaubt sein bei derart langen Sätzen, zum Beispiel beim Sallust.

Sie hingegen hatte nur Freude an dieser Sprache. Unter ihrem Blick und in ihrem langsamen, freundlichen Sprechen erschloss sich der Sinn mühelos. Ja, auch für uns erschien endlich die logische Schönheit; plötzlich leuchtete die Transparenz des vorher Verworrenen auf. Aber immer nach sehr viel Mühe. Diese spröden Lateinschreiber – und doch entstand nie ein Zwang, kein Druck, denn Frau Dr. Lux nahm uns mit in ihr Zuhause, sie ging in diesen sperrigen Hochhäusern auf und ab, als sei es ein Kinderspiel, vielleicht ein Versteckspiel, ja, aber sie bewegte sich darin als heiterer *Homo ludens.* Und weil sie so selbstverständlich in dieser alten Sprache lebte, empfand ich den Unterricht immer angenehm, und ihre Lust an der Logik und Luzidität ging auf mich über.

Außerdem schwärmte ich für die lateinischen Sprichwörter, die überlieferten Bonmots, die knackigen Sentenzen. Sie kamen mit so wenigen Worten aus, die Form so knapp und der Sinn so weit. Es ist eine Lust, solche präzisen Sprachstücke zu zitieren, ein Leben lang, und gar jemanden zu treffen, der dieselben Wortreihungen schätzt. So geht die Luxin mit mir, wenn ich zu meiner Wanderfreundin sage: *«Castra collocare»*, um einen besonders schönen Lagerplatz am Bach vorzuschlagen, oder: *«Mens agitat molem»*, wenn der müde Körper zu streiken droht vor dem Gipfel, oder: *«Odi profanum vulgus et arceo»*, wenn wir in der ersehnten Jausenhütte den Tisch hinten in der Ecke ansteuern, um dem gemeinen Volk möglichst fern zu sein. Neben diesen vielen lebensklugen Sprüchen, prägten sich mir die Rhythmen und Metren ein, die Hexameter und Pentameter, der Daktylus, der Spondäus ... «Ihr müsst die Zäsuren in der Mitte der Verse hörbar lesen, und erst recht die am Ende.» Und ich inhalierte die Metren so, dass ich sagen darf: Ich besitze sie, als Lux-Erbe.

Als ich bei einer Geburtstagsfeier für Frau Dr. Marie Baum ein Gedicht von Ricarda Huch aufsagen musste und Frau Dr. Lux in der ersten Reihe saß, sprach ich die Verse extra klar und deutlich aus. Sie nickte, während ich später gerügt wurde wegen meines Aufzugs – knallrote Jacke (es war doch das erste schicke Kleidungsstück, aus Amerika geschickt, nach all dem Grau der alten Militärdecken) und braune Hosen und Pullover. Das schien manchen Oberen völlig unpassend. Dabei passte es meinem jugendlichen Temperament entsprechend zum Thema. Ich hatte das Gedicht ja nicht ausgewählt (immer wählten sie Liebestexte für uns aus). Aber ein Lächeln der gütig amüsierten Luxin machte die Schelte wett.

Der Becher klingt; mein Herz ist der Becher!
Trink Liebe, trinke dich satt!
Es zittert; o berauschter Zecher,
Der fest in bebenden Händen es hat!
Wer hat wie du ein Meer zum Pokale?
Ein Meer voll wachsender Glut!
Es saugt aus eurem feuchten Strahle,
Ihr trunkenen Augen, die himmlische Flut.
Ricarda Huch, Erstdruck 1907

Jedenfalls wusste ich mich einig mit dem Geist der Dichterin und auch mit der Gefeierten, der Marie Baum, die eng mit Huch befreundet war.

Nie kam ich im Lux-Unterricht auf die Idee, die Klasse zu Heldentaten gegen die Lehrkraft aufzuwiegeln. Wie bei anderen. Sie waren leicht angreifbar, Frau Dr. Lux nicht. In puncto Pädagogik hatten wir ja nur den Vergleich zwischen unseren Lehrern, und hier lag der Unterricht von Frau Lux eindeutig ganz oben, vielleicht zusammen mit dem der Deutschlehrerin Fräulein Schenkel. Analysiert haben wir das nie, aber sicher garantierte ihre einzigartige Mischung aus Strenge und Güte, aus Distanz und warmer Nähe den Erfolg.

In meinem ersten Schuljahr in Heidelberg, 1946, mussten wir in einer Fähre den Neckar überqueren. Fanatische Soldaten hatten die mittleren Bögen der fünfhundert Jahre Alten Brücke gesprengt, um die Feinde aufzuhalten. Mir bot das eine willkommene Ausrede fürs Zuspätkommen, Frau Dr. Lux zeigte es wahrscheinlich in nuce die ganze Absurdität des überstandenen Krieges.

Warum aber hat sie Derartiges nicht zum Anlass genommen, im Geschichtsunterricht über die Katastrophe des Nationalsozialismus zu lehren? Niemand tat das zu jener Zeit, aber sie wäre prädestiniert gewesen. Ich behaupte: Die geeigneten Werkzeuge fehlten dieser untadeligen Persönlichkeit. Das ungeheuerliche Grauen der zwölf Jahre Nazi-Herrschaft widersetzte sich dem Blick der Historikerin. Es widersetzte sich dem Verlangen und Können, geschichtliche Zusammenhänge zu durchleuchten. Weder ihre Klugheit und strenge Logik reichten aus noch ihre immer bereite Distanz, ihre Ironie oder gar ihr Humor – nichts gab ein geeignetes Instrumentarium her, derlei Entsetzen zu erfassen. Kein Begreifen, keine Klarheit war auch nur annähernd zu gewinnen. Die Zerstörungen innen und außen waren zu immens.

Und darin war ich ihr sehr nah. Ich, das Kriegskind und Kind einer Familie des inneren Exils. Aber freilich, sie hatte ungleich schwerere Verluste zu ertragen. Über ihr persönliches Leiden hinaus gab es ihr Vater- und Mutterland nur noch in Trümmern. Und die paradoxe innere Lage zwischen der Erleichterung über das Ende der Schreckensherrschaft einerseits und dem Unglück angesichts der vernichteten Kultur andererseits, diese Lage des Widersprechenden machte Einordnen und Begründen unmöglich. So blieb Geschichte bei Frau Dr. Lux Geschichte: als begehbarer Raum des längst Vergangenen.

Solange es mir vergönnt ist, werde ich Frau Dr. Lux immer in dankbarer Erinnerung behalten.

Anhang

Anmerkungen

TEIL I
Bild einer Lehrerin

1 Nach den Lehrerverzeichnissen der Schule unterrichtete Frau Lux von 1947 bis zum Schuljahr 1952/1953 durchschnittlich neunzehn Stunden, wobei – so scheint es – der fakultative Griechischunterricht mitgerechnet ist, die Philosophie-AG aber nicht. Ab dem Schuljahr 1953/1954 wurde ihr Deputat auf zwölf Wochenstunden, einschließlich der Griechisch-AG, reduziert; im Schuljahr 1955/1956, ihrem letzten Jahr in Wieblingen, erteilte sie nur vier Wochenstunden in einer Klasse und acht Wochenstunden in Arbeitsgemeinschaften. (Ich danke Hannelore Hegel für Recherchen im Schularchiv der Elisabeth-von-Thadden-Schule.)

2 Zur Geschichte der Schule bis 1945 sowie zum Leben der Schulgründerin sind verschiedene Studien erschienen: Dr. Almuth Meyer: Elisabeth von Thadden 1890–1944. 2002; Matthias Riemenschneider und Jörg Thierfelder (Hg.): Elisabeth von Thadden. 2002; Irmgard von der Lühe: Elisabeth von Thadden. 1966.

3 Die Abiturientinnen von 1950 hatten bei Frau Dr. Lux von der 10. bis zur 13. Klasse Latein und mindestens ein Jahr lang Geschichte, die Abiturientinnen von 1952 Geschichte, die Abiturientinnen von 1953 von der 11. bis zur 13. Klasse sowohl Latein als auch Geschichte. Bei uns, die wir 1955 Abitur machten, erteilte sie in der 12. und 13. Klasse Unterricht in Geschichte; die Abiturientinnen von 1956 hatten bei ihr mit Unterbrechungen von der 7. bis zur 13. Klasse Latein. In den Abiturjahrgängen 1951 und 1954 gab sie keinen Unterricht, was eine Teilnahme an der Griechisch-AG aber nicht ausschloss. Ostern 1956 beendete sie ihre Lehrtätigkeit. Die Zuschrift einer Abiturientin von 1957 bezieht sich auf das Leben von Frau Dr. Lux nach ihrer Pensionierung.

4 Gerda Voss: Schreiben vom 21. Februar 2009

5 Hiltrud Häntzschel: Professionell ohne Profession. 2001, S. 65

6 Über meine Initiative und die freundliche Beratung durch einen Mitarbeiter der Personalabteilung berichtete ich meinem Vater am 13. Juni 1953. Der Brief, der erhalten ist, war an der Zensur vorbei ins Gefängnis in Berlin-Spandau geschmuggelt worden und gibt das Beratungsgespräch ausführlich wieder.

TEIL 2

Eine Wegbereiterin

1 Die Angaben zu Joachim Bieber stammen aus einem Fragebogen, den Friedrich Bieber im April 1933 zur eigenen Abstammung ausfüllen musste (siehe Teil 4), sowie aus einem Schriftsatz vom 15. März 1941, in dem Gerda Lux im Namen der Familie den Zwangsverkauf des Hauses rückgängig zu machen versuchte (Dokument im Familienbesitz). Wichtige Quellen waren außerdem die Berliner Adressbücher (geordnet zum einen nach Namen, zum anderen nach Straßen), aus denen unter anderem die Eigentümer der jeweiligen Häuser sowie die Namen der Mieter jeweils mit Berufsangaben zu entnehmen sind. Dort erscheint ab 1872 als Eigentümer des hier interessierenden Miethauses ein «N. Bieber». Für mich besteht – gleichwohl in Kenntnis anderer Unterlagen – kein Zweifel, dass es sich um den Großvater von Dora Lux väterlicherseits handelt. Er muss mehrere Vornamen gehabt haben. Für welchen die Abkürzung «N» steht, konnte ich nicht herausfinden. In der Familie jedenfalls wird er durchgängig Joachim genannt, und gerade dieser Vorname wird 1941 noch eine ungeahnte Bedeutung erhalten. (Die Berliner Adressbücher sind für die Jahre 1793–1944 von der Zentral- und Landesbibliothek Berlin ins Internet gestellt.)

2 Auf der Geburtsurkunde von Annemarie Bieber vom 21. Februar 1884 erscheint Georg Bieber bereits als «Gutsverwalter», nicht mehr als Gutsbesitzer.

3 Zur Taufe liegt eine formlose Bescheinigung für alle fünf Familienmitglieder vom 17. Oktober 1907 vor sowie ein offizieller «Auszug aus dem Taufregister der evangelischen Gemeinde Schneidemühl ausgestellt zum Nachweis arischer Abstammung» für Dora Lux vom 18. Januar 1935 (beides im Familienbesitz). In diesem Auszug erscheint der Vater bereits als «königlicher Guts-Administrator».

4 Der Historiker Reinhard Rürup hat in verschiedenen Publikationen den instabilen Emanzipationsprozess der Juden beschrieben. Siehe Reinhard Rürup: Emanzipation und Krise. Zur Geschichte der «Judenfrage». 1976, S. 1–56. Der Autor erläutert, wie auf dem Hintergrund der Bürgerrechts- und Staatsprinzipien des Liberalismus und der expandierenden Marktwirtschaft (1780–1870) die rechtliche Gleichstellung der Juden europaweit erfolgte. Vor allem aber erklärt er, warum dieser Prozess nach 1870 relativ abrupt in den modernen Antisemitismus, «der die Krise der bürgerlichen Gesellschaft durch das Wirken der Juden zu erklären und durch die Rücknahme ihrer

Emanzipation zu beheben versuchte», umschlagen konnte (S. 28). Die «sozialen Kosten» des vehementen wirtschaftlichen Wachstums wurden sichtbar, ökonomische Krisen traten auf, ein neuer Nationalismus entstand, und eine antiliberale Kulturkritik machte die Juden für die Negativfolgen des Kapitalismus verantwortlich. Zur verschärften Ausgrenzung von Juden aus dem Staatsdienst in der Provinz Posen siehe: Bildarchiv Preußischer Kulturbesitz (Hg.): Juden in Preußen. Katalog zur gleichnamigen Ausstellung. 1981, insb. S. 157–162, S. 170 f. und S. 245

5 Gerda Voss: My Father. 1997 (unveröffentl. Manuskript, siebenundsiebzig Seiten), S. 36

6 Das «Qualifikations-Attest» lautet: «Der einjährige Freiwillige Unteroffizier Georg Bieber 20 ^{10}/12 Jahr alt und Magdeburg gebürtig, hat in der 3 ten Companie 2 ten Garde Regiments zu Fuß die Dienstpflicht im stehenden Heer geleistet. Das Zeugnis seines Compagnie Offiziers wie seines Bataillons Commandeurs, als auch das Ergebnis der mit ihm abgehaltenen Prüfung, veranlassen den Unterzeichneten ihn aufgrund dessen wie auch aus eigener Überzeugung zum Reserve Offizier für qualifiziert zu erachten. Berlin, den 31. März 1875 [Unterschrift unleserlich] Oberst und Regiments Commandeur.» Stempel: «Kön. 2.tes Garde Regiment zu Fuß» (Dokument im Familienbesitz). Eine solche Prüfung und Empfehlung zum Offizier war für alle Reserveoffiziersanwärter vorgesehen.

7 Dass Georg Bieber Unteroffizier blieb, ist einerseits aus der mündlichen Familienüberlieferung bekannt, andererseits durch die Einberufung zu einer Reserveübung der Landwehr belegt: «Gestellungs-Ordre zur Dienstleistung vom 4. April bis 29. Mai 1877. Der Unteroffizier Georg Bieber zu Stutthof wird hierdurch angewiesen, sich den 4. April 1877 / Vormittags / beim Grenadier-Regiment König Friedrich Wilhelm ... in Stettin unfehlbar zu gestellen wo er weitere Befehle zu gewärtigen hat ... Stettin, den 19 ten Februar 1877 Landwehr-Bezirks Commando» (Dokument im Familienbesitz).

8 Michael Berger: Eisernes Kreuz und Davidstern. 2006. Der Autor, Oberleutnant in der Bundeswehr, wird in einem Grußwort als «deutscher Offizier jüdischen Glaubens» eingeführt. Er schrieb das Buch «in Erinnerung an die 12 000 jüdischen Soldaten, die an den Fronten des Ersten Weltkriegs für Deutschland ihr Leben ließen und im Gedenken an die jüdischen Kriegsteilnehmer des Ersten Weltkriegs, die von den Nationalsozialisten in den Vernichtungslagern ermordet wurden». Ich beziehe mich im Folgenden vor allem auf S. 32–41, S. 68–74, S. 91–106 sowie S. 109–127.

9 Ebenda, S. 92

10 Ebenda, S. 91. Michael Berger referiert Aussagen Bismarcks aus den Verhandlungen des Ersten Vereinigten Preußischen Landtags über die Emanzipationsfrage der Juden.

11 Ebenda, S. 127

12 Gerda Voss: My Father. 1997, S. 36

13 Dora Lux: Lebenslauf, Heidelberg, den 21. März 1947 (zwei Seiten, im Familienbesitz)

14 Annemarie Bieber: Die Zukunft des Arztstandes. 1931

15 Gerda Voss: Informationen zur Familiengeschichte. September 2003 (vier Seiten)

16 Gerda Voss: My Father. 1997, S. 57

17 Zum Datum des Zuzugs nach Berlin siehe «Führungs-Zeugnis» vom 24. April 1903. In diesem bescheinigt der Polizeipräsident von Berlin, dass über Dora Bieber «vom 29. September 1891 bis 1. September 1893 u., vom 27. September 1894 bis 7. September 1901 nichts Nachtheiliges bekanntgeworden ist». Die Lücke von September 1893 bis September 1894 kann ich nicht erklären.

18 Entnommen aus: Benedikt Goebel: Der Umbau Alt-Berlins zum modernen Stadtzentrum. 2003

19 Als erstmalige Eintragung im Berliner Adressbuch findet sich 1892 unter Georg Bieber: «Landw. u. Agent. S [Süden] Neu Kölln a. W. 21, Pt. [Parterre] 8–9, 21/2–4 (Büro- bzw. Sprechzeiten)»; gleichlautend 1893; 1894 kein Eintrag. Die Straße «Neu Kölln am Wasser» (gemeint ist die Spree) heißt heute «Märkisches Ufer» und liegt in Berlin-Mitte.

20 Gottfried Korff und Reinhard Rürup: Berlin, Berlin. Materialien zur Geschichte der Stadt. 1987; insbes. die Beiträge «Die Millionenstadt» (S. 48 f.) und «Gross-Berlin» (S. 60 ff.), mit Zahlenangaben aus dem Statistischen Jahrbuch der Stadt Berlin

21 Fotos veröffentlichte unter anderem Eike Geisel zusammen mit Günter Kunert: Im Scheunenviertel. 1981

22 Dora Bieber: Lebenslauf. Karlsruhe 1906 (zwei Seiten). Siehe: Landesarchiv Baden-Württemberg. Generalarchiv Karlsruhe. Personalakte Dora Bieber. Sign. 235/18 494

23 Zur Entwicklung des Mädchenschulwesens: Bernd Zymek und Gabriele Neghabian (Bearb.): Sozialgeschichte und Statistik des Mädchenschulwesens in den deutschen Staaten 1800–1945. 2005, S. 39–49 und S. 145 ff.; James C. Albisetti: Mädchen und Frauenbildung im 19. Jahrhundert. 2007; Margret Kraul: Höhere Mädchenschulen. 1991, S. 279–303

24 Die sechs Städtischen Höheren Mädchenschulen in Berlin waren: die Luisen-

schule (gegründet 1838), die Victoriaschule (1867), die Sophienschule (1876), die Charlottenschule (1879); die Margaretenschule (1885) und die Dorotheenschule (1893). «Königliche Höhere Mädchenschulen» waren die Augustaschule und die Elisabethschule.

25 Zur Abschätzung der finanziellen Belastung: Das Jahresanfangsgehalt eines Oberlehrers betrug von 1892 bis 1897 im höheren Schulwesen Preußens 2100 Mark, das heißt 525 Mark pro Quartal oder 175 Mark pro Monat, und galt als Spitzenverdienst. Siehe Hartmut Titze: Lehrerbildung und Professionalisierung. 1991, S. 351

26 Jürgen Zinnecker: Sozialgeschichte der Mädchenbildung. 1973. Zum hinhaltenden Widerstand des Staates siehe insbes. Abschnitt 4.2.

27 Die Jahresberichte der Margaretenschule sind ab dem zweiten Jahr des Bestehens der Schule, dem Schuljahr 1886/1887, bis zum Schuljahr 1911/1912 erhalten, ebenso die Jahresberichte (fast vollständig) der fünf anderen Städtischen Höheren Mädchenschulen. Genauer wertete ich Jahresberichte der Margaretenschule für den Zeitraum aus, in dem Dora Bieber die Schule besuchte, also für die Schuljahre 1891/1892 bis 1897/1898. Zum Vergleich zog ich die Jahresberichte der fünf anderen Schulen heran. Die Jahresberichte liegen als großformatige Druckerzeugnisse mit jeweils achtundzwanzig Seiten vor. Einsehbar sind sie in der Bibliothek für Bildungsgeschichtliche Forschung des Deutsches Instituts für Internationale Pädagogik in Berlin (BBF/DIPF/Archiv/Jahresberichte der höheren Mädchenschulen Berlin, Kästen IX – XI). Deren Leiterin, Dr. Bettina Reimers, danke ich für ihre vorbildliche Beratung und Betreuung.

28 Dora Lux-Bieber: Helene Langes Kampf gegen die «Pietätswerte». 1928, S. 62–63

29 Dafür spricht unter anderem die geringe Fluktuation im Kollegium, die damals ein großes Problem in den Mädchenschulen war (siehe James C. Albisetti: Mädchen- und Frauenbildung im 19. Jahrhundert. 2007, S. 71), und der offenbar integrative Führungsstil des Schulleiters, den sein Nachfolger in seiner Gedenkrede (1906) wie folgt anspricht: «Seinen Amtsgenossen war er immer ein teilnehmender, gütiger, wohlwollender Berater, ein treuer Freund.» Die Rede ist abgedruckt im Jahresbericht 1905/1906, S. 21–24. Aus ihr ist sein akademischer und beruflicher Werdegang zu entnehmen. Weitere Unterlagen zum Schulleiter Cochius, außer einem Personalbogen im BBF/DIPF/Archiv, fand ich nicht. Es gibt aber verstreute Hinweise über ihn als Naturwissenschafter, der in wissenschaftlichen Gesellschaften aktiv war.

30 Unter «Mitteilungen an die Schülerinnen und deren Eltern» steht in jedem

Jahresbericht: «Die im Durchschnitt täglich für die häuslichen Arbeiten bestimmte Zeit beträgt für die Unterstufe [Klasse 1–3] ½ bis 1 Stunde, für mit Mittelstufe [Klasse 4–6] 1 bis 1½ Stunden, für die Oberstufe [Klasse 7–10] höchstens 2 Stunden.» Dass es ähnliche Aktivitäten, Angebote und Regelungen an den anderen fünf Städtischen Höheren Mädchenschulen Berlins gab, ohne dass darüber berichtet worden wäre, ist unwahrscheinlich. Denn auch in deren Jahresberichten wird alles, was stattfand, vom Klassenausflug in den Grunewald bis zu Schulfeiern, für mitteilenswert erachtet.

31 Davor gab es eine andere, aber nicht weniger diskriminierende Anordnung der Fächer. Erst unter dem preußischen Kultusminister Adalbert Falk, der als liberal galt, war ab 1872 überhaupt «ein jüdischer Religionsunterricht auf Kosten des Schulträgers, meist als fakultativer Unterrichtsgegenstand zugelassen». Siehe: Helga Romberg: Staat und höhere Schule. 1979, S. 324

32 Siehe: Statistische Mitteilungen in den Jahresberichten, jeweils 1. Februar 1892 bis 1898

33 Dieser Anteil blieb in der Stadt Berlin bis zum Ende der Weimarer Republik in etwa konstant, und zwar unabhängig von der räumlichen Ausdehnung durch Eingemeindungen. Zu diesem Ergebnis kommt die bisher genaueste Auswertung der Berlin-Statistiken von Gabriel E. Alexander: Die Entwicklung der jüdischen Bevölkerung in Berlin zwischen 1871 und 1945. 1991, S. 287–314.

34 Anteil der evangelischen und jüdischen Schülerinnen in den Städtischen Höheren Mädchenschulen in Berlin 1892 und 1898 (Stichtag 1. Februar). Aus «Statistische Mitteilungen» der Jahresberichte der Schulen. (Da die anderen Konfessionen kaum vertreten sind – nur zwischen 2 und 18 Schülerinnen sind katholisch und nur zwischen 0 und 6 sind Dissidentinnen –, werden die entsprechenden Zahlenangaben nicht mitgeteilt.)
    Charlottenschule 1892, Schülerinnen insgesamt 893, davon evangelisch 536, jüdisch 338 (38,8 %). 1898, Schülerinnen insgesamt 772, davon evangelisch 416, jüdisch 297 (38,4 %). Die Charlottenschule lag im nördlichen Teil Schönebergs, der bereits in die Stadt Berlin eingemeindet war.
    Dorotheenschule 1892, entfällt, da die Schule erst 1893 gegründet wurde. 1898, Schülerinnen insgesamt 665, davon evangelisch 466, jüdisch 162 (24,3 %). Die Dorotheenschule lag im heutigen Moabit.
    Luisenschule 1892, Schülerinnen insgesamt 867, davon evangelisch 562, jüdisch 285 (32,8 %). 1898, Schülerinnen insgesamt 703, davon evangelisch 445, jüdisch 242 (34,4 %). Die Luisenschule lag im Scheunenviertel.
    Margaretenschule 1892, Schülerinnen insgesamt 809, davon evangelisch 453, jüdisch 341 (42,1 %). 1898, Schülerinnen insgesamt 698, davon evange-

lisch 387, jüdisch 299 (42,8 %). Die Margaretenschule lag im heutigen Berlin-Mitte an der Grenze zu Friedrichshain.
Sophienschule 1892, Schülerinnen insgesamt 836, davon evangelisch 470, jüdisch 348 (41,6 %). 1898, Schülerinnen insgesamt 716, davon evangelisch 366, jüdisch 343 (47,9 %). Die Sophienschule lag im Scheunenviertel.
Victoriaschule 1892, Schülerinnen insgesamt 840, davon evangelisch 566, jüdisch 266 (31,6 %). Der Jahresbericht 1897 / 98 fehlt. Die Victoriaschule lag im heutigen Kreuzberg.

35 Die Verteilung der jüdischen Bevölkerung auf die Gesamtbevölkerung der einzelnen Berliner Bezirke rangierte 1925 von 0,45 Prozent in Köpenick bis 12,98 Prozent in Wilmersdorf. Der Bezirk Mitte wies 10,47 Prozent auf, Friedrichshain 2,40 Prozent. Auch wenn in den Jahrzehnten davor Bewegungen zwischen den Bezirken zu berücksichtigen sind, einen jüdischen Bevölkerungsanteil, der sich dem Anteil der jüdischen Schülerinnen auch nur angenähert hätte, hat es nirgends je gegeben. Siehe dazu ebenfalls Gabriel E. Alexander, a. a. O., 1991

36 *Ethische Kultur*, Heft 8, 1900, S. 61 f.

37 Gerda Voss: My Father. 1997, S. 36

38 Heinrich Lux: Memoiren. 1944, S. 44 f. (unveröffentl. Manuskript, einundneunzig Seiten)

39 Gerda Voss: My Father. 1997, S. 38

40 Zu dem Ergebnis kommen Johanna Bleker und Sabine Schleiermacher nach Auswertung von 655 Lebensläufen. Siehe ihr Buch: Ärztinnen aus dem Kaiserreich. 2000, S. 61–63. Leider gibt es bislang keine lebensgeschichtlichen Studien zu anderen Akademikerinnengruppen. Dass die Initiative zur Abiturvorbereitung meist von den Frauen selbst, nur selten von den Eltern ausging, betonen bereits die zeitgenössischen Expertinnen Helene Lange und Gertrud Bäumer.

41 Gerda Voss: My Father. 1997, S. 37

42 Siehe die zeitgenössische Literatur: Helene Lange: Lebenserinnerungen. 1925; darin: «Die Realkurse für Frauen» (S. 175–181) und «Die Gymnasialkurse in Berlin» (S. 204–216). Weiterhin: Helene Lange: Unsere ersten Abiturientinnen. 1928, und: Mädchengymnasien. 1906; Gertrud Bäumer: Geschichte der Gymnasialkurse für Frauen zu Berlin. 1906

43 Irene Stoehr: Ein klassisches Projekt der gemäßigten Frauenbewegung. Gymnasialkurse für Frauen (1889 / 93–1906). 1991

44 Helene Lange: Lebenserinnerungen. 1925, S. 206 f.

45 Die Charlottenschule, eine der sechs Städtischen Höheren Mädchenschulen

in Berlin vor 1900, lag in der Steglitzerstraße 29, der heutigen Pohlstraße 62. 1901 zogen die Gymnasialkurse in die ehemalige Königliche Augustaschule, seit 1877 eine staatliche Schule, die sich inzwischen ebenfalls in Berlin-Schöneberg, in der Kleinbeerenstraße 16/19, befand, der späteren Elsholtzstraße.

46 Zu den Petitionen siehe Elisabeth Boedeker: 25 Jahre Frauenstudium in Deutschland. 1939, Zeittafel XXVI–XXXVII. Die Aufbruchsstimmung der aktiven Frauen beschreibt Irene Stoehr: Mädchenbildung in Frauenhand? 1993.

47 Dora Lux-Bieber: Helene Langes Kampf gegen die «Pietätswerte». 1928, S. 62–63

48 Hermine Heusler-Edenhuizen: Du musst es wagen! Lebenserinnerungen der ersten deutschen Frauenärztin. 1999, S. 41

49 Hermine Heusler-Edenhuizen: Helene Lange's Bedeutung für die Aerztinnen. 1928, S. 56 f.

50 Ebenda, S. 57. Hermine Heusler-Edenhuizen berichtet, dass von den elf Schülerinnen, die gleichzeitig mit ihr in die Kurse aufgenommen worden waren, nur zwei durchgehalten haben.

51 Helene Lange: Lebenserinnerungen. 1925, S. 210

52 Dora Lux-Bieber: Helene Langes Kampf gegen die «Pietätswerte». 1928, S. 62

53 Helene Lange: Lebenserinnerungen. 1925, S. 209

54 Gertrud Bäumer: Geschichte der Gymnasialkurse für Frauen zu Berlin. 1906, S. 42 ff. Der dort abgedruckte Erfahrungsbericht von Professor Dr. Busse ist allerdings wegen der unterstellten «engen geistigen Verwandtschaft zwischen griechischem Wesen und weiblicher Naturanlage» befremdlich.

55 Ebenda, S. 79–82. Die Liste enthält außer den Namen aller Abiturientinnen bis 1906 Angaben zum Studium, zu akademischen Titeln, zur Berufstätigkeit und gegebenenfalls zur Verheiratung.

56 Geschätzt nach Angaben, siehe: James C. Albisetti: Mädchen- und Frauenbildung im 19. Jahrhundert. 2007, S. 235

57 Gerda Voss: My Father. 1997, S. 38

58 Zum bewussten und unbewussten Weiterwirken der mentalen und kulturellen jüdischen Tradition siehe Marion A. Kaplan: Tradition and Transition. 1982

59 Götz Aly: Warum die Deutschen? Warum die Juden? 2011

60 Einen Überblick zu den demographischen Veränderungen sowie zur beruflichen und räumlichen Mobilität der jüdischen Minderheit gibt Monika Richarz: Bürger auf Widerruf. 1989, S. 11–55. Siehe auch Shulamit Volkov: Jüdische Assimilation und jüdische Eigenart im Deutschen Kaiserreich. 1983

61 Monika Richarz: Bürger auf Widerruf, a. a. O., S. 17. Bei der Erklärung des anteilmäßigen Bevölkerungsrückgangs sollten die Austritte aus dem Judentum nicht überbewertet werden. Sie werden für das ganze 19. Jahrhundert nur auf etwa 22 000 geschätzt. Einen hohen Erklärungswert hat dagegen der frühe und besonders starke Geburtenrückgang in jüdischen Familien.

62 Zu den jüdischen Studenten speziell in Preußen siehe Norbert Kampe: Studenten und «Judenfrage» im Deutschen Kaiserreich. 1988, insbes. «Juden in der höheren Bildung: Historische Realität», S. 77–99

63 Ebenda, S. 85 ff. Der Aussage zu Armut und Bedürftigkeit liegt eine Auswertung der Anträge auf Stundung der Studiengebühren zugrunde, genannt «Honorarstundung», die nach Abschluss des Studiums je nach Einkommenshöhe zurückzuzahlen war.

64 Entnommen aus: Gertrud Bäumer: Geschichte und Stand der Frauenbildung in Deutschland. 1902, S. 128. Dort findet sich in der Tabelle V – «Höhere Mädchenschulen in Preußen. (Vorläufige Ergebnisse der Statistik vom 27. Juni 1901)» – die absolute «Zahl der Schülerinnen», aufgegliedert nach Konfessionszugehörigkeit («ev., kath., isr., andere Konf.»). Tabelle IV – «Höhere Mädchenschulen in Deutschland», wieder untergliedert nach «Öffentliche» und «Private» – enthält die entsprechenden Angaben für die Zeit um 1900 auch für Bayern, Württemberg, Baden und Sachsen.

65 Claudia Huerkamp: Jüdische Akademikerinnen in Deutschland 1900–1938. 1993. Konkreter herausgearbeitet wird die Bedeutung von Frauen jüdischer Herkunft für die Universitäten und die Wissenschaften von Hiltrud Häntzschel: Frauen jüdischer Herkunft an bayerischen Universitäten. 1997.

66 Hartmut Titze: Das Hochschulstudium in Preußen und Deutschland 1820–1944. 1987, S. 42 f. und S. 266

67 Irmgard Maya Fassmann: Jüdinnen in der deutschen Frauenbewegung 1865–1919. 1996. Zur «Führungsschicht» zählt die Autorin sechzig Frauenrechtlerinnen anhand folgender Auswahlkriterien: «Sie engagierten sich in leitenden Positionen überregionaler Frauenvereine, sie traten bei nationalen und internationalen Konferenzen in Erscheinung, sie waren publizistisch aktiv» (S. 16). Zur Frage, «wer als ‹jüdisch› bezeichnet werden kann», heißt es auf S. 12 f., Anm. 7: «Ich meinte berechtigt zu sein, eine Frauenrechtlerin jüdischer Abstammung in meine Untersuchung aufzunehmen, wenn sie sich in ihrem späteren Leben im jüdischen Milieu bewegte oder von antisemitischen Angriffen und Maßnahmen betroffen war.»

68 Ebenda, S. 293

69 Monika Richarz: Frauen in Familie und Öffentlichkeit. 2000

70 Monika Richarz: Vom Kramladen an die Universität. Jüdische Bürgerfamilien des späten 19. Jahrhunderts. 1985, S. 43

71 Rosa Meyer, die 1892 die zehnte Klasse abschloss und im Herbst 1901 Abitur machte, starb bereits vor 1906.

72 Die Aussage basiert auf dem Vergleich der Liste aller Absolventinnen der zehnten Klassen (275 Personen) von 1888 bis 1903 der Margaretenschule (Jahresbericht 1904/1905, S. 20–23) und der «Liste der von den Berliner Gymnasialkursen entlassenen Abiturientinnen» von Ostern 1896 bis Ostern 1906. Siehe Gertrud Bäumer: Geschichte der Gymnasialkurse für Frauen zu Berlin. 1906, S. 79–82. Da Annemarie Bieber nach der neunten Klasse abging, ist sie in der Namensliste der Schule nicht enthalten. Möglich, aber nicht wahrscheinlich ist, dass weitere Mädchen der Schule nach der neunten Klasse die Abiturkurse besuchten.

73 Claudia Huerkamp: Bildungsbürgerinnen. 1996, S. 31–44. Gegen diese von der Autorin und auch sonst in der Literatur zu findenden Aussagen zur bildungs- und besitzbürgerlichen Herkunft der studierenden Frauen melden Johanna Bleker und Sabine Schleiermacher Bedenken an. Siehe: Ärztinnen aus dem Kaiserreich. 2000, S. 68

74 Vor 1895 waren nur 1,6 Prozent der jüdischen Bevölkerung in der Landwirtschaft tätig (von der Gesamtbevölkerung 37,5 Prozent); in Handel und Verkehr 65,2 Prozent (von der Gesamtbevölkerung 10,6 Prozent). Diese Relationen veränderten sich bis 1933 erstaunlich wenig. Siehe: Monika Richarz: Bürger auf Widerruf. 1989, S. 23

75 Genaueres zu den mehrmals leicht veränderten Titeln und Standorten der Sprachenlehrertätigkeit von Georg Bieber lässt sich aus den Berliner Adressbüchern von 1895 bis 1902 unter «Einwohner» entnehmen.

76 Hiltrud Häntzschel: Professionell ohne Profession. 2001, S. 67 f.

77 Ebenda, S. 72 f.

78 Gerda Voss im Gespräch, Toronto 2003

79 Hanna Bieber-Böhm muss wohlhabend gewesen sein. Im Bericht über die Gedächtnisfeier anlässlich ihres Todes heißt es: «Ihr beträchtliches Vermögen hat sie dem Verein Jugendschutz vermacht» (*Ethische Kultur*, 18. Jg., 1910, Heft 13, S. 101). In den zwanziger Jahren kam ein von ihr bei Neuzelle (im Land Brandenburg) gegründetes und betriebenes Erholungsheim für junge Frauen als Stiftung an den Lette-Verein, bei dem Dora Lux später als Studienrätin angestellt war. In der Nähe des früheren Anwesens erinnert ein Jugendstildenkmal an Hanna Bieber-Böhm.

80 Nach Auskunft der Berliner Stiftung Neue Synagoge – Centrum Judaicum

traten Richard Bieber und Hanna Bieber-Böhm «am 6. Dezember 1892 aus dem Judentum aus» (Schreiben vom 8. September 2008 und vom 9. Oktober 2009).

81 Heinrich Lux: Memoiren. 1944, S. 40. Bernhard Kampffmeyer, geboren 1867, war Jurist und Gärtner, Sozialist und Anarchist. Richard Bieber muss ihn etwa 1889 verteidigt haben, denn in diesem Jahr erscheint er erstmalig als «Rechtsanwalt» in den Berliner Adressbüchern, davor nur als «Dr. jur.».

82 Zu Informationen über die Deutsche Gesellschaft für ethische Kultur siehe Frank Simon-Ritz: Die Organisation einer Weltanschauung. 1997. Er beschreibt unter Verweis auf zeitgenössische und neuere Literatur ihre Zielsetzungen, ihre Themenfelder und ihre Konflikte von 1882 bis 1907 (S. 155–183).

83 Die Liste der Gründungsmitglieder findet sich bei Horst Groschopp: Dissidenten, Freidenkerei und Kultur in Deutschland. 1997, S. 131 f.

84 Andreas von Prondczynsky: Ethische Kultur, neue Erziehung, Monismus. Reformbewegungen und pädagogische Diskurse in Österreich und Deutschland 1890–1938. 2008, S. 143

85 Klaus Christian Köhnke: Der junge Simmel – in Theoriebeziehungen und sozialen Bewegungen. 1996. Siehe insbes. S. 284–301, S. 459–472 sowie das Zitat S. 286 f.

86 Ebenda, S. 297

87 *Ethische Kultur*, Heft 1/2, 1936, S. 8

88 Siehe hierzu verschiedene Beiträge in: Berlinische Galerie e. V. (Hg.): Berlin um 1900. 1984

89 Ida Häny-Lux wendet sich zum Beispiel in: Beruf und Ehe. 1906, gegen das traditionelle Frauenbild der Männer in der Sozialdemokratie.

90 Zu den Anfängen des Frauenstudiums verweise ich auf Annette Vogt: Vom Hintereingang zum Hauptportal. 2007. Studien zu einzelnen Universitäten konzentrieren sich in der Regel auf die ersten weiblichen Wissenschaftlerinnen; die soziale und akademische Situation der weiblichen Studierenden mit Abitur als neuer Gruppe innerhalb der Studentenschaft erhielt bisher wenig Aufmerksamkeit.

91 Im Verzeichnis der Gasthörerinnen vom Sommersemester 1901 entdeckte ich nur: Dora Bieber mit dem Studiengebiet «Klassische Philologie», Johanna Hutzelmann mit «Alte Sprachen» und Christiane von Wedel mit «Klassische Philologie». Das Gasthörerverzeichnis findet sich in: Geheimes Staatsarchiv Preußischer Kulturbesitz, Sign. I. HA Rep. 76 Kultusministerium, Va Sekt. 1 Tit. VIII, Nr. 8 adch 1, Bd. 2

92 Gertrud Bäumer verfolgte den Werdegang aller Absolventinnen bis 1906 und

hebt dabei das schnelle und erfolgreiche Studium von Annemarie Bieber eigens hervor: Geschichte der Gymnasialkurse für Frauen zu Berlin. 1906, S. 72

93 In Preußen konnten seit kurz vor der Jahrhundertwende Hospitantinnen, meist genannt «Hörerinnen», von den jeweiligen Fakultäten ohne ministerielle Einzelfallgenehmigung zugelassen werden, ebenso in fast allen anderen Bundesstaaten. Siehe Elisabeth Boedecker: 25 Jahre Frauenstudium in Deutschland. Heft 1, 1939, Zeittafel S. XXXVI

94 1902 gab es in Deutschland: «Etwa siebzig Studentinnen mit abgeschlossener Gymnasialbildung an deutschen Universitäten (Österreich siebenundneunzig) gegen 36 082 Männer.» Siehe Elisabeth Boedecker, a. a. O., Studentinnenstatistik, S. XLIX. Unklar ist, ob sich die Angabe auf das Sommersemester 1902 oder das Wintersemester 1902/1903 bezieht.

95 Schreiben an den «Minister der geistlichen-, Unterrichts- und Medizinal-Angelegenheiten» (ferner unter «Kultusminister») vom 3. Februar 1902. Siehe Geheimes Staatsarchiv Preußischer Kulturbesitz, a. a. O., Bd. 9, Blatt 127–135. Der Vorgang in der Berliner Universität ist zu finden in: Humboldt-Universität zu Berlin, Universitätsarchiv. Bestand Universitätskuratorium, Sign. UK 155; der Vorgang, bezogen auf alle preußischen Universitäten: Geheimes Staatsarchiv Preußischer Kulturbesitz, Sign. I. HA Rep. 76 Kultusministerium, Va Sekt. 1 Tit. VIII, Nr. 8, Bd. 9 und Bd. 10

96 An achter Stelle steht eine Margarete Bieber, die später als erste habilitierte Archäologin und Professorin bekannt wurde und mit Dora Bieber aber nicht verwandt gewesen zu sein scheint.

97 Mitteilung in Betreff der Zulassung von Frauen zu den Vorlesungen an der Universität Berlin, bezogen auf einen Erlass des Preußischen Kultusministers vom 26. Februar 1901. Siehe: Geheimes Staatsarchiv Preußischer Kulturbesitz, a. a. O., Bd. 8, Blatt 144

98 Dokumente im Familienbesitz

99 Geheimes Staatsarchiv Preußischer Kulturbesitz, a. a. O., Bd. 10, Blatt 178

100 Werner Moritz: Die Anfänge des Frauenstudiums in Heidelberg. 2007; Heidi Lauterer-Pirner und Margret Schepers-S.-W.: Studentin in Heidelberg. 1985

101 Die Angabe bezieht sich auf das Wintersemester 1904/1905. Sie stammt aus einer unveröffentlichten «Grafischen Tabelle» zur «Entwicklung des Frauenstudiums im Verhältnis zum Studium der Männer 1901/02–1973/74», die mir Hiltrud Häntzschel dankenswerterweise zur Verfügung stellte. Zum Frauenstudium in Bayern siehe Hadumod Bußmann (Hg.): Stieftöchter der Alma Mater? 90 Jahre Frauenstudium in Bayern – am Beispiel der Univer-

sität München. 1994; sowie Hiltrud Häntzschel und Hadumod Bußmann (Hg.): Bedrohlich gescheit. 1997

102 Dora Bieber: Lebenslauf. 1905 (Anlage zum Gesuch auf Zulassung zum «Examen rigorosum», zwei Seiten). Archiv der Ludwig-Maximilians-Universität, München, Promotionsakte Dora Bieber

103 Siehe zum Beispiel «Quittung über 260 M Promotionsgebühr», ausgestellt am 5. Dezember 1905. Das war mehr als das monatliche Anfangsgehalt (ab 1897 bis 1909) von 225 Mark eines Oberlehrers in Preußen. Siehe Hartmut Titze: Lehrerbildung und Professionalisierung. 1991, S. 351

104 Rahel Straus: Wir lebten in Deutschland. 1961, insbes. zum Studium in Heidelberg, S. 85–118

105 Erinnerungen, die sich auf einige Jahre später beziehen, zeigen, wie schnell die Anwesenheit von Frauen an den Universitäten akzeptiert wurde. Käte Frankenthal, die nach 1910 ebenfalls in Heidelberg Medizin studierte, schreibt, dass sie frei von konventionellen Einschränkungen leben konnte und dass «die Stellung der Studentin sich zusehends änderte. Man hörte auf, in ihr etwas Extravagantes und ‹Nicht-ganz-in-die-Ordnung-Passendes› zu sehen». Käte Frankenthal: Der dreifache Fluch: Jüdin, Intellektuelle, Sozialistin. 1981, insbes. S. 25 und S. 30

106 Edith Glaser: Sind Frauen studierfähig? 1996

107 Alice Hamilton: Edith and Alice Hamilton. Students in Germany. 1965, S. 131. Da die geplante Unsichtbarmachung der einzigen Studentin so absurd und skurril anmutete, dass sie heute kaum glaubhaft ist, bringe ich die Erinnerung daran im englischen Original: So war es erwogen worden, *that a little lodge, a theater box, be built for her with a curtain, so that the seminarians could not even see her. Finally it came to a chair up on the lecturer's platform, where nobody could be contaminated by contact with her.*»

108 «Protokoll über das Examen rigorosum des Fräulein Dora Bieber, abgehalten am Freitag, den 9. März 1906, nachmittags 5 Uhr in der scl. Aula» (Promotionsakte, a. a. O.).

109 Zu den Doktorarbeiten von Frauen in Deutschland bis 1908 (außer Medizin) siehe Elisabeth Boedecker: 25 Jahre Frauenstudium in Deutschland. 1939, S. LIX–LXX. Die drei anderen Altphilologinnen waren Margarete Heine (München 1902), Christiane von Wedel (Berlin 1905) und Eva Johnston (Königsberg 1905), über die nichts weiter bekannt ist. Die Zulassung zur Promotion lag traditionsgemäß im Ermessen der jeweiligen Fakultät, was vereinzelt auch Frauen ohne Immatrikulation und ohne Abitur zugutegekommen war.

110 Zur Richterin – und sogar zur Rechtsanwältin – wurden Frauen erstmalig

1922 zugelassen. «Das Jurastudium galt lange Zeit als extrem unweiblich.» Denn Frauen wurde «die Fähigkeit zum klaren, abstrakten Denken, zum nüchternen, abwägenden Urteilen und zum Trennen von Wesentlichem und Unwesentlichem» weitgehend abgesprochen. Im Zuge der Öffnung der Universitäten ab 1900 konnten Frauen zwar Jura studieren, sie wurden aber weder zum Staatsexamen noch zum Referendardienst zugelassen. Siehe: Claudia Huerkamp: Bildungsbürgerinnen. 1996, S. 274–281, Zitat S. 274

111 Johanna Bleker und Sabine Schleiermacher: Ärztinnen aus dem Kaiserreich. 2000, S. 11. Zur Problematik der erfolgreichen Argumente siehe den Abschnitt «Medizinstudium und weiblicher Geschlechtscharakter», S. 12–18

112 Die Angaben zu Bayern und Sachsen stammen aus einer Umfrage Preußens bei anderen deutschen Bundesstaaten vom Februar 1904. Siehe: Geheimes Staatsarchiv Preußischer Kulturbesitz, Sign. I. HA Rep. 76 Kultusministerium, VI Sek. 1, Gen. Z, Nr. 134 adh A, Bd. 1, Blatt 16 / 17. Siehe auch Gertrud Bäumer: Geschichte der Gymnasialkurse für Frauen zu Berlin. 1906, S. 74 f.

113 Großherzogliches Ministerium der Justiz, des Kultus und des Unterrichts, Erlass vom 3. Februar 1904. Siehe: Generallandesarchiv Karlsruhe. Die Zulassung von Frauen zur Prüfung für das Lehramt an höheren Schulen und deren Verwendung im Schuldienst betr., Sign. 235 / 19 668

114 Gesuch vom 28. Mai 1906 sowie Ablehnungsbescheid vom 16. Juni 1906. Siehe: Generalarchiv Karlsruhe. Die Zulassung von Frauen zur Prüfung für das Höhere Lehramt, Generalia, Sign. 235 / 16 324. In der Ablehnung wurde auf Paragraph 3 und 4 der Prüfungsordnung vom 21. März 1903 verwiesen. Diese sieht ministerielle Sondergenehmigungen vor und eine mögliche Entbindung von den Zulassungsbedingungen.

115 Eingabe von Dora Bieber «an den hohen Großherzoglichen Oberschulrat» vom 7. Juli 1906 und Antwort des Großherzoglichen Badischen Oberschulrats / Karlsruhe vom 3. August 1906. Die Zulassung wurde «unter Nachsichterteilung von den in § 3 Ziffer 1 und § 4 Ziffer 1 der Prüfungsordnung vom 21. März 1903 gestellten Bedingungen, soweit solche erforderlich», erteilt (a. a. O.).

116 Professor Crusius am 29. Juni 1906. Siehe: Generallandesarchiv Karlsruhe. Personalakte Dora Bieber, Sign. 235 / 18 494. Sein Brief richtete sich höchstwahrscheinlich an den Großherzoglichen Oberschulrat Ernst von Sallwürk.

117 Siehe das Schreiben des Großherzoglichen Badischen Oberschulrats vom 19. Juli 1906 an den Minister der Justiz, der Kultur und des Unterrichts. Siehe Generallandesarchiv Karlsruhe, a. a. O., Generalia, Sign. 235 / 16 324

118 Hildegard Wegscheider: Weite Welt im engen Spiegel. 1953, S. 29–31, Zitat
S. 31

119 Gertrud Bäumer: Geschichte der Gymnasialkurse für Frauen zu Berlin. 1906,
S. 74

120 James C. Albisetti: Mädchen- und Frauenbildung im 19. Jahrhundert. 2007,
S. 277

121 Verfügung vom 14. Dezember 1905, betreffend Meldung und Zulassung
weiblicher Prüflinge zur Prüfung für das Höhere Lehramt in Preußen: Zen-
tralblatt für die Unterrichts-Verwaltung in Preußen für 1906, S. 224, Nr. 9

122 So hatte im Königreich Sachsen, zumindest bis 1904, keine Frau von dem seit
1900 bestehenden Recht, die Staatsprüfung abzulegen, Gebrauch gemacht;
in Preußen bis einschließlich 1906 nur vier Frauen.

123 Zum Aufenthalt in Prenzlau siehe das Führungsattest der Polizeiverwaltung
Prenzlau vom 25. Oktober 1906 für die «Zeit vom 5. Juli 1906 bis 25. Oktober 1906» (im Familienbesitz)

124 Gerda Voss im Gespräch 2003

125 Das Zeugnis vom 15. März 1907 enthält einen mehrseitigen Bericht über alle
Teile der Prüfung. Siehe: Generallandesarchiv Karlsruhe. Personalakte Dora
Bieber, a. a. O. Dort finden sich auch alle weiteren Unterlagen zum Prüfungs-
verfahren.

126 Eine Staatsprüfung für das Höhere Lehramt war umfangreicher als eine Doktorprüfung. Sie bestand aus zwei Teilen: einer allgemeinen Prüfung in Philosophie und Deutscher Literatur sowie einer fachwissenschaftlichen Prüfung
in den späteren Unterrichtsfächern – bei Dora Bieber in Latein, Griechisch
und Geschichte. Neben zahlreichen mündlichen Prüfungen mussten zwei
Hausarbeiten angefertigt werden, eine war Teil der allgemeinen Prüfung, die
andere der fachwissenschaftlichen Prüfung. Für die allgemeine Hausarbeit
erhielt Dora Bieber das philosophiegeschichtliche Thema «Die Ontologie
im Parmenides des Platon». Sie musste die Arbeit innerhalb von fünfzehn
Wochen auf Latein abliefern. Die fachwissenschaftliche Hausarbeit wurde ihr
nach einer längeren Korrespondenz mit dem Oberschulrat erlassen, nachdem
ihre Doktorarbeit als «vollgültiger Ersatz» angenommen worden war.

127 Mittelschulen in Baden entsprachen in etwa den höheren Mädchenschulen in
Preußen – beide führten nicht zum Abitur.

128 In dem Erlass vom Februar 1904 beteuerte der Großherzogliche Minister:
«Wir haben zwar an sich gegen die Zulassung von Frauen zur Lehramts-
kandidatenprüfung [Staatsexamen] nichts einzuwenden», aber ... – und es
folgt der zitierte Vorbehalt: «Die Bittstellerinnen sind bei der Eröffnung aus-

drücklich darauf hinzuweisen, dass sie mit der Bestehung der Prüfung keine Anwartschaft auf Verwendung im badischen Mittelschuldienst erlangen und ihre Aufnahme unter die Lehramtspraktikantinnen nicht erfolgen würde.» Dem Erlass war eine Stellungnahme des Oberschulrats vorausgegangen. Er hatte Bedenken gegen den Antrag der beiden Altphilologinnen Elisabeth Rocholl und Gabriele von Wartensleben vorgebracht: «Die Verwendung von klassischen Philologinnen im Badischen Schuldienst wird aber nur ein sehr beschränkter sein können und liegt hierin eine große Schwierigkeit und wesentliche Bedenken gegen die Zulassung ... Sofern aber hohes Ministerium die Zulassung der beiden Frauen zur Staatsprüfung aussprechen sollte, möchten wir den Antrag stellen, dass die beiden Kandidatinnen auf diese Schwierigkeiten und Unsicherheiten ausdrücklich schriftlich hingewiesen und ihnen eröffnet werde, dass sie mit der Bestehung der Prüfung noch keine sichere Anwartschaft auf Verwendung im Badischen Mittelschuldienst erlangen würden» (Stellungnahme des Oberschulrats vom 23. Januar 1904. Generallandesarchiv Karlsruhe, a. a. O., Sign. 235 / 16320).

129 Verfügung vom 14. Dezember 1905. In: Hermann Jantzen (Hg.): Die höhere Mädchen- und Lehrerinnenbildung in Preußen. 1909, S. 161 f. Die Mindeststudienzeit in Preußen betrug sechs Halbjahre, in Baden acht Halbjahre.

130 «Besondere Schwierigkeiten», so sahen es bereits die Zeitgenossen, «erwachsen den weiblichen Kandidatinnen für das Höhere Lehramt in der Zulassung zum Seminarjahr ... obgleich die Anstellungsaussichten angesichts der Entstehung so vieler neuer Mädchengymnasien mit ihrem Bedürfnis nach weiblichen Lehrkräften gute sind». Siehe Gertrud Bäumer: Geschichte der Gymnasialkurse für Frauen zu Berlin. 1906, S. 75. Außer diesem und anderen gelegentlichen Hinweisen gibt es zur frühen schulpraktischen Ausbildung von Gymnasiallehrerinnen keine Literatur.

131 Hartmut Titze: Die soziale und geistige Umbildung des preußischen Oberlehrerstandes von 1870 bis 1914. 1977, S. 345–356

132 Ebenda, S. 348. Zahlenangaben bei Udo von der Burg: Entstehung und Entwicklung der Gymnasialseminare bis 1945. 1989, Bd. 1, S. 107

133 Königliches Provinzial-Schulkollegium für Hessen-Nassau, Cassel, den 10. September 1907. An den Herrn Minister der geistlichen, Unterrichts- und Medizinal-Angelegenheiten in Berlin. Betrifft: Gesuch einer Dame auf Zulassung zum Seminar- und Probejahr. Siehe: Geheimes Staatsarchiv Preußischer Kulturbesitz. Bestand Kultusministerium, a. a. O., 1 Gen. Z, Nr. 134 adh A, Bd. 1, Blatt 155, 156 und 157

134 Zu den «Realgymnasial-Kursen für Mädchen» in Kassel siehe Bernd Zymek

und Gabriele Neghabian (Bearb.): Sozialgeschichte und Statistik des Mädchenschulwesens in den deutschen Staaten 1800–1945. 2005, S. 54; sowie Franz H. Schlung: Sozialgeschichte des Schulwesens in Hessen-Kassel. 1987, insbes. das Kapitel «Die Entstehung des Mädchenschulwesens», S. 138–143. Außerdem liegen drei ausführliche Berichte zur dortigen Ausbildung von Dora Bieber vor, die das Provinzial-Schulkollegium an den Kultusminister in Berlin sandte.

135 Schreiben des Provinzial-Schulkollegiums vom 10. September 1907 und Erlass des Ministers der geistlichen, Unterrichts- und Medizinal-Angelegenheiten vom 2. Oktober 1907 – U II 3452 U III. Siehe: Geheimes Staatsarchiv Preußischer Kulturbesitz, a.a.O., Blatt 158. Schreiben des Königlichen Provinzial-Schulkollegiums für Hessen-Nassau, Cassel, den 9. Oktober 1908. An den Herrn Minister der geistlichen, Unterrichts- und Medizinal-Angelegenheiten in Berlin. Betrifft: Gesuch des Fräulein Dr. Bieber in Cassel um Zulassung zum Probejahr (Blatt 178 und 179). Erlass des Ministers … vom 27. Oktober 1908, U II 4394 U III (Blatt 180). Schreiben des Königlichen Provinzial-Schulkollegiums für Hessen-Nassau, Cassel, den 20. November 1909. Betrifft: Ausstellung des Zeugnisses der Anstellungsfähigkeit für die Lehramtskandidatin Dr. Dora Bieber (Blatt 226 bis 228). Erlass des Ministers … vom 9. Oktober 1909, U II 3291 U III (Blatt 229)

136 Die wöchentliche Pflichtstundenzahl an öffentlichen höheren Mädchenschulen betrug 1908 in den ersten zwölf Dienstjahren vierundzwanzig Stunden, danach nahm sie ab; nach dem vierundzwanzigsten Dienstjahr lag sie bei achtzehn Stunden. Siehe: Herman Jantzen (Hg.): Die höhere Mädchen- und Lehrerinnenbildung in Preußen. 1909, S. 268

137 Siehe Verzeichnis der in der Zeit vom 1. April 1909 bis Ende März 1910 zur ersten festen Anstellung gelangten Kandidaten des Höheren Lehramts: Geheimes Staatsarchiv Preußischer Kulturbesitz, I HA Rep. 76 Kultusministerium, VI Sekt. 1, Gen. Z, Nr. 128 G, Bd. 12; ebenso in den Jahren davor.

138 Schreiben des Provinzial-Schulkollegiums Koblenz vom 15. August 1904 an den Kultusminister in Berlin. Siehe: Geheimes Staatsarchiv Preußischer Kulturbesitz, Bestand Kultusministerium, a.a.O., 1, Gen. Z, Nr. 134 adh A, Bd. 1, Blatt 55

139 Thekla Freytag hatte vorgebracht: «Wenn ich selbst Wünsche äußern darf, so würde ich am liebsten an einem vollausgebildeten Knabengymnasium in Berlin oder Umgebung die vorgeschriebene pädagogische Ausbildung durchmachen, da ich hoffe, auf diese Weise am besten mein Erfahrungsgebiet erweitern und diese Erfahrungen später im Unterricht der Mädchen nütz-

lich verwenden zu können.» Thekla Freytag an den Kultusminister Herrn
Dr. Studt, vom 13. August 1905: Geheimes Staatsarchiv Preußischer Kulturbesitz, a. a. O., Blatt 92 und 93; Ablehnung des Ministers nach Abstimmung
mit dem Provinzial-Schulkollegium vom 2. Oktober 1905, Blatt 94 und 95

140 Elsa Matz hatte nach einer Seminarausbildung, Fortbildungen an der Universität und mehreren Berufsjahren 1906 die Oberlehrerinnenprüfung ohne
Abitur abgelegt; teils davor, teils parallel, teils danach hatte sie kurz hinterein-
ander das Abitur (1905) und das Staatsexamen (1907) gemacht, promoviert
(ebenfalls 1907) und die schulpraktische Ausbildung, die auf ein Jahr verkürzt
wurde, 1909 abgeschlossen.

141 Johanna Bleker und Sabine Schleiermacher: Ärztinnen aus dem Kaiserreich.
2000, S. 43

142 Aufgrund der eingeschränkten Verwendungsmöglichkeit von Altphilologinnen hatte der Oberschulrat in Karlsruhe gleich bei den beiden ersten Antrag-
stellerinnen, die Altphilologinnen waren, 1904 «wesentliche Bedenken gegen
die Zulassung» vorgebracht. Diese Bedenken führten zur Entkoppelung von
Staatsprüfung und Übernahme in den Staatsdienst. Siehe: Stellungnahme
des Oberschulrats vom 23. Januar 1904. Generallandesarchiv Karlsruhe, Sign.
235 / 16 320

143 Die Konflikte wurden unter anderem an der Frage ausgetragen, wer die höheren Mädchenschulen leiten sollte, Direktoren oder Direktorinnen.

144 Verfügung des preußischen Kultusministers vom 14. Dezember 1905.
Wörtlich steht dort: Auch ist «in dem auszustellenden Zeugnis … der letzte
Absatz: ‹Bezüglich der Meldung zur Ableistung des Seminarjahrs … fort-
zulassen.›» Siehe: Hermann Jantzen (Hg.): Die höhere Mädchen- und Lehrerinnenausbildung in Preußen. 1909, S. 162

145 Bestimmungen über die Neuordnung des höheren Mädchenschulwesens
vom 18. August 1908. Ebenda, S. 16

TEIL 3
Ein reiches Leben in Berlin
1909–1933

1 Diese und die folgenden Mitteilungen sind den Memoiren von Heinrich
Lux, dem Text «My Father» von Gerda Voss sowie Gesprächen mit Frau
Voss, Frau Tietze und Frau Dr. Maya Rauch entnommen.

2 Gerda Voss: My Father. 1997, S. 43 f.

3   Heinrich Lux: Memoiren. 1944, S. 85. Näheres ist dem dritten Exkurs: Aus
    den Memoiren des Dr. Heinrich Lux – der Zeitraum 1863–1909 zu entneh-
    men. Siehe: www.rowohlt.de/doralux
4   Heinrich Lux: Memoiren. 1944, S. 90
5   Ebenda. Diese und weitere Reiseberichte sind dem Kapitel «Reisen und Wan-
    derungen» der Memoiren von Heinrich Lux entnommen, S. 59–83.
6   Ebenda
7   Ebenda, S. 88
8   Theodor Müller: Die Geschichte der Breslauer Sozialdemokratie. 1925, Nach-
    druck 1972. Zweiter Teil: Das Sozialistengesetz, S. 204–286, Zitat S. 249
9   Die folgenden Zitate aus den Memoiren von Heinrich Lux finden sich auf
    S. 31, S. 40 und S. 45.
10 Diese sowie weitere Informationen und Zitate im vorliegenden Abschnitt
    sind ohne jeweilige Referenz entnommen aus: Gespräche mit Gerda Voss
    (Toronto 2003) und Gerda Voss: My Father. 1997, S. 3–7 und S. 45–49.
11 Diese und die folgenden Informationen sind wieder den Memoiren von Hein-
    rich Lux entnommen. Sie finden sich auf S. 36, S. 48, S. 50 f., S. 75 und S. 78.
12 Sigrid Kleinschmidt: Max Stein (1871–1952). 2009, S. 323. Zwischen Hein-
    rich Lux und Max Stein bestand über dessen älteren Bruder eine Verbindung:
    Dr. med. Ludwig Stein hatte wie Heinrich Lux der Gruppe sozialistischer
    Utopisten in Breslau angehört und war 1887 Zeuge im Breslauer Geheim-
    bundprozess gewesen. Siehe: Theodor Müller: Die Geschichte der Breslauer
    Sozialdemokratie. 1925, S. 216 f., S. 247 und S. 252
13 Heinrich Lux: Memoiren. 1944, S. 36. Im Abschnitt «Finanzen» sind Zitate
    aus S. 48, S. 58 und S. 75 eingearbeitet.
14 Vertrag vom 28. März 1912 sowie zwei weitere schriftliche Absprachen von
    1912 (im Familienbesitz)
15 James C. Albisetti: Professionalisierung von Frauen im Lehrberuf. 2007. Auf
    dem sogenannten «vierten Weg», der ab 1908 eine Zeitlang bestand und es
    Frauen ermöglichte, bei bestimmter Vorbildung ohne Abitur zu studieren
    und Staatsexamen zu machen, gehe ich hier nicht ein.
16 Siehe «Liste der Lehrer und Lehrerinnen», die 1906 an den Kursen unter-
    richten. In: Gertrud Bäumer: Geschichte der Gymnasialkurse für Frauen.
    1906, S. 83
17 Griechisch als eines der Unterrichtsfächer von Dr. Dora Lux ist einerseits
    durch ihren Lebenslauf von 1947, andererseits durch einen Brief einer ihrer
    damaligen Schülerinnen belegt, der späteren Äbtissin Dr. jur. Maura Lilia (im
    Familienbesitz).

18   Der «Nachruf für Frau Dr. Dora Lux, geborene Bieber, geb. am 27. Oktober
     1882, gestorben am 13. Juni 1959» (zwei Schreibmaschinenseiten) fand sich
     ohne Angabe der Autorschaft in den Unterlagen von Peter Wölf Schaper,
     dem jüngsten Neffen von Dora Lux. Aufgrund der dort enthaltenen Informa-
     tionen konnte ich ihn mit hoher Zuverlässigkeit der lebenslangen Freundin
     Trude Dietmer zuordnen.
19   Gottfried Ephraim Lessing: Nathan der Weise; entstanden 1778, veröffent-
     licht 1779. Die Ringparabel findet sich im vierten Akt, dritter Aufzug.
20   Doris Obschernitzki: Der Frau ihre Arbeit! Lette-Verein: Zur Geschichte
     einer Berliner Institution 1866–1986. 1987
21   Margot Pohlmann: Erinnerungen. 1991, S. 8–9. Margot Pohlmann war von
     1917 bis 1918 und von 1920 bis 1923 Schülerin des Lette-Vereins.
22   Dr. Dora Bieber-Lux: «Die Frau in der griechischen Sage und Geschichte»,
     Heft 2, 1927. Weitere *Quellenhefte* veröffentlichte unter anderem Dr. Dora
     Schuster: «Die Stellung der Frau in der Zunftverfassung», Heft 7, 1927; und
     Dr. Käthe Stricker: «Die Frau in der Reformation», Heft 11, 1927. Verantwort-
     lich für die Reihe waren Emmy Beckmann und Irma Stoß, die auch das Ge-
     leitwort schrieben.
23   Dr. Dora Lux: «Streifzüge durch die Romanliteratur der Gegenwart.» In:
     Ethische Kultur, Heft 3, 1928, S. 18–21; Heft 4, 1928, S. 28–30; Heft 5, 1928,
     S. 35–37
24   Dora Lux: «Die andere Seite», Heft 7, 1931, S. 45–47; und Dora Lux: «Die
     andere Seite». Fortsetzung, Heft 8, 1931, S. 63–64
25   L. B. [steht für Lux-Bieber]: Buchbesprechung zu Max Maurenbrecher. «Der
     Heiland der Deutschen», Heft 7, 1931, S. 51–52; B. L. [steht für Bieber-Lux]:
     Buchbesprechung zu Julio R. Barcos: «Freie Frauen», Heft 7, 1931, S. 52;
     L. [steht für Lux]: Buchbesprechung zu Hanns Gobsch: «Wahn-Europa»,
     Heft 9, 1931, S. 76; D. L. [steht für Dora Lux]: Buchbesprechung zu Irving
     Fisher: Die Krisis der Prohibition, Heft 10, 1931, S. 84
26   Die Zölibatsklausel im Kaiserreich und ihre Nachwirkungen bis etwa 1960 sind
     dargestellt in: Claudia Huerkamp: Bildungsbürgerinnen. 1996, S. 215–222.
27   Ebenda, S. 221. Die Autorin kommt unter Einbeziehung weiterer Untersu-
     chungen zum Ergebnis: «Die Zahlen belegen eins in aller Deutlichkeit: Der
     Beruf der akademisch gebildeten Lehrerin blieb, ungeachtet aller gesetzlichen
     Bestimmungen über die Aufhebung bzw. Wiedereinführung der Verheirate-
     tenklausel, während des Untersuchungszeitraums [1900 bis 1945] und noch
     darüber hinaus ein weitgehend zölibatärer, mit einem Ledigenanteil von über
     95 Prozent.»

28 Johanna Bleker und Sabine Schleiermacher: Ärztinnen aus dem Kaiserreich. 2000, S. 103 ff.

29 Bei Erörterung der Frauenberufstätigkeit darf nicht vergessen werden, dass es sich um eine klassenspezifische Frage handelte. Proletarierinnen mit Kindern wurden zur Fabrik- oder Heimarbeit gezwungen. Die niedrigen Löhne für Frauen wie für Männer ließen ihnen keine andere Wahl – und nur wenige Bürgerliche nahmen daran Anstoß.

30 Gerda Voss: Fugitives. 1995, S. 13 (unveröffentl. Manuskript, sechsundzwanzig Seiten). Auf Englisch heißt es dort: *«close-knit family»*.

31 Anfang der zwanziger Jahre waren seine Sozien Dr. Erich Fabian und Dr. Hepner, in den Dreißigern Dr. Julius Hegner und Dr. Manfred Simon.

32 Er selbst nannte sich später in den USA Peter Schaper, vor seiner Emigration 1946 hieß er in amtlichen Unterlagen Wolfgang Schaper, in der Familie Wölf. Um jede Verwirrung zu vermeiden, erscheint er mit seiner Zustimmung im vorliegenden Buch als Peter Wölf Schaper.

33 Gerda Voss: My Father. 1997, S. 57

34 Eingabe der Erbengemeinschaft Bieber / Lux vom 15. März 1941 an das Finanzamt Moabit-West, unterzeichnet von Gerda Lux. Die Eingabe sollte dem Erhalt des alten Familieneigentums in der Kaiser-Wilhelm-Straße dienen, konnte die Arisierung und Enteignung aber nicht aufhalten (im Bestand des Forschungsprojekts «Ärztinnen aus dem Kaiserreich». Charité Universitätsmedizin Berlin, Institut für Geschichte der Medizin).

35 Peter Wölf Schaper, Brief vom 22. September 2011 aus Kalifornien, USA. Auf Englisch heißt es: *«Tante Dora was a very imposing figure, clearly the highest intellect of the three sisters.»*

36 Heinrich Lux: Memoiren. 1944, S. 73

37 Marion A. Kaplan: Freizeit – Arbeit. Geschlechterräume im deutsch-jüdischen Bürgertum 1870–1914. 1988, S. 157–174, insbes. S. 161–166

38 Im Deutschen Akademikerinnenbund e. V. hatten sich 1926 die akademischen Frauenvereine, darunter der Deutsche Philologinnenverband, zusammengeschlossen. Er wurde im gleichen Jahr in die International Federation of University Women (IFUW) aufgenommen.

39 Justizrat Dr. Bieber an Helene Lange, Berlin den 15. Januar 1912; siehe: Landesarchiv Berlin. Bestand B Rep. 235–06 Helene-Lange-Stiftung, M F 3558–3560

40 Über den Lebensweg und die Arbeit von Dr. med. Annemarie Bieber informieren: Johanna Bleker und Sabine Schleiermacher: Ärztinnen aus der Kaiserzeit. 2000, insbes. S. 128 f., S. 134, S. 146, S. 149–152; eine Kurzbiogra-

phie zu Annemarie Bieber befindet sich auf S. 236. Danken möchte ich der Institutsbibliothekarin Frau Jutta Buchin. Sie verfasste die Kurzbiographie und gewährte mir Einsicht in unveröffentlichte Unterlagen zu Frau Dr. Bieber, auf denen die folgenden Informationen zum Teil beruhen.

41 Siehe Heinrich Lux: Memoiren. 1944, S. 37 f. Über die anhaltende Kränkung berichten auch die beiden Töchter.

42 *Ethische Kultur*, Heft 10, 1926, S. 80

43 Aus der Eingabe der Erbengemeinschaft Bieber / Lux vom 18. März 1941 an das Finanzamt Moabit-West, unterzeichnet von Gerda Lux (a.a.O.). Aus dieser geht außerdem hervor, dass Wilhelm Bieber, der älteste Bruder von Dora Lux, nach einer Verwundung gleich bei Kriegsbeginn als Leutnant unausgeheilt und freiwillig «wieder ins Feld» ging, wo er bereits am 26. September 1914 in Lothringen getötet wurde. Auch der Sohn von Max Bieber überlebte den Krieg nicht, er fiel 1918 in den letzten Kriegstagen hochdekoriert als Oberleutnant zur See.

44 Heinrich Lux: Memoiren. 1944, S. 50 f.

45 Heinrich Lux: Memoiren. 1944, siehe das Kapitel «Die Loge», S. 85–87

46 Siehe die Rubrik «Aus der ethischen Bewegung», in: *Ethische Kultur*, Heft 10, 1926, S. 80

47 Klaus Kundt: Die Geschichte der Berliner Bergsteiger bis 1945. 2009; darin das Kapitel: «Deutscher Alpenverein Berlin e.V.», S. 27–31; Helmuth Zebhauser: Alpinismus im Hitlerstaat. 1998; Hanno Loewy und Gerhard Milchram: «Hast du meine Alpen gesehen?» 2009

48 Dieses und die weiteren Zitate zum neu gegründeten «Deutschen Alpenverein Berlin» sind entnommen aus: Heinrich Lux: Memoiren. 1944, S. 73–75.

49 Klaus Kundt: Die Geschichte der Berliner Bergsteiger bis 1945. 2009, S. 27 f. und S. 30

50 Heinrich Lux nennt folgende weitere Vorstandsmitglieder: «... die Ärzte Dr. Heusler, Dr. Stabel, Geheimrat Finkelstein, der bedeutendste Kinderarzt dieser Zeit, damals noch Direktor des Kaiserin Augusta-Kinderkrankenhauses in Berlin, den Vorsitz führte der Jurist Dr. Kaufmann. Die Genannten sind inzwischen alle tot [1944], von Finkelstein weiß ich es nicht genau, vielleicht lebt er noch irgendwo im Ausland. Er war, abgesehen von seiner medizinischen Bedeutung, einer der witzigsten Köpfe, denen ich je begegnet bin» (S. 73 f.). Zur Zusammensetzung des Vorstands von 1925 bis 1934 siehe Klaus Kundt, a.a.O., S. 29. Dort wird allerdings Herr Finkelstein unter den Vorstandsmitgliedern nicht genannt.

51 Auch Frau Margit Schwarz erscheint bei Klaus Kundt nicht als Vorstandsmit-

glied. Stimmt die Information von Heinrich Lux, so wäre sie die einzige Frau im Leitungsgremium gewesen. Mit Margit Schwarz und ihrer Tochter Trude Schwarz unternahmen Herr und Frau Lux mehrere Bergtouren. Sie scheinen zu den engeren Freunden der Familie gehört zu haben.

TEIL 4
Selbstachtung, Klugheit und Courage
1933–1945

1 Wie Artikel der Zeitschrift *Ethische Kultur* im Internet zu finden sind: 1. Eingeben: http://zdb-opac.de. 2. Anklicken: Zeitschriftendatenbank (ZDB). 3. Unter «Suchbegriff» eintragen: Ethische Kultur. 4. Anklicken unter Nr. 3: Ethische Kultur [Elektronische Ressource] Monatsblatt für ethisch-soziale Neugestaltung. Berlin: Bieber 1. 1883–44. 1936. 5. Unter «URL» anklicken: http://bbf.dipf.de/kataloge/. 6. Unter «Bibliothekskatalog. Digitalisierte Jahrgänge» den gewünschten Jahrgang anklicken. 7. Über den Jahrgang erreicht man das Inhaltsverzeichnis der Hefte und muss die Artikel einzeln aufrufen. Zurück zur Elektronischen Ressource kommt man über «BBF Digibert System» oben in der Leiste. Wie man Artikel einzelner Autoren findet: 1. Eingeben: www.bbf.dipf.de/cgi-opac/catalog.pl. 2. Anklicken: Bibliothek für Bildungsgeschichtliche Forschung: Datenbank Recherche. 3. Eintragen: Nachname und Vorname des Autors.

2 Die mit «L.» und «Lx.» gezeichneten Beiträge können theoretisch auch von Heinrich Lux stammen. Meines Erachtens publizierte er von 1933 bis 1936 aber überhaupt nicht in der *Ethischen Kultur*. Einen Artikel, der mit «Heinrich Lux», «H. Lux» oder «H. L.» signiert wäre, findet sich dort nicht, und die zwölf nur mit «L.» gezeichneten Beiträge – sowie den einen, der mit «Lx.» versehen ist –, habe ich wegen der Themennähe zu ihren anderen Artikeln Dora Lux zugeordnet: Einige mit «L.» gezeichnete Artikel stammen zweifelsfrei von ihr, so: «Von Barth zu Bergmann» (a.a.O.) oder «Literarische Stimmen aus England» (Heft 11, 1933, S. 173–176), die anderen höchstwahrscheinlich. Heinrich Lux hat insgesamt nur zweimal in der *Ethischen Kultur* publiziert, und zwar im Jahr 1916 unter «Dr. H. Lux».

3 Literaturangaben zur Frühphase der Gesellschaft und der Zeitschrift finden sich im Kapitel «Abitur 1901 mit Unterstützung der Familie», S. 70.

4 Ferdinand Tönnies: «Goethes Sprüche in Prosa». In: *Ethische Kultur*, Heft 10, 1935, S. 137–143. Seine Mitarbeit in der staatskritischen Deutschen Ge-

sellschaft für ethische Kultur war einer der Gründe, warum er erst 1908, mit dreiundfünfzig Jahren, ordentlicher Professor in Kiel wurde (seit 1881 war er Privatdozent). 1933 wurde Tönnies aus politischen Gründen aus der Universität entlassen und hatte seitdem faktisch Publikationsverbot. Die *Ethische Kultur* (Heft 9, 1935, S. 121–126) enthält eine Würdigung zu seinem achtzigsten Geburtstag. Ein Jahr später erscheint ein Nachruf auf ihn: *Ethische Kultur*, Heft 5/6, 1936, S. 21 f.

5   Einen Überblick über alle Beiträge von Dora Lux in der *Ethischen Kultur* enthält die Bibliographie am Schluss des Buches, S. 425–428.

6   *Ethische Kultur*, Heft 6, 1933, S. 87–90

7   Gegen die Missachtung der Bürgerrechte wendet sich Dora Lux auch in anderen Beiträgen der *Ethischen Kultur*.

8   *Ethische Kultur*, Heft 3, 1933, S. 43–46

9   *Neue Zürcher Zeitung*, vom 21. Februar 1933. Entnommen aus Norbert Frei und Johannes Schmitz: Journalismus im Dritten Reich. 1989, S. 15

10   Kurt R. Grossmann: Ossietzky. Ein deutscher Patriot. 1963, S. 341–347, Zitat S. 347. Die Angabe über die tausend Teilnehmer stammen von Grossmann.

11   Harry Graf Kessler: Tagebücher 1918–1937. 1982, S. 749 f.

12   Unterlagen zum Kongress wurden im Rahmen der Überwachung der Kommunisten durch den Polizeipräsidenten von Berlin gesammelt. Siehe: Bundesarchiv, Standort Berlin-Lichterfelde, Sign. R 58/391

13   Näheres dazu im vierten Exkurs.

14   «Dieser Kongress ist auf Veranlassung Münzenbergs durch die unter Einfluss der R. G. O. [Revolutionäre Gewerkschafts-Opposition] stehenden Berliner Ortsgruppe des ‹Schutzverbandes deutscher Schriftsteller› (S. D. S.) einberufen, vorbereitet und organisiert worden.» Siehe: Bundesarchiv, Standort Berlin-Lichterfelde, Sign. R 58/391

15   Kurt R. Grossmann: Ossietzky. Ein deutscher Patriot. 1963, S. 345

16   Dr. Carl Falck, Jurist, Mitglied der Deutschen Demokratischen Partei, war von 1930 bis Juli 1932, als Preußen unter Reichsverwaltung gestellt wurde, Oberpräsident der preußischen Provinz Sachsen. Als Rechtsanwalt vertrat er das Initiativkomitee «Das Freie Wort» gegenüber dem Polizeipräsidenten.

17   Warum die Veranstaltung des Sozialistischen Kulturbundes, der der SPD nahestand, zeitgleich angesetzt war, ist nicht rekonstruierbar, zumal die SPD sich offiziell am Kongress «Das Freie Wort» beteiligte und nichts auf einen Konflikt zwischen den beiden Veranstaltern hindeutet.

18   Rede in Form eines Briefes von Thomas Mann an Kultusminister Adolf

Grimme (München, 12. Januar 1933), der bei der Kundgebung des Sozialistischen Kulturbundes am 19. Februar 1933 verlesen werden sollte. Siehe: Thomas Mann: [Bekenntnis zum Sozialismus]. In: Thomas Mann: Reden und Aufsätze. 1974, S. 678–694 und S. 980

19 Wolfgang Heine, Dr. jur., SPD-Politiker, war von Dezember 1918 bis März 1919 preußischer Justizminister, anschließend bis März 1920 preußischer Innenminister.

20 Harry Graf Kessler: Tagebücher 1918–1937, 1982, S. 750

21 *Die Welt am Abend*, eine linke Berliner Tageszeitung, die zum Verlagskonzern von Willi Münzenberg gehörte, hatte in der Woche vor dem Kongress mehrmals in längeren Artikeln auf die Veranstaltung hingewiesen. Die Zeitung *Berlin am Morgen*, aus demselben Verlagskonzern, war vom 15. Februar 1933 bis zum 28. Februar 1933 verboten. Die *Vossische Zeitung* brachte auf der Titelseite ihrer Sonntagsbeilage «Zeitbilder» am 26. Februar ein ganzseitiges Foto von Professor Ferdinand Tönnies mit der kurzen Bildunterschrift: «Altmeister der deutschen Soziologie als Redner auf der Kundgebung für ‹Das Freie Wort› bei Kroll, die später von der Polizei aufgelöst wurde.» Auch gab sie «die Botschaft» von Thomas Mann «an anderer Stelle des Blattes wieder». Aus der *Frankfurter Zeitung* ist zu entnehmen, dass Polizeioberst a. D. Hans Lange «anstelle der nicht erschienenen Katharina von Kardorff» die Veranstaltung eröffnete. Lange war zuletzt Leiter des Reichsbanners Schwarz-Rot-Gold für Berlin-Brandenburg. Der Reichsbanner Schwarz-Rot-Gold war ursprünglich ein Zusammenschluss von republikanisch eingestellten Kriegsteilnehmern des Ersten Weltkriegs. Seine Mitglieder, überwiegend Sozialdemokraten, verteidigten die Weimarer Republik gegen die Nationalsozialisten und die Kommunisten. Bereits im März 1933 wurde der Reichsbanner in ganz Deutschland verboten.

22 Notverordnung vom 28. Februar 1933 zu Artikel 118/1 der Weimarer Verfassung, mit dem Titel: «Verordnung des Reichspräsidenten zum Schutz von Volk und Staat», auch «Reichstagsbrandverordnung» genannt.

23 *Ethische Kultur*, Heft 6, 1933, S. 87–90

24 Die Rede ist mit einem Kommentar abgedruckt in: Max Domarus (Hg.): Hitler. Reden und Proklamationen 1932–1945. 1988, S. 269–279. Es handelt sich um die erste der sogenannten «Friedensreden», in denen Hitler beteuerte, kein Land je angreifen zu wollen, vielmehr die nationalen Rechte der anderen Völker zu respektieren. Zugleich drohte er wegen der Ungleichbehandlung Deutschlands bei den Abrüstungsfestlegungen in Folge des Versailler Vertrags indirekt mit dem Austritt Deutschlands aus dem Völkerbund

und der Abrüstungskonferenz. «Nach der Rede Hitlers billigte der Reichstag diese Regierungserklärung einstimmig. Auch die Sozialdemokraten stimmten geschlossen dafür. Es war ihr letztes Auftreten vor dem Verbot» – aus dem Kommentar von Max Domarus, S. 279. Die SPD wurde im Juni 1933 verboten. Deutschland trat Mitte Oktober 1933 aus dem Völkerbund aus und verließ die Abrüstungskonferenz.

25 *Ethische Kultur*, Heft 10, 1933, S. 145–149, und Heft 11, 1933, S. 161–165

26 *Ethische Kultur*, Heft 10, 1934, S. 157–160, und Heft 11, 1934, S. 171–176

27 Der Titel des Beitrags in zwei Folgen lautet: «Der Kampf gegen die Materialvergeudung im Haushalt – auch ein soziales Problem! Anmerkungen zum ‹5. internationalen Kongress für Hauswirtschaft und hauswirtschaftliche Erziehung› in Berlin».

28 *Ethische Kultur*, Heft 3, 1934, S. 33–38

29 Dora Lux wusste, als sie die Besprechung brachte, noch nicht, dass Gertrud Bäumer, um weiter tätig sein zu können, wenn auch nur als Schriftstellerin und als Herausgeberin der Zeitschrift *Die Frau*, sich zunehmend mit dem NS-Regime arrangierte. In den Konflikten, in die sie als «alte Demokratin» dennoch geriet, bleibt sie persönlich mutig. In der Publikation von Angelika Schaser sind beide Seiten ihrer Existenz bis 1945 dargestellt: Helene Lange und Gertrud Bäumer. Eine politische Lebensgemeinschaft. 2000.

30 Ulrich Nanko: Die Deutsche Glaubensbewegung. 1993. Das Buch informiert über die sozialistischen bis hin zu den völkischen Gruppierungen der Freidenker, ihre Geschichte, ihre unterschiedliche Affinität zum Nationalsozialismus und zur Deutschen Glaubensbewegung sowie über die konfliktreiche Beziehung zwischen der Deutschen Glaubensbewegung und dem NS-Staat.

31 Ebenda, S. 36 f.

32 *Ethische Kultur*, Heft 7, 1933, S. 101–104, und Heft 8, 1933, S. 114–120

33 Das gleichlautende Buch von Ernst Bergmann war 1933 im Verlag Ferdinand Hirt in Breslau erschienen. Ernst Bergmann (1881–1945) lehrte seit 1916 Geschichte der neueren Philosophie in Leipzig, schon vor 1933 trat er in die NSDAP ein. 1933/1934 gehörte er dem Führungsrat der «Arbeitsgemeinschaft Deutscher Glaube» an, später war er Mitbegründer diverser Abspaltungen und Mitherausgeber verschiedener Zeitschriften. Für die biographischen Angaben danke ich Ulrich Nanko.

34 «Von Barth zu Bergmann.» In: *Ethische Kultur*, Heft 12, 1933, S. 189–191. Dora Lux bespricht Ernst Bergmanns Buch: Deutschland, das Bildungsland der neuen Menschheit. 1933, und das von Karl Barth: Theologische Existenz heute. 1933.

35 *Ethische Kultur*, Heft 1, 1934, S. 12–15

36 Frau Lux schätzte, wie aus ihren «Streifzügen durch die Romanliteratur der Gegenwart» (Teil 3, 1928) hervorgeht, Wassermanns Werke seit langem. Ihre Besprechung seiner Bücher ist auch unter dem Aspekt der gegenwärtigen Wassermann-Renaissance interessant.

37 *Ethische Kultur*, Heft 12, 1934, S. 179–185. Mit «L. B.» sind auch zwei frühere Beiträge (1931 und 1933) gezeichnet, die zweifelsfrei Frau Lux zuzuordnen sind.

38 *Ethische Kultur*, Heft 7/8, 1935, S. 114 f.

39 Bjørnstjerne Bjørnson (1832–1910) war ein in Deutschland vielgelesener norwegischer Dichter, der sich im Rahmen der internationalen Proteste für Dreyfus engagiert hatte. Sein von Dora Lux teilweise nachgedruckter Aufsatz erschien 1908. Alfred Dreyfus, der aus dem Elsass stammte, war wegen angeblichen Verrats militärischer Geheimnisse ans Deutsche Reich 1894 zu lebenslänglicher Deportation auf die «Teufelsinsel» vor der Küste von Französisch-Guayana in Südamerika verurteilt worden. Die Vorwürfe stellten sich als haltlos heraus. Er wurde 1899 begnadigt und 1906 vollständig rehabilitiert.

40 Zitate aus «D. L.»: Die Moral des Umschwungs. In: *Ethische Kultur*, Heft 6, 1933, S. 87–90

41 Diese und weitere Mitteilungen zu Frau Lux sind entnommen aus: Dora Lux, geborene Bieber, Dr. phil., Heidelberg, den 21. März 1947, Lebenslauf.

42 Gerda Voss: The Other Side of the Coin. 1992, S. 5 (unveröffentl. Manuskript, dreiundvierzig Seiten). Ähnlich Gerda Voss: My Father. 1997, S. 66

43 Die Mitteilung von Gerda Voss ist in den Jahresberichten der Fontaneschule belegt: Im Schuljahr 1932/1933 gehörte Frau Dr. Lux dem Elternbeirat, der aus vier Männern und drei Frauen bestand, noch an. Im Jahresbericht 1933/1934 steht dann: «Im Sommer [1933] traten alle nichtarischen Mitglieder des Elternbeirats von ihren Posten zurück. Der Elternbeirat besteht seither nur aus arischen Persönlichkeiten.»

44 Dr. Annemarie (Marie-Anna) Bieber ist aufgenommen im Gedenkbuch von Rebecca Schwoch (Hg.): Berliner jüdische Kassenärzte und ihr Schicksal im Nationalsozialismus. 2009; siehe darin die Biographie von Annemarie Bieber, S. 98–100. Zusätzlich zum Gedenkbuch liegt der Abschlussbericht eines Forschungsprojekts vor: Judith Hahn und Rebecca Schwoch: Anpassung und Ausschaltung. Die Berliner Kassenärztliche Vereinigung im Nationalsozialismus. 2009. Frau Schwoch danke ich für Informationen und Beratung.

45 Annemarie Bieber: Curriculum Vitae, auf Englisch, undatiert (1940), zwei Schreibmaschinenseiten

46 Hertha Nathorff: Das Tagebuch der Hertha Nathorff. Berlin – New York.
Aufzeichnungen 1933–1945. 1988, S. 40, Eintragung zum 16. April 1933

47 Das Gesuch auf Wiederzulassung mit allen Anlagen sowie weitere Doku-
mente zu Friedrich Bieber befinden sich im Bundesarchiv, Standort Berlin-
Lichterfelde, unter: Personalakte des Reichsjustizministeriums, BAL. PAK.
PA 51705.

48 Mit der «Ersten Verordnung über Krankenkassenzulassung» des Reichsar-
beitsministeriums vom 22. April 1933 wurden die Bestimmungen des «Gesetzes zur Wiederherstellung des Berufsbeamtentums» auch auf Kassenärzte
angewandt. Siehe: Joseph Walk (Hg.): Das Sonderrecht für die Juden im
NS-Staat. 1996, S. 16

49 Zu den Berufsverboten von Rechtsanwälten und Notaren siehe: Simone
Ladwig-Winters: Anwalt ohne Recht. Das Schicksal der jüdischen Anwälte in
Berlin nach 1933. 1998

50 Reinhard Rürup stellt auf wenigen Seiten Entstehung, Inhalte und Auswirkungen des Gesetzes dar. In: Schicksale und Karrieren. Gedenkbuch für die
von den Nationalsozialisten aus der Kaiser-Wilhelm-Gesellschaft vertriebenen Forscherinnen und Forscher. 2008, insbes. S. 49–56, Zitat S. 51

51 Ebenda, S. 54

52 Paragraph 3 (Satz 1) der «Ersten Verordnung zur Durchführung des Gesetzes
zur Wiederherstellung des Berufsbeamtentums» vom 11. April 1933

53 Gesetz zur Wiederherstellung des Berufsbeamtentums vom 7. April 1933,
veröffentlicht im Reichsgesetzblatt 1933, Teil 1, Nr. 34, S. 175 f. Der vollständige Gesetzestext ist außerdem abgedruckt bei Bruno Blau: Das Ausnahmerecht für die Juden in Deutschland 1933–1945. 1954, S. 13–18.

54 Die erste Durchführungsverordnung zum Gesetz vom 11. April 1933 legt zu
Paragraph 4 fest: «Bei der Prüfung, ob die Voraussetzungen des § 4 Satz 1
gegeben sind, ist die gesamte politische Betätigung des Beamten, insbesondere seit dem 9. November 1918, in Betracht zu ziehen.» In Absatz 2 steht:
«Jeder Beamte ist verpflichtet, der obersten Reichs- oder Landesbehörde …
auf Verlangen Auskunft darüber zu geben, welchen politischen Parteien er
bisher angehört hat. Als politische Partei im Sinne dieser Bestimmung gelten
auch das Reichsbanner Schwarz-Rot-Gold, der Republikanische Richterbund
und die Liga für Menschenrechte.» Aus: Bruno Blau, a.a.O., S. 19

55 Diese Umschreibung einer möglichen politischen Gegnerschaft findet sich
in der damaligen Gesetzes- und Behördensprache. Siehe Joseph Walk (Hg.):
Das Sonderrecht für die Juden im NS-Staat. 1996, S. 86 und S. 89

56 Zahlen zu Berlin aus: Rebecca Schwoch: Approbationsentzug für jüdische

Ärzte: Bestallung erloschen. 2008. Zum Deutschen Reich: Claudia Huerkamp: Jüdische Akademikerinnen in Deutschland 1900–1938. 1993, S. 319 ff.

57 Angemerkt sei, dass unter den «Ärztinnen der älteren Generation», die im
«Verein sozialistischer Ärzte» mitarbeiteten, fast alle einen jüdischen Hintergrund hatten. Siehe Johanna Bleker und Sabine Schleiermacher: «Von den
Ärztinnen der älteren Generation waren nachweislich achtzehn Mitglieder im
Verein sozialistischer Ärzte. Von den nationalsozialistischen Rassegesetzen
waren sechzehn dieser Ärztinnen betroffen, von denen sich allerdings nur
einige zum Judentum bekannten» (S. 134). Zur «älteren Generation» zählen
in der Studie alle Ärztinnen, die bis 1918 ihre Approbation erhalten hatten, so
auch Dr. Bieber, approbiert 1906.

58 Zu finden in: Käte Frankenthal: Der dreifache Fluch: Jüdin, Intellektuelle, Sozialistin. 1981, S. 95 und S. 317. Ein Dokument, in dem Annemarie Bieber
direkt als «Staatsfeindin» oder als «staatsfeindliche Ärztin» bezeichnet wird,
kenne ich allerdings nicht.

59 Hierzu: Johanna Bleker und Sabine Schleiermacher: Ärztinnen aus dem Kaiserreich. 2000, S. 106

60 Die Ausführungen zu Friedrich Bieber basieren in Teilen auf dem Manuskript von Gerda Voss: Fugitives. 1995, darin das Kapitel «Hunted», S. 11–20.

61 Simone Ladwig-Winters: Anwalt ohne Recht. 1998; darin die Kurzbiographie zu Friedrich Bieber auf S. 103. Ich beziehe mich im Folgenden insbes. auf
S. 8–11, S. 36 f., S. 41–45, S. 54 f. und S. 57.

62 Enthalten in: Personalakte Friedrich Bieber des Reichsjustizministeriums,
BAL. PAK. PA 51 705

63 Die «Unbedenklichkeitsbescheinigungen» des Vorstands der Anwaltskammer und des Generalstaatsanwalts beim Kammergericht waren auf einem
Vordruck gleichlautend formuliert: «Nach meiner Kenntnis ist es völlig
ausgeschlossen, dass der Rechtsanwalt [handschriftlich eingesetzt Name
und Anschrift] sich im kommunistischen Sinn betätigt hat. Hierbei ist mir
bewusst, dass unter Betätigung in kommunistischem Sinne nicht nur Betätigung in der kommunistischen Partei, sondern jede Unterstützung kommu-
nistischer Organisationen und Bestrebungen zu verstehen ist.»

64 Um eine politische Gegnerschaft zum NS-Regime zu ermitteln, wurde gefragt: «Waren Sie Mitglied im Reichsbanner Schwarz-Rot-Gold, des Republikanischen Richter- oder Beamtenbundes oder der Liga für Menschenrechte und, falls ja, von wann bis wann?» Diese Vorgaben entsprechen der
ersten Durchführungsverordnung zum «Gesetz zur Wiederherstellung des
Berufsbeamtentums» vom 11. April 1933.

65 Simone Ladwig-Winters: Anwalt ohne Recht. 1998, S. 41–43
66 Bundesrechtsanwaltskammer (Hg.): Anwalt ohne Recht. Schicksale jüdischer Anwälte in Deutschland nach 1933. 2007, S. 10
67 Simone Ladwig-Winters: Anwalt ohne Recht. 1998, S. 10 f. und S. 45
68 Ebenda, S. 54–57
69 Der Lette-Verein hatte 1923 mit der Stadt Berlin und dem Land Preußen einen jährlichen Zuschuss ausgehandelt und dafür einen Teil seiner Selbständigkeit aufgegeben. In den Leitungsgremien hatten die Stadt Berlin und das Land Preußen Sitz und Stimme. Siehe: Doris Obschernitzki: «Der Frau ihre Arbeit!». Lette-Verein. Zur Geschichte einer Berliner Institution 1866–1986. 1987, S. 157
70 Dr. Dora Lux, Heidelberg, den 26. Mai 1951, an den öffentlichen Anwalt für Wiedergutmachung, Amtsgericht Heidelberg. Im Schreiben fährt sie fort: «Dies hat mir auch der Vorsitzende des Kuratoriums des Lette-Vereins, Herr von Seefeld, der selber Ministerialdirektor oder Ministerialrat im Ministerium für Handel und Gewerbe in Berlin war, in seinem Entlassungsschreiben an mich im April 1933 mit dem Ausdruck des Bedauerns mitgeteilt.» Aus der Wiedergutmachungsakte von Dora Lux, geborene Bieber, Landesarchiv Baden-Württemberg, Generallandesarchiv Karlsruhe, Sign. 480 EK/5164
71 Aufgegliedert nach Männern und Frauen: Bei den männlichen Studienräten in Preußen betrug der jüdische Anteil 0,4 Prozent, bei den weiblichen 3,6 Prozent. Angaben über Studienräte/Studienrätinnen an Privatschulen liegen nicht vor.
72 Monika Richarz: Bürger auf Widerruf. 1989; siehe Tabelle S. 28. Zu den Datenangaben steht dort: «Die folgende Tabelle gibt eine Übersicht über Juden in akademischen Berufen im Juni 1933, als bei der Volkszählung jene Juden, die schon Berufsverbot hatten, noch als Erwerbslose in ihren früheren Berufsgruppen mitgezählt wurden.»
73 Schreiben von Frau Dr. Lux «An das Landesamt für Wiedergutmachung Karlsruhe» vom 10. Juli 1953 (Wiedergutmachungsakte, a. a. O.)
74 Doris Obschernitzki: «Der Frau ihre Arbeit!». 1987, S. 183. Die Autorin fährt fort: «Besuchten vor 1933 noch 2800 bis 3000 Schülerinnen den Lette-Verein, so waren es 1936 nur noch 1500!»
75 Rita Meyhöfer: Gäste in Berlin? 1996, S. 108
76 Über die Umstrukturierung und die Bemühungen der neuen Leitung des Lette-Hauses, dennoch im Interesse der Schule zu handeln, siehe Doris Obschernitzki: «Der Frau ihre Arbeit!», a. a. O., S. 178 ff., Zitat S. 178
77 Zum Jugendheim von Anna Gierke siehe: Sophie Friedländer und Hilde Ja-

recki: Sophie & Hilde. Hrsg. von Bruno Schonig. 1996. Zur dessen Schließung und Verlagerung siehe Rüdiger Baron und Rolf Landwehr: Die ehemalige «Alice-Salomon-Schule». 1987, S. 21–23, Zitat S. 23

78 Es muss sich um Michael Benjamin (1932–2000) gehandelt haben, den einzigen Sohn von Hilde Benjamin. Er war 1942 wegen seines Vaters Dr. med. Georg Benjamin, Jude und Kommunist, von der Schule gewiesen worden.

79 Brief an Annemarie Bieber vom 7. November 1944 (im Privatbesitz von Peter Wölf Schaper)

80 Das Reichsbürgergesetz war eines der «Nürnberger Gesetze», die am 15. September 1938, während des «Reichsparteitags», von dem dorthin einberufenen Reichstag verabschiedet wurden. Es trennt die deutschen Staatsbürger in zwei Gruppen: die «Reichsbürger» und die «Staatsangehörigen». Nach diesem Gesetz hatten nur «Reichsbürger» die vollen politischen Rechte und konnten ein öffentliches Amt bekleiden, Juden aber waren keine «Reichsbürger», sie galten als «Staatsangehörige».

81 Sigilla Veri. Ph. Stauff's SemiKürschner: Lexikon der Juden, -Genossen und -Gegner. Hrsg. von Erich Ekkehard, Bd. 1–3, 1929, Bd. 4, 1931. «Ph. Stauff's SemiKürschner» verweist auf eine frühere einbändige Ausgabe des Lexikons von 1913; «Semi» ist die Abkürzung von Semiten; «Kürschner» nimmt Bezug auf das angesehene Gelehrtenlexikon gleichen Namens. «Ph. Stauff» steht für «Philipp Stauff», dem Autor von «Siegel der Wahrheit».

82 Ebenda, Bd. 1, 1929, S. 503. «Bieber» wird bereits in der schmalen Ausgabe von 1913 unter den jüdischen Anwälten Berlins genannt (Teil II, S. 128).

83 Ebenda, Bd. 4, 1931, S. 127

84 Ebenda, S. 165. Erwähnt wird die Veröffentlichung von Heinrich Lux: Die Juden als Verbrecher. München 1894, in dem er die angeblich höheren Kriminalitätsraten von Juden gegenüber Nichtjuden sehr akribisch als falsche Interpretation von Statistiken zurückgewiesen hatte. Zitiert wird der Verfasser der tendenziösen Statistikinterpretationen, Giese: «Ich lasse dahingestellt, ob Lux selbst Jude ist oder nicht, denn das ist ganz unerheblich: Die nichtjüdischen Judenschützer bringen ja nur das vor, was ihnen von den Juden selbst eingeblasen wird.»

85 Ebenda, Bd. 3, 1929, S. 291–295

86 Bei den Wahlen (9.–13. Januar und 11. Februar 1933) der Vorstandsmitglieder der Berliner Anwaltskammer war der bisherige Präsident Dr. Ernst Wolff, der später aus rassischen Gründen emigrieren musste, wiedergewählt worden. Dem dreiunddreißigköpfigen Vorstand gehörten außerdem neunzehn Vorstandsmitglieder jüdischer Herkunft an. Nach dem Reichstagsbrand am

27. Februar 1933, als der NS-Terror sich gegen die politischen Gegner richtete, protestierte er gegen die Verhaftung linker Rechtsanwälte; am 28. März 1933 trat der Vorstand der Anwaltskammer Berlin geschlossen zurück. Bereits einige Tage später wurde der Spitzenkandidat der nationalsozialistischen Liste, Reinhard Neubert, der bei der Wahl im Januar 1933 das schlechteste Ergebnis von allen Kandidaten erzielt hatte, also kläglich gescheitert war, «kommissarisch mit der Wahrnehmung der Aufgaben des Kammervorstands betraut». In den folgenden Jahren stand er der Kammer vor. Siehe: Simone Ladwig-Winters: Anwalt ohne Recht. 1998, S. 36 – und die Kurzbiographie zu Ernst Wolff, S. 221

87 Mit der ihm eigenen Präzision vermittelt Raul Hilberg auf wenigen Seiten die Unmöglichkeit einer justiziablen Definition des Begriffs «Jude»: Die Vernichtung der europäischen Juden. 1999, Bd. 1, S. 69–77. Die einzelnen widerstreitenden antisemitischen Positionen und ihr Einfluss auf die Politik analysiert Cornelia Essner: Die «Nürnberger Gesetze» oder Die Verwaltung des Rassenwahns 1933–1945. 2002.

88 Vierte Verordnung zum Reichsbürgergesetz vom 25. Juli 1938. Aus: Joseph Walk (Hg.): Das Sonderrecht für die Juden im NS-Staat. 1996, S. 234. Da die Gesetze, Verordnungen und Erlasse, mit denen die Juden aus der deutschen Gesellschaft ausgeschlossen werden sollten, in der Regel brutaler und aussagekräftiger formuliert sind als heutige Inhaltsgaben, bringe ich häufig ihren Wortlaut. Hierbei war die «Sammlung der gesetzlichen Maßnahmen und Richtlinien» von Joseph Walk unentbehrlich.

89 In der Studie von Judith Hahn und Rebecca Schwoch sind die sogenannten «jüdischen Mischlinge» nicht einbezogen: Anpassung und Ausschaltung. 2009.

90 Im Amtlichen Fernsprechbuch Berlin wurden von 1934 bis 1938 «Bieber Annemarie, Dr. med. Ärztin» und «Frisch Regula, Dr. med. Ärztin» getrennt aufgeführt, aber jeweils mit gleicher Adresse (Kaiser-Wilhelm-Straße 53) und identischer Telefonnummer; ab 1939 erscheint dort nur noch Frau Dr. Regula Frisch, letztmalig 1941.

91 Käthe Kollwitz: Die Tagebücher 1908–1943. 1986, S. 711 und S. 930

92 Hanna Knight, geborene Bieber, Nachruf auf Dr. Annemarie Bieber; Manuskript einer Rede vor dem «Forum for Women's Achievement» im Mai 1957 in den USA, acht Schreibmaschinenseiten, im Bestand des Forschungsprojekts «Ärztinnen aus der Kaiserzeit» am Institut für Geschichte der Medizin, Charité, Universitätsmedizin Berlin. Im Gedenkbuch für die Berliner jüdischen Kassenärzte (hrsg. von Rebecca Schwoch, 2009) wird auf die Tochter

von Dr. Annemarie Bieber unter «Hanna Parker, geb. Bieber» auf S. 98 f. Bezug genommen. Zur Erklärung der Namensdifferenz: Sie war in zweiter Ehe mit William P. Parker verheiratet.

93 Auf den selbstorganisierten Unterricht für die Tochter Ruth stieß ich in der Zeitschrift *aktuell*, hrsg. vom Presse- und Informationsamt des Landes Berlin für Menschen, die in der Zeit des Nationalsozialismus verfolgt wurden. In der Juni-Ausgabe 2003 findet sich auf S. 34 ein Foto von Karin Schindler vom 8. Mai 1939, auf dem Ruth Bieber neben anderen Kindern abgebildet und in der Bildunterschrift genannt ist. Im Text dazu heißt es: «Wir erhielten Privatunterricht im Haus eines der abgebildeten Mädchen – Beate Redlich. Die Redlichs lebten im Grunewald und hatten ein wunderschönes Haus, in dem ein Zimmer in einen Klassenraum gestaltet worden war. Unsere Lehrerin war Frau Mottek.» Die Angabe zum Schulbesuch der Töchter in der American School ist dem «Curriculum Vitae» (1940) von Dr. Annemarie Bieber entnommen.

94 Dokumente zur Emigration von Annemarie Bieber im Bestand des Forschungsprojekts «Ärztinnen aus der Kaiserzeit», a. a. O.

95 Das Haus wurde Anfang September 1940 beschlagnahmt. Bis 1941 bemühten sich die Geschwister, vor allem aber Friedrich Bieber, das Gebäude durch anteiligen Verkauf an sogenannte «Mischlinge» in der Verwandtschaft, die nicht als Juden galten, für die Familie zu erhalten – was aber misslang. Haus und Grundbesitz wurden enteignet, die Einrichtungsgegenstände zugunsten des Staates versteigert. Gerda Lux war in die Bemühungen einbezogen. Ihre Erinnerung wird bestätigt durch die von ihr unterschriebene Eingabe an das Finanzamt Moabit-West vom 15. März 1941, a. a. O. (im Bestand des Forschungsprojekts «Ärztinnen aus der Kaiserzeit»). Ohne in Einzelheiten zu gehen, schreibt Dora Lux in ihrem Brief an ihre Schwester in den USA vom 7. November 1944: «Über diese Dinge weiß der Bankier Scheurmann am besten Bescheid, der sich auch sonst als guter Berater und Sachwalter, auch menschlich bewährte, was man nicht von allzu vielen sagen kann.» Hanna Knight, geborene Bieber, hat 1965 Entschädigung beantragt und viele Jahre später auch erhalten. Die Akte liegt im Brandenburgischen Landeshauptarchiv in Potsdam.

96 Ich hatte von diesem Brief gehört, aber niemand in der Familie schien ihn aufgehoben zu haben, bis ich die zehn engbeschriebenen Schreibmaschinenseiten 2011 kurz vor Abschluss des Manuskripts doch noch per E-Mail von Peter Wölf Schaper aus den USA erhielt!

97 Im Brandenburgischen Landeshauptarchiv in Potsdam gibt es in den Bestän-

den zu «ehemals jüdischem Vermögen» eine Akte zu Elsbeth Schaper, die für mich aus datenrechtlichen Gründen aber gesperrt war.

98 Laut Auskunft des Landesarchivs Berlin war Elsbeth Schaper seit dem 14. Juli 1939 in der Kaiser-Wilhelm-Straße gemeldet. Siehe: Landesarchiv Berlin, Bestand B Rep. 021: «Historische Berliner Einwohnermeldekartei (EMK) von 1875–1960»

99 Erlass des Reichssicherheitshauptamts vom 18. Dezember 1943: «Jüdische Ehepartner von nicht mehr bestehenden Mischehen (bisher befreit vom Tragen des Judensterns) sowie Geltungsjuden sollen nach Theresienstadt geschickt werden.» Aus: Joseph Walk (Hg.): Das Sonderrecht für die Juden im NS-Staat. 1996, S. 401

100 Bei allen nachfolgenden Listen bis zum letzten Transport, dem 118. Transport, der am 27. März 1945 von Berlin nach Theresienstadt ging, finden sich hinter den Namen die Bemerkungen «nicht mehr bestehende privilegierte Mischehe» oder «Geltungsjude».

101 Rita Meyhöfer: Gäste in Berlin? 1996, S. 254. Ähnlich bei Beate Meyer: «Jüdische Mischlinge». Rassenpolitik und Verfolgungserfahrung. 1999, S. 92 und S. 403

102 Die Zitate im laufenden Abschnitt sind wieder dem Brief von Dora Lux an Annemarie Bieber vom 7. November 1944 entnommen. Weitere klärende Informationen verdanke ich Peter Wölf Schaper, mit dem ich hierzu korrespondieren und telefonieren konnte.

103 Der «Organisation Todt», gegründet 1938, unterstanden Baukolonnen, in denen im Zweiten Weltkrieg Zwangsarbeiter aus dem In- und Ausland arbeiten mussten. Ab 1943 wurden zunehmend auch «Mischlinge ersten Grades» dorthin dienstverpflichtet.

104 Information entnommen aus: Nachtrag von Dora Lux vom 22. Mai 1949 zum Brief vom 7. November 1944.

105 Zum ehrengerichtlichen Verfahren der Berliner Anwaltskammer und zum Gerichtsprozess siehe: Personalakte des Reichsjustizministers, a. a. O.

106 Urteilsbegründung im ehrengerichtlichen Verfahren der Anwaltskammer Berlin gegen den Rechtsanwalt Dr. Friedrich Bieber vom 21. Oktober 1933, siehe: Personalakte des Reichsjustizministers, a. a. O.

107 Schreiben des Kammergerichtspräsidenten vom 15. Januar 1934, siehe: Personalakte des Reichsjustizministers, a. a. O.

108 Der «Geburts- und Taufschein» wurde am 22. Februar 1941 vom Evangelischen Pfarramt in Preußisch Stargard ausgestellt (im Familienbesitz).

109 Gerda Voss, Schreiben vom 21. Februar 2009

110 Gerda Voss: Fugitives. 1995, darin das Kapitel «Hunted»

111 Ob das Polizeigefängnis am Alexanderplatz gemeint ist oder ein anderes Gestapo-Gebäude, ist unklar.

112 Dorthin waren im März 1944 alle Häftlinge aus dem ehemaligen jüdischen Altersheim, das sich in der Großen Hamburger Straße 26 befand, verlegt worden. Das neue Sammellager wurde in der Pathologie des Jüdischen Krankenhauses, Eingang Schulstraße 78, errichtet. Siehe Rivka Elkin: Das Jüdische Krankenhaus in Berlin zwischen 1938 und 1945. 1993, S. 49 und S. 52, Zitat S. 61. Der Aufenthalt von Friedrich Bieber geht aus seiner Vermögenserklärung vom 27. Juni 1944 hervor. Als Anschrift ist angegeben: Schulstraße 78. Siehe auch die Kurzbiographie zu Friedrich Bieber in: Simone Ladwig-Winters: Anwalt ohne Recht. 1998, S. 103

113 Die Aussagen im Text von Gerda Voss werden von Bruno Blau bestätigt. In: Bruno Blau: «Vierzehn Jahre Not und Schrecken». New York 1952, unveröffentlichtes Manuskript von 120 Seiten. Ein Kapitel aus dem Manuskript, und zwar über das Jüdische Krankenhaus, ist abgedruckt in: Monika Richarz (Hg.): Bürger auf Widerruf. 1989. Der Autor schreibt darin, dass die jüdischen Häftlinge teilweise unter Aufsicht «zu Aufräumarbeiten im Krankenhaus, auf den Straßen oder auch in den Räumen der Gestapo (Französische Straße) verwendet wurden» (S. 576). Das von Gerda Voss übermittelte Zitat Friedrich Biebers fügt sich ebenso in den Bericht von Bruno Blau ein: «Gegen die Behandlung der jüdischen Gefangenen durch den Lagerleiter Dobberke ist nach dem übereinstimmenden Urteil der Lagerinsassen nichts einzuwenden gewesen.» Er gewährte ihnen, «soweit es in seiner Macht lag, Erleichterungen mancher Art» (S. 575 f.).

114 «Alle in Mischehen lebenden arbeitsfähigen Staatsangehörigen und staatenloser Juden (auch Geltungsjuden) sind zum geschlossenen Arbeitseinsatz in Theresienstadt zu überführen.» Erlass des Reichssicherheitshauptamts vom 13. Januar 1945, aus: Joseph Walk (Hg.): Das Sonderrecht für die Juden im NS-Staat. 1996, S. 406. Die Anordnung wurde Mitte Februar 1945 auf alle, also auch auf die nicht arbeitsfähigen, in «Mischehen» lebenden Juden sowie auf jüdische «Mischlinge» ausgedehnt: «Wie im übrigen Reichsgebiet sollen auch in Berlin alle in ‹Mischehen› lebenden Juden sowie jüdische ‹Mischlinge› nach Theresienstadt deportiert werden, doch scheitert dies offensichtlich an den Transportkapazitäten.» Siehe: Wolf Gruner: Judenverfolgung in Berlin 1933–1945. 2009, S. 168. Fest steht, dass solche Deportationen noch stattfanden, vor allem aus Süddeutschland.

115 Dr. Dora Lux an das Amtsgericht Heidelberg, 7. Februar 1951, siehe: Wieder-

gutmachungsakte, a. a. O. Ihre Tochter Gerda, die an der Fluchtvorbereitung beteiligt war, vertritt demgegenüber dezidiert die Meinung, ihre Mutter sei wegen der Russen aus Berlin geflohen (u. a. in: Gerda Voss: My Father. 1997, S. 44). Ihre Tochter Eva wiederum nennt das gleiche Fluchtmotiv wie Frau Lux, über das sie in der Nachkriegszeit mit ihrer Mutter sprach. Möglicherweise stimmen beide Fluchtmotive.

116 Entnommen aus: Dora Lux: Lebenslauf. 1947

117 Dr. Heinrich Lux, Berlin W 35, den 31. Dezember 1938, an Frau Wera Kugler-Lux in Augsburg. Der Brief und zahlreiche der damals beigefügten Dokumente befinden sich im Familienbesitz.

118 Im Berliner Adressbuch von 1939, S. 1548 f., unter «Straßen und Häuser» ist unter den Bewohnern der Fregestraße 81 «Kirch, E. Oberstleutnant a. D.» eingetragen, entsprechend in den Adressbüchern von 1940 und 1943.

119 Im Berliner Adressbuch von 1934, S. 1454, ist unter «Straßen und Häuser» als einer der Bewohner in der Fregestraße 81 «Müller, P. Kraftwagenführer» verzeichnet, ebenso 1936 und 1939. Im Adressbuch von 1943, S. 1545, ist er zum «techn. Angestellter» aufgestiegen.

120 Gerda Voss, Schreiben vom 4. März 2009

121 Heinrich Lux: Memoiren. 1944, S. 58. Auf den folgenden Seiten sind Aussagen und Zitate aus den Memoiren eingearbeitet: zur *Ethischen Kultur* (S. 87), zur Verdrängung aus der Lichttechnik (S. 36 f. und S. 56 f.), zu seiner Arbeit als Patentanwalt (S. 38) und zur Finanzsituation (S. 36 und S. 58).

122 Günther Luxbacher: Deutsche Lichttechnische Gesellschaft 1912–2000. 2001, S. 23 f. Der Autor erwähnt Dr. Heinrich Lux mehrmals.

123 Heinrich Lux: Handbuch der Lichttechnik. 1938; siehe in der Einleitung die Abschnitte A 1, «Geschichte der Leuchttechnik und Beleuchtungstechnik» (S. 1–12), und A: «Lichttechnische Gesellschaften und ihre Organe» (S. 27–32)

124 In den Adressbüchern bis 1934 ist Heinrich Lux als «Beratender Ingenieur» verzeichnet, danach als «Patentanwalt». Nach der Erinnerung seiner Tochter hatte er die Prüfung erst im zweiten Anlauf bestanden. Da er als Patentingenieur über Jahre auf dem Gebiet des Patentrechts tätig war, wenn er auch nicht vor Gericht hatte auftreten können, glaubte er zunächst, auf ernsthafte Vorbereitungen verzichten zu können. Siehe: Gerda Voss: My Father. 1997, S. 67

125 Maximilian Kinkeldey: Der Ausschluß der Juden aus der Patentanwaltschaft in Deutschland 1933–1938. 1998. Grundlage ihrer Verdrängung war das «Gesetz, betreffend die Zulassung zur Patentanwaltschaft und zur Rechtsan-

waltschaft» vom 22. April 1933. Von Heinrich Lux ist bekannt, dass er 1935 und dann erneut Ende 1938 seinen «Ariernachweis» beim Patentamt hatte einreichen müssen. In seinen Unterlagen befand sich auch ein «Auszug aus dem Taufregister der evangelischen Gemeinde in Schneidemühl» für Dora Bieber-Lux, ausgestellt am 18. Januar 1935, zum «Nachweis arischer Abstammung». «Evangelisch» ist dort nicht nur bei ihr, sondern auch bei ihren Eltern eingetragen. Als «Ariernachweis» reichte diese Bescheinigung genau genommen nicht aus, dafür hätte die christliche Religion aller vier Großeltern nachgewiesen oder zumindest eine Geburtsurkunde vorgelegt werden müssen. Aus dieser wäre aber hervorgegangen, dass beide Eltern von Dora Lux bei ihrer Geburt «mosaischer Religion» waren – wie auf der Geburtsurkunde ihrer Schwester Annemarie zu lesen ist. Heinrich Lux kam jedoch mit den unvollständigen Dokumenten durch.

126 Neufassung des entsprechenden Paragraphen des genannten Gesetzes bei Joseph Walk (Hg.): Das Sonderrecht für die Juden im NS-Staat. 1996, S. 240

127 Siehe Runderlass des Reichsministers des Inneren vom 18. Juni 1937. Ebenda, S. 192; ähnlich ein früherer Erlass in Preußen vom 26. April 1935, S. 113. Für interkonfessionelle Ehen werden neue Begriffe eingeführt.

128 Beate Meyer: «Jüdische Mischlinge». Rassenpolitik und Verfolgungserfahrung. 1999. Siehe den Abschnitt: «Die Verfolgung der Mischehen im Nationalsozialismus» (S. 24–94). In Kenntnis der Diskussion Ende der dreißiger Jahre nimmt sie eine detaillierte und komplizierte Abgrenzung zwischen einer «privilegierte[n]» und einer «nichtprivilegierte[n] Mischehe» vor.

129 Zum Verbot des Telefonierens für Juden siehe Joseph Walk (Hg.): Das Sonderrecht für die Juden im NS-Staat. 1996, S. 325 und S. 360. Vom Telefon als Kommunikationsmittel abgeschnitten zu sein, bedeutete für Juden und Jüdinnen eine gravierende Beeinträchtigung, bis hin zur Verringerung ihrer Überlebenschancen.

130 Ebenda, S. 368

131 «Ab 15. 9. 41 ist es Juden, die das sechste Jahr vollendet haben, verboten, sich in der Öffentlichkeit ohne einen Judenstern zu zeigen. Juden ist es verboten, ohne schriftliche polizeiliche Erlaubnis ihre Wohngemeinde zu verlassen und Orden … zu tragen. Dies gilt nicht für den in Mischehe lebenden jüdischen Ehegatten, sofern Abkömmlinge aus der Ehe vorhanden sind, die nicht als Juden gelten.» Verordnung des Reichsministers des Inneren vom 1. September 1941, aus: Joseph Walk (Hg.), a. a. O., S. 347

132 Eine große Dankbarkeit einer jüdischen Frau gegenüber dem nichtjüdischen Mann findet sich zum Beispiel im Bericht von Vera Bendt: Ernst und Frieda

Kaeber. 2007: «Die ihr entgegengebrachte Aufmerksamkeit wollte sie stets auf ihren verstorbenen Mann, Ernst Kaeber, lenken, dem sie, dessen war sie sich sehr bewusst, die Rettung ihres Lebens verdankte» (S. 3). Aus dem Aufsatz entnahm ich darüber hinaus: «Ernst Kaeber, der seiner Frau durch die verweigerte Scheidung das Leben rettete, ist aus jüdischer Sicht ein ‹Gerechter unter den Völkern›.» (S. 9)

133 Die folgenden Berichte finden sich in: Heinrich Lux. Memoiren. 1944. Siehe das Kapitel «Reisen und Wanderungen», S. 79–83

134 Gerda Voss: My Father. 1997, S. 75

135 Kondolenzbrief von Gertrud Jaspers zum Tod von Dora Lux an Eva Tietze, vom 17. Juni 1959

136 Heinrich Lux: Memoiren. 1944, S. 8

137 Gerda Voss: My Father. 1997, S. 74

138 Marion A. Kaplan, berichtet über jüdische Frauen, die in der Zeit der Verfolgung ähnlich wie Frau Lux eine beeindruckende Handlungsfähigkeit entwickelten. Siehe: Der Mut zum Überleben. 2001

139 Gerda Voss: Fugitives. 1995, darin das Kapitel «Hunted». Gerda Lux war im Juli 1943 wegen der Verlegung ihrer Arbeitsstätte nach Bayern gezogen. Eva Lux lebte schon seit 1939 nicht mehr in Berlin.

140 Gerda Voss: My Father. 1997, S. 76 f.

141 *Das Licht*, Heft 7/8, 1944, S. 118

142 Arno Lustiger: Zum Kampf auf Leben und Tod! Vom Widerstand der Juden in Europa 1933–1944; 1994 Arno Lustiger: Rettungswiderstand. Über die Judenretter in Europa während der NS-Zeit. 2011; Wolfgang Benz (Hg.): Solidarität und Hilfe für Juden während der NS-Zeit. Eine Reihe des Zentrums für Antisemitismusforschung 1996–2004. In der angegebenen Literatur wird auch zahlreicher Juden in Deutschland, die als Einzelne oder als Gruppenmitglieder Widerstand leisteten, gedacht. Erinnert sei vor allem an die Beteiligung von Juden, auch deutscher Juden, in den Untergrundbewegungen der besetzten Länder und an ihren militärischen Widerstand als Angehörige der alliierten Befreiungsarmeen. Zu ihnen gehörten die Neffen von Dora Lux, Fernand, Peter und Heiner Schwab, die Söhne von Elsbeth Schaper aus erster Ehe.

143 Dora Lux: Brief vom 7. November 1944 an ihre Schwester Annemarie Bieber in den USA

144 Gerda Voss: Fugitives. 1995, darin das Kapitel «Hiding». Die Tochter wohnte Anfang 1943 noch zu Hause und hat die Ereignisse unmittelbar mitbekommen.

145 Die Akte des Oberfinanzpräsidenten Berlin-Brandenburg zu Franz Eulenburg befindet sich im Brandenburgischen Landeshauptarchiv in Potsdam,
Sign. Rep. 36 A II Nr. 8560. Siehe auch das Schreiben der Stiftung Neue
Synagoge Berlin – Centrum Judaicum vom 8. September 2008
146 Bruno Blau: Vierzehn Jahre Not und Schrecken. Manuskript 1952
147 Zwei neuere Zeitzeugenberichte haben mich besonders beeindruckt, und
zwar wegen des Muts der Untergetauchten und der vielen Menschen, die an
ihrer Rettung beteiligt waren: Zum einen ist es die Überlebensgeschichte von
Konrad Latte, aufgezeichnet von Peter Schneider: «Und wenn wir nur eine
Stunde gewinnen ...». Wie ein jüdischer Musiker die Nazi-Zeit überlebte.
2002. In dem anderen Bericht geht es um das kaum fassbare Überleben eines
jüdischen Ehepaars mit einem Kleinkind und einem Baby im Untergrund,
aufgezeichnet von Klaus Hillenbrand: Nicht mit uns. Das Leben von Leonie
und Walter Frankenstein. 2008.
148 Gerda Voss: Fugitives. 1995, darin das Kapitel «Hiding», S. 21–25. Ich be-
schränke mich hier auf die Informationen zu Frau Markiewicz, die im Bericht
von Gerda Voss enthalten sind. Gleichzeitig danke ich Frau Barbara Schieb,
die das Projekt «Stille Helden» der Gedenkstätte Deutscher Widerstand in
Berlin leitet, für weitere Informationen. Für das Projekt der Gedenkstätte
wiederum war der Aufenthalt von Frau Markiewicz bei der Familie Lux neu
und interessant.
149 Käte Schaps muss eine enge Freundin von Dora Lux gewesen sein. Die Töchter erinnern sich an sie. Aus ihrem Kondolenzbrief von 1959 ist zu entnehmen, dass die beiden Frauen noch in der Nachkriegszeit Briefe austauschten.
150 In einem Forschungsprojekt, in das 150 nichtjüdische Helfer einbezogen
sind, fand Beate Kosmala «bis zu zwanzig Fälle missglückter Unterstützung
von Juden ... die für die nichtjüdischen Helfer tödlich endeten». Aus: Beate
Kosmala: Missglückte Hilfe und ihre Folgen. 2002
151 Die erste umfassende Untersuchung zu dieser Gruppe stammt von Beate
Meyer: «Jüdische Mischlinge». Rassenpolitik und Verfolgungserfahrung
1933–1945. 1999. Die Darstellung ist verbunden mit einer Regionalstudie zu
Hamburg. Für Berlin wie für die meisten anderen Regionen Deutschlands
gibt es noch keine vergleichbare Arbeit. Die Schätzungen über die Anzahl
der «Mischlinge ersten und zweiten Grades» beziehungsweise «Halb-» und
«Vierteljuden» klaffen vor 1933 und danach, bis zur Volkszählung 1939, weit
auseinander. Bei dieser Volkszählung wurden circa 110 000 Menschen als
«Mischlinge» registriert, davon lebte etwa ein Viertel, rund 27 000 Personen,
in Berlin. Weitere statistische Angaben bei Beate Meyer, a. a. O., S. 162 ff.

152 Gerda Voss: My Father. 1997, S. 66

153 Gerda Voss: The Other Side of the Coin. 1992, S. 4

154 Unterlagen zur Chamissoschule in: «Bibliothek für Bildungsgeschichtliche Forschung (BBF) – Deutsches Institut für Internationale Pädagogik», abgekürzt: BBF/DIPF/Archiv, Sign., Bestand Jahresberichte und Personalberichte GUT PERS 367

155 Rita Meyhöfer: Gäste in Berlin? 1996. Die Autorin hat alle noch auffindbaren Unterlagen zu jüdischen Schülern an den höheren Schulen in Berlin gesichtet, eigene Berechnungen angestellt und rund hundert Zuschriften von jetzt alten Menschen, die ehemals in Berlin zur Schule gingen, ausgewertet. Ihre Studie enthält ein eigenes Kapitel zur Schulsituation von sogenannten «Mischlingen», S. 236–259. Sofern nichts anderes vermerkt ist, beziehen sich ihre Angaben nur auf Berlin und nur auf die höheren Schulen.

156 Ebenda, S. 157. Ende 1932 betrug der Anteil jüdischer Schülerinnen an höheren Schulen im Bezirk Schöneberg insgesamt 13,52 Prozent – bei einem jüdischen Bevölkerungsanteil von 7,3 Prozent in Schöneberg. Gegenüber dem Anteil in den Städtischen Höheren Mädchenschulen in Berlin um 1900 war ihr Anteil kontinuierlich zurückgegangen, teils wegen der niedrigeren Geburtenraten in jüdischen Familien, teils weil der Bildungswunsch für Söhne und Töchter nichtjüdischer Familien inzwischen angestiegen war.

157 Gerda Voss: The Other Side of the Coin. 1992, S. 5

158 Rita Meyhöfer: Gäste in Berlin? 1996, S. 110

159 Gerda Voss: The Other Side of the Coin. 1992, S. 5 f.

160 Alice Kluge, Studienrätin, war zum 1. Januar 1934 an die Chamissoschule versetzt worden. Siehe: BBF/DIPF/Archiv, Personalbericht vom 2. Mai 1934

161 «Bereits zum 1. Oktober 1933 hatte das Preußische Ministerium verfügt, dass Vererbungslehre und Rassenkunde Gegenstand des Unterrichts und ‹pflichtmäßiges Prüfungsgebiet› bei Abschlussprüfungen sein müssen. Dieser Erlass wurde am 15. Januar 1935 für das gesamte Deutsche Reich wirksam und nun auch auf die Volksschulen ausgedehnt.» Die Rassenlehre sollte alle Fächer durchziehen, insbesondere Deutsch, Biologie und Geschichte. Die rassistischen, antijüdischen Unterrichtsinhalte waren für manche jüdische Schüler so kränkend, dass sie deswegen die Schule verließen. Siehe: Rita Meyhöfer: Gäste in Berlin? 1996, S. 106 f.

162 Walther Lochmann wird im Lehrerverzeichnis vom 5. Juni 1923 des Jahresberichts 1923/1924 als Studienrat aufgeführt. Im Jahresbericht 1936/1937 erscheint er mit Doktortitel; diesem Bericht ist auch zu entnehmen, dass er die Oberprima, also die Abiturklasse, die Gerda Lux besuchte, in mehreren Fächern unterrichtete.

163 Gerda Voss: The Other Side of the Coin. 1992, S. 7 f.
164 Rita Meyhöfer: Gäste in Berlin? 1996, S. 239–244; und Beate Meyer: «Jüdische Mischlinge». Rassenpolitik und Verfolgungserfahrung. 1999, S. 192–200. Eine große Unterschiedlichkeit der Erfahrungen enthalten auch verstreut veröffentlichte Erinnerungen.
165 Die Ausbildungsdaten von Eva Lux waren nicht abschließend zu rekonstruieren.
166 Unterlagen zur Fontaneschule in: BBF / DIPF / Archiv, Sign., Bestand Jahresberichte und Personalberichte GUT PERS 368. In diesen wird Frau Zobel als «Oberturnlehrerin» bezeichnet. Sie war verantwortlich für die «Arbeitsgemeinschaften für Leibesübungen», denen damals in jeder Schule eine große Bedeutung zukam.
167 Der Jahresbericht der Fontaneschule 1933 / 1934 mit den statistischen Angaben von Februar 1934 unterscheidet erstmalig zwischen «Religionsbekenntnis» und «Abstammung».
168 Unterlagen zur Sophie-Charlotte-Schule in: BBF / DIPF / Archiv, Sign., Bestand Jahresberichte und Personalberichte GUT PERS 304. Dr. Margarete Roseno erscheint im Personalbericht vom 5. Mai 1926 als «Studienrätin und Oberin der Frauenschule». Sie starb am 18. März 1937 (Jahresbericht 1936 / 1937). Im Personalbericht vom 8. August 1930 ist bei Dr. Edith Leuthäuser (an anderer Stelle: Leutheusser) vermerkt: «Studienrätin, neue Stelle». Dr. Siebenhaar, Oberstudienrat, war am 28. Juni 1934 an die Sophie-Charlotte-Schule versetzt worden (Personalbericht vom 21. Mai 1935). Am 5. November 1938 wurde er «in die NSDAP mit Wirkung vom 1. Mai 1937» aufgenommen (Personalbericht vom 9. Mai 1939).
169 Der Anteil der jüdischen Schüler in den höheren Schulen Berlins sank von 8,9 Prozent im Jahr 1932 auf 4,27 Prozent im Jahr 1934, 1938 waren es nur noch 0,57 Prozent. Diese und weitere Zahlenangaben finden sich bei Rita Meyhöfer: Gäste in Berlin? 1996, S. 130–133 und S. 238 f.
170 Joseph Walk (Hg.): Das Sonderrecht für die Juden im NS-Staat. 1996, S. 18 (Gesetz vom 25. April 1933). Ausgenommen waren Kinder von «Frontkämpfern».
171 Rita Meyhöfer: Gäste in Berlin? 1996, S. 132 und S. 156
172 Ebenda, S. 130
173 Ebenda, S. 68
174 Ebenda, S. 132. Der Erlass des Reichsministers für Wissenschaft, Erziehung und Volksbildung vom 15. November 1938 ist ein Beispiel für demagogische Schuldzuweisung an die Opfer: «Nach der ruchlosen Mordtat von Paris kann

es keinem deutschen Lehrer ... mehr zugemutet werden, an jüdische Schul-
kinder Unterricht zu erteilen. Auch versteht es sich von selbst, dass es für
deutsche Schüler unerträglich ist, mit Juden in einem Klassenraum zu sitzen
... [Ich] ordne daher mit sofortiger Wirkung an: Juden ist der Besuch deutscher Schulen nicht gestattet. Sie dürfen nur jüdische Schulen besuchen ...
Diese Regelung erstreckt sich auf alle mir unterstellten Schulen einschließlich
der Pflichtschulen.» Siehe: Joseph Walk (Hg.): Das Sonderrecht für die Juden
im NS-Staat. 1996, S. 256

175 Erlass vom 2. Juli 1942. «Mischlinge zweiten Grades» durften weiterfüh-
rende Schulen besuchen, wenn Platz vorhanden war. Siehe: Beate Meyer: «Jüdische Mischlinge». Rassenpolitik und Verfolgungserfahrung. 1999, S. 194

176 Hartmut Titze: Hochschulen. 1989, S. 231

177 Siehe Hans Ebert: Die Technische Hochschule Berlin und der Nationalsozialismus. Politische «Gleichschaltung» und rassistische «Säuberungen». 1979.
Die TH Berlin war bereits vor 1933 eine Hochburg der Nationalsozialisten
gewesen. Zum Arbeitsdienst siehe: Hartmut Titze, a.a.O., 1989, S. 230

178 Gerda Voss: The Other Side of the Coin. 1992, S. 11–14

179 Ebenda, S. 16–18

180 Erlass vom 25. Oktober 1940 des Reichsministeriums für Wissenschaft, Erziehung und Volksbildung. Siehe Joseph Walk (Hg.): Das Sonderrecht für die
Juden im NS-Staat. 1996, S. 328. Bereits davor mussten «Mischlinge ersten
Grades» eine Studiengenehmigung beim Erziehungsministerium einholen,
wobei ihre Anträge, obwohl es noch kein offizielles Studienverbot für sie
gab, «fast ausnahmslos abgelehnt» wurden. Ähnlich Beate Meyer: «Jüdische
Mischlinge». 1999, S. 200; siehe auch Hans Ebert: Die Technische Hochschule Berlin und der Nationalsozialismus. 1979, S. 462

181 Gerda Voss: My Father. 1997, S. 72

182 Es handelt sich um Professor Dr. Hans Geiger, den Erfinder des «Geiger-
Zählers». Über sein integres Verhalten berichtet David C. Cassidy: Gustav
Hertz, Hans Geiger und das Physikalische Institut der Technischen Hoch-
schule Berlin in den Jahren 1933 bis 1945. 1979

183 Festschrift zum hundertjährigen Bestehen der Nathanael-Kirche in Schöneberg-Friedenau. Im Auftrag des Gemeindekirchenrats, hrsg. von Annette
Wigger, o.J. (2003); zum Säuglingsheim, S. 16

184 Zu verschärften gesetzlichen Vorschriften im Bereich Wohlfahrts- und Kran-
kenpflege siehe Joseph Walk (Hg.): Das Sonderrecht für die Juden im NS-
Staat. 1996, S. 17, S. 242 und S. 306. Ähnliche Sonderbestimmungen gab es
für die medizinischen Berufe. Zum Berührungsverbot zwischen Juden und

Nichtjuden siehe: Cornelia Essner: Die «Nürnberger Gesetze». 2002; insbes. «Das kontagionistische Theorem» (S. 32–40) und «Die Kontaktverbote» (S. 219–245)

185 Siehe zwei verbandsinterne Umfragen zur Ausbildung von «Nichtariern» (gemeint sind auch «Halbjuden» und sogar «Vierteljuden») durch die Innere Mission im April 1935 und im Februar 1936. In: Eberhard Röhm und Jörg Thierfelder: Juden – Christen – Deutsche. 1992, Bd. 2, Teil 2, 1935–1938, insbes. «Die Innere Mission in der Zerreißprobe» (S. 121–138)

186 Taufregister der Nathanael-Kirche 1937, Blatt 120. Datum: 28. November 1937. In der Rubrik «Eltern ... Konfession (Mischehe)» ist Frau Lux als «ev.», Herr Lux als «Diss.» (Dissident) eingetragen; die Vorgabe «Mischehe» wird nicht aufgegriffen. Als «Adresse» von Eva Lux wird «Rubenstraße 67» angegeben, die Anschrift des Säuglingsheims.

187 Der Beschluss der Deutschen Christen lautete: «Nichtarier dürfen nicht als Geistliche und Beamte der kirchlichen Verwaltung berufen werden. Das Gleiche gilt für Ehemänner nichtarischer Frauen. Arische Beamte, die eine Person nichtarischer Abstammung heiraten, sind zu entlassen.» Siehe: Joseph Walk (Hg.): Das Sonderrecht für die Juden im NS-Staat. 1996, S. 50. Das fehlende Eintreten der Bekennenden Kirche – von einigen Einzelpersönlichkeiten abgesehen – gegen die Judenverfolgung betont u. a. Saul Friedländer: Das Dritte Reich und die Juden. 2007. Zu den innerkirchlichen Auseinandersetzungen in Berlin siehe: Manfred Gailus (Hg.): Kirchengemeinden im Nationalsozialismus. 1990 – wobei die Nathanael-Gemeinde nicht unter den sieben vom Autor vorgestellten Gemeinden ist.

188 Johannes Pfeiffer (1897–1970) wird nur in zwei lokalhistorischen Studien kurz erwähnt. In: Otto Perels: Versagen und Bewährung in den evangelischen Kirchengemeinden Friedenaus 1933–1945 – Erinnerungen. 1987; und Ralf Lange: Nathanaelkirche, 1999. Darüber hinaus erscheint der Name von Johannes Pfeiffer in keiner Publikation. Von der Stadt wurde ihm kein würdiger Platz eingeräumt, sein Grab ist längst eingeebnet. Siehe: Festschrift zum hundertjährigen Bestehen der Nathanael-Kirche in Schöneberg-Friedenau. [2003], S. 34

189 Bei den Wahlen zu den Gemeindekirchenräten am 23. Juli 1933 erhielten die Deutschen Christen im Kirchenkreis, zu dem die Nathanael-Gemeinde gehörte, 71,6 Prozent der Stimmen. Das entsprach in etwa dem reichsweiten Gesamtergebnis. In der Nathanael-Gemeinde selbst erhielten sie eine knappe Mehrheit. Siehe dazu die Festschrift, a. a. O., S. 23

190 In der Folge einer Kanzelabkündigung der Bekennenden Kirche am 17. März

1935 gegen die «rassisch-völkische Weltanschauung» wurden 715 Pfarrer in Preußen verhaftet. Anhand des Textes der Kanzelabkündigung und seiner Entstehung lassen sich aber auch die Grenzen der Bekennenden Kirche nachzeichnen. Laut stenographischer Mitschrift der Diskussionen vom 4. und 5. März 1935 in Berlin-Dahlem gehen die Redner trotz klarer Verurteilung des Rassenwahns als nationalsozialistischer Pseudoreligion nirgends auf die konkrete Verfolgung der Juden ein. Siehe: Wilhelm Niemöller (Hg.): Die Preußensynode zu Dahlem. 1975

191 Gerda Voss: The Other Side of the Coin. 1992, S. 18

192 Die Deutsche Versuchsanstalt für Luftfahrt (DVL) war seit ihrer Gründung 1912 ein Verein mit Beteiligung von Industrie und Staat. In der NS-Zeit blieb die Vereinskonstruktion formal erhalten, bei allerdings durchgreifender Staatsabhängigkeit. Seit November 1933 unterstand die DVL ganz «dem Führungsanspruch» des Reichsministers der Luftfahrt – bis April 1945 war dies Hermann Göring.

193 Die Angaben von Frau Voss decken sich mit den Unterlagen, die ich im Archiv des Deutschen Zentrums für Luft- und Raumfahrt (DLR) in Göttingen erhielt. Die Rolle der DVL im Nationalsozialismus wurde noch nicht aufgearbeitet.

194 Unterdruckkammer- und Höhenversuche waren unter anderem vom Leiter des Instituts für Flugmedizin der DVL, Dr. Siegfried Ruff, initiiert worden. Sein Assistent, Dr. Hans Wolfgang Romberg, war für die Versuche in Dachau, die mit KZ-Häftlingen und anderen Gefangenen durchgeführt wurden, zuständig. Die beiden Luftfahrtmediziner wurden im Nürnberger Ärzteprozess, vom 9. Dezember 1946 bis zum 20. August 1947, angeklagt, aber freigesprochen. Eine neue Analyse belastet sie schwer. Siehe: Angelika Ebbinghaus und Karl Heinz Roth: Medizinverbrechen vor Gericht. 2007. Den Namen «Steppke» fand ich weder in institutsinternen noch in anderen Publikationen. Er soll, laut Frau Voss, noch vor Kriegsende bei einem Schleudersitz-Selbstversuch umgekommen sein.

195 Gerda Voss, My Father. 1997, S. 75

196 Gerda Voss: Fugitives. 1995, darin das Kapitel «Hunted», S. 11

197 Siehe Joseph Walk (Hg.): Das Sonderrecht für die Juden im NS-Staat. 1996, S. 137, S. 139 f. und S. 148. «Mischlinge ersten Grades» konnten eine Ausnahmegenehmigung vom Heiratsverbot beantragen, die in der Regel aber abgelehnt wurde. Siehe: Beate Meyer: «Jüdische Mischlinge». 1999, S. 166–173. Für Wehrmachtsangehörige galten besonders strenge Bestimmungen, siehe: Joseph Walk (Hg.), a.a.O., S. 41 und S. 159.

198 Merchingen hatte eine bedeutende jüdische Gemeinde, die bis ins 17. Jahrhundert zurückgeht und bis 1938 bestand.

199 Im «Gedenkbuch Berlins der jüdischen Opfer des Nationalsozialismus» spiegelt sich diese Unterscheidung wider. Dort findet sich nur eine Frau Biber, aber einundzwanzig Personen mit dem Namen Bieber.

200 Gerda Voss: Fugitives. 1995, darin das Kapitel «Hunted», S. 19. Die Mitteilung steht im Zusammenhang mit der missglückten Flucht Friedrich Biebers 1943/1944 und der Gefahr, in die Frau Lux dadurch selbst geraten war.

201 Götz Aly und Karl Heinz Roth: Die restlose Erfassung. 2000

202 Die «Reichsmeldeordnung» vom 6. Januar 1938 enthielt erstmals reichseinheitlich die Pflicht, sich bei jedem Zuzug anzumelden und bei jedem Umzug abzumelden. Zwar besaßen Städte wie Hamburg oder Länder wie Preußen bereits davor ein ausgebautes Meldewesen, aber erst jetzt wurden zum Beispiel auch Vorstrafen eingetragen.

203 Die Aufzählung stammt von Heinrich Himmler aus dem Dezember 1942, abgedruckt bei Götz Aly und Karl Heinz Roth: Die restlose Erfassung. 2000, S. 64.

204 «Bekanntmachung über den Kennkartenzwang» des Reichsministeriums des Inneren vom 23. Juli 1938. Aus Joseph Walk (Hg.): Das Sonderrecht für die Juden. 1996, S. 233

205 Hier und im Folgenden erwähne ich meist Friedrich Bieber, nur selten seine Frau Gertrud Bieber. Ich weiß wenig über sie. Laut Auskunft von Frau Voss war sie «teilweise jüdisch».

206 Verordnung vom 17. August 1938, siehe auch die Erlasse des Reichsinnenministers vom 18. August 1938 und vom 24. November 1938. Aus: Joseph Walk (Hg.): Das Sonderrecht für die Juden im NS-Staat. 1996, S. 237 und S. 258. Die Einführung der Zwangsvornamen war zeitlich und inhaltlich auf den Kennkartenzwang für Juden abgestimmt.

207 Reichsführer SS und Chef der Deutschen Polizei, Erlass von Oktober 1939. Aus: Joseph Walk (Hg.), a. a. O., S. 308

208 Wolf Gruner: Judenverfolgung in Berlin 1933–1945. 2009, S. 137

209 Einzig die britische Historikerin Jane Caplan ist bisher der Bedeutung des Postausweises nachgegangen, in: ‹Ausweis bitte!› Identity and Identification in Nazi Germany. 2012. Dokumente sind zu finden in: Wolfgang Lotz und Gerd R. Ueberschär: Die Deutsche Reichspost 1933–1945. 2 Bde. 1989; und in: Wolfgang Lotz (Bearbeiter): Die Deutsche Reichspost 1933–1945. 2002. Ich danke Wolfgang Lotz und Jürgen Küster – Leiter der Bibliothek und des Archivs im Museum für Kommunikation in Frankfurt am Main – für Auskünfte und Unterlagen.

210 Gerda Voss: Fugitives. 1995; darin das Kapitel «Escape Over the Mountains», S. 1–6

211 Armin Schmid und Renate Schmid: Im Labyrinth der Paragraphen. 1993, S. 85 f.

212 «Allgemeine Dienstanweisung für Post und Telegraphie, Abschnitt V, 1, Postordnung vom 30. Januar 1929, Nachdruck von 1949 der Nachdrucksausgabe von 1939», das Zitat stammte aus: V, 1, § 42, IV, Ausführungsbestimmungen, S. 116. Den NS-Machthabern war bereits im Herbst 1938 aufgefallen, dass «außergewöhnlich viele Juden sich Postausweiskarten haben ausstellen lassen». Siehe Wolfgang Lotz (Bearbeiter): Die Deutsche Reichspost 1933–1945. 2002, Dokument Nr. 265, S. 255. Dennoch wurden in den folgenden Jahren keine neuen Bestimmungen erlassen. Und so liest sich eine Verfügung des Reichspostministers an die Präsidenten der Reichspostdirektionen vom 19. Januar 1943 wie eine zahnlose Ermahnung: «Wie mir das Reichssicherheitshauptamt mitgeteilt hat, ist durch Ermittlungen aus besonderen Anlässen festgestellt worden, dass sich Juden Postausweiskarten durch Vorlage ihnen nicht mehr zustehender oder nicht auf ihre Person lautender Urkunden erschlichen haben … Die Dienststellen sind anzuweisen, bei der Ausstellung von Postausweiskarten mit der notwendigen Sorgfalt zu verfahren.» Siehe Wolfgang Lotz (Bearb.), a.a.O., Dokument Nr. 534, S. 521

213 Bundesministerium für das Post- und Fernmeldewesen (Hg.): Handwörterbuch des Postwesens. 1953, siehe: «Postausweiskarten. I. Geschichte»

214 Klaus Hillenbrand: Nicht mit uns. Das Leben von Leonie und Walter Frankenstein. 2008, S. 84–89. Die Jüdin hieß Beate Kranz und war die Mutter von Leonie Frankenstein.

215 Im *Allgäuer Beobachter* vom 28. November 1944 soll gestanden haben, dass Postausweise «als amtliche Lichtbildausweise im öffentlichen Verkehr, insbesondere bei polizeilichen und militärischen Personenkontrollen, nicht mehr anerkannt» werden. Siehe: Hermann Pineas: Unsere Schicksale seit dem 30. Januar 1933. In: Monika Richarz (Hg.): Bürger auf Widerruf. 1989, S. 569. Für diese «Mitteilung von zuständiger Stelle», ohne Quellenangabe, fand ich allerdings weder in den Unterlagen zum Postwesen im Archiv des Museums für Kommunikation in Berlin noch in überregionalen Zeitungen eine Bestätigung.

216 Dora Lux, geborene Bieber, Dr. phil.: Bewerbung um Verwendung im höheren Schuldienst, Niederstaufen, Pfarrhof, den 26. August 1945. Eine beglaubigte Kopie des Ausweises in: Wiedergutmachungsakte von Dora Lux, a.a.O.

217 Siehe «Bekanntmachung über den Kennkartenzwang» vom 23. Juli 1938, 2. Satz. Aus: Joseph Walk (Hg.): Das Sonderrecht für die Juden im NS-Staat. 1996, S. 233. Häufig findet sich der Zusatz: «Die Notwendigkeit einer Aufforderung ist schon Strafgrund», siehe zum Beispiel das Dokument Nr. 471, in: Wolfgang Lotz (Bearb.): Die Deutsche Reichspost 1933–1945. 2002, S. 484. Zu «Fernsprechanschlüsse für Juden» siehe das Dokument Nr. 279 vom 6. April 1939 (S. 264) oder das Dokument Nr. 476 vom 16. Dezember 1940 (S. 487). Zu den Zwangsvornamen im Telefonbuch siehe Hartmut Jäckel und Hermann Simon (Hg.): Berliner Juden 1941. 2007. Unter denjenigen, die ihren Zwangsvornamen nicht hatten eintragen lassen und dafür eine Geldstrafe erhielten, ist Franz Eulenburg (S. 151 und S. 154).

218 Gerda Voss im Gespräch 2003 sowie ihr Schreiben vom 11. Februar 2009

219 Die Angaben auf den Ergänzungskarten wurden computergestützt erfasst und sind im Bundesarchiv Berlin abrufbar. Einen Überblick über den Bestand hat eine Mitarbeiterin des Bundesarchivs, Undine Völschow, veröffentlicht. Ihrer lokalhistorischen Studie zu Chemnitz und Umgebung ist ein allgemeiner Teil vorgeschaltet. Siehe Undine Völschow: Jüdische Bevölkerung im Regierungsbezirk Chemnitz. Auswertung der «Ergänzungskarten für Angaben über Abstammung und Vorbildung» aus der Volkszählung vom 17. Mai 1939 im Bundesarchiv. 2002. Nach Völschow enthält die Kartei insgesamt «etwa 411 000 Personen», darunter «ungefähr ein Drittel nichtjüdische». Das sind «etwa 80–85 Prozent der ursprünglich ausgefüllten Karten» (S. 144).

220 In die vier Spalten war in der Reihenfolge «Großvater väterlicherseits, Großmutter väterlicherseits, Großvater mütterlicherseits, Großmutter mütterlicherseits» eine jüdische «Rassenzugehörigkeit» jeweils mit «ja», eine nichtjüdische mit «nein» einzutragen. Auf dem Computerausdruck erscheint «ja» als «J», «nein» als «N». Bei Dora Lux steht unter «Abstammung»: JNNJ, statt wahrheitsgemäß JJJJ. Bei den Töchtern steht NNNJ, statt wahrheitsgemäß NNJJ.

221 Gerda Voss: My Father. 1997, S. 66

222 Hans Ebert: Die Technische Hochschule Berlin und der Nationalsozialismus. 1979, S. 462

223 Jutta Wietog: Volkszählungen unter dem Nationalsozialismus. 2001; insbes. der Abschnitt: «Die Ergänzungskarte für Angaben über Abstammung und Vorbildung», S. 153–170

224 Ebenda, S. 155

225 Der Briefwechsel bezüglich der Ergänzungskarten zwischen dem Landrat zu Flöha und dem Bürgermeister von Waldkirchen im Erzgebirge vom Mai 1941

ist beispielhaft abgedruckt bei Undine Völschow: Jüdische Bevölkerung im Regierungsbezirk Chemnitz. 2002, S. 146.

226 Wolf Gruner: Judenverfolgung in Berlin 1933–1945. 2009, S. 145

227 Auf allen drei Karten steht außerdem «Rad» beziehungsweise «RAD»,was bedeutet: «Zum Arbeitsdienst erfasst». Ferner ist eingetragen bei Dora Lux: «k.blatt» und «LTR»; bei Friedrich Bieber: «be. Bl»; bei Annemarie Bieber: «Volkskartei N» [nein], «Kennkarte ja», «erfasst N» [nein]. Auch die zuständige Referentin im Bundesarchiv konnte diese Vermerke nicht entziffern. Die Karte von Elsbeth Schaper ist nicht erhalten.

228 Grundlegende Informationen dazu entnahm ich dem Buch von Götz Aly und Karl Heinz Roth: Die restlose Erfassung. 2000 – wobei der Blick der Autoren sich mehr auf die perfektionistische Planung, meiner dagegen mehr auf die lückenhafte Durchführung richtet.

229 Schreiben des Landesarchivs Berlin vom 23. Oktober 2008

230 Cornelia Essner: Die «Nürnberger Gesetze» oder die Verwaltung des Rassenwahns 1933–1945. 2002, S. 266 f. Die Autorin erläutert an mehreren Stellen, wie unterschiedliche Positionen und Kompetenzstreitigkeiten zwischen den Ministerien, der Partei und dem Reichssicherheitshauptamt zur Minderung der Kontrollmöglichkeiten beitrugen.

231 Götz Aly und Karl Heinz Roth: Die restlose Erfassung. 2000, S. 54–64, Zitat S. 57. Laut Bundesarchiv sind noch nicht einmal Teile der «Volkskartei» erhalten, was ich anzweifle, da die Originale dezentral in allen Gemeinden lagen.

232 Joseph Walk (Hg.): Das Sonderrecht für die Juden im NS-Staat. 1996, S. 275 und S. 282

233 «Es ist für die Aushändigung von Mitgliederlisten der jüdischen Organisationen zu sorgen, damit eine ‹Judenkartei› für das ganze Reich angelegt werden kann.» Unterlagen der Gestapo vom 17. August 1935, aus Joseph Walk (Hg.): Das Sonderrecht für die Juden im NS-Staat. 1996, S. 124. Und ebenfalls aus dem Jahr 1935: «Es ist eine Judenkartei anzulegen, die alle Juden in Deutschland erfasst», S. 126 und S. 135

234 Beate Meyer: «Jüdische Mischlinge». 1999, S. 31

235 X. Verordnung des Reichsministers des Inneren (und anderer) zum Reichsbürgergesetz vom 4. Juli 1939. Aus Joseph Walk (Hg.): Das Sonderrecht für die Juden im NS-Staat. 1996, S. 297

236 Beate Meyer: Das unausweichliche Dilemma. Die Reichsvereinigung der Juden in Deutschland. 2002

237 Anordnung des Reichsführers SS und des Chefs der Deutschen Polizei vom 27. November 1942. Aus Joseph Walk (Hg.), a. a. O., S. 392. Siehe auch Wolf Gruner: Judenverfolgung in Berlin 1933–1945. 2009, S. 158

238 Stiftung Neue Synagoge Berlin – Centrum Judaicum: Schreiben vom 8. September 2008 und vom 9. Oktober 2009
239 Reingard Jäkl: Hilde Radusch; der bürokratischen Kontrolle entgangen. 1987, S. 21
240 Valentin Senger: Kaiserhofstraße 12. 2010. Beate Meyer: «Jüdische Mischlinge». 1999, S. 44 ff.
241 Meyer Levin: In Search. An Autobiography. 1950. Der zweite Teil mit dem Titel: «Europe: The Witness» wurde übersetzt und erschien als Begleitband zur Ausstellung «Auf den Spuren einer Reise nach Europa» des Fritz Bauer Instituts, die in Zusammenarbeit mit Mikael Levin, dem Sohn von Meyer Levin, entstand. Das Motiv, bis nach Theresienstadt zu kommen und dort die Mutter von Fernand Schwab zu finden, zieht sich durch den Text. Siehe Mikael Levin: Suche. Mit Texten von Meyer Levin. Ausstellungskatalog 1996 (zur Ankunft in Theresienstadt, S. 227–233). Im Vorwort schreibt Hanno Loewy: «Im Zentrum von ‹In Search› aber steht jene Irrfahrt durch das verwüstete Europa, die aufgelassenen Lager und Massengräber, die zerbombten Städte ...» (S. 12). Die Fotos der Ausstellung stammen ganz überwiegend von «Eric» Schwab», der in der Familie «Fernand» hieß. Später erschienen diese und andere seiner Fotografien in großen Magazinen. Er starb 1978 in Paris.
242 Hanna Knight, geborene Bieber: Nachruf auf Dr. Annemarie Bieber. 1957. Über ihren beschwerlichen Neubeginn in den USA, die nachzuholenden medizinischen Examina, die gut gemeinten, aber nicht immer angemessenen Formen der Unterstützung ist einiges nachzulesen bei Rebecca Schwoch: Berliner jüdische Kassenärzte und ihr Schicksal im Nationalsozialismus. 2009; sowie bei Johanna Bleker und Sabine Schleiermacher: Ärztinnen aus der Kaiserzeit. 2000. Dort steht Annemarie Bieber beispielhaft für das Leben einer aus Deutschland vertriebenen, alleinstehenden, nicht mehr jungen Ärztin mit zwei Kindern in der Emigration, S. 149 f. und S. 151 f.
243 Hanna Knight, geborene Bieber: Nachruf auf Dr. Annemarie Bieber. 1957

TEIL 5
Leben und Arbeiten in der Nachkriegszeit

1 Nach Auskunft des Heidelberger Stadtarchivs ist Dr. Dora Lux am 24. November 1945 von Niederstaufen im Allgäu nach Heidelberg zugezogen, am 1. November 1958 erfolgte ihre Abmeldung nach Hamburg.
2 Dr. Gertrud Rech, geborene Quincke, eine promovierte Volkswirtin, stammte

aus Berlin. Ihr Vater war ein Freund von Richard Bieber gewesen. In Heidelberg hatte sie zahlreiche Verwandte, unter ihnen Professoren an der dortigen Universität, die ebenso wie ihr geschiedener Mann, ein Arzt, zur «besseren Gesellschaft» Heidelbergs gehörten.

3 Die Vermittlung des Kontakts zu Frau Rauch verdanke ich Dr. Manon Grisebach, die 1950 in der Elisabeth-von-Thadden-Schule Abitur gemacht hatte und Frau Lux wie auch Frau Rauch über ihre Eltern persönlich kannte. Manon Grisebach schreibt in der vorliegenden Biographie über Frau Dr. Lux den «Nachruf nach fünfzig Jahren».

4 Heinrich Zimmer heiratete 1928 Christiane von Hofmannsthal, die einzige Tochter Hugo von Hofmannsthals. 1938 wurde ihm die Lehrbefugnis entzogen, weil er als «jüdisch versippt» galt. Er emigrierte in die USA, wo er 1943 starb. Siehe: Dorothee Mussgnug: Die vertriebenen Heidelberger Dozenten. 1988, S. 108 f. Mila Esslinger-Rauch blieb auch nach der Heirat mit Christiane von Hofmannsthal seine Freundin. Auf die unbürgerlichen Familienverhältnisse gehe ich hier nicht näher ein.

5 Bestätigung der Universität Heidelberg (im Familienbesitz). Unterlagen zu den Vorsemesterkursen befinden sich im Universitätsarchiv Heidelberg (UAH). Die Dokumente zur Planung, zum Ablauf und zu den Ergebnissen der Kurse haben die Signatur UAH B-7070/1 bis B-7070/5; die Personalunterlagen zu den über dreißig Dozenten und Dozentinnen inklusive der jeweiligen «Meldebogen aufgrund des Gesetzes zur Befreiung von Nationalsozialismus und Militarismus vom 5. März 1946» haben die Signatur UAH B-7071/1 oder B-7071/2.

6 Sofern nichts anderes vermerkt ist, sind die Informationen entnommen aus: «Schlussbericht über die Vorsemesterkurse an der Universität Heidelberg», erstellt mit zahlreichen Anlagen vom Leiter der Vorsemesterkurse, Professor Emil Vierneisel, Heidelberg, den 20. November 1947 (UAH B-7070/5).

7 Dora Lux: Bericht zum ersten Jahreskurs (UAH B-7070/2)

8 Bericht über das erste Jahr der Vorsemesterkurse der Universität Heidelberg, Heidelberg, den 19. November 1946 (UAH B-7070/1)

9 Hermann Pinnow: Von Weltkrieg zu Weltkrieg 1919–1945. 1947

10 Karl Jaspers war 1937 wegen seiner jüdischen Frau aus der Heidelberger Universität gewiesen worden. Nach der Befreiung engagierte er sich für einen konsequenten Neubeginn. Siehe Hans Saner: Karl Jaspers in Selbstzeugnissen und Bilddokumenten. 1970, insbes. die Abschnitte «Finis Germaniae» (S. 43–50) und «Die verpasste Umkehr» (S. 51–56)

11 Frau Rauch im Gespräch: «Ich dachte damals: Wenn wir befreit sind, dann

wird der Nationalsozialismus aufgearbeitet. Im ersten Winter 1945/1946 begannen einige Professoren damit, aber dann kam schnell die Dämpfung. Danach war die Anpassung fast schlimmer als im Dritten Reich. Ich erlebte, wie Leute, die davor Auslandssender gehört hatten, sich nicht mehr erinnern wollten. Ich wollte mich erinnern, das nahm man mir übel. Ich wurde krank, im Winter 1947/1948, hatte Depressionen; in dieser Welt kann man nur wahnsinnig werden, sich das Leben nehmen – das Gefühl hatte ich.» Frau Rauch ging nach Zürich, wo sie nach und nach ihren Lebensmut wiederfand; sie promovierte bei dem Germanisten Emil Staiger und unterrichtete später an einem renommierten Mädchengymnasium der Stadt.

12 Das Desinteresse betraf alle Opfergruppen, besonders aber die jüdischen Überlebenden. Siehe Norbert Frei: Auschwitz und Holocaust. 1992; und Hans Mommsen: Erfahrung, Aufarbeitung und Erinnerung des Holocaust in Deutschland. 1992. Zwar hatten einige jüdische Überlebende ihre Erfahrungen zeitnah aufgezeichnet, vor allem im Ausland, ihre Berichte wurden aber meist erst in den achtziger Jahren publiziert, so zum Beispiel der Bericht von Bruno Blau aus dem Jahr 1952 in: Monika Richarz (Hg.): Bürger auf Widerruf. 1989.

13 Anlass war der Film *Die letzte Chance*, die Geschichte einer Flucht über die Schweizer Grenze. Siehe Felix Aeppli: Zaghafte Fragen zur schweizerischen Asylpolitik: Leopold Lindtbergs *Die letzte Chance* (1944/45). 1998

14 Bei der ersten Stadtratswahl in Heidelberg im Mai 1946 war keine einzige Frau von den Parteien nominiert worden. Daraufhin schlossen sich Frauen verschiedener Parteien – allerdings ohne die Frauen der SPD gewinnen zu können – und Parteilose zusammen, gründeten den «Heidelberger Frauenverein e.V.» und stellten für die Gemeinderatswahl 1947 eine gemeinsame Frauenliste auf. Mit ihrem Slogan «Frauen wählt Frauen» schafften sie es, dass vier Frauen Stadträtinnen wurden: Sophie Berlinghof (KPD), Hannah Walz (als Parteilose auf der Liste der DP/DVP – der späteren FDP), Agnes Beck und Ilse Krall (beide CDU). Für Auskünfte und Unterlagen danke ich Dr. Heide-Marie Lauterer, Historikerin in Heidelberg.

15 Norbert Frei: Vergangenheitspolitik. Die Anfänge der Bundesrepublik und die NS-Vergangenheit. 2003, darin Teil II: Vergangenheitspolitische Obsession: Das Problem der Kriegsverbrecher, S. 133–306

16 Ebenda, S. 133; Norbert Frei verweist nur auf eine einzige und viel spätere juristische Auseinandersetzung, und zwar auf Susanne Jung: Die Rechtsprobleme der Nürnberger Prozesse. Dargestellt am Verfahren gegen Friedrich Flick. 1992

17 Das Amtsblatt des Kultusministeriums in Stuttgart erschien bis 1951 ohne Titel und galt nur für Württemberg-Baden (das den Regierungsbezirk Nordbaden einschloss). Erst ab der Gründung von Baden-Württemberg 1952 erhielt es den Titel: *Kultus und Unterricht*.

18 «Verwendung heimatvertriebener Lehrer». Bekanntmachung des Kultusministeriums vom 14. Juni 1950, *Amtsblatt* des Kultusministeriums, Stuttgart 1950, S. 134 f.

19 Dora Lux, geborene Bieber, Dr. phil.: Antrag auf Wiedergutmachung, Heidelberg, den 22. Juni 1949, an die Landesbezirksstelle für die Wiedergutmachung Karlsruhe. In: Wiedergutmachungsakte von Dora Lux. (Landesarchiv Baden-Württemberg, Generallandesarchiv Karlsruhe, Sign. 480 EK / 5164). Zum «Schaden im wirtschaftlichen Fortkommen», auch «Berufsschaden» genannt, siehe Hermann Zorn: Existenz-, Ausbildungs- und Versorgungsschäden. 1983. Der Autor geht unter anderem auf das Entschädigungsgesetz der amerikanischen Besatzungszone (US-EG) ein, das als Ländergesetz in Baden-Württemberg am 16. August 1949 erlassen wurde und dem Wiedergutmachungsverfahren von Frau Dr. Lux zugrunde lag.

20 Zwar gab es bereits gesetzliche Regelungen für NS-Verfolgte zur Anrechnung von Ersatzzeiten, aber erst das 1970 erlassene «Gesetz zur Änderung und Ergänzung der Vorschriften über die Wiedergutmachung nationalsozialistischen Unrechts in der Sozialversicherung» (WGSVG) stellte eine brauchbare Regelung dar, die für viele – so auch für Frau Lux – zu spät kam. Siehe Hugo Finke: Die Wiedergutmachung nationalsozialistischen Unrechts in der Sozialversicherung [durch die Bundesrepublik]. 1987

21 Dora Lux, geborene Bieber, Dr. phil.: An das Landesamt für Wiedergutmachung Karlsruhe, Heidelberg, den 10. November 1953. In der frühen Phase der Wiedergutmachung wurden die meisten Anträge von NS-Opfern – bedingt durch die schlechte Finanzausstattung des Staats und die Renitenz vieler Sachbearbeiter – verzögert oder abgelehnt. Siehe Constantin Goschler: Wiedergutmachung. Westdeutschland und die Verfolgten des Nationalsozialismus 1945–1954. 1992. Der Autor bezieht allerdings den Sachverhalt «Berufsschaden» in seine Untersuchung nicht ein.

22 Dora Lux: Wiedergutmachungsakte, Bescheid vom 21. September 1953. Das «Landesamt für die Wiedergutmachung Karlsruhe» hatte einen Verdienstausfall von 35 500 Reichsmark zugrunde gelegt, auf dessen Berechnung ich hier nicht eingehe. Als entschädigungsfähig wurden ihr, gemäß der gesetzlichen Vorgabe, zwei Drittel des Verdienstausfalls anerkannt, «umgestellt» auf die Deutsche Mark im Verhältnis 10:2. Augenfällig ist, dass das Einkommen

von Frau Lux vor 1933 dem Einkommen nach 1945, mit jeweils rund 300 Mark (erst Reichsmark, dann D-Mark), in etwa entsprach, eine Abwertung ihres Verdienstausfalls der Sache nach also nicht gerechtfertigt war.

23 Leonore Gräfin Lichnowsky, geboren 1906, war promovierte Volkswirtin. Ihr Vater, Karl Max Fürst Lichnowsky (1860–1928), setzte sich von 1912 bis 1914 als Botschafter in London für eine deutsch-englische Verständigungspolitik ein. Wegen einer von ihm 1916 verfassten Denkschrift gegen die kriegstreibende Politik Deutschlands galt er als «November-Verräter». Die Mutter, Mechthilde Lichnowsky (1879–1958), war eine bekannte Schriftstellerin und Sammlerin moderner Kunst.

24 Von Dr. jur. Maura Lilia (1893–1977), Äbtissin der Benediktinerinnenabtei zur Heiligen Maria in Fulda, ist ein Kondolenzbrief an Eva Tietze vom 17. Juni 1959 erhalten. Aus diesem ist zu entnehmen, dass Maura Lilia vor ihrem Eintritt ins Kloster die Familie Lux und Annemarie Bieber gut kannte. Sie hatte nach Auskunft der Benediktinerinnenabtei in Fulda 1910 Abitur gemacht und muss zu den allerersten Schülerinnen gehört haben, die Frau Lux in Berlin ab 1909 aufs Abitur vorbereitete.

25 Gertrud Rech: Kondolenzbrief vom 18. Juni 1959 an Eva Tietze

26 Peter Schneider: «Und wenn wir nur eine Stunde gewinnen ...». 2002, S. 24

27 Kondolenzbrief von Marie-Gertrud Rech an Eva Tietze, Heidelberg, 18. Juni 1959

28 Kondolenzbrief von Käthe Schaps, geschrieben auf Englisch, an Eva Tietze, London, 19. Juni 1959. (Frau Schaps war die Schwester von Lotte Markiewicz, die 1943 einige Zeit versteckt in der Wohnung der Familie Lux lebte.)

29 Ulrich Mayer: Neue Wege im Geschichtsunterricht? 1986, S. 12 f. Seiner umfangreichen Publikation zum Zeitraum 1945 bis 1953 verdanke ich Informationen, Literaturhinweise und Anregungen. Zum gegenwärtigen Diskussionsstand siehe den Tagungsbericht: Zwischen Trümmern und Neubeginn. «Geschichtsdidaktik» zwischen 1945–1961. 2007

30 Clemens Bauer, Hans Gundel, Hans Herzfeld und Gerd Tellenbach: Die Geschichtsbücher der Bundesrepublik. 1952. Darin: «Die Neuzeit», verfasst von Hans Herzfeld, Abschnitt IV, S. 633–645, Zitat S. 633

31 Helmut Genschel: Geschichtsdidaktik und Geschichtsunterricht im nationalsozialistischen Deutschland. 1982, S. 289 f.

32 Empfehlungen der Kultusministerkonferenz vom 17. Dezember 1953 in Bonn. Betrifft: Grundsätze zum Geschichtsunterricht. 1954, abgedruckt in: *Geschichte in Wissenschaft und Unterricht* (GWU), Heft 3, 1954, S. 132–141

33 Ein Doppelheft von achtundachtzig Seiten überließ mir Ingeborg Wallem-Riebesehl; zwei Hefte von insgesamt achtzig Seiten erhielt ich von Christine Schmich-Köhler, der Schwester von Ingrid Köhler, mit der ich mich zusammen aufs Abitur vorbereitete; sie starb bereits 1959, nur dreiundzwanzig Jahre alt, an Kehlkopfkrebs.

34 Die Eintragungen von I. W. beziehen sich auf die ganze zwölfte Klasse, von Ostern 1953 bis Ostern 1954, und auf die dreizehnte Klasse bis Oktober 1954. Die Eintragungen von I. K. setzen in der zwölften Klasse im Juni/Juli 1953 ein und reichen bis kurz vor das Abitur Ostern 1955.

35 Otto Heinrich Müller gehörte zu den meinungsbildenden Vertretern des Geschichtslehrerverbands. 1953 wurde er, inzwischen Ministerialrat im Hessischen Kultusministerium, mit der Leitung des «Arbeitskreises für den Geschichtsunterricht» betraut, der von der Kultusministerkonferenz zur Ausarbeitung der oben erwähnten Empfehlungen für den Geschichtsunterricht eingesetzt worden war. Seine Ergebnisse stellte er in der wichtigsten Fachzeitschrift *Geschichte in Wissenschaft und Unterricht* (GWU) vor. Siehe Otto Heinrich Müller: Zu den «Grundsätzen zum Geschichtsunterricht». 1954. Außer «unserem» Schulbuch waren damals bereits zahlreiche andere Geschichtslehrbücher zugelassen, darunter sieben für die Oberstufe der höheren Schulen. Alle schlossen die neueste Geschichte ein. Eine Auflistung und eine Analyse der bis 1952 erschienenen Schulgeschichtsbücher enthält: Clemens Bauer, Hans Gundel, Hans Herzfeld und Gerd Tellenbach: Die Geschichtsbücher der Bundesrepublik. 1952.

36 In unserer Klasse war das Geschichtsbuch von Otto Heinrich Müller bereits in der zehnten oder elften Klasse, das heißt 1951 oder 1952, von unserer damaligen Geschichtslehrerin Frau Schenkel eingeführt worden. Zusätzlich benutzten einige Mitschülerinnen *Vom Ende der Völkerwanderung bis zum Ende des Absolutismus*, den zweiten Band des renommierten Unterrichtswerks *Grundriss der Geschichte*, erschienen 1951 im Klett Verlag. Der Unterricht von Frau Dr. Lux bezog sich, soweit aus den Schulheften erkennbar, aber nur auf das Buch *Deutsche Geschichte in Kurzfassung*, das alle in der Klasse besaßen.

37 I. K., S. 15, identisch I. W., S. 68

38 Ludwig von Friedeburg und Peter Hübner: Das Geschichtsbild der Jugend. 1964. Zur Erklärung schreiben die Autoren: «Das personalisierende Geschichtsbild leistet so autoritätsgebundenem Verhalten Vorschub und entschuldigt es zugleich. Wenn der historische Raum vor allem durch übermächtige Geschichtssubjekte und zumeist passive Kollektive ausgefüllt wird, wenn ‹große Männer› Geschichte machen und die Völker sie erleiden, ist man von

der Mithaftung für die Vergangenheit und Mitverantwortung für die Zukunft entbunden» (S. 46).

39 Ulrich Mayer: Neue Wege im Geschichtsunterricht? 1986, S. 17 f.

40 Auf die versuchte Ausrichtung der westdeutschen Gesellschaft auf das Christentum verweisen die Debatten im verfassunggebenden Parlamentarischen Rat von Mitte 1948 bis Mitte 1949. Den Christdemokraten war die «Verankerung der Religion als ordentliches Fach ... das oberste Ziel». Sie ließen keinen Zweifel daran, dass eine Ablehnung «das Grundgesetz zum Kippen bringen» könne. Siehe Marcelo Caruso: Die Bildungspolitik als politische Bildung. 1998, S. 564

41 Ulrich Mayer: Neue Wege zum Geschichtsunterricht? 1986, S. 61

42 Clemens Bauer, Hans Gundel, Hans Herzfeld und Gerd Tellenbach: Die Geschichtsbücher der Bundesrepublik. 1952, S. 606

43 Als eine positive Ausnahme unter den Schulbüchern wird in dieser und anderen Studien hervorgehoben: Fritz Wuessing. Leiter einer Arbeitsgemeinschaft deutscher Geschichtslehrer (Hg.): Wege der Völker. Geschichtsbuch für deutsche Schulen. 1948. Wie sein Titel signalisiert, verabschiedet sich das Unterrichtswerk programmatisch von der Nationalgeschichte. Im Vergleich dazu verliert der Titel unseres Lehrbuchs *Deutsche Geschichte in Kurzfassung* seine Arglosigkeit. Er verweist darauf, dass hier die Entwicklungen anderer Länder nicht eigenständig, sondern in Bezug auf Deutschland dargestellt werden.

44 Otto Heinrich Müller: Deutsche Geschichte in Kurzfassung, S. 80

45 Ebenda, S. 203–206, zum Imperialismus S. 203

46 Zum Dreißigjährigen Krieg siehe I. W. (S. 2 f.), zum «Zeitalter des Imperialismus» siehe I. W. (S. 37 f.)

47 Otto Heinrich Müller: Deutsche Geschichte in Kurzfassung. 1950, S. 173 (unten) bis 175 (oben). Dort werden auf eineinhalb Seiten die «Soziale Frage» sowie Ferdinand Lassalle, Karl Marx, Friedrich Engels und August Bebel mit ihren jeweiligen Positionen bis hin zur Gründung der Sozialdemokratischen Partei Deutschlands untergebracht.

48 I. K., S. 77

49 I. K., S. 75 f.

50 I. W., S. 15

51 Erich Weniger: Neue Wege im Geschichtsunterricht. 1945 / 1946, S. 342. Weniger entwickelte aufbauend auf seinen Arbeiten aus der Weimarer Republik das Konzept eines «politischen Geschichtsunterrichts», was in der Nachkriegszeit eine Ausnahme war. Zu seiner Rolle in der Weimarer Repu-

blik siehe Jochen Huhn: Geschichtsdidaktik in der Weimarer Republik. 1982, S. 321, S. 234, S. 255 f. Eine kurze, aber grundlegende Kritik an Weniger stammt von Annette Kuhn: Wende in der Geschichtsdidaktik? 1985.

52 Elisabeth Lippert: Der Lehrer als Mensch der Gegenwart. 1950, S. 167 f. und S. 170

53 Bernd Faulenbach: Die deutsche Geschichtsschreibung nach der Diktatur Hitlers. 1996, S. 41

54 Beispiele bei Jochen Huhn: Geschichtsdidaktik in der Weimarer Republik [und in der Bundesrepublik]. 1982, S. 229 f. Unter den Lehrern stieg allerdings nach und nach die Akzeptanz der Weimarer Republik.

55 Ebenda, S. 228 f. Das Zitat nimmt Bezug auf Siegfried Kawerau: Denkschrift über die deutschen Geschichts- und Lesebücher vor allem seit 1923. 1927

56 «Die Beschränkung der Diskussion auf einen Aspekt der historischen Wahrheit schuf offensichtlich Denkbarrieren … Diese Barriere konnte nur eine erkenntnistheoretische Diskussion beseitigen, die die Selbstverständlichkeit auflöste, mit der man von der Möglichkeit objektiv-allgemeingültiger Erkenntnis sowohl im Bereich der Geschichtswissenschaft als auch bei der Bestimmung der Aufgaben des Geschichtsunterrichts ausging. In dem ersten Jahrzehnt der Weimarer Republik unterblieb sie.» Das Zitat findet sich bei Jochen Huhn, a. a. O., S. 238 f. Der Autor stellt die wenigen Ausnahmen unter den Geschichtsdidaktikern vor, schreibt ihnen aber keine große Wirkung zu.

57 Der Rückzug auf «Objektivität» erwies sich nach der Wende in Ostdeutschland erneut als Problem. Viele DDR-sozialisierte Lehrerinnen und Lehrer missverstanden den neuen Bildungsauftrag oder wollten ihn missverstehen als Aufforderung zur Wertfreiheit, was für sie zugleich hieß, keinen eigenen Standpunkt zu haben oder zu vertreten.

58 Empfehlungen der Kultusministerkonferenz vom 17. Dezember 1953 in Bonn. Betrifft: Grundsätze zum Geschichtsunterricht. 1954, S. 132

59 Klaus Bergmann: Imperialistische Tendenzen in Geschichtsdidaktik und Geschichtsunterricht ab 1890. 1982

60 Gerhard Schneider: Der Geschichtsunterricht in der Ära Wilhelms II. 1982, S. 135

61 Die Abiturprüfung in Geschichte schilderte ich in einem Brief an meinen Vater vom 27. März 1955.

62 Karl König und Kurt Witte: Grundprobleme und Aufgaben des Geschichtsunterrichts von heute. 1947, S. 47

63 Über die Schule informieren zwei Festschriften: Elisabeth-von-Thadden-Schule Heidelberg-Wieblingen 1927–1987, o. J. [1987], und: 75 Jahre Eli-

sabeth-von-Thadden-Schule 1927–2002, o.J. [2002], sowie die jährlichen *Wieblinger Rundbriefe*, das Organ des «Wieblinger Bundes e.V.», ein Zusammenschluss ehemaliger Schülerinnen und Lehrer der Schule. Für zusätzliche Auskünfte danke ich Dr. Almuth Meyer, die seit 1975 an der Schule unterrichtete, von 1991 bis 2004 deren Geschäftsführerin war und das Schularchiv aufgebaut hat.

64 Werner Keller u. a. (Hg.): Leben für Versöhnung. Hermann Maas – Wegbereiter des christlich-jüdischen Dialoges. 1997

65 Heide-Marie Lauterer: «Weil ich von dem Einsatz meiner Kräfte die Überwindung von Schwierigkeiten erhoffte.» Marie Baum (1874–1964). Frauenbewegung, Politik und Beruf. 1995; Ilona Scheidle: Mit ganzer Kraft für den Aufbau einer menschlicheren Gesellschaft. Die Wissenschaftlerin und Politikerin Marie Baum (1974–1964). 2007

66 Karin Buselmeier: Von deutscher Art. Heidelberger Germanistik bis 1945. 1985, S. 73

67 Ebenda

68 Der Unterricht begann im Januar 1946 mit ungefähr 240 Schülerinnen in den Klassen Sexta bis Oberprima. Zur weiteren Entwicklung sei angemerkt: 1950 besuchten 423 Schülerinnen die Schule; 1956, als Frau Lux die Schule verließ, waren es knapp 600. Bis zum Jahr 2007 wuchs die Schule auf über 900 Schülerinnen und sechsundsiebzig Lehrkräfte an, dazu kamen elf Referendarinnen. Ab 1981 gab es tiefgreifende Veränderungen: Die Koedukation wurde eingeführt; etwa zeitgleich begann zusätzlich zum Gymnasium der Aufbau einer Realschule; 1993 wurde anstelle des alten Internats ein Tagesinternat eingerichtet.

69 Dorothea Lenel, verheiratete Schenkel, hatte einen jüdischen Vater und eine nichtjüdische Mutter. Nach dem Abitur 1933 oder 1934 und einer Ausbildung im Lette-Haus in Berlin konnte sie nicht in ihrem Beruf arbeiten. Während des Krieges lebte sie in Pommern und Ostpreußen. Vieles ist ungeklärt. Ihr Sohn, Matthias Schenkel, berichtete, dass seine Mutter nie über die Zeit in Pommern und Ostpreußen sprach.

70 Hans Joachim Kanold, geboren 1914, Mathematiker, hatte wegen seiner Verlobung im Jahr 1942 mit einer Tochter von Frau Dr. Friedenthal berufliche Nachteile: Da er «mit einem jüdischen Mischling ersten Grades verlobt» war, konnte er «nicht die Beamtenlaufbahn einschlagen», so seine Angabe auf dem «Meldebogen aufgrund des Gesetzes zur Befreiung vom Nationalsozialismus und Militarismus vom 5. März 1946» (Universitätsarchiv Heidelberg, Bestand Vorsemesterkurse, Sign. B 70 71 / 2).

71 Hella und Hannah Walz: Interview am 22. Februar 2002. 2002, S. 50

72 Hannah Walz: Die gemeinsamen Anfänge. Splitter der Erinnerung. 1988

73 Hella und Hannah Walz: Interview am 22. Februar 2002. 2002, S. 43

74 Hanna Eiermann: Der Neuanfang. 1987, S. 77

75 Die politischen Gesprächszirkel von Frau Eiermann, ihr großes Einfühlungsvermögen, aber auch die ungleiche Zuwendung zu den Schülerinnen beschreibt – verschlüsselt – Elisabeth Plessen in: Das Kavalierhaus. 2004.

76 Ursula von Rad: Dreißig gute Thaddenjahre (1946–1975). 2002, S. 58

77 Ebenda, S. 57

78 «Meldebogen aufgrund des Gesetzes zur Befreiung von Nationalsozialismus und Militarismus vom 5. März 1946». In dem Meldebogen schreibt Dr. Müller unter «SA»: «Anwärter Nov. 33 – März 34». Er hatte im Sommersemester 1946 in den Vorsemesterkursen unterrichtet, war aber wegen seiner SA-Anwärterschaft und weil – bedingt durch seinen Umzug von Sonthofen nach Heidelberg – sein Spruchkammerbescheid nicht rechtzeitig vorlag, danach nicht weiterbeschäftigt worden. Siehe: Universitätsarchiv Heidelberg, Bestand Vorsemesterkurse, Sign. B 70 71/2

79 Die GVP hatten Gustav Heinemann und Helene Wessel gegründet. Heinemann war 1952 aus Protest gegen die Wiederaufrüstung der Bundesrepublik und gegen den Alleingang Konrad Adenauers, diese den Westalliierten zuzusichern, als Innenminister zurückgetreten. Siehe Ulrich Albrecht: Die Wiederaufrüstung der Bundesrepublik. 1980, insbes. S. 103

80 Ursula von Rad: Dr. Siegfried Müller. 2002

81 Karl-Ernst Bungenstab: Umerziehung zur Demokratie? 1970, S. 75 f.

82 Hella und Hannah Walz: Interview am 22. Februar 2002. 2002, S. 44 und S. 50

83 Zu den Schulheften siehe das Kapitel «Die Geschichtslehrerin». Für den genannten Zeitraum gibt es nur die Mitschrift von Ingeborg Wallem (I. W.).

84 *Geschichte in Wissenschaft und Unterricht*: Die Neueste Zeit im Unterricht (1918–1945). Heft 2, 1951. Darin: Hans Georg Fernis: I. Von der Unmöglichkeit dieses Unterrichts, S. 590–601, Zitat S. 599 f., und II: Wolfgang Schäfer: Über die Notwendigkeit dieses Unterrichts. S. 601–617

85 Otto Heinrich Müller: Zu den «Grundsätzen zum Geschichtsunterricht». 1954, S. 129

86 Peter Meyers: Vom «Antifaschismus» zur «Tendenzwende». 1980, S. 55 f.

87 Eine Analyse von neunundzwanzig Schulgeschichtsbüchern für die Oberstufe der höheren Schulen, die bis 1970 erschienen waren (davon elf bis 1954), ergab eine Überbetonung des Zweiten Weltkriegs in fast allen Büchern. Un-

ser Schulbuch schnitt noch relativ gut ab. Siehe Ernst Uhe: Der Nationalsozialismus in den deutschen Schulbüchern. 1970

88 Meik Zülsdorf-Kersting: Sechzig Jahre danach: Jugendliche und Holocaust. 2007; zum Forschungsstand siehe S. 35–121. Der Autor nimmt die von Geschichtsdidaktikern, insbesondere von Bodo von Borries, in den siebziger Jahren gestellte Frage nach der Wirkung des Geschichtsunterrichts angesichts anderer Einflüsse auf das Geschichtsbild von Jugendlichen wieder auf.

89 Peter Meyers bringt horrende Zitate aus Schulgeschichtsbüchern der fünfziger Jahre. Siehe dazu sein Buch: Vom «Antifaschismus» zur «Tendenzwende». 1980. Die Phase der «Tendenzwende» bestimmt er durch «Nationale Restauration, apolitischen Objektivismus und Antikommunismus (1951–1960)», siehe S. 51 f.

90 I. W., S. 42–45

91 I. W., S. 50. Für eine diktierte oder gelenkte Mitschrift des Unterrichts spricht vor allem die Ereignisauswahl für die Zeit von 1945 bis 1952. Sie enthält neben Stichworten zur Innenpolitik wie «1951 Beendigung des Kriegszustands mit Deutschland» Stichworte zu Konflikten der internationalen Politik wie «1951 Persischer Ölkonflikt, Sudankrise» oder «Indochina» – Themen, die eine Schülerin von sich aus, ohne Anleitung, wohl kaum aufgeschrieben hätte.

92 I. W., S. 64

93 Horst Gies und Stefan Spanik: Bibliographie zur Didaktik des Geschichtsunterrichts. 1983. Die Autoren führen bis 1982 unter dem Stichwort «Nationalsozialismus» 117 Titel auf. Darunter befinden sich bis 1955 zwei Publikationen, vier weitere aus den Jahren 1956 bis 1959, alle anderen erschienen danach. Auch wenn einige allgemeinpädagogische Artikel, die ich fand, nicht aufgenommen wurden, der Mangel an Unterrichtshilfen war eklatant.

94 Das Amtsblatt des Kultusministeriums führte erst ab der Gründung von Baden-Württemberg, also ab 1952, den Titel *Kultus und Unterricht*. Davor heißt es schlicht «Amtsblatt des Kultusministeriums Stuttgart».

95 Verfasser solcher Beiträge war häufig Fritz Rust, Regierungsrat, später Oberregierungsrat im Kultusministerium, und verantwortlich für die Schriftleitung des Amtsblatts *Kultus und Unterricht*.

96 Zum Problemstand Anfang der achtziger Jahre siehe: GEW Berlin (Hg.): Wider das Vergessen. 1981. Darin Hilde Schramm: Faschismus als Unterrichtsthema: Anregungen und Schwierigkeiten – Auswertung von Interviews mit Lehrerinnen und Lehrern. 1981 (Frau Dr. Lux, S. 62); dieselbe: Enttäuschte Erwartungen von Lehrern und Schülern. 1983; dieselbe: Antifaschistische Erziehung. 1983

97 Ich muss den Film *Die Todesmühlen* gesehen haben, der von den Amerikanern im Rahmen ihrer Reeducation-Politik 1946 gedreht wurde und noch in den fünfziger Jahren ab und an in die Kinos kam, aber auch zu Bildungszwecken ausgeliehen werden konnte. Er dauert nur zwanzig Minuten. Ähnliche Filme für ein deutsches Publikum entstanden in der Nachkriegszeit nicht. Siehe Ulrike Weckel: Alliierte Schockpädagogik 1945/46. Die Todesmühlen – Death Mills – Di Toit Milen. O. J., S. 6

98 Aus einem Brief von Maria Eiermann, geborene Nouvortné, vom 18. November 2007. Den Ort und den schulischen Rahmen der Filmvorführung konnten wir nicht klären. Sie erinnert sich – anders als ich – an Szenen, in denen deutsche Bürger und Bürgerinnen in die kurz zuvor befreiten Lager geführt werden. In meiner Erinnerung handelt der Film hauptsächlich von der Verfolgung und Ermordung der Juden. Diese werden dort aber, wie ich den Unterlagen von Ulrike Weckel entnahm, «spät und lediglich als eine Gruppe unter anderen genannt». Ich frage mich, warum ich diese partielle Umdeutung vornahm.

99 Annette Kuhn hat ihr ambivalentes Verhältnis zur Elisabeth-von-Thadden-Schule in ihrer Autobiographie beschrieben: Ich trage einen goldenen Stern. 2003. Sie erwähnt unsere Begegnungen auf S. 72 und S. 78.

100 Hella und Hannah Walz: Interview am 22. Februar 2002. 2002, S. 48 f. Die Interviewerin bringt ein: «Es waren doch auch in der ersten Zeit Töchter von Widerstandskämpfern da? ... Und gleichzeitig mit Speer-Kindern ... Wurde davon gesprochen?» Hannah Walz: «Die Kinder haben darüber geredet, glaube ich. Und das ging gut.»

101 Der Briefausschnitt von G. L. bezieht sich auf Werner von Haeften, den Vater von Ada von Haeften, der an der Planung und Ausführung des Attentats am 20. Juli 1944 auf Hitler beteiligt war und zusammen mit Claus Graf von Stauffenberg im Bendlerblock in Berlin erschossen wurde.

102 Adelheid Barbara (Heidi) Döll, geborene Freiin von Roenne: Wieblingen und wir. 1987, S. 88. Heidi Döll machte 1956 Abitur. Da ich bereits im Frühjahr 1955 von der Schule abging und im Sommer 1953 in den USA war, muss die geschilderte Begegnung im Juli 1954 stattgefunden haben.

103 Norbert Frei: Erinnerungskampf. Der 20. Juli 1944 in den Bonner Anfangsjahren. 2005

104 Norbert Frei: Auschwitz und Holocaust. 1992, S. 103

105 Die Entwicklung in Heidelberg kann als exemplarisch gelten: Ein Gedenkstein an der Synagoge, der 1948 aufgestellt worden war, wurde wieder entfernt. 1959 wird eine Gedenktafel eingeweiht, die im öffentlichen Raum aber

untergeht; noch 1975 belegen Bilder die Verwendung des Grundstücks, auf dem die Synagoge stand, als Parkplatz. Das änderte sich 1978 halbherzig, ab 1999 grundlegend, und zwar dank der Initiative eines einzigen Studenten: Andreas Rothenhöfer mobilisierte Bürger und Institutionen in der Stadt so lange, bis schließlich 2004 eine Gedenktafel angebracht wurde, auf der die Heidelberger Juden und Jüdinnen, die flüchten mussten oder ermordet wurden, namentlich erscheinen. (Zusammengestellt u. a. aus Unterlagen des Heidelberger Stadtarchivs.)

106 So der Titel der Materialien für Tutoren des Schülerwettbewerbs «Alltag im Nationalsozialismus – die Kriegsjahre in Deutschland», hrsg. von der Körber-Stiftung. 1982

107 Schreiben von Dr. Almuth Meyer vom 31. Januar 2003

108 Trude Dietmer (zugeordnet): Nachruf für Frau Dr. Dora Lux, geborene Bieber. 1959 (im Besitz von Peter Wölf Schaper)

109 Leonore Lichnowsky: Kondolenzbrief vom 21. Juni 1959 an Eva Tietze

110 Gertrud Jaspers im Kondolenzschreiben an Eva Tietze vom 17. Juni 1959

111 Eva Tietze: Schreiben vom 23. Juni 1959 an die Äbtissin Maura Lilia in Fulda. Der Brief befindet sich im Archiv der Abtei.

Bibliographie

Archive / Bibliotheken

Berliner Zentral- und Landesbibliothek, Zeitungs- und Zeitschriftenarchiv
Bibliothek für Bildungsgeschichtliche Forschung des Deutschen Instituts für Internationale Pädagogische Forschung, Archiv, Berlin
Brandenburgisches Landeshauptarchiv, Potsdam
Bundesarchiv, Standorte: Koblenz und Berlin-Lichterfelde
Charité – Universitätsmedizin Berlin, Institut für Geschichte der Medizin
Deutsches Technikmuseum, Bibliothek und Historisches Archiv, Berlin
Deutsches Zentrum für Luft- und Raumfahrt e. V. in Göttingen, Bibliothek und Archiv
Elisabeth-von-Thadden-Schule in Heidelberg-Wieblingen, Schularchiv
Evangelische Philippus-Nathanael-Kirchengemeinde in Berlin-Schöneberg
Evangelisches Landeskirchliches Archiv und Evangelisches Zentralarchiv in Berlin
Familienarchiv Bieber / Lux / Tietze / Voss (zuständig Ulrich Tietze)
Gedenkstätte Deutscher Widerstand
Geheimes Staatsarchiv Preußischer Kulturbesitz
Institut für Geschichte und Ethik der Medizin, Hamburg
Landesarchiv Baden-Württemberg, Abteilung Generallandesarchiv Karlsruhe
Landesarchiv Berlin
Land Sachsen: Sächsisches Staatsarchiv, Staatsarchiv Leipzig
Land Schleswig-Holstein: Schleswig-Holsteinische Landesbibliothek, Archiv, Kiel
Museum für Kommunikation Berlin, Bibliothek und Archiv
Max-Plack-Institut für Bildungsforschung, Bibliothek, Berlin
Stadt Karlsruhe, Kulturamt, Stadtarchiv & Historisches Museum
Stadt Heidelberg, Stadtarchiv
Stadt Kassel, Stadtarchiv
Stiftung Archiv der deutschen Frauenbewegung, Kassel
Stiftung Neue Synagoge Berlin – Centrum Judaicum, Archiv
Stiftung Topographie des Terrors in Berlin, Bibliothek
Universitätsarchiv München
Universitätsarchiv Heidelberg
Universitätsarchiv der Humboldt-Universität zu Berlin

Literatur

Aeppli, Felix: Zaghafte Fragen zur schweizerischen Asylpolitik. Leopold Lindt-
bergs *Die letzte Chance* (1944/45). In: Ausstellungskatalog «Mythen der Natio-
nen – Völker im Film». Deutsches Historisches Museum Berlin 1998, S. 308–311
Albisetti, James C.: Mädchen- und Frauenbildung im 19. Jahrhundert. (Schooling
German Girls and Women. Secondary and Higher Education in Nineteenth
Century. Princeton, New Jersey: Princeton University Press 1988). Bad Heil-
brunn: Verlag Julius Klinkhardt 2007
–: Professionalisierung von Frauen im Lehrberuf. In: Elke Kleinau und Claudia
Opitz (Hg.), a. a. O., S. 189–200
Albrecht, Ulrich: Die Wiederaufrüstung der Bundesrepublik. Köln: Pahl-Rugen-
stein Verlag 1980
Alexander, Gabriel: Die Entwicklung der jüdischen Bevölkerung in Berlin zwischen
1871 und 1945. In: Sozialgeschichte der Juden in Deutschland. Tel Aviver Jahr-
buch für deutsche Geschichte. Bd. XX. 1991, S. 287–314
Aly, Götz, und Roth, Karl Heinz: Die restlose Erfassung. Volkszählen, Identifizie-
ren, Aussondern im Nationalsozialismus. Frankfurt am Main: S. Fischer Verlag
2000 (erstmals erschienen Berlin: Rotbuch Verlag 1984)
Aly, Götz: Hitlers Volksstaat. Raub, Rassenkrieg und nationaler Sozialismus.
Frankfurt am Main: S. Fischer Verlag 2005
–: Warum die Deutschen? Warum die Juden? Gleichheit, Neid und Rassenhass
1800–1933. Frankfurt am Main: S. Fischer Verlag 2011
Amtliche Fernsprechbücher der Reichspostdirektion Berlin (bis 1941)
Baron, Rüdiger, und Landwehr, Rolf: Die ehemalige «Alice-Salomon-Schule».
Wohlfahrtsschule des Pestalozzi-Fröbel-Hauses. In: Bezirksamt Schöneberg
von Berlin (Hg.). Leben in Schöneberg/Friedenau 1933–1945, a. a. O., S. 21–23
Bauer, Clemens u. a.: Die Geschichtsbücher der Bundesrepublik. In: Saeculum 3,
1952, S. 603–653
Bäumer, Gertrud: Geschichte der Gymnasialkurse für Frauen zu Berlin. Hrsg. vom
Vorstand der Vereinigung zur Veranstaltung von Gymnasialkursen für Frauen.
Berlin: Moeser Verlag 1906
–: Geschichte und Stand der Frauenbildung in Deutschland. In: Helene Lange und
Gertrud Bäumer (Hg.): Handbuch der Frauenbewegung, Teil III. Berlin: Moe-
ser Verlag 1902, S. 1–127 (Nachdruck Weinheim und Basel: Beltz Verlag 1980)
Bendt, Vera: Ernst und Frieda Kaeber. Eine deutsch-jüdische Ehe im Nationalso-
zialismus. In: Berlin in Geschichte und Gegenwart. Jahrbuch des Landesarchivs
Berlin. Berlin: Mann Verlag 2007, S. 151–168

Benz, Wolfgang (Hg.): Solidarität und Hilfe für Juden während der NS-Zeit. Regionalstudien. Eine Reihe des Zentrums Antisemitismusforschung. Berlin: Metropol Verlag 1996 bis 2004

Berger, Michael: Eisernes Kreuz und Davidstern. Die Geschichte Jüdischer Soldaten in Deutschen Armeen. Berlin: trafo verlag 2006

Bergmann, Klaus, und Schneider, Gerhard (Hg.): Gesellschaft – Staat – Geschichtsunterricht. Beiträge zu einer Geschichte der Geschichtsdidaktik und des Geschichtsunterrichts von 1500–1980. Düsseldorf: Pädagogischer Verlag Schwann 1982

Bergmann, Klaus: Imperialistische Tendenzen in Geschichtsdidaktik und Geschichtsunterricht ab 1890. In: Klaus Bergmann und Gerhard Schneider (Hg.), a. a. O., S. 190–217

Berliner Adressbücher (von 1868 bis 1943), geordnet nach «Einwohner», «Straßen und Häuser», «Handels- und Gewerbetreibende», «Behörden [u. a.]»

Berlinische Galerie e. V. (Hg.): Berlin um 1900 (Sammelband zur gleichnamigen Ausstellung in der Akademie der Künste, 9. September bis 28. Oktober 1984). Berlin: Berlinische Galerie 1984. Vertrieb: Nicolaische Verlagsbuchhandlung

Bezirksamt Schöneberg von Berlin (Hg.): Leben in Schöneberg/Friedenau 1933–1945. Alltag im Nationalsozialismus, Gewaltherrschaft und Widerstand. (Katalog zur gleichnamigen Ausstellung im Haus am Kleistpark vom 16. Oktober – 16. Dezember 1983). Berlin: Bezirksamt Schöneberg 1987 (2. überarb. und erw. Ausgabe, 1. Aufl. 1983)

Bieber, Annemarie: Die Zukunft des Ärztestandes. In: Ethische Kultur, Heft 3/4, 1931, S. 32–34

Bieber, Dora: Studien zur Geschichte der Fabel in den ersten Jahrhunderten der Kaiserzeit. Inaugural-Dissertation, Universität zu München, 15. Dezember 1905. Druck von Leonhard Simion Nf. Berlin 1906

Bieber-Lux, Dora: Die Frau in der griechischen Sage und Geschichte. (Quellenhefte zum Frauenleben in der Geschichte von Emmy Beckmann und Irma Stoß, Heft 2). Berlin: F. A. Herbig Verlagsbuchhandlung 1927

Bildarchiv Preußischer Kulturbesitz (Hg.): Juden in Preußen. Ein Kapitel deutscher Geschichte. (Offizieller Katalog zur Ausstellung «Juden in Preußen». Berlin 1981). Dortmund: Harenberg Kommunikation 1981 (2. Aufl.)

Blau, Bruno: [Bericht über das Jüdische Krankenhaus]. Aus: Bruno Blau: Vierzehn Jahre Not und Schrecken. Unveröffentlichtes Manuskript, verfasst in New York 1952, abgedruckt in: Monika Richarz (Hg.): Bürger auf Widerruf, a. a. O., S. 571–589

– (Bearb.): Das Ausnahmerecht für die Juden in Deutschland 1933–1945. Düsseldorf: Verlag Allgemeine Wochenzeitung der Juden in Deutschland 1954 (2. Aufl.)

Bleker, Johanna, und Schleiermacher, Sabine: Ärztinnen aus dem Kaiserreich. Lebensläufe einer Generation. Weinheim: Deutscher Studien Verlag 2000

Boedeker, Elisabeth: 25 Jahre Frauenstudium in Deutschland, Heft 1, Hannover: Verlagsdruckerei C. Trute 1939

Bundesrechtsanwaltskammer (Hg.): Anwalt ohne Recht. Schicksale jüdischer Anwälte in Deutschland nach 1933. Berlin: Verlag für Berlin-Brandenburg 2007

Bungenstab, Karl-Ernst: Umerziehung zur Demokratie? Re-education-Politik im Bildungswesen der US-Zone 1945–49. Düsseldorf: Bertelsmann Universitätsverlag 1970

Burchardt, Anja: Blaustrumpf – Modestudentin – Anarchistin? Deutsche und russische Medizinstudentinnen in Berlin 1896–1918. Stuttgart/Weimar: Verlag J. B. Metzler 1997

Burg, Udo von der: Entstehung und Entwicklung der Gymnasialseminare bis 1945. (Dortmunder Arbeiten zur Schulgeschichte und zur historischen Didaktik. Bd. 17, Teil 1). Bochum: Studienverlag Dr. N. Brockmeyer 1989

Buselmeier, Karin, u.a. (Hg.): Auch eine Geschichte der Universität Heidelberg. Mannheim: Edition Quadrat 1985

Buselmeier, Karin: Von deutscher Art. Heidelberger Germanistik bis 1945. In: Karin Buselmeier u.a. (Hg.), a.a.O., S. 51–78

Bußmann, Hadumod (Hg.): Stieftöchter der Alma Mater? 90 Jahre Frauenstudium in Bayern am Beispiel der Universität München. Katalog zur Ausstellung. München: Verlag Antje Kunstmann 1994

Caplan, Jane: ‹Ausweis bitte!› Identity and Identification in Nazi Germany. In: People, Papers, and Practices: Identification and Registration in Transnational Perspective, 1500–2010. Ed. by Ilsen About, James Brown and Gayle Lonergan. London: Palgrave Macmillan 2012

Caruso Marcelo: Die Bildungspolitik als politische Bildung (1945–1949). Eine Bilanz der Literatur über verpasste Chancen und Restauration im Nachkriegsdeutschland. In: Pädagogische Rundschau, Jg. 52, 1998, S. 549–578

Cassidy, David C.: Gustav Hertz, Hans Geiger und das Physikalische Institut der Technischen Hochschule Berlin in den Jahren 1933 bis 1945. In: Reinhard Rürup (Hg.): Wissenschaft und Gesellschaft, a.a.O., S. 373–387

Döll, Adelheid Barbara, geb. Freiin von Rönne: Wieblingen und wir. In: Elisabeth-von-Thadden-Schule (Hg.), a.a.O., Festschrift 1987, S. 87–88

Domarus, Max: Hitler. Reden und Proklamationen 1932–1945, kommentiert von einem deutschen Zeitgenossen, Teil I: Triumph, Erster Band 1932–1934. Leonberg: Pamminger & Partner Verlagsgesellschaft 1988 (4. Aufl.)

Ebbinghaus, Angelika, und Roth, Karl Heinz: Medizinverbrechen vor Gericht. Die Menschenversuche im Konzentrationslager Dachau. In: Ludwig Eiber und Robert Sigel: Dachauer Prozesse. NS-Verbrechen vor amerikanischen Militärgerichten in Dachau 1945–1948. Verfahren, Ergebnisse, Nachwirkungen. Göttingen: Wallstein Verlag 2007, S. 126–159

Ebert, Hans: Die Technische Hochschule Berlin und der Nationalsozialismus. Politische «Gleichschaltung» und rassistische «Säuberungen». In: Reinhard Rürup (Hg.), Wissenschaft und Gesellschaft, a. a. O., S. 456–468

Elisabeth-von-Thadden-Schule (Hg.): Elisabeth-von-Thadden-Schule Heidelberg – Wieblingen. Annäherung an eine 60jährige Schulgeschichte, 1927–1987. Heidelberg: Selbstverlag; Festschrift 1987

–: 75 Jahre Elisabeth-von-Thadden-Schule, 1927–2002. Heidelberg: Selbstverlag; Festschrift 2002

–: Wieblinger Rundbriefe. Mitteilungsblatt des Wieblinger Bundes e. V.

Elkin, Rivka: Das Jüdische Krankenhaus in Berlin zwischen 1938 und 1945. Hrsg. vom Förderverein «Freunde des Jüdischen Krankenhauses Berlin e. V.», Berlin: Edition Hentrich 1993

Empfehlungen der Kultusministerkonferenz vom 17. Dezember 1953 in Bonn. Betrifft: Grundsätze zum Geschichtsunterricht. In: Geschichte in Wissenschaft und Unterricht (GWU), Heft 3, 1954, S. 132–141

Essner, Cornelia: Die «Nürnberger Gesetze» oder Die Verwaltung des Rassenwahns 1933–1945. Paderborn: Verlag Ferdinand Schöningh 2002

Ethische Kultur. Wochenschrift zur Verbreitung ethischer Bestrebungen (1893); Wochenschrift für sozial-ethische Reformen (1894–1909); Halbmonatsschrift für ethisch-soziale Reformen (1910–1931); Monatsblatt für ethisch-soziale Neugestaltung (1932–1936). Berlin: Verlag Ethische Kultur Richard Bieber, von 1897 bis 1935 (1936 ohne Verlagsangabe)

Fassmann, Irmgard Maya: Jüdinnen in der deutschen Frauenbewegung 1865–1919. (HASKALA. Wissenschaftliche Abhandlungen, Hrsg. vom Moses Mendelssohn-Zentrum für europäisch-jüdische Studien und vom Salomon Ludwig Steinheim-Institut für deutsch-jüdische Geschichte. Bd. 6). Hildesheim / Zürich / New York: Georg Olms Verlag 1996

Faulenbach, Bernd: Die deutsche Geschichtsschreibung nach der Diktatur Hitlers. In: Gustavo Corni und Martin Sabrow (Hg.): Die Mauern der Geschichte. Leipzig: Akademische Verlagsanstalt 1996, S. 37–63

Fernis, Hans Georg: Von der Unmöglichkeit dieses Unterrichts. Teil I von: Die Neueste Zeit im Geschichtsunterricht (1918–1945). In: Geschichte in Wissenschaft und Unterricht (GWU), Heft 2, 1951, S. 590–601

Festschrift zum 100-jährigen Bestehen der Nathanael-Kirche in Schöneberg-Friedenau. Im Auftrag des Gemeindekirchenrats. Hrsg. von Annette Wigger. Broschüre o. J. (2003)

Finke, Hugo: Die Wiedergutmachung nationalsozialistischen Unrechts in der Sozialversicherung. In: Die Wiedergutmachung nationalsozialistischen Unrechts
durch die Bundesrepublik Deutschland. Hrsg. vom Bundesministerium der
Finanzen in Zusammenarbeit mit Walter Schwarz. Bd. 4. München: Verlag
C. H. Beck 1987, S. 305–392

Frankenthal, Käte: Der dreifache Fluch. Jüdin, Intellektuelle, Sozialistin. Lebenserinnerungen einer Ärztin in Deutschland und im Exil. Frankfurt am Main / New
York: Campus Verlag 1981

Frei, Norbert: Auschwitz und Holocaust. Begriff und Historiographie. In: Hanno
Loewy (Hg.), a. a. O., S. 101–109

–: Vergangenheitspolitik. Die Anfänge der Bundesrepublik und die NS-Vergangenheit. München: Deutscher Taschenbuch Verlag 2003

–: Erinnerungskampf. Der 20. Juli 1944 in den Bonner Anfangsjahren. In: Norbert Frei: 1945 und wir. Das Dritte Reich im Bewusstsein der Deutschen. München: Verlag C. H. Beck 2005, S. 129–144

Friedeburg, Ludwig von, und Hübner, Peter: Das Geschichtsbild der Jugend.
(Überblick zur wissenschaftlichen Jugendkunde. Hrsg. vom Deutschen Jugend-
institut). München: Juventa Verlag 1964

Friedländer, Saul: Das Dritte Reich und die Juden. Bd. 1: Die Jahre der Verfolgung
1933–1939. Bd. 2: Die Jahre der Vernichtung 1939–1945. München: Verlag
C. H. Beck 1998 und 2006

Friedlaender, Sophie und Jarecki, Hilde: Sophie & Hilde. Ein gemeinsames Leben
in Freundschaft und Beruf. Hrsg. von Bruno Schonig. Berlin: Edition Hentrich
1996

Gaius, Manfred (Hg.): Kirchengemeinden im Nationalsozialismus. Sieben Beispiele aus Berlin. Berlin: Edition Hentrich 1990

Gall, Lothar: Franz Schnabel. In: Gall, Lothar (Hg.): Die großen Deutschen unserer
Epoche. Erftstadt: area verlag 1995, S. 143–155

Gedenkbuch Berlins der jüdischen Opfer des Nationalsozialismus. «Ihre Namen
mögen nie vergessen werden!» Erarbeitet vom Zentralinstitut für sozialwissen-
schaftliche Forschung der Freien Universität Berlin. Hrsg. vom Senator für kulturelle Angelegenheiten. Berlin: Edition Hentrich 1995

Geisel, Eike: Im Scheunenviertel. Bilder, Texte und Dokumente. Berlin: Severin
und Siedler o. J. (1981)

Genschel, Helmut: Geschichtsdidaktik und Geschichtsunterricht im nationalso-

zialistischen Deutschland. In: Klaus Bergmann und Gerhard Schneider (Hg.),
a.a.O., S. 261–294

GEW Berlin (Hg.): Wider das Vergessen. Antifaschistische Erziehung in der
Schule. Erfahrungen, Projekte, Anregungen. Frankfurt am Main: S. Fischer Verlag 1981

Gies, Horst, und Spanik, Stefan: Bibliographie zur Didaktik des Geschichtsunterrichts. (Beltz Forschungsberichte). Weinheim: Beltz Verlag 1983

Glaser, Edith: «Sind Frauen studierfähig?» Vorurteile gegen das Frauenstudium.
In: Elke Kleinau und Claudia Opitz (Hg.), a.a.O., S. 299–309

Goebel, Benedikt: Der Umbau Alt-Berlins zum modernen Stadtzentrum. Planungs-, Bau- und Besitzgeschichte des historischen Berliner Stadtkerns im
19. und 20. Jahrhundert. (Schriftenreihe des Landesarchivs Berlin, 6). Berlin:
Verlagshaus Braun 2003

Goschler, Constantin: Wiedergutmachung. Westdeutschland und die Verfolgten
des Nationalsozialismus 1945–1954. München: R. Oldenbourg Verlag 1992

Groschopp, Horst: Dissidenten. Freidenkerei und Kultur in Deutschland. Berlin:
Dietz Verlag 1997

Grossmann, Kurt R.: Ossietzky. Ein deutscher Patriot. München: Kindler Verlag
1963

Grundriß der Geschichte. Bd. II: Vom Ende der Völkerwanderung bis zum Ende
des Absolutismus. Begründet von Gerhard Bonwetsch u.a. Stuttgart: Ernst
Klett Verlag 1953 (3. Aufl.)

Gruner, Wolf: Judenverfolgung in Berlin 1933–1945. Eine Chronologie der Behördenmaßnahmen in der Reichshauptstadt. Berlin: Stiftung Topographie des Terrors 2009 (2. vollständig bearb. und wesentlich erw. Aufl.)

Häntzschel, Hiltrud, und Bußmann, Hadumod (Hg.): Bedrohlich gescheit. Ein
Jahrhundert Frauen und Wissenschaft in Bayern. München: Verlag C.H. Beck
1997

Häntzschel, Hiltrud: Frauen jüdischer Herkunft an bayerischen Universitäten.
Zum Zusammenhang von Religion, Geschlecht und ‹Rasse›. In: Hiltrud Häntzschel und Hadumod Bußmann (Hg.), a.a.O., S. 105–136

–: Professionell ohne Profession. Arbeitsfelder von Philologinnen jüdischer Herkunft. In: Wilfried Barner und Christoph König (Hg.): Jüdische Intellektuelle
und die Philologien in Deutschland 1871–1933. (Marbacher Wissenschaftsgeschichte. Bd. 3). Göttingen: Wallstein Verlag 2001, S. 65–73

Häny-Lux, Ida: Beruf und Ehe. In: Sozialistische Monatshefte, Heft 10, 1906,
S. 870–876

Hamilton, Alice: Edith and Alice Hamilton. Students in Germany. In: The Atlantic
Monthly, March 1965, S. 129–132

Hahn, Judith, und Schwoch, Rebecca: Anpassung und Ausschaltung. Die Berliner Kassenärztliche Vereinigung im Nationalsozialismus. Im Auftrag von: Kassenärztliche Vereinigung Berlin, Deutscher Ärzte-Verlag, Deutsches Ärzteblatt, Kassenärztliche Bundesvereinigung, Bundesärztekammer. Berlin / Teetz: Hentrich & Hentrich 2009

Handbuch der deutschen Bildungsgeschichte. Bd. IV. 1870–1918. Von der Reichsgründung bis zum Ende des Ersten Weltkriegs. Hrsg. von Christa Berg. München: Verlag C. H. Beck 1991

Handbuch der deutschen Bildungsgeschichte. Bd. V. 1918–1945. Die Weimarer Republik und die nationalsozialistische Diktatur. Hrsg. von Dieter Langewiesche und Heinz-Elmar Tenorth. München: Verlag C. H. Beck 1989

Herzfeld, Hans: Die Neuzeit. Abschnitt IV. In: Die Geschichtsbücher der Bundesrepublik. In: Clemens Bauer u. a., a. a. O., S. 633–645

Hettinger, Anette: Geschichtslehrerausbildung im diachronen Vergleich. Das Beispiel Württemberg-Baden. In: Wolfgang Hasberg und Manfred Seidenfuß (Hg.): Modernisierung im Umbruch. Geschichtsdidaktik und Geschichtsunterricht nach 1945. Berlin / Münster: LIT Verlag Dr. W. Hopf 2008, S. 187–216

Heusler-Edenhuizen, Hermine: Helene Lange's Bedeutung für die Aerztinnen. In: Monatsschrift Deutscher Ärztinnen. Mitteilungsblatt des Bundes Deutscher Ärztinnen, Heft 4, 1928, S. 56–57

–: Du musst es wagen! Lebenserinnerungen der ersten deutschen Frauenärztin. Reinbek: Rowohlt Verlag 1999

Hilberg, Raul: Die Vernichtung der europäischen Juden. Bd. 1. (The Destruction of the European Jews. Chicago: Quadrangle Books 1961). Frankfurt am Main: S. Fischer Verlag 1999 (erneut durchgesehene 9. Aufl.)

Hillenbrand, Klaus: Nicht mit uns. Das Leben von Leonie und Walter Frankenstein. Frankfurt am Main: Jüdischer Verlag im Suhrkamp Verlag 2008

Huerkamp, Claudia: Jüdische Akademikerinnen in Deutschland 1900–1938. In: Geschichte und Gesellschaft. Themenheft. Hrsg. von Gisela Bock: Rassenpolitik und Geschlechterpolitik im Nationalsozialismus, Heft 3, 1993, S. 311–331

–: Bildungsbürgerinnen. Frauen im Studium und in akademischen Berufen 1900–1945. (Bürgertum. Beiträge zur europäischen Gesellschaftsgeschichte. Bd. 10). Göttingen: Vandenhoeck & Ruprecht 1996

Huhn, Jochen: Geschichtsdidaktik in der Weimarer Republik. In: Klaus Bergmann und Gerhard Schneider (Hg.), a. a. O., S. 218–260

Jäckel, Hartmut, und Simon, Hermann (Hg.): Berliner Juden 1941. Namen und Schicksale. Das letzte amtliche Fernsprechbuch der Reichspostdirektion Berlin. Berlin: Hentrich & Hentrich 2007

Jäkl, Reingard: Hilde Radusch; der bürokratischen Kontrolle entgangen. In: Bezirksamt Schöneberg von Berlin (Hg.): Leben in Schöneberg/Friedenau 1933–1945, a. a. O., S. 21

Jantzen, Hermann (Hg.): Die höhere Mädchen- und Lehrerinnenbildung in Preußen. Die amtlichen Bestimmungen, Lehrpläne, Prüfungsordnungen und sonstigen wichtigen Erlasse. Goslar: Richard Danehl's Verlag 1909

Jüdisches Museum Hohenems in Kooperation mit dem Jüdischen Museum Wien: «Hast du meine Alpen gesehen?» Ausstellung 2009. Ausstellungskatalog München: Bucher Verlag 2009

Jung, Susanne: Die Rechtsprobleme der Nürnberger Prozesse. Dargestellt am Verfahren gegen Friedrich Flick. (Beiträge zur Rechtsgeschichte des 20. Jahrhunderts. Bd. 8). Tübingen: J. C. B. Mohr (Paul Siebeck) 1992

Kampe, Norbert: Studenten und «Judenfrage» im Deutschen Kaiserreich. (Kritische Studien zur Geschichtswissenschaft. Bd. 76). Göttingen: Vandenhoeck & Ruprecht 1988

Kaplan, Marion A.: Tradition and Transition.The Acculturation, Assimilation and Integration of Jews in Imperial Germany. A Gender Analysis. In: Leo Baeck Institute London, Jerusalem und New York. Year Book XXVII, 1982, S. 3–35

–: Freizeit – Arbeit. Geschlechterräume im deutsch-jüdischen Bürgertum 1870–1914. In: Frevert Ute (Hg.): Bürgerinnen und Bürger. Geschlechterverhältnisse im 19. Jahrhundert. Göttingen: Vandenhoeck & Ruprecht 1988, S. 157–174

–: Der Mut zum Überleben. Jüdische Frauen und ihre Familien in Nazideutschland. (Between Dignity and Despair. Jewish Life in Nazi Germany. New York: Oxford University Press 1998). Berlin: Aufbau Verlag 2003

Keller, Werner u. a. (Hg.): Leben für Versöhnung. Hermann Maas. Wegbereiter des christlich-jüdischen Dialoges. Bearb. von Matthias Riemenschneider. Karlsruhe: Hans Thoma Verlag 1997 (2. neu bearb. und erw. Aufl.)

Kessler, Harry Graf: Tagebücher 1918–1937. Hrsg. von Wolfgang Pfeiffer-Belli. Frankfurt am Main: Insel Verlag 1982

Kinkeldey, Maximilian: Der Ausschluß der Juden aus der Patentanwaltschaft in Deutschland 1933–1938. Dissertation der Juristischen Fakultät der Universität Regensburg. München 1998

Kleinau, Elke, und Opitz, Claudia (Hg.): Geschichte der Mädchen- und Frauenbildung. Bd. 2. Vom Vormärz bis zur Gegenwart. Frankfurt am Main/New York: Campus Verlag 1996

Kleinschmidt, Sigrid: Max Stein (1871–1952). In: Günter Benser und Michael Schneider (Hg.): Bewahren – Verbreiten – Aufklären: Archivare, Bibliothekare und Sammler der Quellen der deutschsprachigen Arbeiterbewegung. Friedrich Ebert Stiftung. Bonn/Bad Godesberg 2009, S. 321–325

Knight, Hanna: Nachruf auf Dr. Annemarie Bieber. Manuskript einer Rede vor dem Forum for Womens' Achievement, Mai 1957, USA

Köhnke, Klaus Christian: Der junge Simmel – in Theoriebeziehungen und sozialen Bewegungen. Frankfurt am Main: Suhrkamp Verlag 1996

Kollwitz, Käthe: Die Tagebücher. Hrsg. von Jutta Bohnke-Kollwitz. Berlin: Siedler Verlag 1989

König, Karl, und Witte, Karl: Grundprobleme und Aufgaben des Geschichtsunterrichts von heute. Paderborn: Verlag Ferdinand Schöningh 1947

Körber-Stiftung (Hg.): «Nicht irgendwo, sondern hier bei uns!» Materialien für Tutoren des Schülerwettbewerbs «Alltag im Nationalsozialismus – Die Kriegsjahre in Deutschland». Zusammengestellt von Heike Blanck, Dieter Galinski und Wolf Schneider. Hamburg: Körber-Stiftung Selbstverlag 1982

Korff, Gottfried, und Rürup, Reinhard (Hg.): Berlin, Berlin. Materialien zur Geschichte der Stadt. Eine Publikation im Rahmen der Ausstellung im Martin-Gropius-Bau 1987. Berliner Festspiele GmbH im Auftrag des Senats von Berlin zur 750-Jahr-Feier Berlins 1987

Kosmala, Beate, und Schoppmann, Claudia (Hg.): Überleben im Untergrund. Hilfe für Juden in Deutschland 1941–1945. (Bd. 5 der Reihe: Solidarität und Hilfe für Juden während der NS-Zeit. Hrsg. im Auftrag des Zentrums für Antisemitismusforschung von Wolfgang Benz). Berlin: Metropol Verlag 2002

Kosmala, Beate: Missglückte Hilfe und ihre Folgen: Die Ahndung der «Judenbegünstigung» durch NS-Verfolgungsbehörden. In: Beate Kosmala und Claudia Schoppmann (Hg.): Überleben im Untergrund, a.a.O., S. 205–221

Kraul, Margret: Höhere Mädchenschulen. In: Handbuch der deutschen Bildungsgeschichte. Bd. IV. 1870–1918, a.a.O., S. 279–303

Kuhn, Annette: Wende in der Geschichtsdidaktik? In: Demokratische Erziehung, Heft 2, 1985, S. 26–29

–: Ich trage einen goldenen Stern. Ein Frauenleben in Deutschland. Berlin: Aufbau Verlag 2003

Kultus und Unterricht. Amtsblatt des Kultusministeriums Baden-Württemberg (ab 1952 mit Titel, bis 1951 ohne Titel: Amtsblatt des Kultusministeriums Stuttgart)

Kundt, Klaus: Deutscher Alpenverein e. V. Gegen «deutsch-völkische Hetzpolitik». Die Geschichte der Berliner Bergsteiger bis 1945. Schriftenreihe der Deutscher Alpenverein Sektion Berlin, Heft 3, Teil 2, 2009, S. 27–31

Ladwig-Winters, Simone: Anwalt ohne Recht. Das Schicksal jüdischer Anwälte in Berlin nach 1933. Berlin: be.bra verlag 1998

Lange, Helene: Mädchengymnasien. In: Enzyklopädisches Handbuch der Pädagogik. Hrsg. von Wilhelm Rein. Bd. V. Langensalza: Verlag Beyer 1906, S. 718–724

–: Lebenserinnerungen. Berlin: F. A. Herbig Verlagsbuchhandlung 1925

–: Unsere ersten Abiturientinnen. In: Helene Lange: Kampfzeiten. Aufsätze und Reden aus vier Jahrzehnten. 1. Bd. Berlin: F. A. Herbig Verlagsbuchhandlung 1928, S. 169–176; zuerst erschienen in: Die Frau, Mai 1896

Lange, Ralf: Nathanaelkirche. In: Olaf Kühl-Freudenstein u. a. (Hg.): Kirchenkampf in Berlin 1932–1945. 42 Stadtgeschichten. (Studien zu Kirche und Israel. Bd. 18). Berlin: Institut Kirche und Judentum 1999, S. 285–289

Lauterer, Heide-Marie: «Weil ich von dem Einsatz meiner Kräfte die Überwindung der Schwierigkeiten erhoffte.» Marie Baum (1874–1964). Frauenbewegung, Politik und Beruf. In: Frauengestalten. Soziales Engagement in Heidelberg. Im Auftrag der Stadt Heidelberg. Hrsg. von Peter Blum. (Schriftenreihe des Stadtarchivs Heidelberg, Heft 6). Heidelberg: Verlag Brigitte Guderjahn 1995, S. 55–116

–: «Eine Organisation, in der die Frauen über alle Parteien hinaus, einfach als Frauen, zusammengeschlossen sind.» Zur Gründung des «Heidelberger Frauenvereines e. V.» in der Nachkriegszeit. In: Die Vergangenheit ist die Schwester der Zukunft: 800 Jahre Frauengeschichte in Heidelberg. Hrsg. von der Stadt Heidelberg, Amt für Frauenfragen. Ubstadt-Weiher: verlag regionalkultur 1996, S. 285–291

Lauterer-Pirner, Heidi, und Schepers-S.-W., Margret: Studentin in Heidelberg. In: Karin Bunselmeier u. a. (Hg.), a. a. O., S. 101–122

Lippert, Elisabeth: Der Lehrer als Mensch der Gegenwart. In: Bildung und Erziehung, Heft 3, 1950, S. 161–171

Levin, Mikael: Suche. Mit Texten von Meyer Levin. Ausstellungskatalog. (Schriftenreihe des Fritz Bauer Instituts Frankfurt am Main. Studien- und Dokumentationszentrum zur Geschichte und Wirkung des Holocaust, Bd. 11). München: Gina Kehayoff Verlag 1996

Loewy, Hanno (Hg.): Holocaust. Die Grenzen des Verstehens. Reinbek: Rowohlt Verlag 1992

Lotz, Wolfgang (Bearb.): Die Deutsche Reichspost 1933–1945. Ausgewählte Dokumente, Materialien aus dem Bundesarchiv, Heft 11, Koblenz 2002

Lotz, Wolfgang, und Ueberschär, Gerd R.: Die Deutsche Reichspost 1933–1945. 2 Bde. Berlin: Nicolaische Verlagsbuchhandlung 1989

Lühe, Irmgard von der: Elisabeth von Thadden. Ein Schicksal unserer Zeit. Düsseldorf / Köln: Diederichs Verlag 1966

Lustiger, Arno: Zum Kampf auf Leben und Tod! Vom Widerstand der Juden in Europa 1933–1945. Köln: Verlag Kiepenheuer & Witsch 1994

–: Rettungswiderstand. Über die Judenretter in Europa während der NS-Zeit. Göttingen: Wallstein Verlag 2011

Lux, Heinrich (Hg.): Sozialpolitisches Handbuch. Berlin: Verlag der Expedition des «Vorwärts» Berliner Volksblatt (Th. Glocke) 1892

–: Geschichte der Leuchttechnik und Beleuchtungstechnik. Einleitung. In: Licht-technisches Handbuch. Hrsg. von Rudolf Sewig. Berlin: Verlag von Julius Sprin-ger 1938, S. 1–38

–: [ohne Titel] (Memoiren). Berlin 1944

Lux-Bieber, Dora: Helene Langes Kampf gegen die «Pietätswerte». In: Monats-schrift Deutscher Ärztinnen. Mitteilungsblatt des Bundes Deutscher Ärztin-nen, Heft 4, 1928, S. 62–63

Luxbacher, Günther: Deutsche Lichttechnische Gesellschaft 1912–2000. Ge-schichte des technisch-wissenschaftlichen Vereins. Veröffentlichung der Deut-schen Lichttechnischen Gesellschaft (LiTG) e. V. Berlin 2001

Mann, Thomas: [Bekenntnis zum Sozialismus]. In: Thomas Mann: Reden und Aufsätze. Bd. XII / 4 der Gesammelten Werke. Frankfurt am Main: S. Fischer Verlag 1974, S. 678–694, Kommentar S. 980

Marcuse, Ludwig: Mein zwanzigstes Jahrhundert. Auf dem Weg zu einer Autobio-graphie. München: List Verlag 1960

Mayer, Ulrich: Neue Wege im Geschichtsunterricht? Studien zur Entwicklung der Geschichtsdidaktik und des Geschichtsunterrichts in den westlichen Be-satzungszonen und in der Bundesrepublik Deutschland 1945–1953. (Studien und Dokumentationen zur deutschen Bildungsgeschichte. Bd. 31). Köln / Wien: Böhlau Verlag 1986

Mendelssohn, Peter de: S. Fischer und sein Verlag. Frankfurt am Main: S. Fischer Verlag 1970

Meyer, Almuth Agnes: Elisabeth von Thadden (1890–1944). Pädagogin aus christ-lichem Geist im Konflikt mit dem Nationalsozialismus. In: Gerhard Schwinge (Hg.): Lebensbilder aus der evangelischen Kirche in Baden im 19. und 20. Jahr-hundert. Bd. V. Kultur und Bildung. Heidelberg: verlag regionalkultur 2007, S. 472–495

Meyer, Beate: «Jüdische Mischlinge». Rassenpolitik und Verfolgungserfahrungen 1933–1945. Hamburg: Dölling und Galitz Verlag 1999

–: Das unausweichliche Dilemma. Die Reichsvereinigung der Juden in Deutsch-land, die Deportationen und die untergetauchten Juden. In: Beate Kosmala und Claudia Schoppmann (Hg.): Überleben im Untergrund, a. a. O., S. 273–296

Meyers, Peter: Vom «Antifaschismus» zur «Tendenzwende». Ein Überblick über die Behandlung des Nationalsozialismus in der historisch-politischen Bildung seit 1945. In: Der Nationalsozialismus als didaktisches Problem. Hrsg. von der Bundeszentrale für politische Bildung. Schriftenreihe der Bundeszentrale für politische Bildung. Bd. 156. Bonn 1980, S. 43–63

Meyhöfer, Rita: Gäste in Berlin? Jüdisches Schülerleben in der Weimarer Republik

und im Nationalsozialismus. Hamburg: Verlag Dr. Kovac 1996; Dissertation
Berlin Freie Universität 1995

Mommsen, Hans: Erfahrung, Aufarbeitung und Erinnerung des Holocaust in
Deutschland. In: Hanno Loewy, a. a. O., S. 93–100

Moritz, Werner: Die Anfänge des Frauenstudiums in Heidelberg. In: Sabine Happ
und Klaus Nippert (Hg.): Kleine Schriften. Heidelberg: verlag regionalkultur
2007, S. 73–95

Müller, Otto Heinrich: Deutsche Geschichte in Kurzfassung. Frankfurt am Main:
Hirschgraben-Verlag 1950 (3. Aufl.)

–: Zu den «Grundsätzen zum Geschichtsunterricht». In: Geschichte in Wissenschaft und Unterricht (GWU), Heft 3, 1954, S. 129–131

Müller, Theodor: Die Geschichte der Breslauer Sozialdemokratie. Breslau: Verlag
des Sozialdemokratischen Vereins Breslau 1925 (Unv. Neudruck: Glashütten im
Taunus: Verlag Detlev Auvermann 1972)

Mussgnug, Dorothee: Die vertriebenen Heidelberger Dozenten. Zur Geschichte
der Ruprecht-Karls-Universität nach 1933. (Heidelberger Abhandlungen zur
Mittleren und Neueren Geschichte. Neue Folge. Bd. 2). Heidelberg: Carl Winter Universitätsverlag 1988

Nanko, Ulrich: Die Deutsche Glaubensbewegung. Eine historische und soziologi-
sche Untersuchung. Marburg: diagonal-Verlag 1993

Nathorff, Hertha: Das Tagebuch der Hertha Nathorff. Berlin – New York. Aufzeichnungen 1933–1945. Hrsg. von Wolfgang Benz. Frankfurt am Main: S. Fischer Verlag 1988

Niemöller, Wilhelm (Hg.): Die Preußensynode zu Dahlem. Die zweite Bekenntnis-
synode der Evangelischen Kirche der altpreußischen Union. Geschichte – Dokumente – Berichte. (Arbeiten zur Geschichte des Kirchenkampfes 29). Göttingen: Vandenhoeck & Ruprecht 1975

Obschernitzki, Doris: «Der Frau ihre Arbeit!» Lette-Verein. Zur Geschichte einer
Berliner Institution 1866–1986. Berlin: Edition Hentrich 1987

Perels, Otto: Versagen und Bewährung in den evangelischen Kirchengemeinden
Friedenaus 1933–1945 – Erinnerungen. In: Bezirksamt Schöneberg von Berlin
(Hg.): Leben in Schöneberg/Friedenau 1933–1934, a. a. O., S. 79–80

Pineas, Hermann: Unsere Schicksale seit dem 30. Januar 1933. Ms., Memmin-
gen, 18. Mai 1945. In: Monika Richarz (Hg.): Bürger auf Widerruf, a. a. O.,
S. 556–570

Pinnow, Hermann: Von Weltkrieg zu Weltkrieg 1919–1945. Vorlesungen, gehalten im Rahmen der Vorsemesterkurse der Universität Heidelberg. Heidelberg:
F. H. Kerle Verlag 1947

Plessen, Elisabeth: Das Kavalierhaus. Köln: Kiepenheuer & Witsch 2004

Pohlmann, Margret: Erinnerungen. In: Forum 10, Mitteilungen des Lette-Vereins [Berlin], 6. Jg., Heft 1, Mai 1991, S. 8–9

Prondczynsky, Andreas von: Ethische Kultur, neue Erziehung, Monismus. Reformbewegungen und pädagogische Diskurse in Österreich und Deutschland 1890–1938. In: Jahrbuch für historische Bildungsforschung. Bd. 8. Bad Heilbrunn: Verlag Julius Klinkhardt 2002, S. 135–158

Richarz, Monika: Vom Kramladen an die Universität. Jüdische Bürgerfamilien des späten 19. Jahrhunderts. In: Journal für Geschichte. Themenheft: Frauenräume, Jg. 7, Heft März / April, 1985, S. 43–49

– (Hg.): Bürger auf Widerruf. Lebenszeugnisse deutscher Juden 1780–1945. München: Verlag C. H. Beck 1989

–: Frauen in Familie und Öffentlichkeit. In: Steven M. Loewenstein u. a. (Hg.): Deutsch-jüdische Geschichte in der Neuzeit. Bd. III. Umstrittene Integration 1871–1918. München: Verlag C. H. Beck 2000, S. 69–100

Riemenschneider, Matthias, und Thierfelder, Jörg (Hg.): Elisabeth von Thadden. Gestalten – Widerstehen – Erleiden. Karlsruhe: Hans Thoma Verlag 2002

Riemenschneider, Rainer: Das Geschichtslehrbuch in der Bundesrepublik. Seine Entwicklung seit 1945. In: Klaus Bergmann und Gerhard Schneider (Hg.), a. a. O., S. 295–312

Röhm, Eberhard, und Thierfelder, Jörg: Juden, Christen, Deutsche 1933–1945. Bd. 2, Teil 2: 1935–1938. Entrechtet; Bd. 4, Teil 2: 1941–1945. Vernichtet. Stuttgart: Calwer Verlag 1992 (Bd. 2 / 2) und 2007 (Bd. 4 / 2)

Romberg, Helga: Staat und Höhere Schule. Ein Beitrag zur deutschen Bildungsverfassung vom Anfang des 19. Jahrhunderts bis zum Ersten Weltkrieg. Weinheim / Basel: Beltz Verlag 1979

Rürup, Reinhard: Emanzipation und Krise. Zur Geschichte der «Judenfrage» in Deutschland vor 1890. In: Juden im Wilhelminischen Deutschland 1890–1914. Sammelband hrsg. von Werner Mosse unter Mitwirkung von Arnold Paucker. (Schriftenreihe wissenschaftlicher Abhandlungen des Leo-Baeck-Instituts, 33). Tübingen: J. C. B. Mohr (Paul Siebeck) 1976, S. 1–56

– (Hg.): Wissenschaft und Gesellschaft. Beiträge zur Geschichte der Technischen Universität Berlin 1879–1979. Bd. 1. Berlin / Heidelberg / New York: Springer Verlag 1979

– unter Mitwirkung von Michael Schüring: Schicksale und Karrieren. Gedenkbuch für die von den Nationalsozialisten aus der Kaiser-Wilhelm-Gesellschaft vertriebenen Forscherinnen und Forscher (Geschichte der Kaiser-Wilhelm-Gesellschaft im Nationalsozialismus. Hrsg. von Reinhard Rürup und Wolfgang Schieder. Bd. 14). Göttingen: Wallstein Verlag 2008

Saner, Hans: Karl Jaspers in Selbstzeugnissen und Bilddokumenten. Reinbek: Rowohlt Verlag 1970

Schäfer, Wolfgang: Über die Notwendigkeit dieses Unterrichts. Teil II von: Die neueste Zeit im Geschichtsunterricht (1918–1945). In: Geschichte in Wissenschaft und Unterricht (GWU), Heft 2, 1951, S. 601–617

Schaser, Angelika: Helene Lange und Gertrud Bäumer. Eine politische Lebensgemeinschaft. (L'HOMME Schriften. Reihe zur Feministischen Geschichtswissenschaft, Bd. 6). Köln / Weimar / Wien: Böhlau Verlag 2000

Scheidle, Ilona: Mit ganzer Kraft für den Aufbau einer menschlicheren Gesellschaft. Die Wissenschaftlerin und Politikerin Marie Baum (1874–1964). In: Ilona Scheidle: Heidelbergerinnen, die Geschichte schrieben. Frauenporträts aus fünf Jahrhunderten. Kreuzlingen / München: Heinrich Hugendubel Verlag 2006, S. 121–130

Schlung, Franz H.: Sozialgeschichte des Schulwesens in Hessen-Kassel. Kassel: Omega Verlag 1987

Schmid, Armin, und Schmid, Renate: Im Labyrinth der Paragraphen. Die Geschichte einer gescheiterten Emigration. Frankfurt am Main: S. Fischer Verlag 1993

Schneider, Gerhard: Der Geschichtsunterricht in der Ära Wilhelms II. (vornehmlich in Preußen). In: Klaus Bergmann und Gerhard Schneider, a. a. O., S. 132–189

Schneider, Peter: «Und wenn wir nur eine Stunde gewinnen …» Wie ein jüdischer Musiker die Nazi-Jahre überlebte. Reinbek: Rowohlt Verlag 2002

Schramm, Hilde: Faschismus als Unterrichtsthema. Anregungen und Schwierigkeiten – Auswertung von Interviews mit Lehrerinnen und Lehrern. In: GEW Berlin (Hg.), a. a. O., S. 30–82

–: Antifaschistische Erziehung. Erfahrungen und Perspektiven. In: Arbeitsgruppe Pädagogisches Museum (Hg.): Heil Hitler, Herr Lehrer. (Buch zur gleichnamigen Ausstellung vom 15. Oktober bis 18. Dezember 1983 in der Volkshochschule Berlin-Schöneberg). Reinbek: Rowohlt Verlag 1983, S. 253–260

–: Enttäuschte Erwartungen von Lehrern und Schülern. In: Themenheft. 30. Januar 1933 – Antifaschistische Erziehung heute. In: Demokratische Erziehung, Jg. 9, Heft 1, 1983, S. 30–37

Schwoch, Rebecca: Approbationsentzug für jüdische Ärzte. Bestallung erloschen. In: Deutsches Ärzteblatt 2008, 105 (39), A 2043

– (Hg.): Berliner jüdische Kassenärzte und ihr Schicksal im Nationalsozialismus. Ein Gedenkbuch. Im Auftrag von: Kassenärztliche Vereinigung Berlin, Deutscher Ärzte-Verlag, Deutsches Ärzteblatt, Kassenärztliche Bundesvereinigung, Bundesärztekammer. Berlin / Teetz: Hentrich & Hentrich 2009

Senger, Valentin: Kaiserhofstraße 12. Frankfurt am Main: Schöffling & Co. Verlagsbuchhandlung 2010

Sigilla Veri (Ph. Stauff's SemiKürschner): Lexikon der Juden, -Genossen und -Gegner aller Zeiten und Zonen [...] Hrsg. von Erich Ekkehard. Erfurt: U. Bodung-Verlag, 1.–3. Bd. 1929 (2. Aufl.), 4. Bd. 1931 (2. Aufl.)

Simon-Ritz, Frank: Die Organisation einer Weltanschauung. Die freigeistige Bewegung im Wilhelminischen Deutschland. Gütersloh: Christian Kaiser Verlag 1997

Stoehr, Irene: Ein klassisches Projekt der gemäßigten Frauenbewegung. Gymnasialkurse für Frauen (1889/93–1906). In: Bezirksamt Schöneberg/Kunstamt Schöneberg (Hg.): «Ich bin meine eigene Frauenbewegung». (Buch zur Ausstellung «In Bewegung – Frauen einer Großstadt» im Haus am Kleistpark vom 21. Juni bis 8. September 1991). Berlin: Edition Hentrich o. J. (1991), S. 31–35

–: Mädchenbildung in Frauenhand? Zur Selbstorganisation der Lehrerinnen um 1900. In: Edith Glumpler (Hg.): Erträge der Frauenforschung für die LehrerInnenbildung. Bad Heilbrunn: Verlag Julius Klinkhardt 1993, S. 165–186

Straus, Rahel: Wir lebten in Deutschland. Erinnerungen einer deutschen Jüdin 1880–1933. Stuttgart: Deutsche Verlags-Anstalt 1961

Tagungsbericht: Zwischen Trümmern und Neubeginn. «Geschichtsdidaktik» zwischen 1945–1961. 12. April 2007 bis 14. April 2007. Köln. In: H-Soz-u-Kult vom 2. August 2007, siehe: http://hsozkult.geschichte.hu-berlin.de/tagungsberichte/id=1650>

Titze, Hartmut: Die soziale und geistige Umbildung des preußischen Oberlehrerstandes von 1870 bis 1914. In: Zeitschrift für Pädagogik, Jg. 23, 14. Beiheft, 1977, S. 107–128

– (Hg.): Hochschulstudium in Preußen und Deutschland 1820–1944. (Datenhandbuch zur deutschen Bildungsgeschichte, Bd. I, 1.Teil). Göttingen: Vandenhoeck & Ruprecht 1987

–: Hochschulen. In: Handbuch der deutschen Bildungsgeschichte. Bd. V. 1918–1945. 1989, a. a. O., S. 209–240

–: Lehrerbildung und Professionalisierung. In: Handbuch der deutschen Bildungsgeschichte. Bd. IV. 1870–1918. 1991, a. a. O., S. 345–360

Uhe, Ernst: Der Nationalsozialismus in den deutschen Schulbüchern. Eine vergleichende Inhaltsanalyse von Schulgeschichtsbüchern aus der Bundesrepublik Deutschland und der Deutschen Demokratischen Republik. (Europäische Hochschulschriften. Reihe XI, Pädagogik, Bd. 12). Bern/Frankfurt am Main: Peter Lang 1972

Vogt, Annette: Vom Hintereingang zum Hauptportal? Lise Meitner und ihre Kolleginnen an der Berliner Universität und in der Kaiser-Wilhelm-Gesellschaft. (Pallas Athene. Beiträge zur Universitäts- und Wissenschaftsgeschichte. Bd. 17). Stuttgart: Franz Steiner Verlag 2007

Volkov, Shulamit: Jüdische Assimilation und jüdische Eigenart im Deutschen Kaiserreich. Ein Versuch. In: Geschichte und Gesellschaft, Zeitschrift für Historische Sozialwissenschaft, Jg. 9, 1983, S. 331–348

Völschow, Undine: Jüdische Bevölkerung im Regierungsbezirk Chemnitz. Auswertung der «Ergänzungskarten für Angaben über Abstammung und Vorbildung» aus der Volkszählung vom 17. Mai 1939 im Bundesarchiv. In: Juden in Chemnitz. Hrsg. von Jürgen Nitsche und Ruth Röcher im Auftrag der jüdischen Gemeinde Chemnitz, Dresden: Michel Sandstein grafischer Betrieb und Verlagsgesellschaft 2002, S. 143–149

Voss, Gerda: The Other Side of the Coin. Toronto [March] 1992

–: Fugitives. Toronto 1995. Darin: Escape Over the Mountains (S. 2–10), Hunted (S. 11–20), In Hiding (S. 21–25)

–: My Father Dr. Heinrich Lux 1863–1944. Toronto 1997

Walk, Joseph (Hg.): Das Sonderrecht für die Juden im NS-Staat. Eine Sammlung der gesetzlichen Maßnahmen und Richtlinien – Inhalt und Bedeutung. Heidelberg: C. F. Müller Verlag 1996

Walz, Hannah: Die gemeinsamen Anfänge. Splitter der Erinnerung. In: In Memoriam Paula Schenkel. Gedenkworte bei der Feierstunde am 13. Dezember 1988 in der Elisabeth-von-Thadden-Schule Heidelberg-Wieblingen (Broschüre)

Walz, Hella und Hannah: Interview am 22. Februar 2002. In: Elisabeth-von-Thadden-Schule, 1927–2002, a. a. O., S. 42–52

Weckel, Ulrike: Alliierte Schockpädagogik 1945/46. Die Todesmühlen – Death Mills – Di Toit Milen. Begleitpublikation zur DVD C 12 436. IWF Wissen und Medien GmbH. Göttingen o. J., S. 1–6

Wegscheider, Hildegard: Weite Welt im engen Spiegel. Erinnerungen. Berlin-Grunewald: arani Verlag 1953

Weniger, Erich: Neue Wege im Geschichtsunterricht. In: Die Sammlung, Jg. 1, 1945/1946, S. 339–343, S. 404–411, S. 500–511

Wietog, Jutta: Volkszählung unter dem Nationalsozialismus. Eine Dokumentation zur Bevölkerungsstatistik im Dritten Reich. (Schriftenreihe zur Wirtschafts- und Sozialgeschichte. Hrsg. von Wolfram Fischer. Bd. 66). Berlin: Duncker & Humblot 2001

Wuessing, Fritz. Leiter einer Arbeitsgruppe deutscher Geschichtslehrer (Hg.): Wege der Völker. Geschichtsbuch für deutsche Schulen. Berlin: Pädagogischer Verlag Berthold Schulz 1948

Zebhauser, Helmuth: Alpinismus im Hitlerstaat. Hrsg. vom Deutschen Alpenverein. München: Bergverlag Rother 1998

Zinnecker, Jürgen: Sozialgeschichte der Mädchenbildung. Zur Kritik der Schul-

erziehung von Mädchen im bürgerlichen Patriarchalismus. Weinheim / Basel:
Beltz Verlag 1973

Zorn, Hermann: Existenz-, Ausbildungs- und Versorgungsschäden. In: Hans
Giessler u.a.: Das Bundesentschädigungsgesetz. Zweiter Teil (§§ 51 bis 171
BEG). In: Die Wiedergutmachung nationalsozialistischen Unrechts durch die
Bundesrepublik Deutschland. Hrsg. vom Bundesminister der Finanzen in Zu-
sammenarbeit mit Walter Schwarz, Bd. 5, München: C. H. Beck Verlag 1983,
S. 48–320

Zülsdorf-Kersting, Meik: Sechzig Jahre danach: Jugendliche und Holocaust. Eine
Studie zur geschichtskulturellen Sozialisation. (Geschichtskultur und histori-
sches Lernen. Hrsg. von Saskia Handro und Bernd Schönemann, Bd. 2). Berlin:
LIT Verlag Dr. W. Hopf 2007

Zymek, Bernd, und Neghabian, Gabriele: Sozialgeschichte und Statistik des
Mädchenschulwesens in den deutschen Staaten 1800–1945. Datenhandbuch
zur deutschen Bildungsgeschichte. Bd. II, 3. Teil. Göttingen: Vandenhoeck &
Ruprecht 2005

Bibliographie Dora Lux, geb. Bieber

Publikationen vor 1928

Dora Bieber: Studien zur Geschichte der Fabel in den ersten Jahrhunderten der Kaiserzeit. Inaugural-Dissertation, Universität zu München, 15. Dezember 1905.
Druck von Leonhard Simion Nf. Berlin 1906

Dora Bieber-Lux: Die Frau in der griechischen Sage und Geschichte. (Quellenhefte
zum Frauenleben in der Geschichte. Hrsg. von Emmy Beckmann und Irma
Stoß, Heft 2). Berlin: F. A. Herbig Verlagsbuchhandlung 1927

Dora Lux-Bieber: Helene Langes Kampf gegen die «Pietätswerte». In: Monats-
schrift Deutscher Ärztinnen. Mitteilungsblatt des Bundes Deutscher Ärztinnen, Heft 4, 1928, S. 62–63

Beiträge in der Zeitschrift Ethische Kultur 1928–1936

36. Jg. / 1928

Dora Lux: Streifzüge durch die Romanliteratur der Gegenwart. In: Heft 3, S. 18–21

Dora Lux: Streifzüge durch die Romanliteratur der Gegenwart, II. In: Heft 4,
S. 28–30

Dora Lux: Streifzüge durch die Romanliteratur der Gegenwart (Schluß). In: Heft 5, S. 35–37

37. Jg. / 1929 Kein Beitrag

38. Jg. / 1930 Kein Beitrag

39. Jg. / 1931

D. L.: «Die andere Seite». In: Heft 7, S. 45–47 (Antikriegsliteratur aus England, ausgehend vom Ersten Weltkrieg)

L. B.: Max Maurenbrecher: Der Heiland der Deutschen. Der Weg der Volkstum schaffenden Kirche. Göttingen: Vandenhoeck & Ruprecht 1930. In: Heft 7, S. 51–52 (Buchbesprechung)

B. L.: Julio R. Barcos. «Freie Frauen». Aus dem Spanischen übers. von G. H. Neuendorff. Hamburg: Antäus-Verlag. In: Heft 7, S. 52 (Buchbesprechung)

D. L.: «Die andere Seite» II. In: Heft 8, S. 63–64 (Antikriegsliteratur aus Russland und Frankreich, ausgehend vom Ersten Weltkrieg)

L.: H. Gobsch: «Wahneuropa 1934». Hamburg: Fackelreiter-Verlag [o. J.]. In: Heft 9, S. 76 (Buchbesprechung)

D. L.: Irving Fisher: Die Krise der Prohibition. Übers. von F. Olsen. Berlin W 8: Neuland-Verlag [o. J.]. In: Heft 10, S. 84 (Buchbesprechung)

40. Jg. / 1932 Kein Beitrag

41. Jg. / 1933

L.: Die Folgen. (Ein Beitrag in: Kulturpolitische Gefahrenzone der Jahreswende). In: Heft 1, S. 13–15 (gegen das Zurückweichen vor antisemitischer und reaktionärer Hetze in Universitäten und kulturellen Einrichtungen)

N. N. [Die Redaktion]: Weltfrieden oder Kriegsbereitschaft? In: Heft 2, S. 22–26 (Antikriegsaktivitäten verschiedener Gruppen und Organisationen im In- und Ausland; verantwortliche Redakteurin: D. Lux-Bieber)

L. B.: Der Fall Munthe. In: Heft 2, S. 26–27 (Auseinandersetzung mit den Angriffen des schwedischen Arztes und Schriftstellers Dr. Axel Munthe gegen die Kriegsführung Deutschlands im Ersten Weltkrieg)

L.: Zwei Kämpfer der vorigen Generation. Heinrich Braun, Max Weber. In: Heft 2, S. 27–29 (ausgehend von Buchbesprechungen: Julie Braun-Vogelstein: Ein Menschenleben. Tübingen: R. Wunderlich Verlag 1932, und Carl Jaspers: Max Weber. Deutsches Wesen. Oldenburg: Verlag Gerh. Stalling 1932)

D. L.: «Das freie Wort», Heft 3, S. 43–46

L.: Vorträge. In: Heft 3, S. 48 (Bericht über einen Vortrag von Dr. Hans Hartmann: Kommt das Jahrhundert der Frau?)

Dora Lux: Wissenschaft und Kirche. In: Heft 4, S. 49–54 (Plädoyer für die Freiheit der Wissenschaft und der Persönlichkeit, ausgehend von Karl Jaspers und Max Weber)

D. L.: Zur Moral des Umschwungs. In: Heft 6, S. 87–90

D. L.: Die deutsche Nationalkirche. In: Heft 7, S. 101–104

L.: Bücherschau. Briefe Cosima Wagners an ihre Tochter Daniela von Bülow. Hrsg. von Max Freiherr von Waldberg. Berlin: Cotta'sche Buchhandlung Stuttgart und Berlin 1933. In: Heft 7, S. 112

D. L.: «Die deutsche Nationalkirche» II. In: Heft 8, S. 113–120

D. L.: Das Problem des «Doppelverdienertums». In: Heft 10, S. 145–149

D. L.: Das Problem des «Doppelverdienertums» II. In: Heft 11, S. 161–165

L.: Literarische Stimmen aus England. In: Heft 11, S. 173–175 (Besprechung von Büchern zum Ersten Weltkrieg)

L.: Von Barth zu Bergmann. In: Heft 12, S. 189–192

Lx.: «Über die Zukunft der Physik äußert sich in programmatisch-prägnanter Form Werner Heisenberg ...». In: Heft 12, S. 191 (Zusammenfassung eines Interviews in der *Vossischen Zeitung*)

42. Jg. / 1934

D. L.: Jacob Wassermann. In: Heft 1, S. 12–16 (Nachruf)

D. L.: «Zeitenwende». In: Heft 3, S. 33–39

D. L.: «Wissenschaftliche Astrologie». In: Heft 9, S. 132–136 (über die Hinwendung von Menschen zur «wiss. Astrologie»)

D. L.: Der Kampf gegen die Materialvergeudung im Haushalt – auch ein soziales Problem! Anmerkungen zum «5. Internationalen Kongress für Hauswirtschaft und hauswirtschaftliche Erziehung» in Berlin. In: Heft 10, S. 157–160

D. L.: Der Kampf gegen die Materialvergeudung im Haushalt – auch ein soziales Problem! II. In: Heft 11, S. 171–176

L. B.: Elias. Zum Werden eines Kunstwerkes. In: Heft 12, S. 179–185

43. Jg. / 1935

L.: Jugend gegen Alter. In: Heft 1, S. 1–6 (aktuelle und kulturhistorische Stellungnahmen zum Verhältnis von Jugend und Alter)

L.: Bücherschau. Das Herz ist wach. Briefe einer Liebe. Hrsg. von M. B. Kennicott, Tübingen: Rainer Wunderlich Verlag 1934. In: Heft 1, S. 14–16

L.: Die «Zähmung der Technik» I. In: Heft 3, S. 43–45 (Auseinandersetzung mit der sowohl menschendienlichen wie zerstörerischen Verwendungsmöglichkeit der Technik)

L.: Die «Zähmung der Technik» II. In: Heft 4, S. 55–58

L.: Zum Tode von Alfred Dreyfus. In: Heft 7/8, S. 114–115

L.: Buchbesprechung. Beate Bonus: «Der Sohn des Heiligen». Potsdam-Berlin: Sanssouci-Verlag. 1934. In: Heft 7/8, S. 119

44. Jg. / 1936

D. L.: Die Physik im Kampf um die Weltanschauung. In: Heft 1/2, S. 3–4 (für «Wahrheit und Klarheit» in Wissenschaft und Gesellschaft, ausgehend von zwei Festvorträgen Max Plancks)

D. L.: Buchbesprechung. Isolde Kurz: Von Dazumal. Geschichten aus meiner Jugendwelt. Tübingen: Rainer Wunderlich Verlag. In: Heft 1/2, S. 7

L.: Buchbesprechung. Anna Schieber: Wachstum und Wandlung. Tübingen: Rainer Wunderlich Verlag. In: Heft 7/8, S. 44

Danksagung

Ich hatte das Glück, noch auf Zeitzeugen aus der Familie Lux / Bieber zu treffen. Für Gespräche, schriftliche Mitteilungen, Dokumente und Fotos danke ich den Töchtern von Dr. Dora Lux, Gerda Voss und Eva Tietze, sowie ihrem Neffen Peter Wölf Schaper und ihrem Enkel Ulrich Tietze.

Recherchieren, Schreiben, Überarbeiten, und dies über mehrere Jahre, bedeutete für mich einen Rückzug aus vielfältigen Aktivitäten und sozialen Zusammenhängen. Dass daraus keine geistige Isolation wurde, verdanke ich vor allem Christine Holzkamp und Irene Stoehr, mit denen ich Inhalt und Darstellung meiner Arbeit in allen Phasen diskutierte. Kontinuierliche Rückmeldungen und Textkorrekturen erhielt ich darüber hinaus von Hannelore Hegel sowie Dorothea und Dieter Quitmann. Mit Informationen und Quellen zu Teil 4 versorgte mich Hans Dieter Heilmann.

Das Buch kann im Rowohlt Verlag erscheinen, weil die Programmleiterin Barbara Laugwitz sich für meine Entdeckung einer bislang völlig unbekannten Frau interessierte. Ich danke ihr ebenso wie der Lektorin Regina Carstensen, mit der zusammenzuarbeiten eine Freude war.

Dank an die beteiligten «Wieblingerinnen»

Ich danke den früheren Mitschülerinnen der Elisabeth-von-Thadden-Schule, die an der Biographie über Frau Dr. Lux mitgewirkt haben, indem sie ihre Erinnerungen aufzeichneten oder mir in Gesprächen mitteilten, Schulmaterial oder Fotos zur Verfügung stellten, mich berieten und unterstützten.

Abiturjahrgang 1950

Dr. phil. Manon Andreas-Grisebach, geb. Grisebach
Dr. med. Doris Bechinger-Kornhuber, geb. Bechinger

Ulrike Hess, geb. Haas
Clarissa Pfeifer, geb. Adam

Abiturjahrgang 1952

Edith Haupt, geb. Weiß
Barbara Hertz-Eichenrode, geb. Voelker

Abiturjahrgang 1953

Caroline Eschweiler, geb. Rhodius
Waltraut Helmchen, geb. Schmitz
Barbara Löwe, geb. Fröhner
Liselotte von Müffling, geb. Mathy
Dr. med. Christiane Schmelzle, geb. Bornkamp
Li Trötschel, geb. Niebel
Anneliese von Wietersheim, geb. Schmidt-Polex

Abiturjahrgang 1954

Dr. phil. Annette Kuhn

Abiturjahrgang 1955

Brigitte Adler, geb. Mommsen
Marlis Bernbeck, geb. Vogel
Dr. phil. Marianne Beyerle, geb. Meier (nach der zwölften Klasse abge-
    gangen, Abitur in Bad Godesberg)
Dr. phil. Hiltrud Bölling-Bechinger, geb. Bechinger
Maria Eiermann, geb. Nouvortné
Barbara Frank, geb. Braun
Barbara von Gwinner, geb. Merton
Anja Henningsen, geb. Weiß
Ursula Kuhn, geb. Mohr
Dorothea Quitmann, geb. Fuchs

Asta Gräfin von der Schulenburg, geb. von Menges
Ingeborg Wallem-Riebesehl, geb. Wallem
Ingrid Weinhardt, geb. Bader
Erika Wendt, geb. Hamacher
Karin Wollert, geb. Achelis

Abiturjahrgang 1956

Christa Bauer, geb. Weber
Adelheid Barbara Döll, geb. Freiin von Roenne
Ulrike Duchrow, geb. Scharmer
Ursula Feindor, geb. Weber
Gerda Liegmann, geb. Burckhardt
Dr. med. Gudrun Stangl, geb. Sacksofky

Abiturjahrgang 1957

Marion Grcic-Ziersch, geb. Ziersch
Dr. phil. Monika Sammeck, geb. Friedrich (nach der zehnten Klasse ab-
gegangen, Abitur in München)

Abiturjahrgang 1958

Dr. phil. Hannelore Hegel, geb. Horstmann

Abiturjahrgang 1959

Christine Schmich-Köhler, geb. Köhler (nach der zehnten Klasse abge-
gangen, Wirtschaftsabitur)

Bildnachweis

Aus den Familienalben: S. 10, S. 120, S. 125, S. 140 unten, S. 157, S. 213, S. 223, S. 228, S. 292

Zur Verfügung gestellt von Peter Wölf Schaper: S. 55, S. 140 oben, S. 185, S. 207, S. 339

Zur Verfügung gestellt von Dr. Gudrun Stangl, geborene Sacksofsky, Abitur 1956: S. 22

Zur Verfügung gestellt von Barbara Löwe, geborene Fröhner, Abitur 1953: S. 29 rechts oben, S. 319 unten

Zur Verfügung gestellt von Barbara Hertz-Eichenrode, geborene Voelker: S. 29 links oben

Zur Verfügung gestellt von Barbara Frank, geborene Braun, Abitur 1955: S. 29 rechts unten

Zur Verfügung gestellt von Gerda Voss: S. 273, S. 287

Zur Verfügung gestellt von Waltraut Helmchen, geborene Schmitz, Abitur 1953: S. 319 oben

Privat: S. 60, S. 331

Ullstein Bild: S. 83, S. 148

Aus Theodor Müller, Die Geschichte der Breslauer Sozialdemokratie, Detlev Auvermann KG, Glashütten im Taunus, 1972: S. 116 oben

Collection International Institute of Social History, Amsterdam: S. 116 unten

Museen Tempelhof-Schönberg von Berlin / Archiv: S. 120 rechts oben, S. 131

Katalog der Bibliothek für Bildungsgeschichtliche Forschung: S. 160

Bundesarchiv: S. 261

Archiv der Elisabeth-von-Thadden-Schule: S. 309